百獸率舞

商周时期中国北方动物纹装饰综合研究

邵会秋　侯知军／著

上海古籍出版社

本书系国家社科基金青年项目"商周时期中国北方动物纹装饰综合研究"(项目批准号:12CKG006)最终研究成果,书籍出版得到了吉林大学考古学院"双一流"学科建设经费支持。

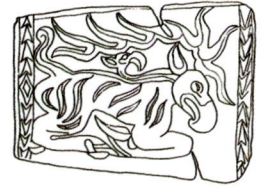

图版一　乙类 C 型平面动物纹饰件

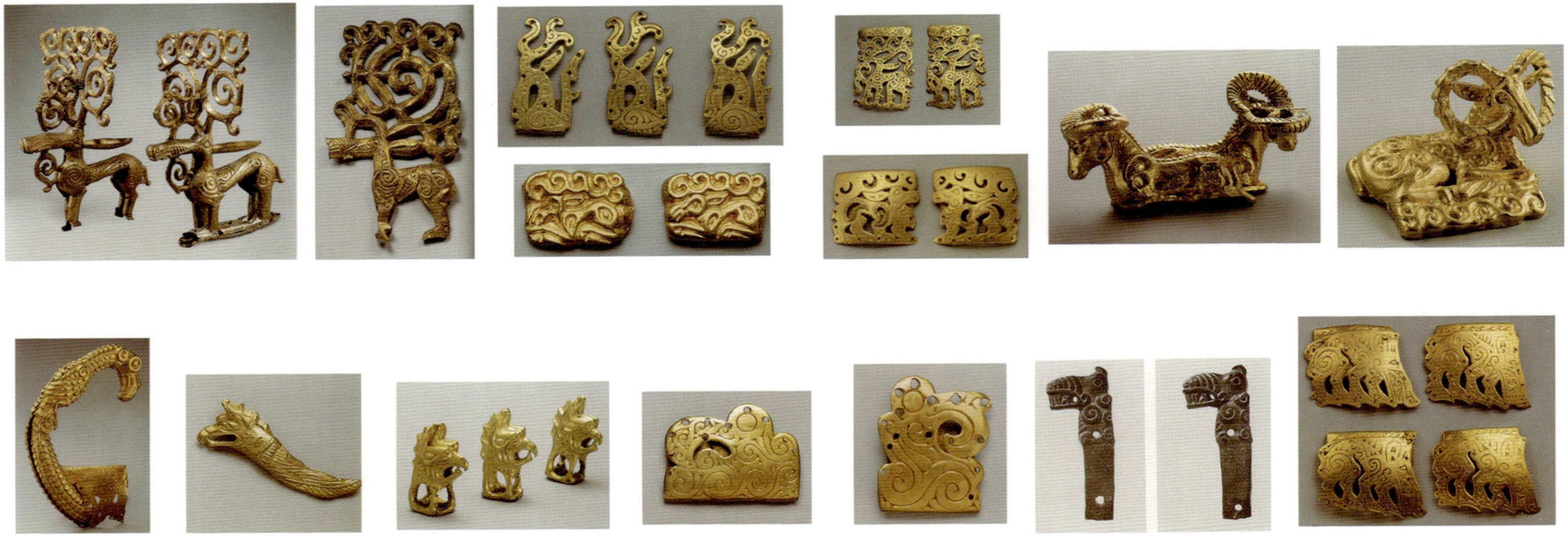

图版二 Pilippovka 墓地出土的动物纹装饰（一）

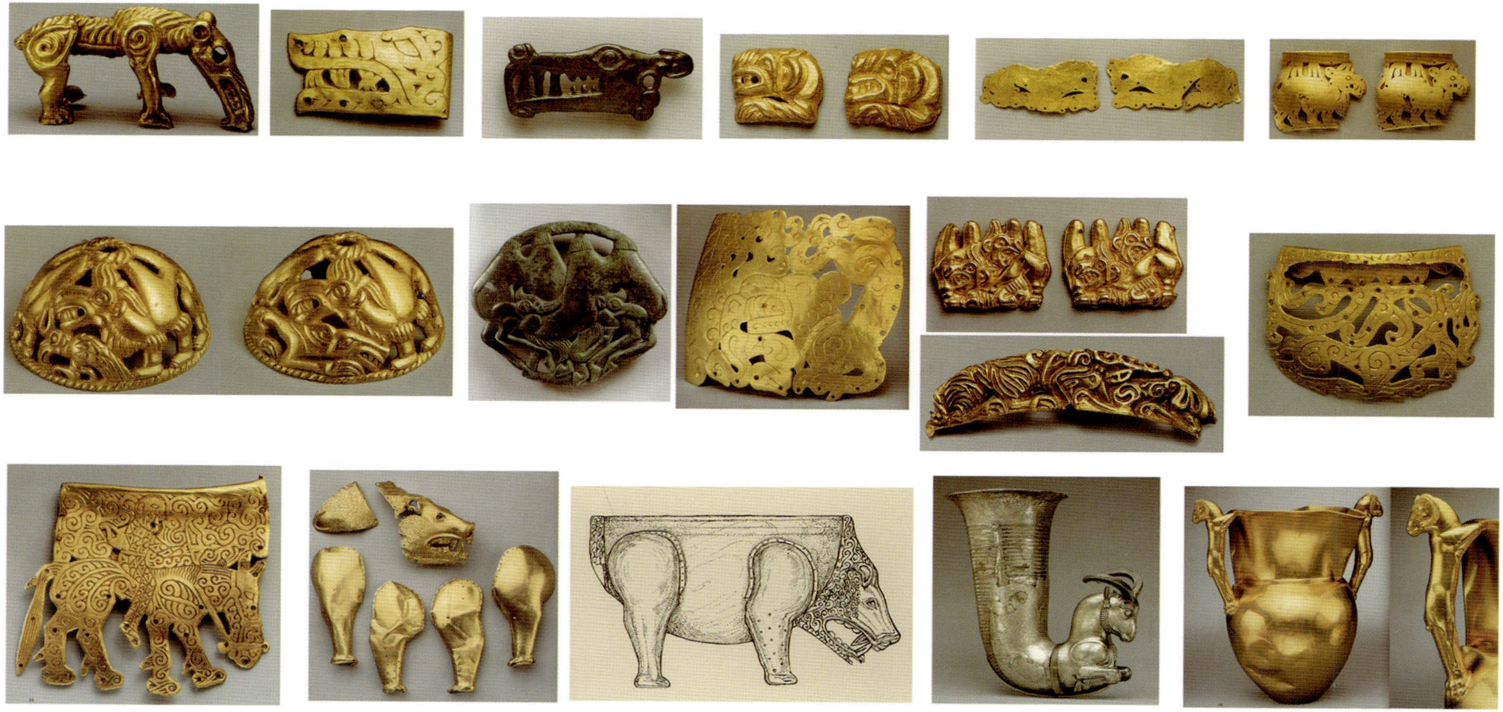

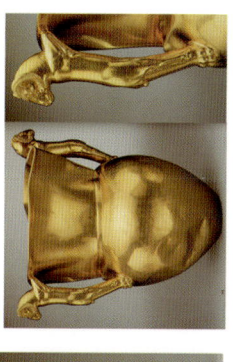

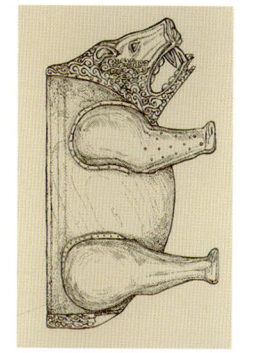
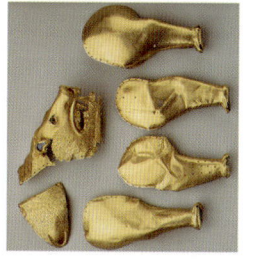

图版三 Pilippovka 墓地出土的动物纹装饰（二）

图版四　东塔勒德墓地出土的动物纹装饰

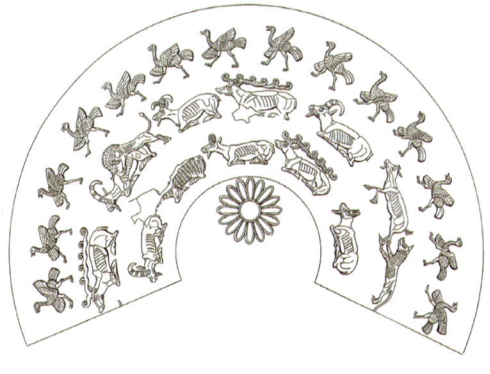

图版五　斯基泰文化中与有角神兽相关的题材

图版六　翻转动物纹

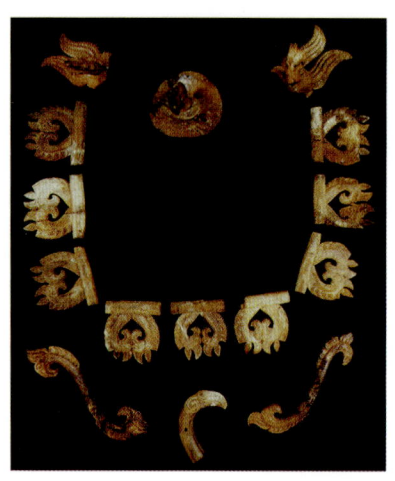

图版七　格里芬装饰马具及复原图

图版八　巴泽雷克文化帽饰和头饰

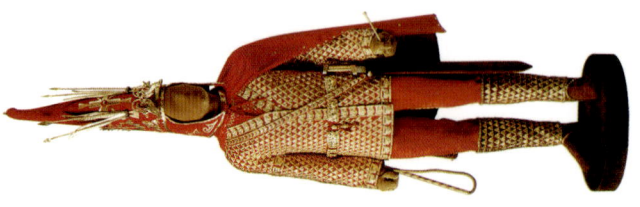

图版九　伊塞克古冢出土的动物装饰器物

序

中国北方和欧亚草原都是适合畜牧业发展的地区，相同的经济类型决定了两地的文化之间有很大的共性，其中很重要的文化特点就是喜好用动物造型和纹饰来装饰工具武器以及服饰。古代草原居民喜爱把动物纹作为装饰主题，把它们装饰在日常使用的器物上，赋予这些器物特殊的含义。

古代人类留下的物质遗存可以分为以下三类：功能性很强的工具和武器，既有使用功能又有审美取向的生活用品，以及功能性不强但反映了人们传统意识和文化喜好的装饰品。动物造型与纹饰就属于最后一种，它对于表现族群认同、文化传统以及宗教信仰具有非常重要的意义。

这本书是中国学者第一次把动物造型与纹饰集中在一起进行研究的尝试。时代为先秦时期，北方地区包括燕山南北、内蒙古、晋陕高原和甘青宁地区。不同时空的动物纹样有很大的差别，来源不同。各地既有差别，代表了各自的地方传统；同一时期又存在很大的共性，代表了时代风格。在中国北方地区，用食草类动物头部装饰刀剑顶端的做法流行于商周时期，以站立的食草类动物装饰刀剑顶端的做法流行于两周之际。如果与新疆和整个欧亚草原进行比较，我们会发现整个欧亚大陆在动物纹装饰方面有着惊人的相似性！人们会好奇，是什么力量使得动物纹饰在这么大的时空范围内传播得如此迅速和广泛？骑马游牧使得这一地区的文化交往速度和频率是其他地区无法相比的，草原居民以饲养家畜为生计，游荡在广袤的草原，在不同的草场之间迁徙，因此他们与各种动物的接触是非常密切的。但是各地都能够接受和使用这些装饰主题还需要有共同的文化底蕴，一方面是相近的自然环境、经济类型、社会发展阶段，另一方面是他们共同信奉的萨满教。

百兽率舞

　　由于这是第一部关于先秦北方动物造型与纹饰的专著，所以是具有尝试性的研究。动物造型与纹饰研究既可以从它所装饰的器物的种类和部位入手，也可以从动物的种类与形态入手。作者在介绍和分析资料时，从装饰器物的种类和部位入手，最后对几种常见动物（虎、鹿、马、羊和鸟）进行不同时空的形态变化研究。本书在划分类型方面，还有进一步完善的空间，例如饰牌中的浮雕与透雕应该区分开。动物造型与纹饰是古代人们对自然界的一种认识，属于人们的精神成果，反映了人们的精神世界。在这方面本书很少涉及，所以对于动物纹饰的研究只是刚刚开始。

　　邵会秋是我的研究生，他从 2002 年开始硕博连读学习中国北方考古。在学习北方考古的过程中，他还翻译了欧亚草原的相关著作，既提高了英语阅读和翻译能力，又拓展了视野。2004 年邵会秋参加了新疆小河墓地的发掘，从此与新疆考古结下了不解之缘，2018 年出版的《新疆史前时期文化格局的演进及其与周邻文化的关系》一书就是他在博士论文的基础上修改而成。留校任教后，他又与我合作共同撰写了《欧亚草原东部的金属之路》，那是他在宾夕法尼亚大学访学期间，在没有教学任务、没有杂事和家务事的状态下完成的。现在的中国北方考古、新疆考古乃至欧亚草原考古已经不是当年他刚进入这个领域时的情景了，资料的增多、人员的投入、学界的关注以及广泛的国际视野，为这些年轻人的学术成长提供了更加优越的条件。我相信他们会在老一辈人发掘和研究的基础上取得更多的成果，开拓更广泛的领域！

杨建华
2019 年 6 月

目　录

序（杨建华）／ I

第一章　绪论／ 1

第二章　中国北方地区动物纹装饰器物的分类与年代／ 8

　　第一节　动物纹装饰容器／ 8

　　第二节　动物纹装饰工具武器／ 11

　　第三节　动物纹装饰车马器／ 58

　　第四节　动物纹装饰品／ 74

　　第五节　动物纹带钩、带扣和带环／ 136

第三章　北方地区动物纹装饰分期和分区研究／ 145

　　第一节　分期研究／ 145

　　第二节　分区研究／ 161

　　第三节　小结／ 175

第四章　新疆地区青铜时代和早期铁器时代的动物纹装饰 / 179

第一节　东部天山区 / 180

第二节　中部天山区 / 183

第三节　伊犁地区 / 193

第四节　阿勒泰地区 / 197

第五节　环塔里木盆地区 / 201

第六节　小结 / 205

第五章　境外草原文化的动物纹装饰 / 208

第一节　欧亚草原西部区的动物纹装饰 / 212

第二节　欧亚草原中部区的动物纹装饰 / 231

第六章　中国北方地区商周时期动物纹装饰综合研究 / 268

第一节　中国北方地区几种主要动物纹的起源和发展 / 268

第二节　北方地区动物纹与中原文化和草原文化的关系 / 311

第三节　动物纹装饰的选择及其意义 / 321

第七章　结语 / 326

后记 / 331

第一章 绪 论

发达的武器、马具和动物纹装饰是著名的"斯基泰艺术"三要素,其中动物纹装饰(animal style,也被称为动物风格、野兽纹)是北方民族和草原文化最为显著的标志之一。"动物纹"(animal style)一词来源于 1925 年前苏联学者 M. Rostovtzeff 在普林斯顿大学的一次演讲,他当时用这个词来描述希腊罗马艺术所泛生的第二级艺术风格,也借以描述欧亚草原公元前 1 千纪的艺术[1]。随后的 20 世纪头几十年里,国外的学术界开始关注这一问题,并开始探讨其起源和源流。但是长期以来,由于古希腊历史学家希罗多德《历史》的记载[2]和后来对著名的斯基泰古冢的考古发掘[3],相当长的一段时间之内,包括我国部分学者在内的大多数国内外相关研究学者所持的观点,都对欧亚各地出现的这类动物纹装饰风格起源于黑海北岸的斯基泰文化的看法表示肯定或默许。而且中国在 20 世纪初的几十年里长期战乱动荡,鲜有人对零星出土于内蒙古地区的带有这类装饰性纹饰的出土器物作深入的研究,当时人们普遍认为,中国北方地区这类器物的来源也在黑海之滨的斯基泰文化。

直到 20 世纪下半叶,以 G. 科萨克[4]为代表的一些国外学者重新审视了动物纹装饰以及相关青铜器的起源问题。很多学者对各地出现的动物纹装饰

---

[1] M. Rostovtzeff, *The Animal Style in South Russia and China*, Princeton: Princeton University Press, 1929.

[2] 希罗多德:《历史(英文)》,中国社会科学出版社,1999 年。

[3] Vladimir G. Petrenko, "Scythian Culture in the North Caucasus", *Nomads of the Eurasian steppes in the early iron age*, Berkeley, Ca: Zinat Press, 1995.

[4] Georg Kossack, *On the Origins of the Scytho-Iranian Animal Style*, Towards Translating the Past ed. Bernhard Hansel etc. Berlin, 1998, pp. 39–96.

进行讨论①，认为欧亚草原地区流行的动物纹装饰不仅具有广泛而鲜明的共同特征，也存在一定的地域差异，呈现出多源、多分支的特点，草原青铜器多元论开始流行。

中国学者对于动物纹装饰的研究开展的比较晚，研究成果主要以中国北方地区出土器物为基础。中国北方地区是欧亚草原的重要组成部分，常见装饰有各种动物纹的金属器。在1949年之前，这些器物大多见于著录和收藏②，没有明确的出土地点和具体的出土位置，不便于学者对其进行研究。1949年之后，伴随着考古工作的开展，一系列经过科学发掘的装饰有动物纹的器物出土，为该类研究的开展提供了基础。

20世纪80年代，林沄先生首次提出"北方系青铜器"的命名，指以长城地带为重心的中国北方地区在青铜时代所使用的青铜器。林沄先生强调了中国北方系青铜器的土著性特征，并认为"系"是一种大的分类，它们一方面在器类、器形、纹饰和艺术风格等方面有别于中原系青铜器，另一方面又与欧亚大草原及毗邻地区的青铜器关系密切③。

国内最早对北方地区动物纹进行专门研究的学者是乌恩岳斯图先生，他在《我国北方古代动物纹饰》一文中将商代晚期至两汉时期的动物纹划分为四个阶段：商代晚期至西周前期、西周后期至春秋前期、春秋后期至战国时期和两汉时期，并且分述了每一阶段出土动物纹器物的地点以及动物纹的风格、特征。在文中提出了自己的观点："我国北方地区动物纹中确有斯基泰——西伯利亚'野兽纹'及阿尔泰艺术的影响，但我国北方地区动物纹中

---

① Franz Hančar, "The Eurasian Animal Style and the Altai Complex", *Artibus Asiae*, Vol. 15, No. 1/2 (1952), pp. 171 – 194；Emma C. Bunker、C. Bruce Chatwin, *Animal Style Art from East to West*, New York: The Asia Society Inc, 1970；J. Rawson, "The Transformation and Abstraction of Animal Motifs on Bronzes from Inner Mongolia and Northern China", *Arts of the Eurasian Steppe Lands*, Edited by Philip Denwood, University of London, 1977, pp. 52 – 73.

② J. G. Anderson, "Hunting Magic in Animal Style", *Bulletin of the Museum of Far Eastern Antiquities*, No. 5 (1932)；J. G. Anderson, "Selected Ordos Bronzes", *Bulletin of the Museum of Far Eastern Antiquities*, No. 5 (1933)；江上波夫、水野清一：《内蒙古·长城地带》，东亚考古学会，1935年。

③ 林沄：《商文化青铜器与北方地区青铜器关系之再研究》，《林沄学术文集》，中国大百科全书出版社，1998年。

占主导地位的基本题材和造型风格却有自身的特点"①。在《论我国北方古代动物纹饰的渊源》一文中，谈及我国北方古代动物纹饰与欧亚大草原"野兽纹"的关系，指出我国北方古代动物纹饰年代明确、题材丰富，自成一体②。后来乌恩岳斯图先生还进一步指出了中国北方青铜器在整个欧亚草原青铜文化中的重要地位，并强调中国北方的怪兽母题是外来的③。1993年，杜正胜先生发表了《欧亚草原动物文饰与中国古代北方民族之考察》一文，对动物纹饰进行了分类，建立了中国古代北方动物纹饰发展的基本框架，并讨论了与之相关的北方民族文化以及中国北方草原动物纹饰的起源问题④。这些重要研究成果为中国北方地区动物纹装饰的深入研究奠定了基础。

2000年以后，有多位学者对动物纹问题进行过讨论，郭物在《马背上的信仰——欧亚草原动物风格艺术》⑤一书中，从欧亚草原的大视角，对动物风格艺术的起源、区域性、终结、主要流派等进行了简要的概括，使我们对欧亚草原的动物风格艺术有了一个整体的了解。邵会秋等在《早期斯基泰文化及欧亚草原的动物纹起源问题的探讨——从〈斯基泰—伊朗动物纹风格的起源〉一文谈起》⑥一文中强调，在整个欧亚草原地带动物纹起源问题上，应该坚持多地区起源论，在欧亚大陆草原上存在很多像斯基泰文化这样的文化中心，并且认为"欧亚草原动物纹"这一概念相较于"斯基泰动物纹"更能涵盖整个欧亚草原地带的不同文化。张文玲所著的《黄金草原》⑦一书中也有专门的章节讨论古代欧亚草原动物风格造型艺术特点，并对一些典型动物纹的含义进行了分析。另外，Catrin Kost博士对公元前5—前1世纪中国北

---

① 乌恩：《我国北方古代动物纹饰》，《考古学报》1981年第1期。
② 乌恩：《论我国北方古代动物纹饰的渊源》，《考古与文物》1984年第4期。
③ 乌恩：《欧亚大陆草原早期游牧文化的几点思考》，《考古学报》2002年第4期。
④ 杜正胜：《欧亚草原动物文饰与中国古代北方民族之考察》，《中研院史语所集刊》第六十四本第二分，1993年。
⑤ 郭物：《马背上的信仰——欧亚草原动物风格艺术》，人民美术出版社，2005年。
⑥ 邵会秋、杨建华：《早期斯基泰文化及欧亚草原的动物纹起源问题的探讨——从〈斯基泰—伊朗动物纹风格的起源〉一文谈起》，《西域研究》2006年第4期。
⑦ 张文玲：《黄金草原——古代欧亚草原文化探微》，上海古籍出版社，2012年。

方地区动物饰牌进行了专门的研究，并对这些动物题材进行了详细的分类①。

除了这些综合的分析外，随着出土资料的丰富，还出现了一些对具体动物纹的讨论，例如对卷曲动物纹的研究。乌恩先生在《略论欧亚草原早期游牧人艺术中的卷曲动物形象》一文中依据我国北方草原东部地带中的卷曲成环的动物纹样，从年代和分布上讨论其与"斯基泰野兽纹"的关系，探讨卷曲动物形象的起源②。林沄先生在《论欧亚草原的卷曲动物纹》一文中，将欧亚草原分为三区：以我国内蒙古为中心的东方区、以萨彦—阿尔泰地区为中心的中央区和以黑海北岸及邻近地区为中心的西方区，并分述每一区的卷曲动物纹特征。"整个欧亚草原上的卷曲动物纹，实际上有三个主要的各自独立的起源，但又彼此互相影响和渗透，才形成了一个整体。"③此外还有对羊纹青铜器④、怪异动物纹⑤等的专门研究。

目前出土的装饰有动物纹的器物中，以金属饰牌数量最多，因此动物纹饰牌也是动物纹研究中最主要的内容，许多学者都对此进行过专门的讨论。乌恩先生的《中国北方青铜透雕带饰》一文⑥对青铜带饰进行研究，讨论了青铜透雕带饰以及青铜带饰的起源。田广金、郭素新在其著作《鄂尔多斯式青铜器》⑦中将动物纹饰牌分为四大类，并且在此基础上进行了分期研究。郑绍宗在《略论中国北部长城地带发现的动物纹青铜饰牌》⑧一文中，论述了中国古代北方动物纹青铜饰牌的发现，探讨了北方动物纹青铜饰牌的年代与分期。乔梁的《中国北方动物饰牌研究》⑨一文，从类型学、功能、年代和渊源等方面，对中国北方动物纹饰牌和动物形饰牌进行了讨论，指出"大多数动物饰牌应当是在中国北方本土发展起来的"。潘玲在《矩形动物纹牌

---

① Catrin Kost, "The Practice of Imagery in the Northern Chinese Steppe (5th – 1st Centuries BCE)", *Bonn Contributions to Asian Archaeology*, Vol. 6 (2014).
② 乌恩：《略论欧亚草原早期游牧人艺术中的卷曲动物形象》，《考古》2002 年第 11 期。
③ 林沄：《论欧亚草原的卷曲动物纹》，《林沄学术文集（二）》，科学出版社，2008 年。
④ 张闻辉：《内蒙古博物院藏羊纹北方系青铜器》，《文物世界》2015 年第 3 期。
⑤ 乌恩：《略论怪异动物纹样及相关问题》，《故宫博物院院刊》1994 年第 3 期。
⑥ 乌恩：《中国北方青铜透雕带饰》，《考古学报》1983 年第 1 期。
⑦ 田广金、郭素新：《鄂尔多斯式青铜器》，文物出版社，1986 年。
⑧ 郑绍宗：《略论中国北部长城地带发现的动物纹青铜饰牌》，《文物春秋》1991 年第 4 期。
⑨ 乔梁：《中国北方动物饰牌研究》，《边疆考古研究（第 1 辑）》，科学出版社，2002 年。

饰的相关问题研究》①一文中探讨了动物纹饰牌中流行时间最长的矩形动物纹饰牌，在对其进行类型学分析的基础上研究各类饰牌的流行年代、分布区域以及纹饰的演变源流、功能和用法。林沄先生对有角神兽饰牌也进行过专门的论述②。

　　从上面的分析看，中国北方地区动物纹装饰研究已经基本开展起来了，也取得了很多重要的研究成果，但这些成果侧重于对单一种类动物纹的型式与分期研究，强调中外同类器物的广泛比较，较多地关注某一区域考古学文化的青铜器动物纹组合，很少归纳和探讨各种动物纹装饰型式的变化以及与之相适应的地域和时代特征，缺少从欧亚草原的视角对北方青铜器动物装饰的整体考察。尽管有的成果从整体角度把握中国北方青铜器动物纹，但对不同地域和不同时期流行的动物纹装饰的具体特征、起源和传播等问题，以及动物纹装饰所反映的文化传统和在中国北方青铜文明中的重要作用的研究不够深入。

　　动物纹是北方民族和草原文化最为常见的装饰艺术，由于主要用于装饰，动物纹的使用不受功用的限制，往往更能体现当地族群的价值观念和文化传统。其艺术形式不单纯是草原艺术创造者的个人自我表达，更与游牧人的生业方式紧密相关，受到其特定生活方式的影响。

　　中国北方长城沿线的自然环境、经济类型、生活方式和价值观念趋同，这里自古以来就是中原农业居民与北方游牧民族互相接触的地带，不同区域间通过战争、迁徙、文化交流等方式，使得北方各地独具特色的动物纹装饰不仅存在区域性和时代性特征，而且还与境外草原地区和南部中原地区关系密切。因此，动物纹装饰研究是深入研究北方青铜器的重要切入点，也是探索中国北方人群之间以及与中原、境外草原人群交往的必要手段。通过对北方地区动物纹装饰的综合研究，不仅可以梳理出各种动物纹的时代性和地域性特征，而且可以以此为依托建立起各种动物纹的年代标尺，并进一步探讨中国北方地区动物纹的起源、发展以及与南部中原地区和境外草原地区的联

---

　　①　潘玲：《矩形动物纹牌饰的相关问题研究》，《边疆考古研究（第3辑）》，科学出版社，2004年。
　　②　林沄：《欧亚草原有角神兽牌饰研究》，《西域研究》2009年第3期。

系。同时，动物纹的研究对了解北方地区人群的价值观念和文化传统有重要的参考意义。

鉴于此，本书将全面收集中国北方地区商周时期装饰有动物纹的器物①，结合已有的研究成果，对商周时期中国北方动物纹装饰进行综合研究。本书研究的年代范围大致相当于中原的商代到战国末期，空间范围主要包括今天的辽宁西部、内蒙古东南部、内蒙古中南部、冀北、晋北、陕北以及宁夏、甘肃和青海等地区（图1.1）。

图 1.1　本书所涉中国北方地区动物纹分布范围示意图

本书的主要研究内容包括以下几个方面：

1. 通过对各类动物纹装饰的分类研究，梳理出它们在北方地区的发展演

---

① 需要说明的是，目前一些博物馆和社会机构已经出版了多部青铜器征集品的图录，其中也有大量的动物纹装饰，但由于存在真伪的辨别以及无具体出土地点等问题，本书中收集的青铜器材料暂不包括这部分资料。

变脉络，揭示各种动物纹的时代性特征。

2. 根据北方各个地区流行动物纹装饰的不同种类和形制的变化，归纳整合北方青铜器动物纹装饰的地域性特征。

3. 对新疆地区和境外草原各地的动物纹装饰特征进行梳理，为中国北方动物纹深入研究提供更广阔的背景和参考。

4. 揭示鹿、马、羊、虎等几种北方地区主要动物纹的渊源和发展脉络。

5. 根据北方青铜器各种动物纹装饰所体现的文化因素交融现象，讨论中国北方青铜文化和欧亚草原文化以及中原文化的互动关系。

6. 尝试探讨北方人群对动物纹装饰的选择以及其背后的意义。

第二章 中国北方地区动物纹装饰器物的分类与年代

中国北方青铜器按功能主要可以分为四大类：第一类，容器类，包括鍑、豆、鬲、甗、壶、罐等生活容器和礼器；第二类，工具武器类，包括短剑、有銎战斧、刀、匕、勺等；第三类，车马器类，主要包括衔、镳、节约、马面饰以及各种辕饰和杆头饰等；第四类，装饰品类，包括头饰、项饰、腰带饰、坠饰和其他装饰品等。在各大类的一些器物上都存在动物纹装饰艺术，其中以装饰品上的动物纹装饰数量最多。由于不同功用的器物其装饰表达的含义也不相同，因此本章将按照青铜器大的分类来介绍和分析北方地区的动物纹装饰①。

第一节 动物纹装饰容器

北方地区发现的青铜容器，大部分属于典型的中原式铜器，这些铜器通过战争、赏赐或贸易等方式进入北方地区。而北方文化中土著的青铜容器数量较少，主要包括草原特色的铜鍑和一些仿制的青铜器，这些青铜器中动物纹装饰的数量非常少。在已发表的资料中，动物纹装饰的铜容器主要有铜豆、仿皮囊形壶、鼓形器、双联罐和铜鬲，本书中共收集了12件，由于数量很少，种类差异也较为明显，以下将一一详细介绍。

---

① 本书中收集的资料以青铜器为主，但不限于青铜器，还包括金银器等，特此说明。

立兽纹铜豆：3件，均出自宁城小黑石沟M9601①。仅1件完整，编号M9601：5，直口浅盘，柄较高，喇叭形豆座，口缘一周饰有10只伫立状犬纹，通高25厘米（图2.1-1，1）。

鼓形器：3件，2件完整，均出自宁城小黑石沟M9601，器物两端皆为对称的喇叭形口，中间为圆柱状体，贯通，铜鼓两侧端口部都装饰有印刻的鸟纹和三角纹，通高11—12厘米（图2.1-1，3、4）。

仿皮囊形壶：2件，均出自宁城小黑石沟M8501②，扁体，顶端有一器盖，盖上饰有三角形几何纹，器体从上至下依次装饰有成排的蹲踞状鹿纹、三角几何纹、蹲踞回首鹿纹和鸟纹四组纹饰。标本M8501：32，通高13.6厘米（图2.1-1，2）。

铜鬲：2件，直口，溜肩，圆鼓腹，下附三锥状实心足，口与肩部附有动物形耳。宁城小黑石沟M8501出土1件，夔纹环耳，通高21.5厘米（图2.1-1，5）；南山根M101出土1件③，兽形耳，通高13.2厘米（图2.1-1，6）。

双联罐：1件，出自南山根M101，鼓腹，平底，盖呈半球形，盖上和腹部外侧都有立马形装饰，通高14.4厘米、口径15.4厘米（图2.1-1，7）。

豆形器：1件，出自内蒙古准格尔旗宝亥社④，口部微敛，喇叭形足，腹中部饰10个刻划的鸭形图案，上下饰2道凸弦纹（图2.1-1，8）。

从这些容器上的动物纹装饰看，大致可以分为两类：一类是容器表面阴刻成排的动物纹，包括成排的鸟纹、鹿纹和鸭形纹（图2.1-1，2—4、8）；另外一类是容器的把手、钮部或顶部装饰立体的动物形饰件，包括多只犬纹、夔纹和马纹等（图2.1-1，1、5—7）。这些容器大部分都出自燕山以北的夏家店上层文化中，其中小黑石沟出土9件，南山根M101出土2件，与典型的中原青铜器共存，这些墓葬都属于夏家店上层文化贵族墓葬，其年代

---

① 内蒙古自治区文物考古研究所、宁城县辽中京博物馆：《小黑石沟——夏家店上层文化遗址发掘报告》，科学出版社，2009年，第372页，图三〇二，4、6。
② 内蒙古自治区文物考古研究所、宁城县辽中京博物馆：《小黑石沟——夏家店上层文化遗址发掘报告》，科学出版社，2009年，第271页，图二七。
③ 辽宁省昭乌达盟文物工作站、中国科学院考古研究所东北工作队：《宁城县南山根的石椁墓》，《考古学报》1973年第2期。
④ 伊克昭盟文物工作站：《内蒙古准格尔旗宝亥社发现青铜器》，《文物》1987年第12期。

百兽率舞

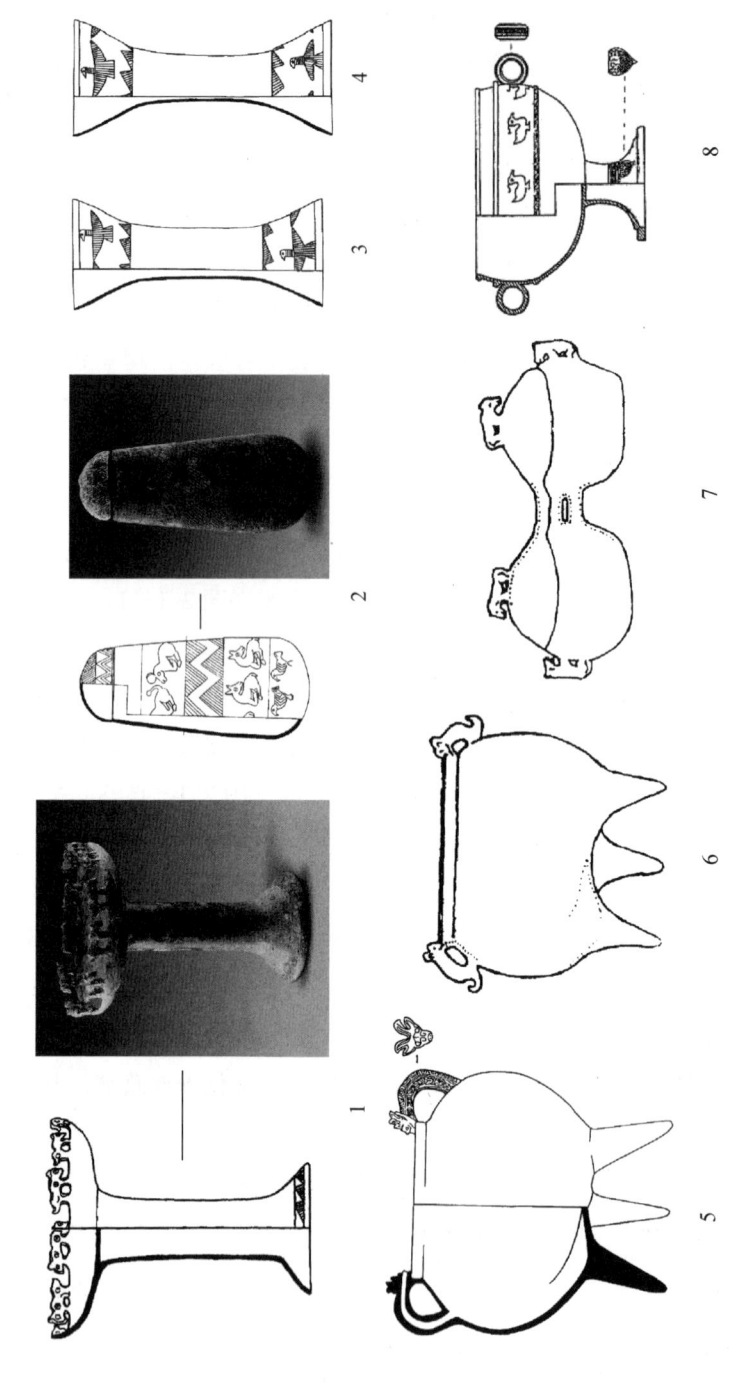

图 2.1-1 青铜容器上的动物纹表饰

1. 铜豆(小黑石沟 M9601:5) 2. 仿皮囊形壶(小黑石沟 M8501:32) 3、4. 鼓形器(M9601:9,10)
5、6. 铜甗(小黑石沟 M8501:16、南山根 M101) 7. 双联罐(南山根 M101) 8. 铜豆形器(宝玄社)

已基本无争议，主要流行年代在西周晚期至春秋早期（公元前9—前8世纪）①；只有1件出自内蒙古准格尔旗宝亥社，原报告认为其年代不会晚于春秋晚期②，杨建华先生通过与延庆西梁垙M1和怀来甘子堡M8出土的釜形豆的对比分析，进一步将宝亥社铜器的年代判定为春秋晚期③。

从上面的分析看，北方地区容器上具有土著特色的动物纹装饰并不发达，而且分布相对集中，其中大多数出自燕山以北的夏家店上层文化中，主要年代范围在西周晚期至春秋早期。此外，仅在内蒙古准格尔旗宝亥社发现1件，年代在春秋晚期，基本不见战国时期的动物纹装饰容器。

第二节 动物纹装饰工具武器

北方青铜器中工具武器非常发达，尤其是武器，作为与战争相关的功能性器物，其发展和传播速度都非常快，在北方文化人群中占有重要的地位。与青铜容器相比，工具武器中的动物纹装饰数量较多，但主要集中在短剑和铜刀两类器物上，其他器物上动物纹装饰数量较少，以下将分类介绍。

一、动物纹装饰短剑

青铜短剑是武器系统中与人群关系最为密切的一种，也是北方文化中具有象征意义的短兵器，很多青铜短剑上都有丰富的动物纹装饰。目前已有很多研究文章都涉及青铜短剑的研究④，但这些相关研究主要是从青铜短剑的

---

① 邵会秋、杨建华：《从夏家店上层文化青铜器看草原金属之路》，《考古》2015年第10期；井中伟：《夏家店上层文化的分期与源流》，《边疆考古研究（第12辑）》，科学出版社，2012年。
② 伊克昭盟文物工作站：《内蒙古准格尔旗宝亥社发现青铜器》，《文物》1987年第12期。
③ 杨建华：《春秋战国时期中国北方文化带的形成》，文物出版社，2004年，第46页。
④ 相关研究成果包括林沄：《商文化青铜器与北方地区青铜器关系之再研究》，《考古学文化论集（一）》，文物出版社，1987年；郑绍宗：《中国北方青铜短剑的分期及形制研究》，《文物》1984年第2期；刘国祥：《夏家店上层文化青铜器研究》，《考古学报》2000年第4期；刘冰：《试论夏家店上层文化的青铜短剑》，《内蒙古文物考古》1992年第1—2合刊；李海荣：《北方地区出土夏商周时期青铜器研究》，文物出版社，2003年；李刚：《中国北方青铜器的欧亚草原文化因素》，文物出版社，2011年；乌恩岳斯图：《北方草原考古学文化比较研究——青铜时代至早期匈奴时期》，科学出版社，2008年；杨建华：《商周时期中国北方冶金区的形成——商周时期北方青铜器的比较研究》，《边疆考古研究（第6辑）》，科学出版社，2007年；邵会秋、熊增珑：《冀北地区东周时期北方文化青铜短剑研究》，《文物春秋》2005年第4期；井中伟、李连娣：《中国北方系青铜"花格"剑研究》，《边疆考古研究（第13辑）》，科学出版社，2013年；滕铭予、张亮：《玉皇庙墓地出土的直刃匕首式短剑研究》，《边疆考古研究（第13辑）》，科学出版社，2013年。

形制出发，或是从考古学文化的角度把握包括青铜短剑在内的某一区域铜器组合以及整个北方系青铜器，青铜短剑动物纹装饰缺乏重点关注。目前北方地区发现的属于商周时期的动物纹装饰青铜短剑分布范围非常广泛，其中以燕山南北和内蒙古中南部地区最为集中，此外宁夏固原和甘肃庆阳等地也有一定分布。

1. 动物纹装饰短剑的分类研究

商周时期北方地区的动物纹装饰青铜短剑在形制方面差别明显，而且动物纹装饰种类也比较丰富。青铜短剑上的动物纹装饰，主要都位于各类短剑的剑首、剑柄与剑格部位，其中剑首装饰最多，剑柄次之。因此，本书在以动物纹装饰的不同特征为主要分类标准进行分类时，遵循首先依据剑首，其次剑柄，再次剑格的分类次序①。目前收集的北方地区动物纹装饰青铜短剑共149件，作如下分类研究。

A型，剑首为单体兽首，共6件。可按兽首种类分为Aa—Ac三个亚型。

Aa型，剑首为羊头，共4件。

一件于1965年在张北遗址②出土，剑首为立体圆雕羊头，羊角自后而前环曲，中饰圈钉，外饰麻花纹，柄上端羊首耳下有一环鼻；剑柄扁圆作羊颈，饰四条网格纹，中起柱状脊，越格直达剑锋；剑格为"一"字形，剑身双刃平直，锋残；剑长33.3厘米、柄长13.3厘米（图2.2-1，1）。一件出自张家口市③，形制与张北短剑大体相同，只是长度较短，剑长为32.8厘米（图2.2-1，2）。还有一件征集品出自北京市④，发表资料并不清晰，剑长27厘米、柄长11厘米（图2.2-1，3）。另外，河北青龙抄道沟⑤还出土一件，首端铸有一下垂羊首，眼、鼻皆为圆孔，原嵌绿松石脱落；颏下长髯后卷，直连于弯柄的下端，长角自首后侧前卷，有一纵沟，原嵌满绿松石，仅

---

① 这是基本的分类标准，但具体分类时由于考虑到装饰的动物纹的差异，个别型式可能优先考虑装饰最为丰富的部位。
② 郑绍宗：《中国北方青铜短剑的分期及形制研究》，《文物》1984年第2期。
③ 河北省博物馆、文物管理处：《河北省出土文物选集》，文物出版社，1980年。
④ 北京市文物管理处：《北京市新征集的商周青铜器》，《文物资料丛刊（2）》，文物出版社，1978年。
⑤ 河北省文化局文物工作队：《河北青龙县抄道沟发现一批青铜器》，《考古》1962年第12期。

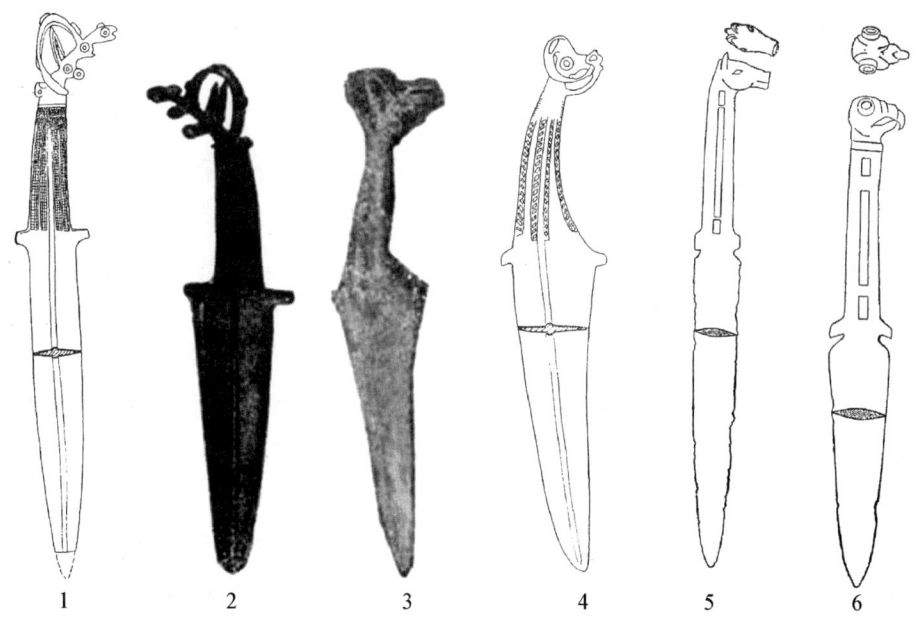

图 2.2-1　A 型短剑
1—4. Aa 型（张北、张家口市、北京征集、青龙抄道沟）
5. Ab 型（昌平白浮）　6. Ac 型（昌平白浮）

存一部分；剑长 30.2 厘米、柄长 11.6 厘米（图 2.2-1，4）。

Ab 型，剑首为马头，共 1 件。

1975 年出土于北京市昌平白浮墓地 M3：22-2[①]。剑首为圆雕马首，柄中部为 3 个分割开的纵向槽，剑柄呈长扁条形，剑格两肩下溜，剑身作直刃柳叶形。剑长 34 厘米（图 2.2-1，5）。

Ac 型，剑首为鹰头，共 1 件。

1975 年出土于北京市昌平白浮墓地 M3：22-1[②]。形制与马首剑大体相同，但剑首为一圆雕鹰首，剑长 25 厘米（图 2.2-1，6）。

---

① 北京市文物管理处：《北京地区的又一重要考古收获——昌平白浮西周木椁墓的新启示》，《考古》1976 年第 4 期。
② 北京市文物管理处：《北京地区的又一重要考古收获——昌平白浮西周木椁墓的新启示》，《考古》1976 年第 4 期。

B型，剑首为单体立兽，共4件。可按兽首种类分为Ba和Bb两个亚型。

Ba型，剑首为立虎形象，共2件。

一件1978年出土于河北隆化下甸子墓地①。剑首为作蹲踞状的虎形，但仅铸出虎的前半部，双足前曲，中部镂空。剑柄呈扁长方形，上饰锯齿纹。剑格作半月形。剑身呈柳叶形，收腰曲刃，起菱形脊。剑长40.2厘米、柄长11厘米（图2.2-2，1）。

另一件为采集品，根据原始材料，当出于内蒙古赤峰地区宁城南山根东区墓地②。剑首为一圆雕立兽，难辨类别，形似猫科动物，应为虎形。剑柄为扁条形，剑身中间起脊。剑长27.5厘米（图2.2-2，2）。

Bb型，剑首为立熊形象，共2件。

其中一件出自河北隆化三道营骆驼梁M8③。剑首为一圆雕立熊，立熊腹下穿孔。剑柄为扁条形，中间起脊，两侧饰纵向对称三角齿形纹。剑身中间起脊，收腰曲刃。剑格作蝶翼形。剑长36.3厘米、柄长10.1厘米（图2.2-2，3）。

另一件出自宁城南山根④。柄首为低头伫立的熊，扁柄中间有两道凸棱，凹格，剑身有棱脊。剑长27.5厘米（图2.2-2，4）。

C型，剑首、剑柄和剑格一体合铸成动物形象，共4件。依据剑柄动物数量分为两个亚型。

Ca型，剑柄为对卧的动物形象，共3件。依据剑柄动物形象制作技术的不同可分为两式。

Ⅰ式，对卧动物为圆雕，共2件。一件出于内蒙古宁城县汐子北山嘴村夏家店上层文化墓葬M7501∶20⑤，剑身两侧剑刃微曲，整体呈三角圭形，无脊；柄、首、格一体浇铸成对俯卧双虎形，握柄处饰虎背条带斑纹，虎头

---

① 郑绍宗：《中国北方青铜短剑的分期及形制研究》，《文物》1984年第2期。
② 李逸友：《内蒙昭乌达盟出土的铜器调查》，《考古》1959年第6期。
③ 郑绍宗：《中国北方青铜短剑的分期及形制研究》，《文物》1984年第2期。
④ 中国青铜器全集编辑委员会：《中国青铜器全集（北方民族）》，文物出版社，2011年，图七。
⑤ 宁城县文化馆、中国社会科学院研究生院考古系东北考古专业：《宁城县新发现的夏家店上层文化墓葬及其相关遗物的研究》，《文物资料丛刊（9）》，文物出版社，1985年。

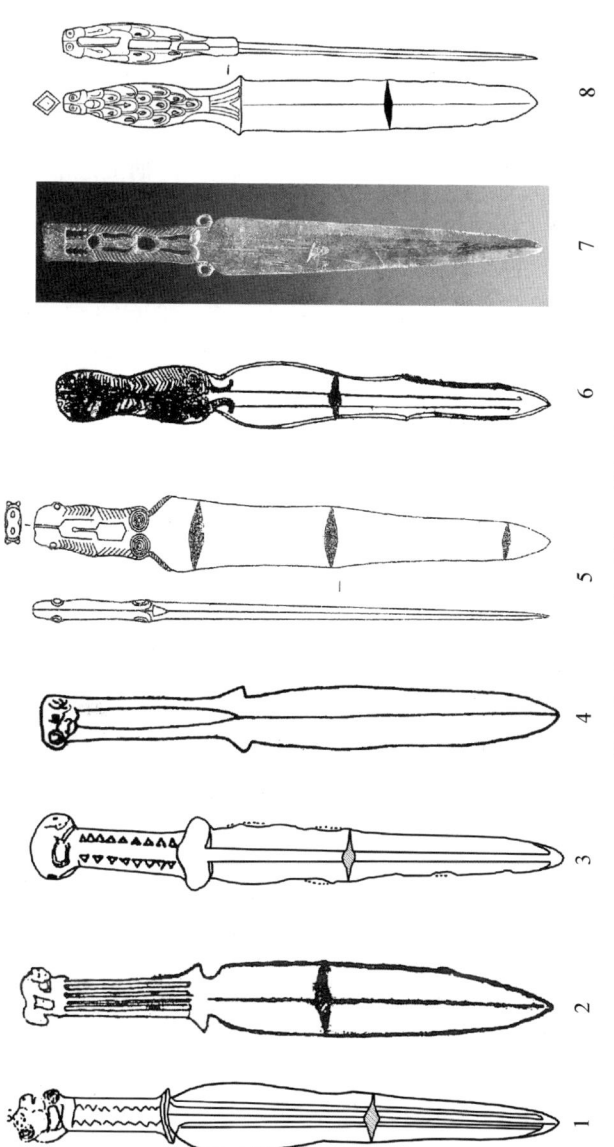

图 2.2-2　B 型短剑和 C 型短剑

1、2. Ba 型（隆化下甸子塞、南山根末区石椁墓）　3、4. Bb 型（隆化三道营骆驼梁 M8、宁城南山根 M101）
5—7. Ca 型（汐子北山嘴石椁墓 M7501∶20、宁城县南山根 M101∶36、固原征集）　8. Cb 型（《鄂尔多斯式青铜器》58.3.166）

第二章　中国北方地区动物纹装饰器物的分类与年代

中空，二虎腹下镂成长条状六角形孔；剑格部为双虎的后足，呈相对蜷曲状；虎尾向外呈"八"字形搭于剑身尾部；剑长31.8厘米、柄长7厘米（图2.2-2，5）。第二件出自内蒙古宁城县南山根M101：36①，曲刃，中起圆脊；柄、首、格一体浇铸成对俯卧双虎形，握柄处饰虎背条带斑纹；剑格处虎尾外翻；剑长34.3厘米（图2.2-2，6）。

Ⅱ式，对卧动物为透雕，1件。出自宁夏固原②，柄上透雕对卧的双兽图案，两兽张口露齿，四肢向腹部收拢，尾部倒卷成环状。剑身横截面略呈菱形，全长28.7厘米（图2.2-2，7）。

Cb型，1件。收录于《鄂尔多斯式青铜器》③，编号58.3.166，剑柄整体呈鱼形，正面饰有鱼鳞纹，镂空，剑身窄长，菱形脊，全长24.3厘米（图2.2-2，8）。

D型，剑首所饰动物纹呈对称状，共49件。依据动物种类和装饰手法的不同分为六个亚型。

Da型，剑首装饰圆雕对吻动物形，共2件。

一件出土自北京市延庆县军都山玉皇庙墓地YYM95：2④。柄、首合铸。剑首为正方形透雕对吻双熊形，双熊额下、前足与后足相套成两个镂孔。剑柄为素面扁条形。剑格为横剖面呈扁菱形的"人"字格。剑身中部起脊，两刃平直，呈圭形。剑长29.4厘米、柄长5.2厘米（图2.2-3，1）。

另一件出土于河北省怀来县甘子堡墓地M12：1⑤。柄、首分铸。剑首为正方形透雕对吻双虎形，双虎额下、前足与后足相套成两个镂孔。剑柄为扁圆柱体，尾端有一横向箍与剑首相连。剑格为溜肩"人"字形。剑身中部起脊，两刃平直，呈圭形。剑长30厘米（图2.2-3，2）。

Db型，剑首和剑格均装饰圆雕对称的动物纹，且剑首与剑格纹饰呈反向对称状，共3件。

---

① 辽宁省昭乌达盟文物工作站、中国科学院考古研究所东北工作队：《宁城县南山根的石椁墓》，《考古学报》1973年第2期。
② 宁夏固原博物馆：《固原历史文物》，科学出版社，2004年，第71页，图37。
③ 田广金、郭素新：《鄂尔多斯式青铜器》，文物出版社，1986年，第5页，图一，2。
④ 北京市文物研究所：《军都山墓地——玉皇庙》，文物出版社，2007年。
⑤ 贺勇、刘建中：《河北怀来甘子堡发现的春秋墓群》，《文物春秋》1993年第2期。

其中有两件皆出自北京市延庆县军都山西梁垙墓地，出土墓葬分别为YXM25（图2.2-3，3）和YXM5（图2.2-3，4）①。两剑通体扁平，剑首为长方形组合动物纹饰，中为相背同向双虎，双虎两侧浮雕两只野猪，分别与双虎相向而立，野猪体型较虎略大，形成二猪合围二虎的态势。剑柄为椭圆柱体，两面饰中间为粟点纹、两边为锯齿纹的组合纹饰。剑格由两只相背的圆雕熊头组成，短立耳，眼、口、鼻微凹。剑长分别为29.5和29厘米、柄长7和7.1厘米。另一件1959年出土于河北省丰宁满族自治县②。已残，残长16厘米，柄部仅存1/3，柄首与残柄不见（图2.2-3，5）。剑格与西梁垙墓地发现的两件极为相似，故归入此型。

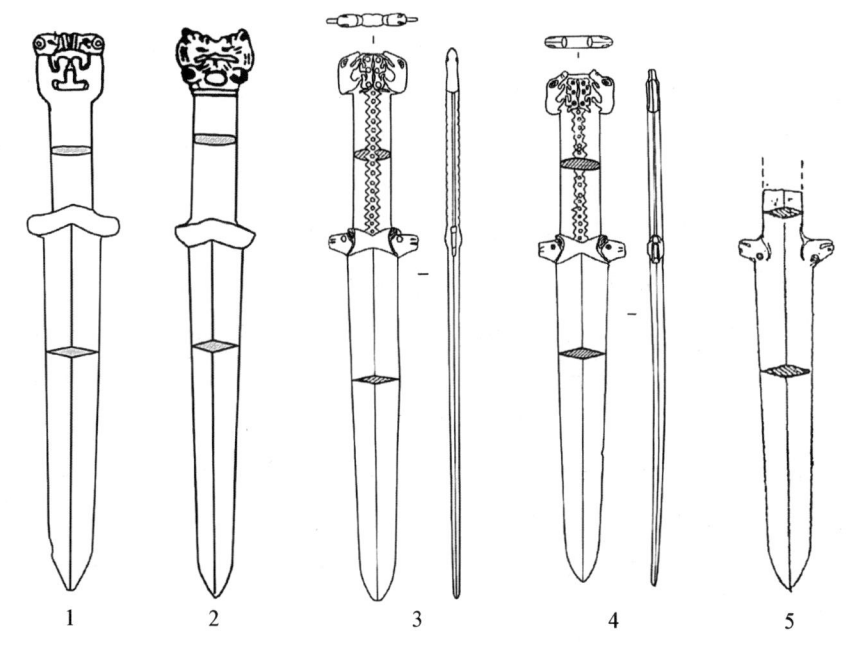

图2.2-3 Da和Db型短剑
1、2. Da型（玉皇庙YYM95∶2、甘子堡M12∶1）
3—5. Db型（西梁垙YXM25∶5、西梁垙YXM5∶2、丰宁）

① 北京市文物研究所：《军都山墓地——葫芦沟与西梁垙》，文物出版社，2009年。
② 郑绍宗：《中国北方青铜短剑的分期及形制研究》，《文物》1984年第2期。

Dc型，剑首装饰相对的透雕立兽图案，整体上剑首呈椭圆环形，共9件。

剑柄装饰有竖排的写实或抽象动物纹饰，4件。

1件出自北京市延庆县军都山葫芦沟墓地YHM35：1①。剑首为椭圆形，饰浮雕对兽，动物形似狼。剑柄为扁长条形，上下两面四边有凸起边框，边框内饰有两条纵向浮雕夔纹。剑格呈"人"字形，剑身中部起脊，两刃平直，圭形。剑长28.9厘米、柄长7.1厘米（图2.2-4，3）。

同形制短剑还有2件出土于河北省怀来县甘子堡墓地M11：5②和宣化小白阳墓地M37：1③。整体形制与上一件大体相同，但小白阳墓地出土的短剑正面装饰竖排夔纹，反面装饰两只回首鹿纹。甘子堡墓地M11：5剑长28.6厘米（图2.2-4，2），小白阳墓地M37：1剑长不明（图2.2-4，1）。

另外在北京市采集1件④。剑首作椭圆形，中部半浮雕铸成对兽，旁嵌以圆形绿松石，早已脱落，仅留圆形嵌槽。剑身与柄之间有"凹"字形剑格，上铸涡纹。扁条形柄，上部略窄，中心镂空花纹，边饰斜绳纹。剑长26.5厘米、柄长8.5厘米（图2.2-4，4）。

剑柄中有凹槽，两边作斜线纹，柄身无动物纹装饰，4件。

1958年河北省沽源县出土1件⑤。剑体短小，柄、刃同长。剑首为透雕的两个相对动物图案组成的椭圆。剑柄为扁长条形，中有纵向凹槽，边框饰斜线纹。剑格为倒卷"人"字形格，倒卷处饰兽目纹。剑身形如长舌，中部起脊，两刃平直。剑长18.9厘米、柄长9厘米、格长1.3厘米（图2.2-4，5）。

1961年河北省怀来县大古城遗址出土1件⑥。与上一件形制大体相同，只是剑首所饰动物的头部、腰部、足部嵌有绿松石，并且剑格倒卷处所饰为同心圆。剑刃残损。残长17.9厘米、柄长9.2厘米（图2.2-4，6）。

---

① 北京市文物研究所：《军都山墓地——葫芦沟与西梁垙》，文物出版社，2009年。
② 贺勇、刘建中：《河北怀来甘子堡发现的春秋墓群》，《文物春秋》1993年第2期。
③ 张家口市文物事业管理所、宣化县文化馆：《河北宣化县小白阳墓地发掘报告》，《文物》1987年第5期。
④ 北京市文物管理处：《北京市新征集的商周青铜器》，《文物资料丛刊（2）》，文物出版社，1978年。
⑤ 郑绍宗：《中国北方青铜短剑的分期及形制研究》，《文物》1984年第2期。
⑥ 郑绍宗：《中国北方青铜短剑的分期及形制研究》，《文物》1984年第2期。

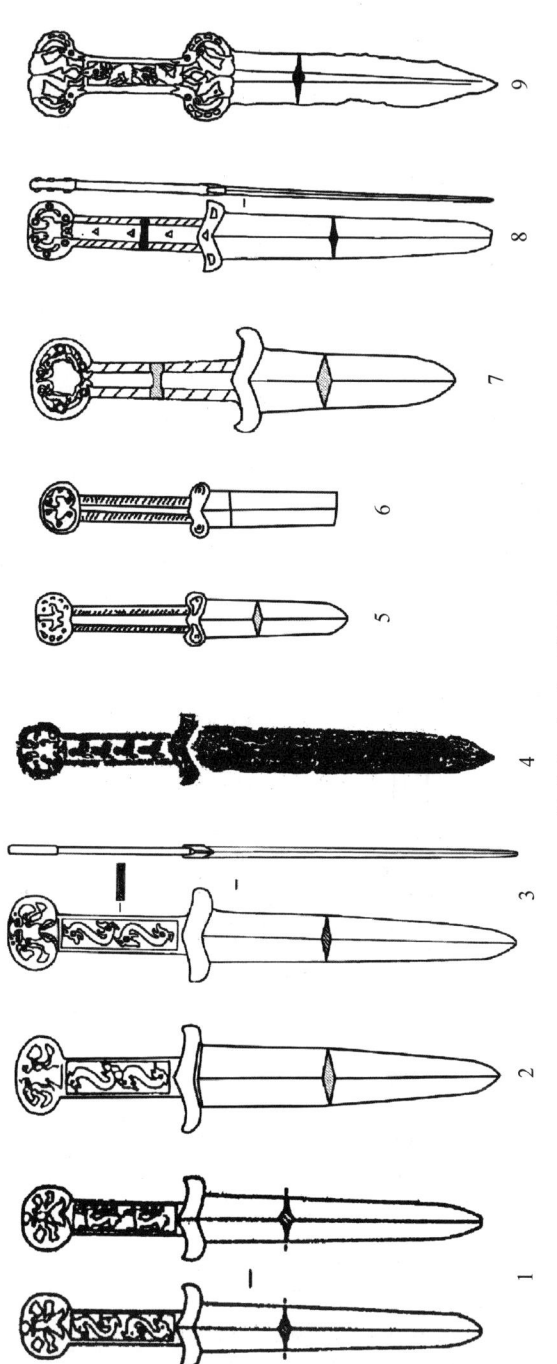

图 2.2-4 Dc 型短剑

1. 宣化小白阳 M37:1 2. 甘子堡 M11:5 3. 玉皇庙 YYM175:2 4. 北京采集 5. 洁源 YHM35:1 6. 怀来大古城 7. 玉皇庙 YYM156:2 8. 葫芦沟 9.《鄂尔多斯式青铜器》E.1

另外 2 件皆出自北京市延庆县军都山玉皇庙墓地，一件是 YYM156∶2，另一件为 YYM175∶2①。剑首为椭圆环形，饰相对蜷曲双羊纹。剑柄长条形，中部为纵向凹槽，两侧边框饰斜线纹。剑格皆为翘肩"人"字形。YYM156∶2 剑长 29.8 厘米、柄长 8.2 厘米、格长 1.6 厘米（图 2.2－4，8）。YYM175∶2 剑长 20.2 厘米、柄长 6.6 厘米（图 2.2－4，7）。

还有一件是《鄂尔多斯式青铜器》征集品，剑首装饰有镂空的动物图案，图案为两只对卧的鹿，前肢前屈，后肢翻转朝上，组成双环形图案。柄部扁平，上饰有两只卧羊形镂空图案。剑格呈扁圆形，上饰图案与剑首相同。剑身较宽，柱状脊。全长 28.9 厘米（图 2.2－4，9）。

Dd 型，剑首为相背的兽头，共 2 件。

宁夏固原撒门村墓葬出土 1 件②，茎部镂空；剑格处为两背向连接兽头；剑身呈柳叶状，中起脊，断面呈菱形；通长 21.4 厘米（图 2.2－5，1）。固原

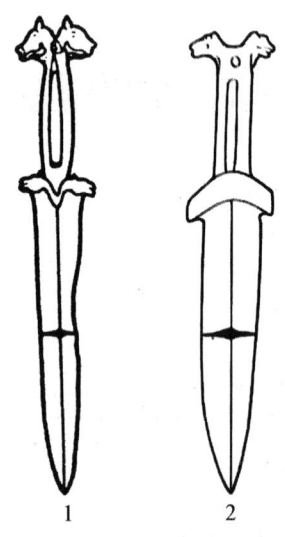

图 2.2－5　Dd 型短剑
1. 固原撒门村　2. 固原沟口乡

---

① 北京市文物研究所：《军都山墓地——玉皇庙》，文物出版社，2007 年。
② 罗丰、延世忠：《1988 年固原出土的北方系青铜器》，《考古与文物》1993 年第 4 期。

沟口乡出土1件，柄端铸两个背向的兽头，扁柄中间有一长条形镂孔；格呈翼状；剑身宽短，直刃中间起棱；通长22.8厘米（图2.2-5，2）。

De型，剑首为相互对称的双鸟形首①，共31件。依据鸟首的细部变化可以分为两式。

Ⅰ式，鸟首比较写实，鸟嘴和眼睛清晰可见，共22件。毛庆沟墓地出土4件，分别为M59:2、M45:3、M70:3、M58:4②（图2.2-6，1、2、16、17）。甘肃秦安县王窑公社王家出土1件③，残长21厘米（图2.2-6，3）。庆阳李沟1984年出土1件④，尺寸不详（图2.2-6，4）。宁夏中宁县倪丁村出土1件（M1:3），下端残断，残长18.3厘米（图2.2-6，5）。于家庄收集1件⑤，残长11.4厘米（图2.2-6，6）。宁夏固原彭堡撒门村M3⑥出土1件，通长28.6厘米（图2.2-6，7）。固原县杨郎乡马庄墓地出土1件（IM4:11）⑦，通长25.2厘米（图2.2-6，8）。宁夏中卫县狼窝子坑出土1件（M5:3）⑧，通长25厘米（图2.2-6，9）。杭锦旗公苏壕出土1件（M1:5）⑨，通长25.3厘米（图2.2-6，10）。《固原文物精品图集》上发表5件⑩（图2.2-6，11、12、14、19、20）。宁夏彭阳县苋麻村出土1件（XM:01），长25.6厘米（图2.2-6，13）。固原征集1件⑪，通长29.6厘米（图2.2-6，15）。固原河川乡石喇村出土1件⑫，长25.8厘米、刃宽2.4厘米；剑首为两个相对连接的兽头；柄扁平，中间有凹槽，两侧饰锯齿

---

① 部分器物剑首不是鸟首，但形制与鸟头相似，故也归入此型中。
② 内蒙古文物工作队：《毛庆沟墓地》，《鄂尔多斯式青铜器》，文物出版社，1986年，第227—315页。
③ 秦安县文化馆：《秦安县历年出土的北方系青铜器》，《文物》1986年第2期。
④ 刘得祯、许俊臣：《甘肃庆阳春秋战国墓葬的清理》，《考古》1988年第5期。
⑤ 钟侃：《宁夏固原县出土文物》，《文物》1978年第12期。
⑥ 罗丰、韩孔乐：《宁夏固原近年发现的北方系青铜器》，《考古》1990年第5期。
⑦ 宁夏文物考古研究所、宁夏固原博物馆：《宁夏固原杨郎青铜文化墓地》，《考古学报》1993年第1期。
⑧ 周兴华：《宁夏中卫县狼窝子坑的青铜短剑墓群》，《考古》1989年第11期。
⑨ 田广金：《桃红巴拉的匈奴墓》，《考古学报》1976年第1期。
⑩ 宁夏固原博物馆：《固原文物精品图集》，宁夏人民出版社，2013年，第138—145页。
⑪ 钟侃、韩孔乐：《宁夏南部春秋战国时期的青铜文化》，《中国考古学会第四次年会论文集》，文物出版社，1985年。
⑫ 罗丰：《宁夏固原石喇村发现一座战国墓》，《考古学集刊（第3集）》，中国社会科学出版社，1983年。

纹；格为背向的两个兽头；剑身近似柳叶形，中间起棱（图2.2-6，18）。甘肃正宁县后庄村墓葬出土1件①，铜柄铁剑，残长11.5厘米（图2.2-6，21）。河北省张家口市出土1件②，剑首为两个相背鸟首组成的扁环，剑长26厘米（图2.2-6，22）。

Ⅱ式，剑首双鸟图案变得抽象，简化成小双环，共9件。甘肃庄浪县邵坪村出土1件（ZS5082：333）③，通长27厘米（图2.2-6，23）。河北省怀来县北辛堡墓地出土1件（M1：76）④，剑长30.3厘米（图2.2-6，24）。内蒙古和林格尔范家窑子出土1件⑤，长25厘米（图2.2-6，25）。鄂尔多斯收集4件⑥，尺寸不明（图2.2-6，26—29）。毛庆沟墓地出土1件（M6：12）⑦，剑长29.5厘米（图2.2-6，30）。陕西神木老龙池出土1件⑧，通长29.2厘米（图2.2-6，31）。

Df型，剑首为双鸟头相背连接，共2件。根据鸟首细部变化，可分为两式。

Ⅰ式，1件。《鄂尔多斯式青铜器》编号58.3.164⑨，剑首为双鸟头相背连接，剑首鸟头造型逼真，剑柄饰云形纹，剑格也为双鸟头相背连接，近似椭圆形，通长25.8厘米（图2.2-6，32）。

Ⅱ式，1件。双鸟头已经简化，仅具象征性，出自西沟畔M3：1⑩，剑首中间有圆孔，柄扁平，上饰两条弯曲的蛇纹，剑格呈扁圆状，剑身断面呈细长菱形，通长20.3厘米（图2.2-6，33）。

---

① 刘得祯、许俊臣：《甘肃庆阳春秋战国墓葬的清理》，《考古》1988年第5期。
② 郑绍宗：《中国北方青铜短剑的分期及形制研究》，《文物》1984年第2期。
③ 庄浪县博物馆：《庄浪县邵坪村出土一批青铜器》，《文物》2005年第3期。
④ 河北省文化局文物工作队：《河北怀来北辛堡战国墓》，《考古》1966年第5期。
⑤ 李逸友：《和林格尔县范家窑子出土的铜器》，《鄂尔多斯式青铜器》，文物出版社，1986年，第222页。
⑥ 田广金、郭素新：《鄂尔多斯式青铜器》，文物出版社，1986年，第8页，图三。
⑦ 内蒙古文物工作队：《毛庆沟墓地》，《鄂尔多斯式青铜器》，文物出版社，1986年，第227—315页。
⑧ 戴应新、孙嘉祥：《陕西神木县出土匈奴文物》，《文物》1983年第12期。
⑨ 田广金、郭素新：《鄂尔多斯式青铜器》，文物出版社，1986年，第6页，图二，2。
⑩ 伊克昭盟文物工作站、内蒙古文物工作队：《西沟畔匈奴墓》，《文物》1980年第7期。

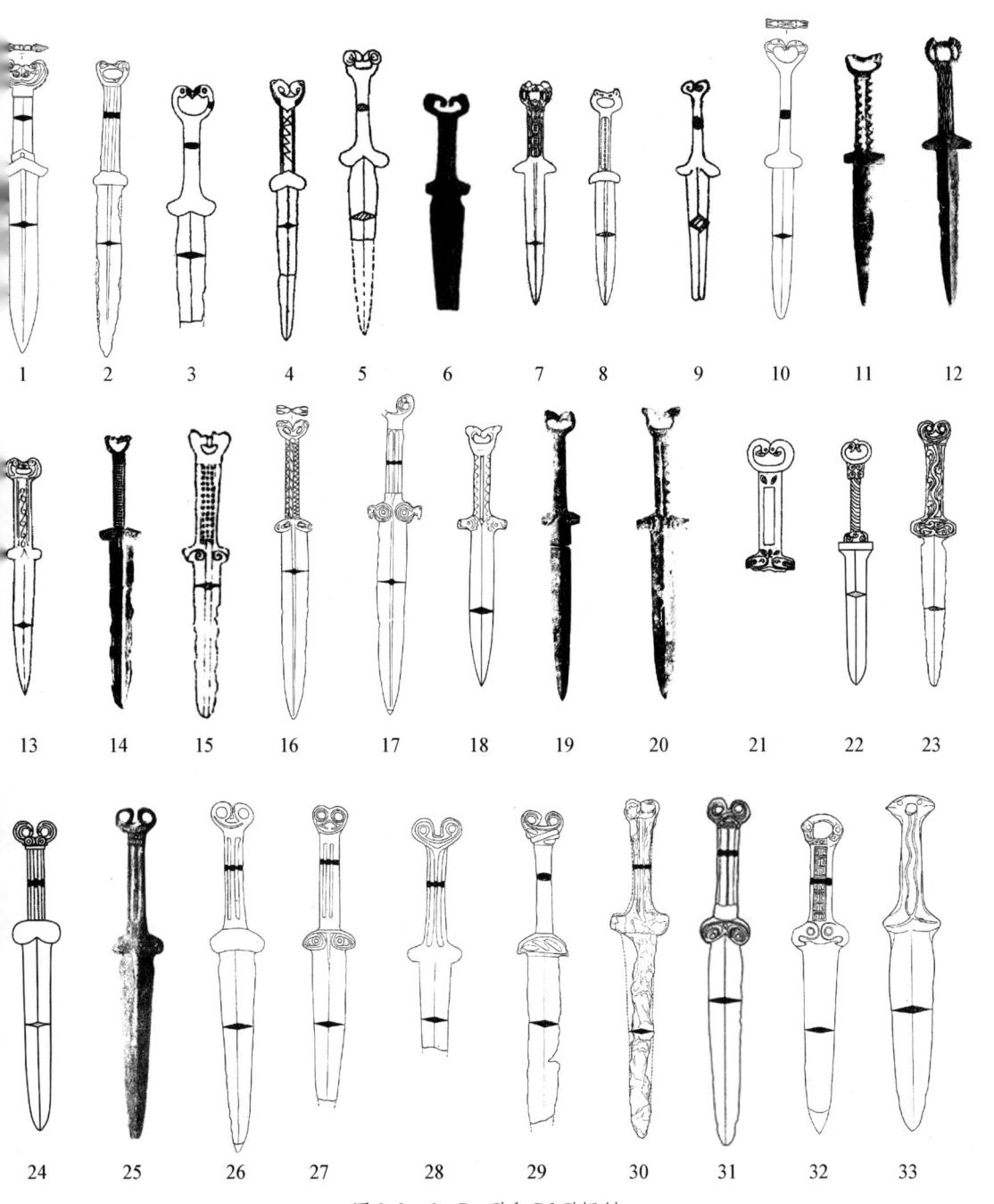

图 2.2-6 De 型和 Df 型短剑

1. 毛庆沟墓地 M59:2 2. 毛庆沟墓地 M45:3 3. 甘肃秦安县征集 4. 庆阳李沟 5. 宁夏中宁倪丁村 6. 于家庄收集 7. 固原撒门村 8. 固原马庄 9. 宁夏中卫 10. 杭锦旗公苏壕 M1:5 11. 固原撒门村 12. 固原撒门村 13. 彭阳苋麻村 14. 固原阳洼村 15. 固原征集 16. 毛庆沟墓地 M70:3 17. 毛庆沟墓地 M58:4 18. 固原石喇村 19. 固原马庄 20. 固原阳洼村 21. 正宁后庄村 22. 张家口市 23. 庄浪县邵坪村 24. 北辛堡 M1:76 25. 和林格尔范家窑子 26—29. 鄂尔多斯收集(编号为 63.5.116、E·2—4) 30. 毛庆沟墓地 M6:12 31. 神木老龙池 32. 《鄂尔多斯式青铜器》58.3.164 33. 西沟畔 M3:1(1—31 为 De 型,32、33 为 Df 型)

E 型, 柄首为类似卷曲羊角状的双环形首, 共 44 件。根据双环的形制, 可分为 Ea 和 Eb 两个亚型。

Ea 型, 剑首双环相连, 共 9 件。

其中, 7 件出土于北京市延庆县军都山玉皇庙墓地（YYM46：2、YYM71：2、YYM74：2、YYM51：2、YYM213：2、YYM151：2、YYM275：2）[①], 另 2 件出土于河北省滦平市苘子沟墓地（苘子沟 M18、M16）[②]。

玉皇庙的 7 件短剑中, 除了 YYM46：2 剑柄中部饰一列纵向阳刻方格纹直抵"人"字形剑格上端, YYM275：2 剑首镂孔周围无辐射纹外, 其余 5 件形制基本相同: 剑首为变形卷曲羊角状一体双环形, 环心镂孔, 孔周围饰绹纹, 两环之间亦有一方形镂孔, 外围有一横置呈葫芦形的边框; 剑柄部一般为素面, 剑格部向剑锋处开口角度较大。YYM46：2 剑格两肩微翘, "人"字形态夸张, 剑长 27.8 厘米、柄长 6.7 厘米（图 2.2-7, 1）; YYM71：2 剑长 26.5 厘米、柄长 6.7 厘米（图 2.2-7, 4）; YYM74：2 剑长 26.3 厘米、柄长 6.7 厘米（图 2.2-7, 6）; YYM51：2 剑长 27.3 厘米、柄长 6.7 厘米（图 2.2-7, 5）; YYM213：2 剑长 25.2 厘米、柄长 6.7 厘米（图 2.2-7, 3）; YYM151：2 剑长 25.7 厘米、柄长 6.7 厘米（图 2.2-7, 2）; YYM275：2 剑长 25.1 厘米、柄长 6.4 厘米（图 2.2-7, 7）。

苘子沟 M16 剑首为变形卷曲羊角状一体双环形, 环心镂孔, 顶部及孔四周饰形如羊角的卷曲麻花纹, 将两环连在一起。剑柄中部纵向饰两列锯齿纹, 直达剑格, 剑格为对称扁六边形。剑身中部起阶梯式脊, 剑锋残。剑长 34.3 厘米、柄长 9.5 厘米（图 2.2-7, 9）。

苘子沟 M18 剑首为变形卷曲羊角状一体双环形, 环心无孔, 中部相连, 如横置的无口等圆葫芦形。剑首、剑柄、剑格通体无纹饰, 剑格为直翼式。剑长 27.2 厘米、柄长 8.4 厘米、格长 1.3 厘米（图 2.2-7, 8）。

Eb 型, 剑首无框, 中部无镂孔, 两环彼此独立, 共 35 件。按照剑首是否凸起可以分为两种。

第一种, 剑首双环较平, 无凸起, 共 18 件。

---

① 北京市文物研究所:《军都山墓地——玉皇庙》, 文物出版社, 2007 年。
② 郑绍宗:《中国北方青铜短剑的分期及形制研究》,《文物》1984 年第 2 期。

图 2.2－7　Ea 型短剑

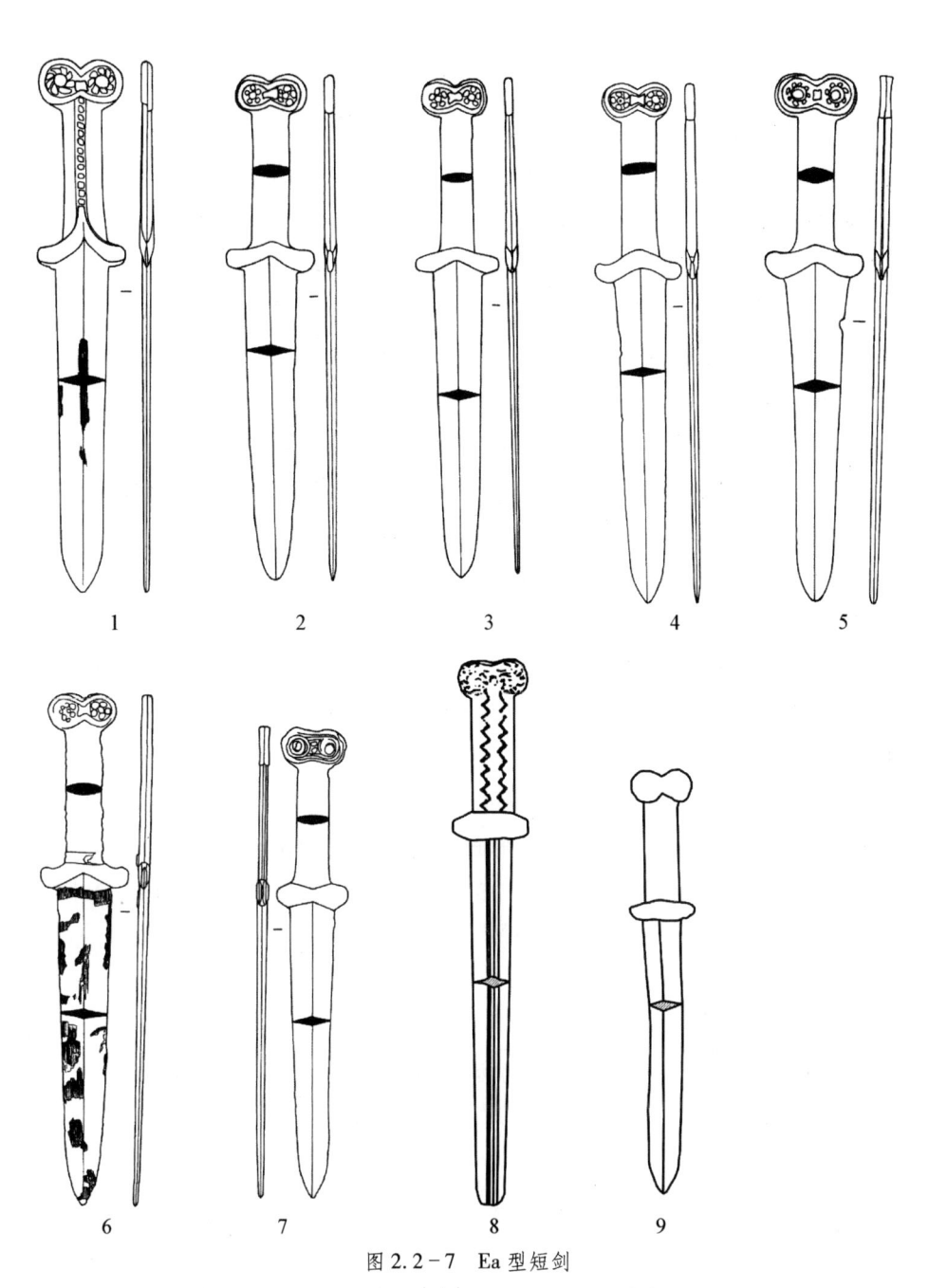

1. 玉皇庙 YYM46：2　2. 玉皇庙 YYM151：2　3. 玉皇庙 YYM213：2
4. 玉皇庙 YYM71：2　5. 玉皇庙 YYM51：2　6. 玉皇庙 YYM74：2
7. 玉皇庙 YYM275：2　8. 滦平苘子沟 M18　9. 滦平苘子沟 M16

其中，有 14 件分别出土于北京市延庆县军都山的玉皇庙墓地（YYM179：2、YYM70：2、YYM22：2、YYM188：2、YYM143：2、YYM385：2、YYM36：2、YYM190：2、YYM57：2、YYM19：2、YYM11：2、YYM82：2、YYM333：2）①和西梁垙墓地（YXM4：1）②，另有 2 件出土于甘子堡（M4：2、M4：3）③，剩余 2 件分别出土于承德市和河北省三道营骆驼梁 M4④。这些短剑的共性就是剑首为变形卷曲羊角状双环，而且双环彼此独立，无明显凸起，但各个短剑在剑格和剑柄装饰上存在一定的差异（图 2.2-8，1—18）。

第二种，与第一种的差别在于剑首双环凸起，共 15 件。

其中，有 11 件分别出土于北京市延庆县军都山玉皇庙墓地（YYM48：2、YYM210：2、YYM86：2、YYM261：2、YYM158：2、YYM295：2）⑤和葫芦沟墓地（YHM10：2、YHM185：2、YHM51：8-1、YHM28：2、YHM39：2）⑥，余下 4 件分别出土于河北省滦平窑上营房西山墓⑦、河北省滦平县梨树沟门墓地 L1805⑧、蔚县⑨和龙庆峡墓地 M36：1⑩。这些短剑剑首前后中部均凸起，周围往往为饰辐射锯齿纹的同心圆双环（图 2.2-9，1—15）。

除了以上短剑外，河北省宣化市小白阳墓地也出土了 2 件 Eb 型短剑（M22：3 和 M44：1）。M22：3 形制接近茼子沟 M16，M44：1 形制接近 YYM179：2（图 2.2-9，16、17），但是由于发掘简报未提供短剑的尺寸和剖面等信息，无法进一步论述其分类。

---

① 北京市文物研究所：《军都山墓地——玉皇庙》，文物出版社，2007 年。
② 北京市文物研究所：《军都山墓地——葫芦沟与西梁垙》，文物出版社，2009 年。
③ 贺勇、刘建中：《河北怀来甘子堡发现的春秋墓群》，《文物春秋》1993 年第 2 期。
④ 郑绍宗：《中国北方青铜短剑的分期及形制研究》，《文物》1984 年第 2 期。
⑤ 北京市文物研究所：《军都山墓地——玉皇庙》，文物出版社，2007 年。
⑥ 北京市文物研究所：《军都山墓地——葫芦沟与西梁垙》，文物出版社，2009 年。
⑦ 郑绍宗：《中国北方青铜短剑的分期及形制研究》，《文物》1984 年第 2 期。
⑧ 承德地区文物保护管理所、滦平县文物保护管理所：《河北省滦平县梨树沟门墓群清理发掘简报》，《文物春秋》1994 年第 2 期。
⑨ 郑绍宗：《中国北方青铜短剑的分期及形制研究》，《文物》1984 年第 2 期。
⑩ 北京市文物研究所：《延庆龙庆峡别墅工程中发现的春秋时期墓葬》，《北京文物与考古（第四辑）》，北京市文物研究所，1994 年。

图 2.2-8 Eb 型短剑（一）

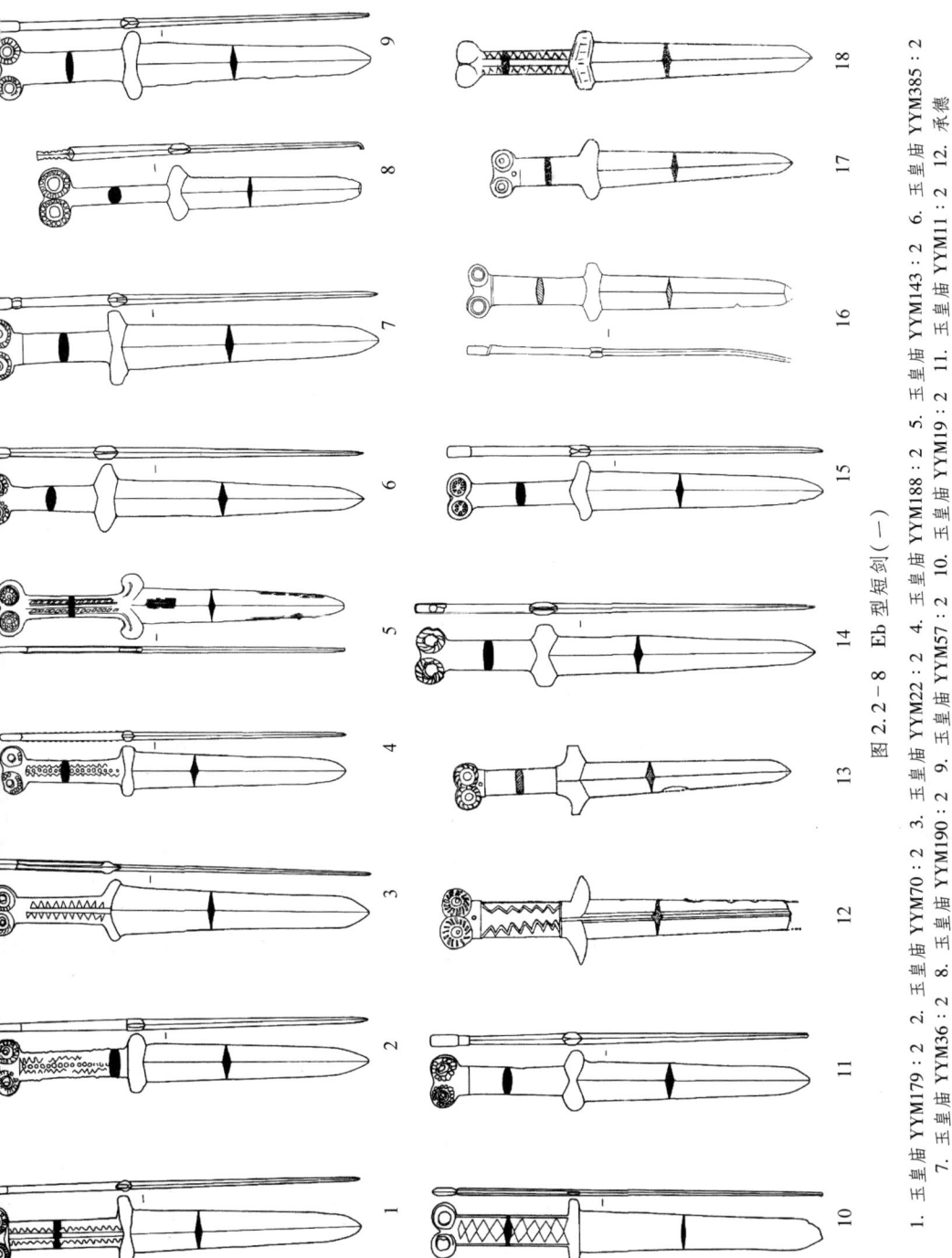

1. 玉皇庙 YYM179:2 2. 玉皇庙 YYM70:2 3. 玉皇庙 YYM22:2 4. 玉皇庙 YYM188:2 5. 玉皇庙 YYM143:2 6. 玉皇庙 YYM385:2
7. 玉皇庙 YYM36:2 8. 玉皇庙 YYM190:2 9. 玉皇庙 YYM57:2 10. 玉皇庙 YYM19:2 11. 玉皇庙 YYM11:2 12. 承德
13. 隆化三道营骆驼梁 M4 14. 玉皇庙 YYM82:2 15. 玉皇庙 YYM333:2 16. 西梁洼 YXM4:1 17. 甘子堡 M4:2 18. 甘子堡 M4:3

图 2.2-9　Eb 型短剑（二）

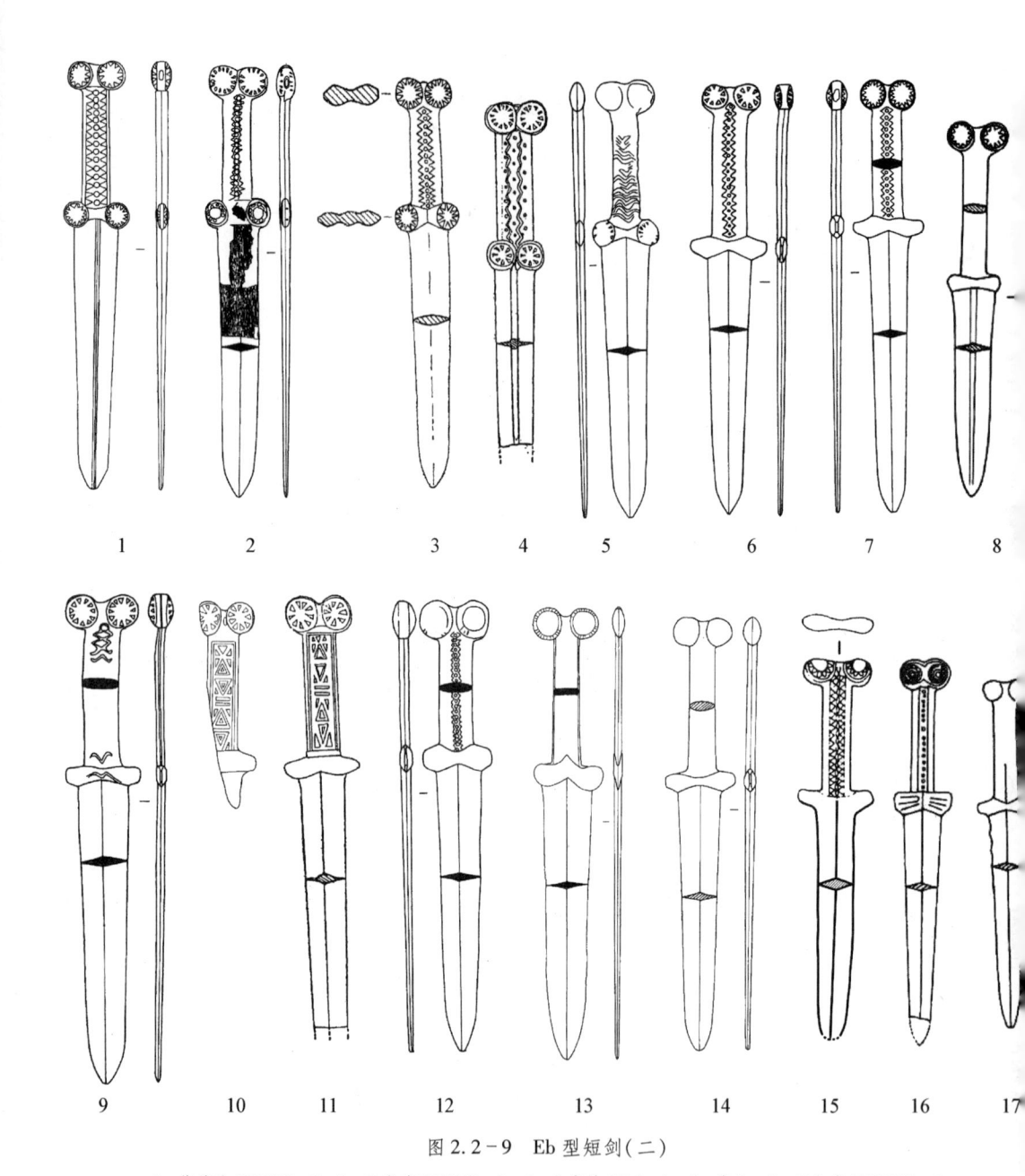

1. 葫芦沟 YHM10∶2　2. 玉皇庙 YYM48∶2　3. 龙庆峡 M36∶1　4. 蔚县　5. 玉皇庙 YYM210∶2
6. 玉皇庙 YYM86∶2　7. 玉皇庙 YYM261∶2　8. 葫芦沟 YHM185∶2　9. 玉皇庙 YYM158∶2
10. 葫芦沟 YHM51∶8-1　11. 滦平窑上营房西山墓　12. 玉皇庙 YYM295∶2　13. 葫芦沟 YHM28∶2
14. 葫芦沟 YHM39∶2　15. 梨树沟门 L1805　16. 小白阳 M22∶3　17. 小白阳 M44∶1

F型, 剑首为蛇环绕而成的双环首,双环相接处隔柱上有蛇头,共20件。根据双环相接处隔柱上蛇头数量不同,可以分为Fa和Fb两个亚型。

Fa型,双环相接处隔柱单面有两个或多个蛇头,共3件。

1966年河北省承德市出土1件①。剑首是由素体蟠蛇构成的双扁圆环,双环相接处为一扁条柱,柱的两头分别饰蛇头(一端两个、一端三个),双环的侧面饰麻花纹。剑柄中部为素面,两边饰绳索纹。剑格为弓背形,双角向剑首方向倒卷呈涡纹。剑长27厘米、柄长9厘米、格长1.1厘米(图2.2-10,2)。

河北滦平梨树沟门墓地(编号L1797)②和怀来县大古城③也各出土1件。剑首为一条双头蛇构成的双环形,双环相接处为一扁条柱,柱的两头分别饰蛇头(每端一个),蛇身饰密集排列的"人"字纹。剑格为翘肩"人"字形。剑柄为扁长条形,大古城短剑柄中部饰两条阴刻带饰,上刻排列三角纹;L1797短剑柄部饰两列"S"形卷云纹带,每列纵向三个。尺寸分别为:

大古城剑长26.8厘米、柄长10.1厘米(图2.2-10,3)。

L1797剑长30.3厘米、柄长8.3厘米(图2.2-10,1)。

Fb型,双环相接处隔柱单面有一个蛇头,共17件。根据蛇头明显程度可分为两式。

FbⅠ式,蛇头形象明显,共13件。

其中12件出自北京市延庆县玉皇庙墓地(YYM131:2、YYM171:2、YYM134:2、YYM349:2、YYM164:2、YYM370:2、YYM348:2、YYM161:2、YYM122:2、YYM344:2、YYM160:2、YYM105:2)④。

YYM171:2和YYM131:2两剑形制基本相同,其剑首均为双环形,双环相接与柄相连处为前后对称双蛇头,蛇头下为一平台,平台前后两面各有两个对称的蛇头。柄部形制及装饰与Fa型的承德市短剑相同。剑格处为平

---

① 郑绍宗:《中国北方青铜短剑的分期及形制研究》,《文物》1984年第2期。
② 承德地区文物保护管理所、滦平县文物保护管理所:《河北省滦平县梨树沟门墓群清理发掘简报》,《文物春秋》1994年第2期。
③ 郑绍宗:《中国北方青铜短剑的分期及形制研究》,《文物》1984年第2期。
④ 北京市文物研究所:《军都山墓地——玉皇庙》,文物出版社,2007年。

图 2.2-10 F型短剑

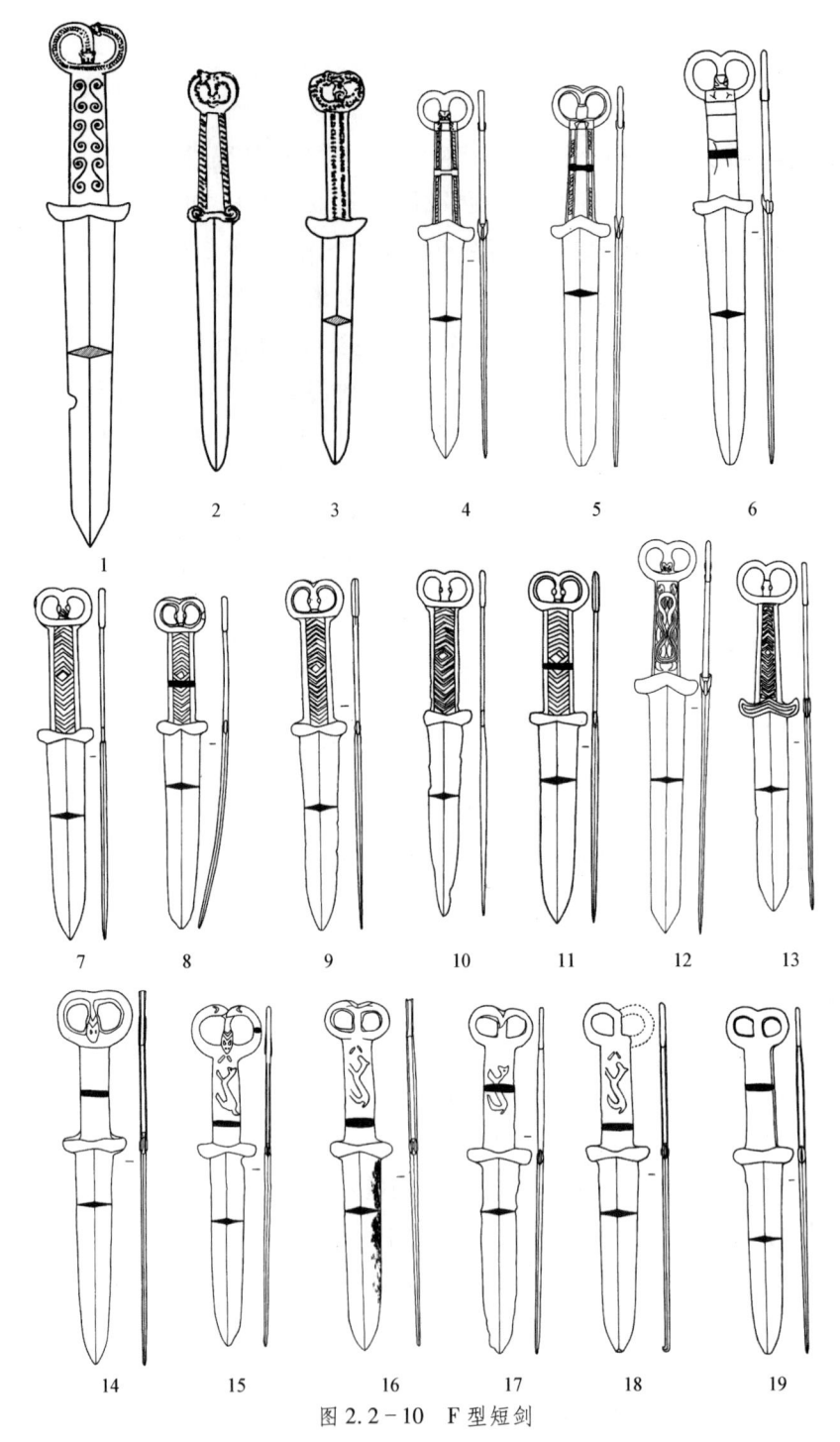

1—3. Fa型（梨树沟门 L1797、承德、怀来大古城）
4—15. FbI 式（玉皇庙 YYM131：2、玉皇庙 YYM171：2、玉皇庙 YYM134：2、玉皇庙 YYM349：2、玉皇庙 YYM164：2、玉皇庙 YYM370：2、玉皇庙 YYM348：2、玉皇庙 YYM161：2、玉皇庙 YYM122：2、玉皇庙 YYM344：2、玉皇庙 YYM160：2、玉皇庙 YYM105：2）
16—19. FbII 式（玉皇庙 YYM129：2、玉皇庙 YYM168：2、玉皇庙 YYM111：2、玉皇庙 YYM334：2）

肩"人"字形。YYM171：2 剑长 30.2 厘米、柄长 7 厘米（图 2.2-10，5）；YYM131：2 剑长 29.7 厘米、柄长 7.1 厘米（图 2.2-10，4）。

YYM134：2 短剑整体形制与前两把相同，但柄部为素面，有两道横向的细凹槽；剑长 26 厘米、柄长 6 厘米。YYM160：2、YYM105：2 与 YYM134：2 外形很接近，但 YYM160：2 剑柄素面无纹，而 YYM105：2 剑柄却饰纵向阴刻半蹲犬纹，犬吻部上方饰"八"字形阴刻纹。YYM160：2 剑长 23.7 厘米、柄长 6 厘米（图 2.2-10，14）；YYM105：2 剑长 23.5 厘米、柄长 6 厘米（图 2.2-10，15）。YYM344：2、YYM349：2、YYM161：2、YYM164：2、YYM370：2、YYM348：2 这六件短剑除了 YYM344：2 的剑格与其他略有区别外，形制及纹饰基本相同：六剑剑首皆为相接处扁条柱一端有一对蛇头的双环形，剑柄中部皆饰纵向排列、中部分界、上下对称的"人"字纹宽条带，两边是素面框。剑格除 YYM344：2 是"人"字形格外，其余皆为叠翼形格。YYM344：2 剑长 24 厘米、柄长 6.6 厘米（图 2.2-10，13）；YYM349：2 剑长 20.8 厘米、柄长 6.2 厘米（图 2.2-10，7）；YYM161：2 剑长 20.8 厘米、柄长 6.3 厘米（图 2.2-10，11）；YYM164：2 剑长 22.2 厘米、柄长 6.1 厘米（图 2.2-10，8）；YYM370：2 剑长 20.5 厘米、柄长 6.2 厘米（图 2.2-10，9）；YYM348：2 剑长 20.6 厘米、柄长 6.2 厘米（图 2.2-10，10）。

另有与上述六剑相似的 YYM122：2 短剑一件。其整体形制与前六剑相同，只是剑柄处装饰为交织成麻花状的双头蛇纹与丝带状纹，剑格为近乎平肩的"人"字形格。剑长 31.5 厘米、柄长 7.3 厘米（图 2.2-10，12）。

还有一件出土于河北省宣化小白阳墓地。短剑形制与 YYM344：2 相近，只是剑柄装饰为斜网格纹，具体尺寸不明。

FbII 式，剑首双环相接处隔柱已无明显蛇头形象，共 4 件。

全部出土于北京市延庆县玉皇庙墓地（YYM129：2、YYM334：2、YYM168：2、YYM111：2）[①]。剑首无蛇头。剑柄全部饰纵向阴刻半蹲犬纹，犬吻部上方饰"八"字形阴刻纹（YYM168：2 短剑无"八"字形饰）。

---

① 北京市文物研究所：《军都山墓地——玉皇庙》，文物出版社，2007 年。

YYM129：2剑长21.9厘米、柄长6.5厘米（图2.2-10，16）；YYM334：2剑长22厘米、柄长6.5厘米（图2.2-10，19）；YYM168：2剑身长22.1厘米、柄长6.6厘米（图2.2-10，17）；YYM111：2剑身长22.3厘米、柄长6.5厘米（图2.2-10，18）。

G型，剑首装饰倒卷双羊角纹或呈下弯的羊角形，共11件。根据剑首装饰形制差异，可以分为Ga型和Gb型两个亚型。

Ga型，剑首为扁平椭圆形镂孔，表面装饰倒卷双羊角纹饰，共8件。

其中有5件出土于北京市延庆县军都山玉皇庙墓地（YYM182：2、YYM247：2、YYM61：2、YYM236：2、YYM257：2）。它们的基本形制皆为剑首呈扁平椭圆形，正面是倒卷双羊角纹，背面是交叉短柱所框成的多个几何形镂孔，与外围的椭圆形边框相接。剑柄为长条形，正面纵向从左到右饰四条平面细柱纹（中间两条接剑首羊角根部，左右两条接剑首外围边框），背面饰纵向排列的横向细杠纹，两面装饰使剑柄纹饰形成纵向排列的镂孔方格阵状。YYM182：2剑长27.2厘米、柄长6.5厘米（图2.2-11，4）；YYM247：2剑长28厘米、柄长6.8厘米（图2.2-11，5）；YYM61：2剑长27.2厘米、柄长6厘米（图2.2-11，2）；YYM236：2剑长26.8厘米、柄长6.6厘米（图2.2-11，3）；YYM257：2剑长26.8厘米、柄长6.2厘米（图2.2-11，1）。

另有3件分别出土于河北省滦平县营房大腰子墓[1]、丰宁满族自治县四岔口土坎子墓[2]、宣化小白阳墓地M30：13[3]。三柄短剑形制与前面所述一致，其中小白阳短剑剑身中部起柱状脊。滦平县营房大腰子墓剑长25.7厘米、柄长8.9厘米（图2.2-11，7）；丰宁满族自治县四岔口土坎子墓剑长29厘米、柄长9.2厘米（图2.2-11，6）；宣化小白阳M30：13短剑尺寸不明（图2.2-11，8）。

Gb型，剑首呈下弯羊角形，共3件。

---

[1] 郑绍宗：《中国北方青铜短剑的分期及形制研究》，《文物》1984年第2期。
[2] 郑绍宗：《中国北方青铜短剑的分期及形制研究》，《文物》1984年第2期。
[3] 张家口市文物事业管理所、宣化县文化馆：《河北宣化县小白阳墓地发掘报告》，《文物》1987年第5期。

图 2.2-11 G 型短剑

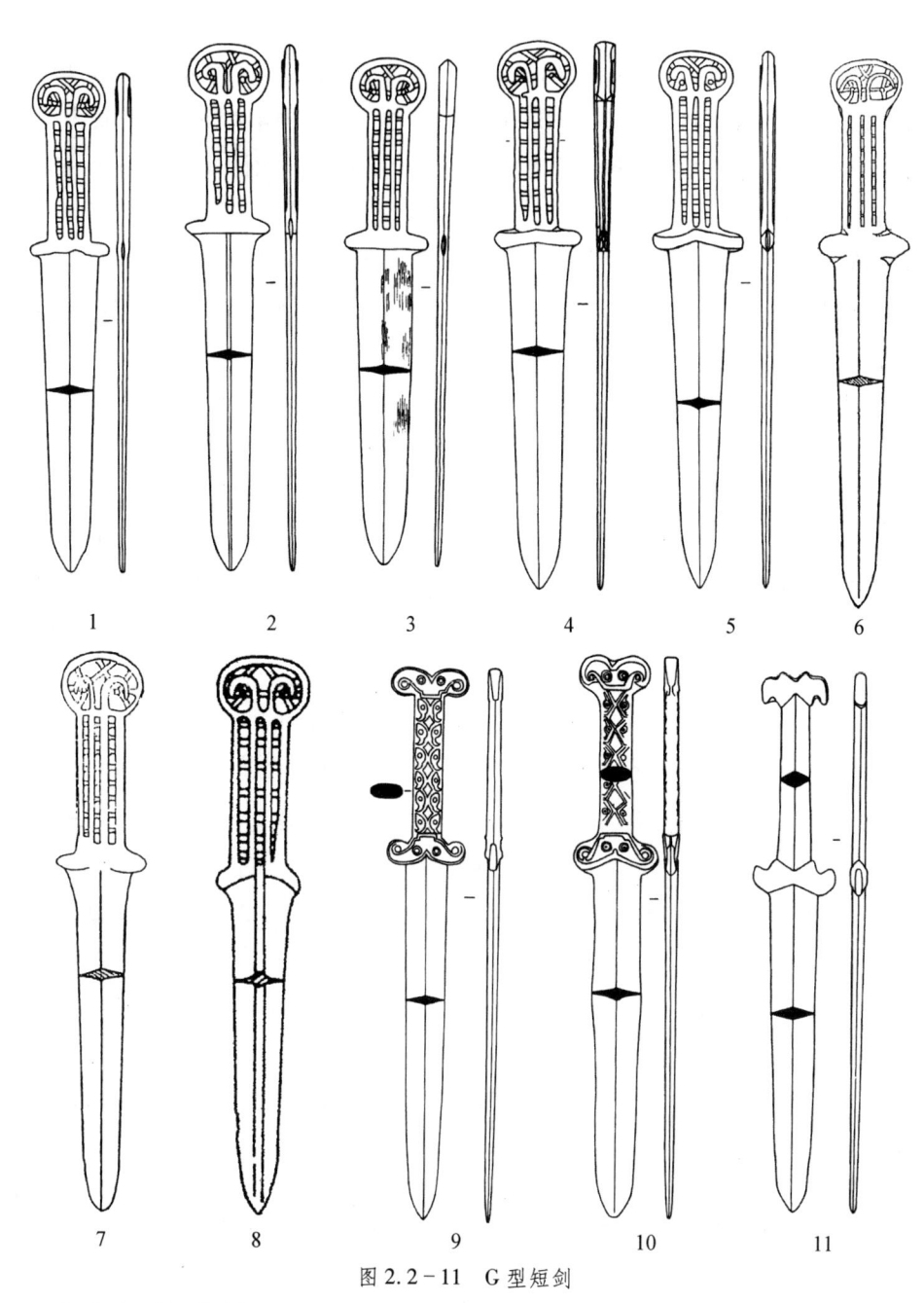

1—8. Ga 型(玉皇庙 YYM257∶2、玉皇庙 YYM61∶2、玉皇庙 YYM236∶2、玉皇庙 YYM182∶2、玉皇庙 YYM247∶2、丰宁四岔口土坎子墓、滦平营房大腰子墓、小白阳 M30∶13)
9—11. Gb 型(玉皇庙 YYM250∶7、玉皇庙 YYM54∶2、玉皇庙 YYM230∶2)

均出自军都山玉皇庙墓地（YYM250∶7、YYM54∶2和YYM230∶2）①。YYM250∶7和YYM54∶2剑首和剑格装饰倒卷双羊角的羊首形象，羊目为凸起盲孔，剑首与剑格的羊角倒卷方向相反且上下对称；剑柄均饰纵向排列的兽面纹。YYM250∶7剑长31.2厘米、柄长7.5厘米（图2.2-11，9）；YYM54∶2剑长27.8厘米、柄长7厘米（图2.2-11，10）。

YYM230∶2基本形制与上两件类似，但剑首、剑柄和剑格均为素面，中部起脊，横剖面为菱形。剑长24.8厘米、柄长7.3厘米（图2.2-11，11）。

H型，大多数短剑首、柄、格一体合铸，剑柄部饰排列动物纹饰，共11件。可按柄首和剑格特点，分为Ha和Hb两个亚型。

Ha型，柄首多为平首，剑格部有凹槽，共8件。

剑柄装饰纵向排列伫立马纹的有2件，一件出土于内蒙古宁城县小黑石沟85NDXAIM3∶5②，另一件出土于河北省平泉县东南沟墓地M6∶3③。小黑石沟85NDXAIM3∶5剑首为并排双卷云纹，卷曲方向一致；剑柄饰纵向排列的九只抽象马纹，两边饰纵向排列的圆圈纹；剑格为双勾边的"八"字形格；剑身呈上宽下窄、中部收腰的三角形；剑长27厘米、柄长8.4厘米（图2.2-12，3）。东南沟M6∶3短剑剑首为平首，饰横向麻花纹；剑柄为扁长条形，两面纵向排列横立的马纹各十个，马纹形如倒置"山"字形；剑格部左右两边凸出，前后各饰并排横置的两个卷曲圆圈纹，整体形如枭首形；剑身呈三角形，两刃平直，近格处两边内收；剑长24.3厘米（图2.2-12，1）。

剑柄装饰纵向排列倒立公牛纹的有1件，出土于喀左县山嘴乡④，为辽宁省朝阳市博物馆藏品。剑的形制与平泉东南沟M6∶3基本无二，只是排列的纹饰为公牛纹，剑身近乎梭形，不像后者剑身为长三角形。剑长26.6厘米（图2.2-12，2）。

---

① 北京市文物研究所：《军都山墓地——玉皇庙》，文物出版社，2007年。
② 内蒙古自治区文物考古研究所、宁城县辽中京博物馆：《小黑石沟——夏家店上层文化遗址发掘报告》，科学出版社，2009年。
③ 河北省博物馆、文物管理处：《河北平泉东南沟夏家店上层文化墓葬》，《考古》1977年第1期。
④ 杨铁男：《朝阳市博物馆收藏的一件青铜短剑》，《文物》1997年第10期。

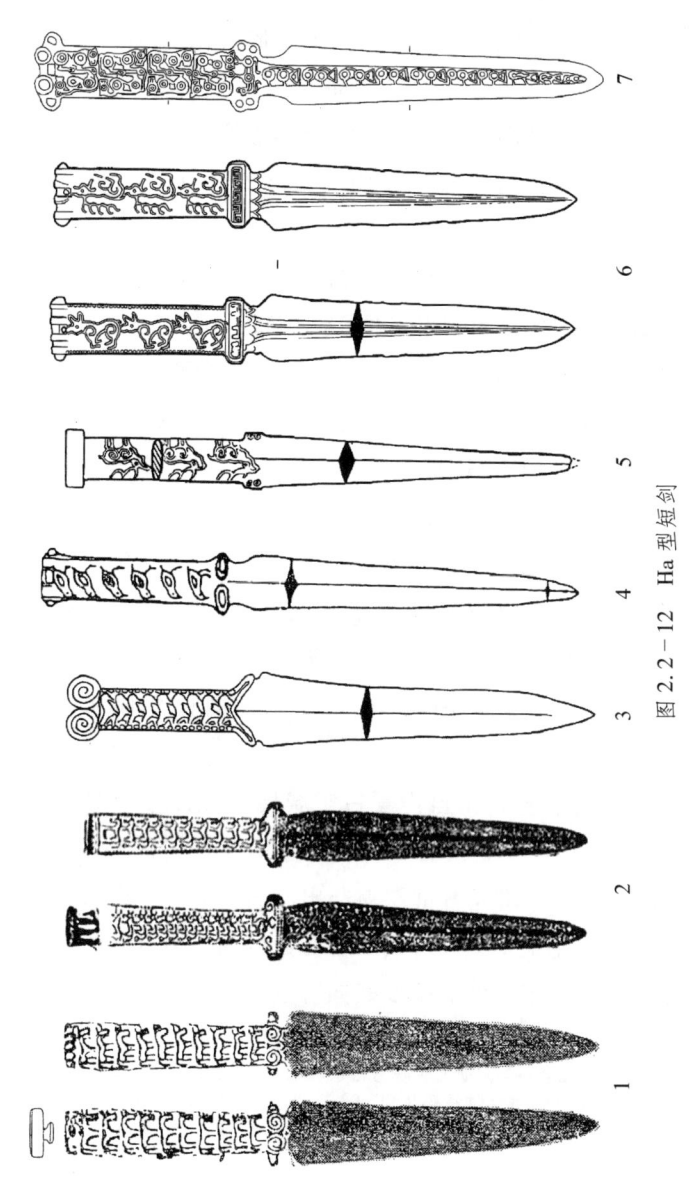

图 2.2-12 Ha 型短剑

1. 平泉东南沟 M6：3 2. 喀左县山嘴乡 3. 小黑石沟 85NDXAIM3：5 4. 宁城县天巨泉 M7301：4-1
5. 小黑石沟 M8501：39 6. 小黑石沟 92NDXAIIM5：1 7. 小黑石沟 75ZJ：7

剑柄装饰纵向排列伫立鸟纹的有 2 件，皆出土于内蒙古宁城县天巨泉 M7301：4①，两把短剑的形制一模一样，装饰也相同。整体呈"T"字形，剑首饰两道梳齿纹，顶部相连，三边框成一个方形镂孔，顶部两端凸出。剑柄自首至格饰纵向排列凸线觅食鸟纹（一面五只、一面六只），鸟首朝向剑锋。剑格为长方形，两边凸出，饰横向扁圆双环形纹，形如兽面双目。剑身呈三角形，与剑格相接处两边内收，锋残。剑长 26.9 厘米、柄长 9.4 厘米（图 2.2-12，4）。

剑柄纹饰为纵向排列横向直立动物纹的有 2 件，剑柄上都装饰有鹿纹。分别出土于小黑石沟 M8501：39②和 92NDXAIIM5：1③。M8501：39 短剑整体呈"T"字三角形；剑首为四边凸出的长方体，剑柄两面纵向排列三只大角鹿纹，鹿首朝向剑锋；剑格左右两边各饰上下两个圆圈纹；剑长 27.1 厘米（图 2.2-12，5）。92NDXAIIM5：1 短剑整体呈"T"字形；剑首两面横向饰四条纵向凸棱柱，每条之间凹距相等，形如梳齿状，两边凸出；剑柄两面分别饰三只觅食的大角驯鹿纹和犬纹，首部皆朝向剑首；剑格为带框长方体，两面均饰横向排列的方格形连续卷云纹；剑格以下为横向排列朝向剑锋的锯齿纹；剑身为长三角形，两刃平直，中部起三道棱脊，形成两道血槽；剑身与剑格相连处两边内收；剑长 26.2 厘米、柄长 9 厘米（图 2.2-12，6）。

还有 1 件形制稍显特殊，出自内蒙古宁城县小黑石沟 75ZJ：7④。短剑首、柄、格整体呈"工"字形，剑首与剑格近乎等宽。剑首为鸟首相向的双鸟纹，鸟目与鸟耳为镂孔，双鸟耳部左右凸出。剑柄两面各自首至格分为上下左右八个等分部分，饰上下纵向排列、左右数目相等但方向相反的八个马纹。剑格整体形如倒置梯形，两面中部横向饰倒立的垂首牛纹，牛首朝向剑

---

① 宁城县文化馆、中国社会科学院研究生院考古系东北考古专业：《宁城县新发现的夏家店上层文化墓葬及其相关遗物的研究》，《文物资料丛刊（9）》，文物出版社，1985 年。
② 内蒙古自治区文物考古研究所、宁城县辽中京博物馆：《小黑石沟——夏家店上层文化遗址发掘报告》，科学出版社，2009 年。
③ 内蒙古自治区文物考古研究所、宁城县辽中京博物馆：《小黑石沟——夏家店上层文化遗址发掘报告》，科学出版社，2009 年。
④ 内蒙古自治区文物考古研究所、宁城县辽中京博物馆：《小黑石沟——夏家店上层文化遗址发掘报告》，科学出版社，2009 年。

首，两边分别饰上下两个镂孔。剑身中部起平面锥形脊，表面纵向饰首尾相连的十只伫立野猪纹，猪头朝向剑锋。剑长27.7厘米（图2.2-12，7）。

Hb型，柄首为抹角圆形，"人"字形剑格，共3件。均出自军都山玉皇庙墓地。

军都山玉皇庙墓地YYM124：2①剑首平面为抹角五边形，中部饰一兽面纹，中心为一镂孔，两边为回形双目，下方为"人"字形吻部，左、右、下方为连续排列的粟点纹。剑柄饰纵向排列的三只阴刻翘尾奔犬纹。剑格为带有轮廓的"人"字形，轮廓饰排列粟点纹。剑长29.5厘米、柄长6.9厘米（图2.2-13，1）。

剑首近似于平面抹角圆形，剑格为"人"字形，剑柄装饰纵向排列、左

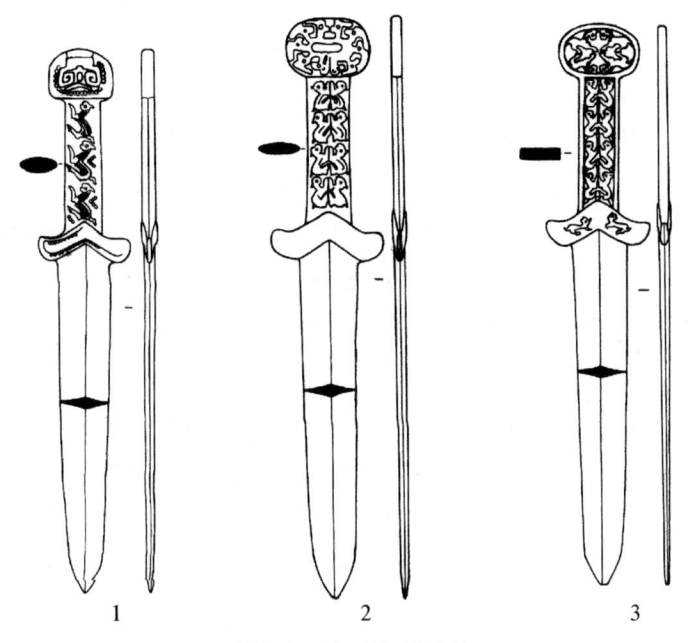

图2.2-13 Hb型短剑
1. 玉皇庙YYM124：2 2. 玉皇庙YYM174：2 3. 玉皇庙YYM145：2

---

① 北京市文物研究所：《军都山墓地——玉皇庙》，文物出版社，2007年。

右方向相同的幼犬纹组合图案的有 2 件，分别出土于北京市延庆县军都山玉皇庙墓地 YYM145：2 和 YYM174：2①。两剑除剑首纹饰外，剑柄纹饰及短剑形制基本相同。

　　YYM174：2 短剑的剑首为平面横向抹角椭圆形，中部为横向扁椭圆形镂孔，镂孔周围饰左右相对对称、分正反时针方向排列的十只阳刻鹿头纹。剑柄饰纵向排列、左右同向对称的四对阳刻幼犬纹。剑格为素面"人"字形。剑长 29.1 厘米、柄长 6.8 厘米（图 2.2 - 13，2）。

　　YYM145：2 短剑的剑柄装饰方式同上，但纹饰为镂刻，剑首镂刻上下左右对称的四匹奔马纹，剑柄、剑格外围有边框。剑格为"人"字形，每一面阴刻两只相对奔跑的幼犬。剑长 28 厘米、柄长 6.8 厘米（图 2.2 - 13，3）。

2. 动物纹装饰短剑的年代

　　目前北方这些动物纹装饰的青铜短剑除玉皇庙等墓地外，很多都是零星采集，缺乏可以断代的共存器物，这给判断它们的绝对年代造成一定的困难，但已有一些研究成果对其中部分短剑的年代进行过讨论，本节就是在这些研究成果的基础上对各种类型的短剑流行年代进行推断。

　　A 型短剑，发现数量较少，有明确共存器物的包括青龙抄道沟出土的 Aa 型 1 件，昌平白浮墓出土的 Ab 型 1 件和 Ac 型 1 件。青龙抄道沟遗址共出土铜器 8 件，除了 Aa 型短剑外，还出土铜刀 5 件、管銎斧 1 件、啄戈 1 件，其中出土的羊首铜刀与 Aa 型铜剑的造型相似，年代也大体一致。青龙抄道沟青铜器简报中认为这批铜器的年代不晚于战国初年②，后来的研究者意见基本一致，都认为其年代当在商代晚期③，这一时期流行弯柄的铜刀和铜剑，而到西周早期已基本不见这种弯柄的风格④。因此，Aa 型短剑的流行时间应该在商代晚期。Ab、Ac 型短剑均出自昌平白浮 M3，该墓出土了大量的随葬品，原简报推定该墓葬年代在西周早期，但林沄先生通过对出土陶鬲的对

---

① 北京市文物研究所：《军都山墓地——玉皇庙》，文物出版社，2007 年。
② 河北省文化局文物工作队：《河北青龙县抄道沟发现一批青铜器》，《考古》1962 年第 12 期。
③ 杨建华：《商周时期中国北方冶金区的形成——商周时期北方青铜器的比较研究》，《边疆考古研究（第 6 辑）》，科学出版社，2007 年。
④ 乌恩岳斯图：《北方草原考古学文化比较研究——青铜时代至早期匈奴时期》，科学出版社，2008 年，第 26 页。

比，认为该墓葬的年代当在西周中期或更晚①。与 Ab、Ac 型短剑共存的还有一种菌首凹格短剑，类似的短剑在甘肃合水九站②、兴隆小河南和境外米努辛斯克盆地的卡拉苏克文化③中也有发现。合水九站遗址发掘者通过对出土短剑的墓葬共存物的分析，认为其年代不晚于西周中期或晚期④。而根据最近的研究成果，短剑的菌首风格是从境外传入中国北方的，传入的时间大约在西周初年⑤。考虑到西周晚期已基本不见类似形制铜剑，笔者认为 Ab、Ac 型短剑的主要流行年代可能在西周早期和中期。

B 型短剑，目前发现 4 件。Ba 型 1 件出自南山根 1958 年东区墓，属于夏家店上层文化，《夏家店上层文化青铜器研究》一文将其归入第五期，即西周晚期至春秋早期⑥，而有学者认为根据出土的铜戈年代看，该墓的年代约在春秋中期⑦。另有 2 件均出自冀北地区，发掘者认为其年代在春秋早期⑧，而后来的研究者通过对比分析，将其归入冀北地区东周遗存的早期，年代约在春秋中期⑨。综合看来，B 型短剑的主要流行时间在春秋中期，但考虑到隆化下甸子墓和南山根东区石椁墓两件短剑的格部仍保留有内凹的特点（图 2.2-2，1、2），这种短剑的出现年代可能早到春秋早期。

C 型短剑，共 4 件。Ca 型Ⅰ式均出自夏家店上层文化中，宁城县南山根 M101 和汐子北山嘴各 1 件，这两座墓葬的年代目前学者们意见基本一致，在西周晚期至春秋早期⑩；Ca 型Ⅱ式 1 件出自固原征集，被认为属战国时

---

① 林沄：《早期北方系青铜器的几个年代问题》，《林沄学术文集》，中国大百科全书出版社，1998 年。
② 王占奎、水涛：《甘肃合水九站遗址发掘报告》，《考古学研究（三）》，科学出版社，1997 年。
③ 邵会秋：《卡拉苏克文化初论》，《新疆文物》2007 年第 3 期。
④ 王峰：《河北兴隆县发现商周青铜器窖藏》，《文物》1990 年第 11 期。
⑤ 杨建华、邵会秋：《商文化对中国北方以及欧亚草原东部地区的影响》，《考古与文物》2014 年第 3 期。
⑥ 刘国祥：《夏家店上层文化青铜器研究》，《考古学报》2000 年第 4 期。
⑦ 井中伟：《夏家店上层文化的分期与源流》，《边疆考古研究（第 12 辑）》，科学出版社，2012 年。
⑧ 郑绍宗：《中国北方青铜短剑的分期及形制研究》，《文物》1984 年第 2 期。
⑨ 杨建华：《春秋战国时期中国北方文化带的形成》，文物出版社，2004 年，第 63—83 页。
⑩ 刘国祥：《夏家店上层文化青铜器研究》，《考古学报》2000 年第 4 期；井中伟：《夏家店上层文化的分期与源流》，《边疆考古研究（第 12 辑）》，科学出版社，2012 年。

期①，考虑到战国中期以后固原地区青铜短剑的形制与之差异较大，且其可能与Ⅰ式存在联系，笔者暂时将该型铜剑年代定在战国早期。Cb型短剑也只发现1件，田广金先生认为此件短剑继承了铃首的作风，与昌平白浮西周墓出土的铃首匕相似，所以属于西周时期②，笔者认为这件短剑与Ca型短剑风格一致，应该属于同一年代范围，大致在西周晚期至春秋早期。

D型短剑，共49件。Da型短剑分别出自甘子堡M12和玉皇庙M95，这两件短剑柄首动物装饰十分写实，已有的研究成果将其归入春秋中期③，笔者赞同此说，因此Da型短剑流行年代在春秋中期。Db型短剑，形制完整的均出自军都山西梁垙墓地（M25和M5），西梁垙墓地M25出土的中原式铜器年代可定在春秋晚期④，这一年代也基本可以代表Db型短剑的流行年代。Dc型短剑数量较多，在甘子堡M11、宣化小白阳M37和葫芦沟M35各出土1件，虽然没有共存的中原铜器，但是通过对比分析，已有的成果都将这些墓葬年代定在春秋中期至春秋晚期之间⑤；在玉皇庙YYM156出土1件，与之共存的中原式铜器年代在春秋晚期⑥，因此Dc型短剑流行年代可定在春秋中期至春秋晚期。Dd型2件均出自宁夏固原，根据杨建华先生的研究，撒门村墓葬的年代在春战之际到战国早期，这也基本代表了Dd型短剑的年代。De型短剑为双鸟回首剑及其变体，这种短剑出现的年代较晚，主要流行于内蒙古和甘宁地区。各地的发现基本没有早于春秋晚期，Ⅰ式，宁夏倪丁村墓葬⑦和毛庆沟墓地最早可以到春秋晚期⑧；Ⅱ式北辛堡M1出土1

---

① 宁夏固原博物馆：《固原历史文物》，科学出版社，2004年，第71页。
② 田广金、郭素新：《鄂尔多斯式青铜器》，文物出版社，1986年，第5页。
③ 杨建华：《春秋战国时期中国北方文化带的形成》，文物出版社，2004年，第63—83页。
④ 滕铭予、张亮：《东周时期冀北山地玉皇庙文化的中原文化因素》，《考古学报》2014年第4期。
⑤ 滕铭予、张亮：《葫芦沟墓地的年代及相关问题》，《边疆考古研究（第12辑）》，科学出版社，2012年；杨建华：《春秋战国时期中国北方文化带的形成》，文物出版社，2004年；洪猛：《玉皇庙文化初步研究》，吉林大学博士学位论文，2014年，第106—107页。
⑥ 滕铭予、张亮：《东周时期冀北山地玉皇庙文化的中原文化因素》，《考古学报》2014年第4期。
⑦ 杨建华：《春秋战国时期中国北方文化带的形成》，文物出版社，2004年，第41页。
⑧ 内蒙古文物工作队：《毛庆沟墓地》，《鄂尔多斯式青铜器》，文物出版社，1986年，第227—315页。

件，其共出的中原因素铜器年代大都属于战国早期①，铜戈的形制可以延续到战国中期②；另一件较晚的出自张家口，柄的形制与甘肃后庄③出土铁剑相似，年代可能到战国中期④。因此，De 型短剑流行年代可能在春秋晚期至战国中期之间。Df 型短剑只发现 2 件，西沟畔 M3 出土 1 件，其年代在战国早期⑤，这也基本代表了 Df 型短剑的年代。

E 型短剑，数量最多，但均出自玉皇庙文化中，且其中绝大部分出自军都山玉皇庙、葫芦沟和西梁垙三座墓地中⑥。这些墓葬上限不早于春秋中期，下限可能在春秋战国之际，大多数墓葬都是在春秋中期和春秋晚期⑦，因此 E 型短剑主要流行年代在春秋中期至春秋晚期之间。

F 型短剑，双环蛇形首，虽然装饰蛇头数量存在差别，但已有研究者提出这种形制短剑的年代基本一致，主要流行于春秋晚期⑧，笔者亦赞同这一结论。

G 型短剑，共 11 件。Ga 型发现 8 件，形制基本相似，已有学者探讨过其中玉皇庙墓地出土的 5 件，年代在春秋中期至春秋晚期⑨，应无异议。Gb 型仅发现 3 件，其中军都山玉皇庙 M250 出土 1 件，根据共存的中原式铜器年代可定在春秋晚期⑩，从形制上看另外两件的流行年代也应与之同时。

---

① 滕铭予、张亮：《东周时期冀北山地玉皇庙文化的中原文化因素》，《考古学报》2014 年第 4 期。
② 杨建华：《春秋战国时期中国北方文化带的形成》，文物出版社，2004 年，第 76 页。
③ 刘得祯、许俊臣：《甘肃庆阳春秋战国墓葬的清理》，《考古》1988 年第 5 期。
④ 邵会秋、熊增珑：《冀北地区东周时期北方文化青铜短剑研究》，《文物春秋》2005 年第 4 期。
⑤ 伊克昭盟文物工作站、内蒙古文物工作队：《西沟畔匈奴墓》，《文物》1980 年第 7 期。
⑥ 北京市文物研究所：《军都山墓地——玉皇庙》，文物出版社，2007 年；北京市文物研究所：《军都山墓地——葫芦沟与西梁垙》，文物出版社，2009 年。
⑦ 滕铭予、张亮：《玉皇庙墓地出土的直刃匕首式短剑研究》，《边疆考古研究（第 13 辑）》，科学出版社，2013 年。
⑧ 靳枫毅：《军都山玉皇庙墓地的特征及其族属问题》，《苏秉琦与当代中国考古学》，科学出版社，2001 年，第 194—214 页；朱凤瀚：《中国青铜器综论》，上海古籍出版社，2009 年，第 2123—2136 页；滕铭予、张亮：《玉皇庙墓地出土的直刃匕首式短剑研究》，《边疆考古研究（第 13 辑）》，科学出版社，2013 年。
⑨ 滕铭予、张亮：《玉皇庙墓地出土的直刃匕首式短剑研究》，《边疆考古研究（第 13 辑）》，科学出版社，2013 年。
⑩ 滕铭予、张亮：《东周时期冀北山地玉皇庙文化的中原文化因素》，《考古学报》2014 年第 4 期。

H 型短剑，动物纹装饰都极其丰富。Ha 型短剑均出自夏家店上层文化遗存中，而根据已有的研究成果，这些出土单位年代大都在西周晚期至春秋早期①，这也代表了 Ha 型短剑的主要流行年代。Hb 型短剑，3 件均出自玉皇庙墓地，已有的研究对其年代基本没有争议，主要流行于春秋晚期②。

以上笔者讨论了各型短剑的主要流行年代，其具体情况可参见下表。

表 2.1　各类型铜剑流行年代示意图

型	亚型	商代晚期	西周早期	西周中期	西周晚期	春秋早期	春秋中期	春秋晚期	战国早期	战国中期
A型	Aa	――――――――								
	Ab、Ac	―――――――――――							
B型						―――――――――				
C型	Ca				――――――――――			―――		
	Cb				―――――――――――――					
D型	Da					――――――――				
	Db						―――――――			
	Dc						―――――――――――			
	Dd						―――――――			
	De						―――――――			
	Df						―――――――			
E型						――――――――――――				
F型								―――――		
G型	Ga					――――――――				
	Gb							―――――		
H型	Ha				―――――――――					
	Hb							―――――		

二、动物纹装饰铜刀

铜刀是中国北方文化中最重要的工具之一，目前发现的铜刀数量巨大，种类繁多，分布也十分广泛，已有学者对这些铜刀进行过综合研究③。在北

---

① 刘国祥：《夏家店上层文化青铜器研究》，《考古学报》2000 年第 4 期；井中伟：《夏家店上层文化的分期与源流》，《边疆考古研究（第 12 辑）》，科学出版社，2012 年。
② 滕铭予、张亮：《玉皇庙墓地出土的直刃匕首式短剑研究》，《边疆考古研究（第 13 辑）》，科学出版社，2013 年。
③ 吕学明：《中国北方地区出土的先秦时期铜刀研究》，科学出版社，2010 年。

方地区动物纹装饰铜刀数量相对较少，但特征明显。从目前发表的资料中，笔者收集的动物纹铜刀有32件。

1. 动物纹装饰铜刀的分类研究

铜刀的动物纹主要装饰在柄部，其中大部分集中在柄首。按照柄首和柄部动物纹装饰的差异，可以将这些铜刀分为A、B、C三个类型。

A型，柄首装饰为动物形首，也可以称为兽首刀，共17件。根据动物种类的不同可以分为五个亚型。

Aa型，柄首为羊首，发现数量最多，共11件。根据柄部是否弯曲分为两式。

Ⅰ式，曲柄，9件。青龙抄道沟出土1件①，柄首铸羊首，刀柄横剖面为椭圆形，上面装饰两周锯齿纹和两排方格纹，通长29.6厘米（图2.2-14，1）；绥德墕头村出土1件②，长32厘米（图2.2-14，2）；辽宁建平二十家子出土1件③，羊角已残，残长19.2厘米（图2.2-14，3）；法库湾柳出土1件④，编号89采：3，刀身前段残，残长23.5厘米（图2.2-14，4）；灵石旌介出土1件⑤，编号M2：20，柄首羊头双角卷曲，刀柄有三个长方形镂孔，长27.7厘米（图2.2-14，5）；兴隆小河南出土1件⑥，柄首为羊头，刀身短宽，刃略凹，通长24.4厘米（图2.2-14，16）；张家口怀安出土1件⑦，长22.4厘米；另外奈曼东犁⑧（图2.2-14，6）和林东塔子沟⑨（图2.2-14，7）也各出土1件。

Ⅱ式，直柄，2件。敖汉旗五十家子出土1件⑩，柄首为羊头，残长

---

① 河北省文化局文物工作队：《河北青龙县抄道沟发现一批青铜器》，《考古》1962年第12期。
② 陕西省博物馆：《陕西绥德墕头村发现一批窖藏商代铜器》，《文物》1975年第2期。
③ 建平县文化馆、朝阳地区博物馆：《辽宁建平县的青铜时代墓葬及相关遗物》，《考古》1983年第8期。
④ 铁岭市博物馆：《法库县湾柳街遗址试掘报告》，《辽海文物学刊》1990年第1期。
⑤ 山西省考古研究所：《灵石旌介商墓》，科学出版社，2006年。
⑥ 王峰：《河北兴隆县发现商周青铜器窖藏》，《文物》1990年第11期。
⑦ 刘建忠：《河北怀安狮子口发现商代鹿首刀》，《考古》1988年第10期。
⑧ 李殿福：《库伦、奈曼两旗夏家店下层文化遗址分布与内涵》，《文物资料丛刊（7）》，文物出版社，1983年。
⑨ 王未想：《内蒙古林东塔子沟出土的羊首铜刀》，《北方文物》1994年第4期。
⑩ 邵国田：《内蒙古敖汉旗发现的青铜器及有关遗物》，《北方文物》1993年第1期。

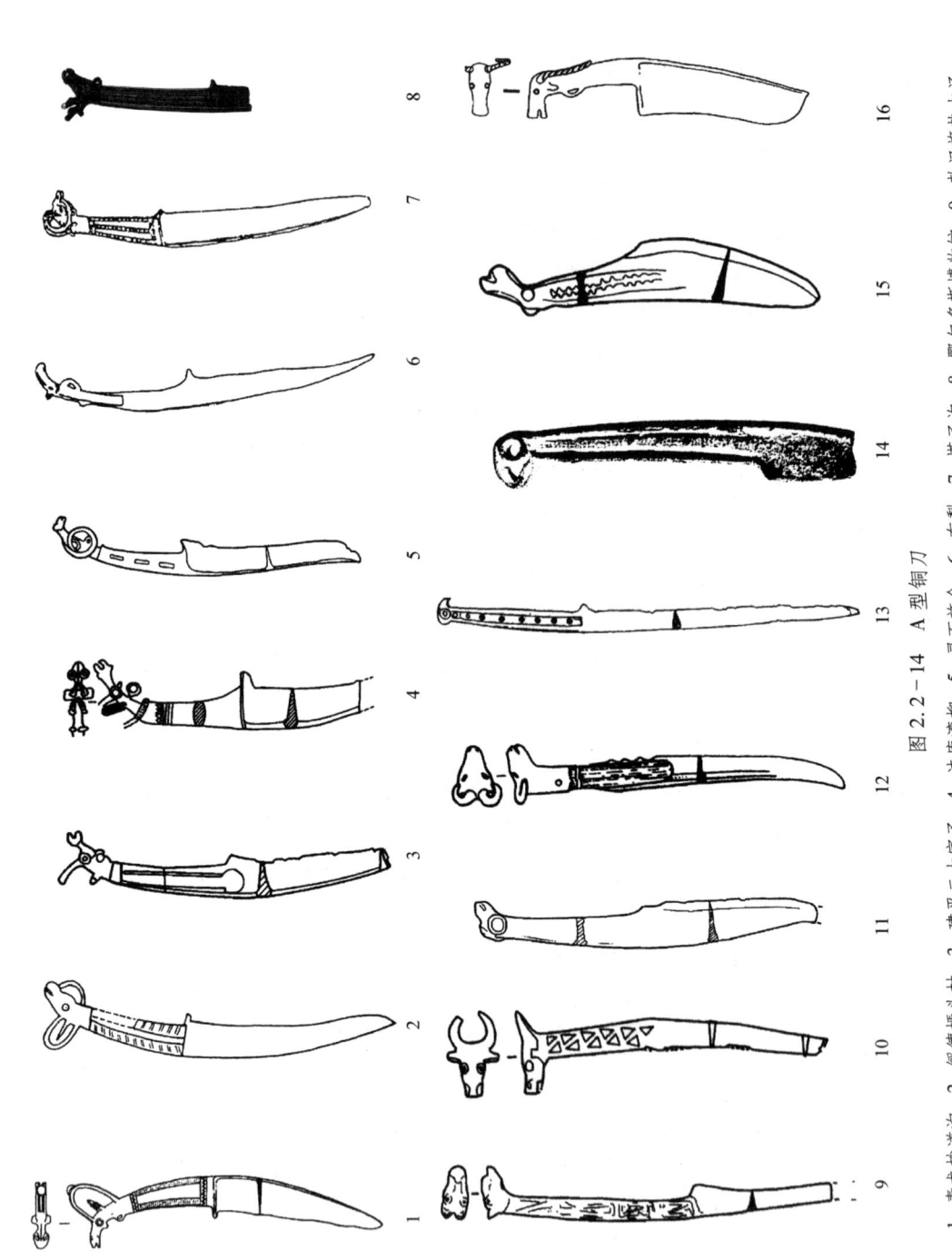

图 2.2-14　A 型铜刀

1. 青龙抄道沟　2. 绥德墕头村　3. 建平二十家子　4. 法库清柳　5. 灵石旌介　6. 东梨　7. 塔子沟　8. 鄂尔多斯博物馆　9. 敖汉旗热水汤
10. 建平石砬子 M741:5　11. 敖汉旗五十家子　12. 敖汉旗大哈巴齐拉 M1　13. 昌平白浮　14. 鄂尔多斯 E·116　15. 鄂尔多斯 E·114　16. 兴隆小河南
（Aa 型：1—7, 11, 12, 16; Ab 型：8; Ac 型：9, 15; Ad 型：10; Ae 型：13, 14）

18.7厘米（图2.2-14，11）；敖汉旗大哈巴齐拉M1出土1件[1]，刀柄为木质，柄首为羊头，刀身窄长，翘锋，刀长16.2厘米（图2.2-14，12）。

Ab型，柄首为鹿首，1件。征集品，藏于鄂尔多斯博物馆[2]，刀身已残（图2.2-14，8）。

Ac型，柄首为马首，2件。敖汉旗热水汤出土1件[3]，马首中空，刀身前端残，残长16.2厘米（图2.2-14，9）；鄂尔多斯E·114[4]，柄首为抽象的马头，刀柄饰鱼骨纹，刀身近三角形，短而宽，长10.6厘米（图2.2-14，15）。

Ad型，柄首为牛首，1件。建平石砬子M741：5出土[5]，柄两侧阴刻两两相对的三角纹，刀锋残，残长23.5厘米（图2.2-14，10）。

Ae型，柄首为鹰首，2件。北京昌平白浮M2：40出土1件[6]，刀柄上有七个小圆圈，刀身细长，直刃，尖锋，长41厘米（图2.2-14，13）；鄂尔多斯E·116[7]，柄上饰叶脉纹，刀身残，残长12.3厘米（图2.2-14，14）。

B型，铜刀柄首为立兽或整只动物，共12件。根据柄首装饰动物形制差异，分为五个亚型。

Ba型，柄首为羊、马或虎等单体立兽，共6件。宁城小黑石沟85NDXAIM2：14出土1件[8]，柄首为伫立的虎纹，柄部一面饰相向行走的虎纹，另一面饰线纹，弧刃，刀尖上翘，长11厘米（图2.2-15，1）；内蒙古宁城征集1件[9]，柄首饰伫立状马纹，柄部一面饰三只伫立虎纹，另一面饰

---

[1] 邱国彬：《内蒙古敖汉旗大哈巴齐拉墓地调查》，《北方文物》1996年第3期。
[2] 鄂尔多斯博物馆：《鄂尔多斯青铜器》，文物出版社，2006年，第110页。
[3] 邵国田：《内蒙古敖汉旗发现的青铜器及有关遗物》，《北方文物》1993年第1期。
[4] 田广金、郭素新：《鄂尔多斯式青铜器》，文物出版社，1986年，第21页，图十二，3。
[5] 建平县文化馆、朝阳地区博物馆：《辽宁建平县的青铜时代墓葬及相关遗物》，《考古》1983年第8期。
[6] 北京市文物管理处：《北京地区的又一重要考古收获——昌平白浮西周木椁墓的新启示》，《考古》1976年第4期。
[7] 田广金、郭素新：《鄂尔多斯式青铜器》，文物出版社，1986年，第21页，图十二，5。
[8] 内蒙古自治区文物考古研究所、宁城县辽中京博物馆：《小黑石沟——夏家店上层文化遗址发掘报告》，科学出版社，2009年，图二四〇，4。
[9] 中国青铜器全集编辑委员会：《中国青铜器全集（北方民族）》，文物出版社，2011年，图四五。

山字纹，长20.8厘米（图2.2-15，2）；建平采集1件①，柄首为立马，柄上饰成排鸟纹，残长7.1厘米（图2.2-15，5）；北京市征集1件②，柄首为一卷角立羊，柄部一面素面，另一面饰凸起的串珠纹，长28.5厘米（图2.2-15，3）；鄂尔多斯58.3.153③，柄首为站立山羊，柄部装饰长方点状纹，刀身残，残长13.6厘米（图2.2-15，4）；另外在宁城还征集1件④，残长13厘米（图2.2-15，6）。

Bb型，柄首为鸟形，共2件。均出自怀来甘子堡墓地⑤，标本M12：3，通长20厘米（图2.2-15，7）；标本M19：7，仅存刀柄，残长5.6厘米（图2.2-15，8）。

Bc型，柄首为相对的双兽，共2件。标本小黑石沟M8501：85⑥，直柄，柄首为伫立状相对的马形双兽，弓背弧刃，刃尖上翘，略残，通长22.3厘米（图2.2-15，9）；另外一件也出自宁城小黑石沟⑦，柄首铸双兽相对（马或鹿），柄上饰叶脉纹，弧背，长20.4厘米（图2.2-15，10）。

Bd型，柄首为卷曲动物纹，1件。小黑石沟98NDXAIIIM5：9⑧，柄首上装饰有金质的卷曲动物纹，刀身略宽于刀柄，弧背凹刃，长30.8厘米（图2.2-15，11）。

Be型，柄首为奔兔纹，1件。出自敖汉旗周家地M31：2⑨，刀锋上翘，残长7.65厘米（图2.2-15，12）。

C型，柄首无动物装饰，柄部有成排的动物纹，共3件。小黑石沟

---

① 建平县文化馆、朝阳地区博物馆：《辽宁建平县的青铜时代墓葬及相关遗物》，《考古》1983年第8期，图十三，8。
② 程长新：《北京市拣选古代青铜器续志》，《文物》1984年第12期。
③ 田广金、郭素新：《鄂尔多斯式青铜器》，文物出版社，1986年，第21页，图十二，1。
④ 项春松：《小黑石沟发现的青铜器》，《内蒙古文物考古》1984年第3期。
⑤ 贺勇、刘建中：《河北怀来甘子堡发现的春秋墓群》，《文物春秋》1993年第2期。
⑥ 内蒙古自治区文物考古研究所、宁城县辽中京博物馆：《小黑石沟——夏家店上层文化遗址发掘报告》，科学出版社，2009年，图二二五，3。
⑦ 中国青铜器全集编辑委员会：《中国青铜器全集（北方民族）》，文物出版社，2011年，图四六。
⑧ 内蒙古自治区文物考古研究所、宁城县辽中京博物馆：《小黑石沟——夏家店上层文化遗址发掘报告》，科学出版社，2009年，图三三四，6。
⑨ 中国社会科学院考古研究所内蒙古工作队：《内蒙古敖汉旗周家地墓地发掘简报》，《考古》1984年第5期。

图 2.2-15　B 型和 C 型铜刀

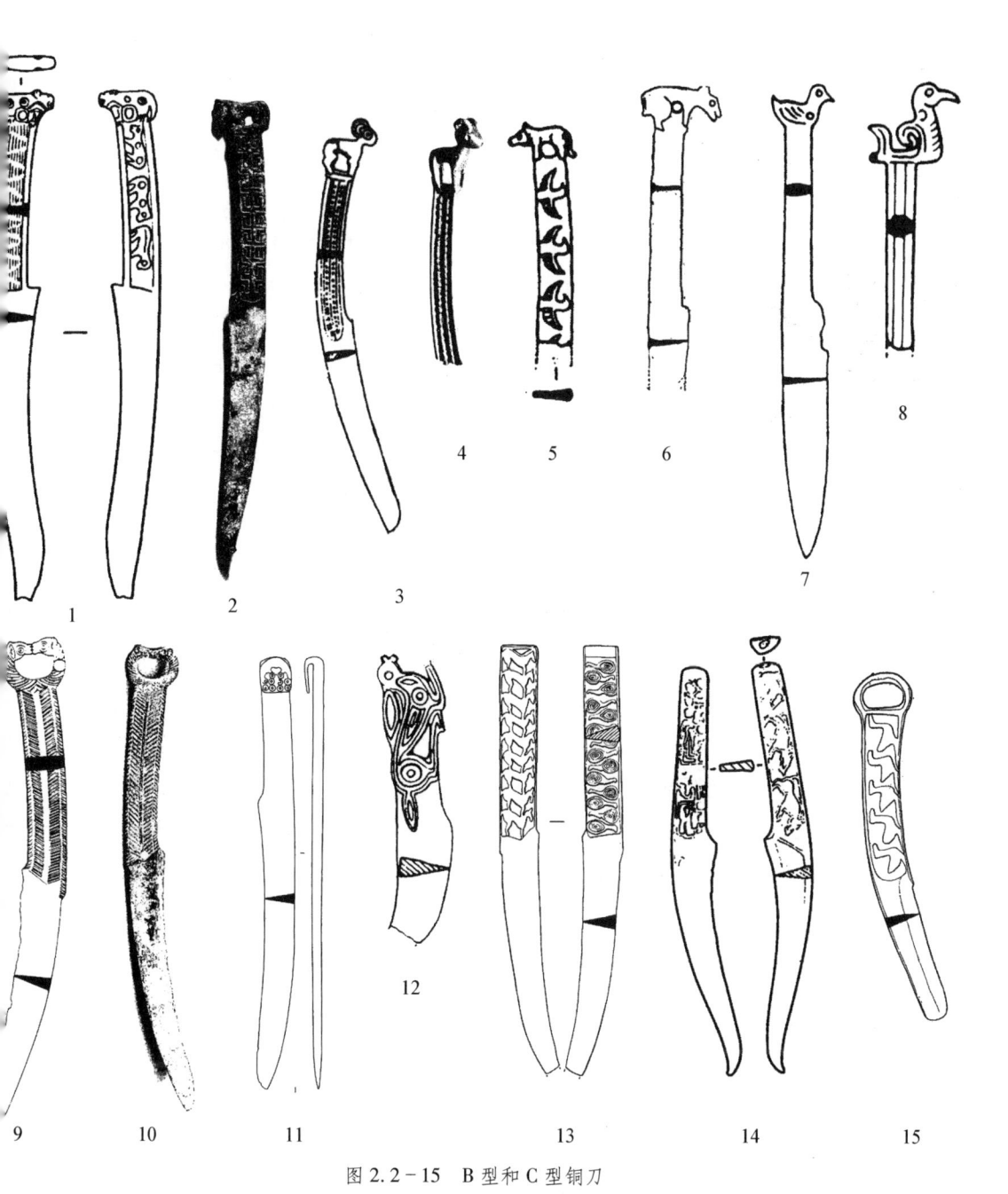

1. 小黑石沟 85NDXAIM2∶14　2. 宁城征集　3. 北京拣选　4. 鄂尔多斯 58.3.153　5. 建平采集
6. 小黑石沟出土　7. 怀来甘子堡 M12∶3　8. 怀来甘子堡 M19∶7　9. 小黑石沟 M8501∶85
10. 宁城小黑石沟　11. 小黑石沟 98NDXAIIIM5∶9　12. 敖汉旗周家地 M31∶2
13. 小黑石沟 M8501∶96　14. 敖汉旗后坟村　15. 鄂尔多斯 E·137
(Ba 型: 1—6; Bb 型: 7、8; Bc 型: 9、10; Bd 型: 11; Be 型: 12; C 型: 13—15)

M8501 出土 1 件①，直柄，柄部一面装饰有十个伫立的马纹，另一面为抽象的几何纹鸟形饰，弧刃，刀尖残，残长 18.5 厘米（图 2.2-15，13）；敖汉旗后坟村出土 1 件②，凸背，凹刃，刀柄一面为三个奔犬纹，另一面为几何纹，长 17 厘米（图 2.2-15，14）；《鄂尔多斯式青铜器》收录 1 件③，编号 E·137，柄首为环首，柄上有成排的鸟纹（图 2.2-15，15）。

除了上述铜刀外，还出土了一件动物纹的铜刀鞘，这件刀鞘出自绥中东王岗台的青铜器窖藏中④，通体呈束腰形，器身顶端饰有五只动物：前四只动物位于鞘身长段，造型基本类似，颔首张嘴，两耳竖直，拱背翘尾，四足立地，尾部细长；第五只似为鸟类，位于鞘身较短一段，造型简单，仅表现首、身、足三部分。鞘身下方饰有八个桥形钮，部分残断，通长 27.8 厘米（图 2.2-16，8）。

2. 动物纹装饰铜刀的年代

Aa 型铜刀分为两式，Ⅰ式铜刀均为曲柄，这种曲柄的特征主要流行于晚商时期，青龙抄道沟⑤和灵石旌介墓地⑥等都有出土也证实了这个年代范围；Ab 型虽仅征集 1 件，也具有同样的曲柄特征，因此年代也属于晚商时期。Aa 型Ⅱ式、Ac 型和 Ad 型铜刀，均出自夏家店上层文化繁荣期，年代范围应在西周晚期至春秋早期⑦。Ae 型昌平白浮出土 1 件，根据已有的研究，该墓葬的年代在西周中期⑧，这也基本代表了该型短剑的年代。

B 型铜刀虽然分五个亚型，但 Ba、Bc 和 Bd 型都属于夏家店上层文化繁

---

① 内蒙古自治区文物考古研究所、宁城县辽中京博物馆：《小黑石沟——夏家店上层文化遗址发掘报告》，科学出版社，2009 年，图二二五，2。
② 邵国田：《内蒙古敖汉旗发现的青铜器及有关遗物》，《北方文物》1993 年第 1 期。
③ 田广金、郭素新：《鄂尔多斯式青铜器》，文物出版社，1986 年，第 23 页，图十四，6。
④ 成璟瑭、孙建军、孟玲：《辽宁绥中东王岗台发现商周窖藏铜器》，《文物》2016 年第 3 期。
⑤ 河北省文化局文物工作队：《河北青龙县抄道沟发现一批青铜器》，《考古》1962 年第 12 期。
⑥ 山西省考古研究所：《灵石旌介商墓》，科学出版社，2006 年。
⑦ 刘国祥：《夏家店上层文化青铜器研究》，《考古学报》2000 年第 4 期；邵会秋、杨建华：《从夏家店上层文化青铜器看草原金属之路》，《考古》2015 年第 10 期；井中伟：《夏家店上层文化的分期与源流》，《边疆考古研究（第 12 辑）》，科学出版社，2012 年。
⑧ 林沄：《早期北方系青铜器的几个年代问题》，《林沄学术文集》，中国大百科全书出版社，1998 年。

荣期遗存，年代在西周晚期至春秋早期①。Be 型敖汉旗周家地墓地稍晚②，年代大约在春秋中期。Bb 型铜刀均出自甘子堡墓地，属于玉皇庙文化，根据已有的研究甘子堡墓地的年代在春秋中期③。

C 型铜刀的这种成排动物纹，在夏家店上层文化中最为常见，主要流行年代在其繁荣期的西周晚期至春秋早期④。

三、其他动物纹装饰武器和工具

除了铜剑和铜刀外，其他的动物纹装饰工具、武器数量较少，武器中包括铜戈、铜斧和铜钺、铜盔等，工具类主要是铜匕和铜勺等。

1. 铜戈

铜戈是中原青铜器中最重要的一种长柄兵器，北方地区出土的铜戈大都是受到中原影响而出现的，但部分铜戈也具有自身特色，尤其是动物纹装饰铜戈。目前北方地区发现的动物纹铜戈有 3 件，依据戈的形制可以分为两个类型。

A 型，直内戈，2 件。朱开沟墓地 M2012：1 出土 1 件⑤，窄阑，上下均出格，内部的一个侧面铸有虎头形图案，图案的上、下和后侧饰有连珠纹，通长 28.6 厘米（图 2.2 - 16，1）。甘肃岷县占旗寺洼文化遗址出土 1 件，编号 M25：12⑥，前锋圆弧，上刃微弧，下刃微凹，援部整体呈弧形，上阑完整，援与阑部相接处正背两面有对称牛首纹，胡不甚明显，内部表面有凹形线槽，通长 24.7 厘米（图 2.2 - 16，2）。

B 型，銎内戈，1 件。出自宁城南山根⑦，胡上有两穿，内的两面都装饰有四只并排的动物纹，通长 24 厘米。（图 2.2 - 16，3）。

---

① 邵会秋、杨建华：《从夏家店上层文化青铜器看草原金属之路》，《考古》2015 年第 10 期；井中伟：《夏家店上层文化的分期与源流》，《边疆考古研究（第 12 辑）》，科学出版社，2012 年。
② 邵国田：《内蒙古敖汉旗发现的青铜器及有关遗物》，《北方文物》1993 年第 1 期。
③ 杨建华：《春秋战国时期中国北方文化带的形成》，文物出版社，2004 年，第 75 页。
④ 邵会秋、杨建华：《从夏家店上层文化青铜器看草原金属之路》，《考古》2015 年第 10 期。
⑤ 内蒙古自治区文物考古研究所、鄂尔多斯博物馆：《朱开沟——青铜时代早期遗址发掘报告》，文物出版社，2000 年，图一九二，8。
⑥ 甘肃省文物考古研究所：《甘肃岷县占旗寺洼文化遗址发掘简报》，《考古与文物》2012 年第 4 期。
⑦ 李逸友：《内蒙昭乌达盟出土的铜器调查》，《考古》1959 年第 6 期。

已有学者对铜戈的编年进行过综合研究①，而朱开沟墓地和宁城南山根遗址的年代都比较清楚，也基本没有争论。从已有的成果看，A型铜戈中朱开沟墓地铜戈的年代在早商时期，占旗寺洼文化铜戈的年代在西周早期；而B型铜戈属于夏家店上层文化，年代在西周晚期至春秋早期。

2. 铜斧和铜钺

作为武器，铜斧和铜钺上的动物纹装饰数量很少，而且形制差异较大，笔者收集了其中的4件。

标本1，鹤嘴斧，出自甘肃庆阳镇原县庙渠村墓葬②。两端扁刃，中部有圆形銎，刃口使用痕迹清楚，至今仍很锋利，銎两面铸有凸起的大角羊纹饰。通长14.3厘米、銎内径2厘米（图2.2-16，4）。

标本2，管銎斧，出自青海湟中县共和乡前营村③。銎呈椭圆形，中部有方形孔16个；一端饰长方形孔及横线纹；上部立双马，其中一马残。斧身有一直径2厘米的圆孔，边缘饰连珠纹一周，通长15.5厘米、通高11厘米、銎长11厘米（图2.2-16，5）。

标本3，铜钺，闫家沟墓葬调查征集1件④。器身呈长斧形。阑部正中铸一高凸直角羊首。通长21.5厘米、刃宽12.8厘米、内长7.2厘米（图2.2-16，6）。

标本4，管銎钺，传陕西榆林出土，首都博物馆藏⑤。椭圆形銎，上细下粗，銎背中间有一铃，上下各装饰一兽。通长18厘米、宽14厘米（图2.2-16，7）。

动物纹铜斧和铜钺虽然数量少，但年代差别较大。甘肃庆阳镇原县庙渠村墓葬出土的鹤嘴斧，根据已有的对比研究，年代在战国早期⑥；青海湟中

---

① 井中伟：《早期中国青铜戈·戟研究》，科学出版社，2011年。
② 刘得祯、许俊臣：《甘肃庆阳春秋战国墓葬的清理》，《考古》1988年第5期，图八，5。
③ 李汉才：《青海湟中县发现古代双马铜钺和铜镜》，《文物》1992年第2期。
④ 王永刚、崔风光、李延丽：《陕西甘泉县出土晚商青铜器》，《考古与文物》2007年第3期。
⑤ 中国青铜器全集编辑委员会：《中国青铜器全集（北方民族）》，文物出版社，2011年，图五九。
⑥ 张文立：《"鹤嘴斧"的类型、年代与起源》，《边疆考古研究（第2辑）》，科学出版社，2003年。

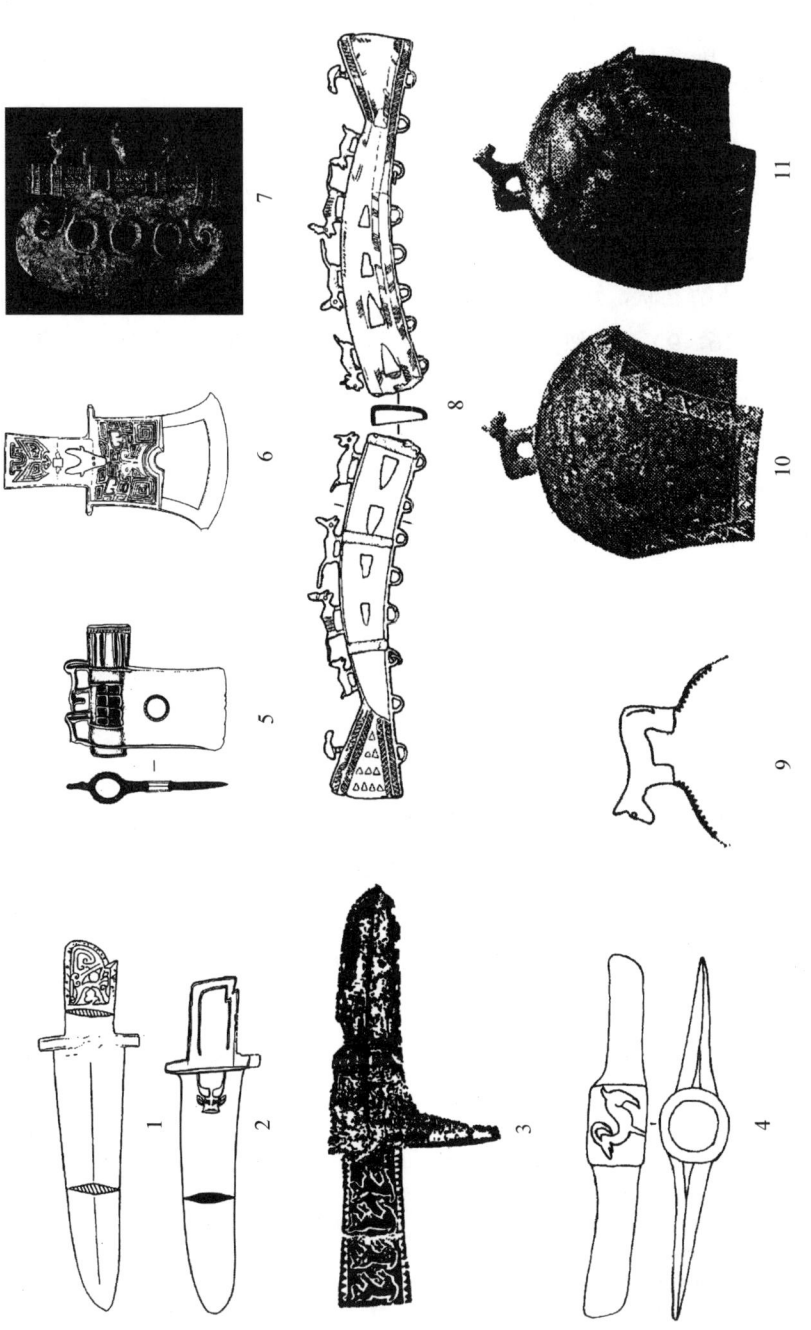

图 2.2-16 其他动物纹装饰武器和工具

1—3. 铜戈（未开沟 M2012:1，岷县占旗、赤峰宁城南山根） 4. 铜钺（传榆林出土） 5. 管銎斧（庆阳庙渠村） 6. 铜钺（甘泉闫家沟） 7. 管銎钺（传榆林出土） 8. 刀鞘（绥中东王岗台） 9—11. 铜盔（宁城、美国纽约藏、日本京都藏）

县出土的管銎斧属于卡约文化，其主要年代范围在晚商到周初；闫家沟墓葬大部分铜器属于晚商时期，出土的铜钺也应该属于这一时期；最后一件出自榆林的管銎钺，年代也在晚商时期①。

3. 铜盔（胄）

动物纹装饰的铜盔数量很少，且装饰都是位于头盔的顶部。1975年在宁城小黑石沟废品收购站拣选文物时，发现了一批青铜器。其中一件铜胄，顶部为兽形钮，呈站立状，边缘起三角形凸棱一周，侧耳各有两个乳钉形直穿②（图2.2-16，9）。类似形制的铜盔美国纽约Ariadne画廊及日本京都James Freeman各收藏一件③（图2.2-16，10、11），这两件铜胄据说都是出土于中国东北。此型铜胄顶部为兽形钮（经研究是先铸出来再焊上去的），两侧护耳下面各有一个小孔。

已有学者对北方地区的铜盔进行过专门研究④，小黑石沟这批青铜器从出土地点、铸造工艺以及铜器的组合形式看，与南山根101号墓出土的青铜器有许多相似之处，所以简报中认为其年代应在西周晚期至春秋早期。由于这一类型的铜胄只有小黑石沟的这件胄有共出的器物，所以这类铜盔的年代应该在西周晚期至春秋早期。

4. 铜匕

动物纹装饰铜匕是北方文化中非常具有特色的一种青铜器，目前共发现5件。根据装饰动物形象的差异，可以将其分为三个类型。

A型，羊首匕，1件。出自藁城台西遗址⑤，编号M112∶11，器身呈柳叶形，两侧各饰一半环状钮，钮上各系一环，柄作羊首形，通长25.5厘米（图2.2-17，1）。

B型，蛇首匕，共3件。匕两边有刃，端上翘，柄端镂空作蛇头状，蛇

---

① 中国青铜器全集编辑委员会：《中国青铜器全集（北方民族）》，文物出版社，2011年，图五九。
② 项春松：《小黑石沟发现的青铜器》，《内蒙古文物考古》1984年第3期。
③ Emma C. Bunker, *Nomadic Art of the Eastern Eurasian Steppes*, The Metropolitan Museum of Art, New York Yale University Press, New Haven and London, pp. 81-82.
④ 王彤：《中国北方商周时期的铜胄》，《中国国家博物馆馆刊》2011年第2期。
⑤ 河北省文物研究所：《藁城台西商代遗址》，文物出版社，1985年，图七三，2。

舌可活动。石楼褚家峪出土1件①，通长32.5厘米（图2.2－17，2）；陕西绥德墕头村出土1件②，通长36厘米（图2.2－17，4）；另外石楼后兰家沟也出土1件相同形制的铜匕③（图2.2－17，3）。

C型，装饰多种动物，1件。1987年陕西延川用斗出土④，匕呈长板式，柄部略窄，柄端铸一盘角羊首，正面装饰伫立状虎，虎前一人跪坐，通长27厘米（图2.2－17，5）。

A型铜匕是目前北方地区发现的年代最早的一件铜匕，出自藁城台西墓地，其年代在早商时期；B型铜匕均是出自南流黄河两岸地区石楼类型的青铜器，年代在晚商时期⑤；C型的年代也与之相近⑥。

5. 铜勺

铜勺是一种饮食器，在中原青铜器中非常常见，但北方青铜器中发现数量不多，尤其是动物纹装饰铜勺，目前仅发现2件。陕西清涧解家沟出土1件⑦，勺头敞口深腹，柄扁平，柄端铸一盘角羊首，柄部近勺处圆雕一鹿作逃走状，鹿后一虎，作追鹿状，通长17.5厘米（图2.2－17，6）；1957年山西石楼后兰家沟出土1件⑧，勺头敛口深腹，细长柄端铸双蛇捕蛙纹饰，勺外壁饰兽面纹，柄饰夔纹和雷纹，通长17厘米（图2.2－17，7）。

两件铜勺都出自南流黄河两岸地区，其年代与B型和C型铜匕年代相近，都属于晚商时期。

6. 觿形器

觿形器是一种用于解绳子的工具，在北方地区比较常见，但动物纹装饰

---

① 杨绍舜：《山西石楼褚家峪、曹家垣发现商代铜器》，《文物》1981年第8期。
② 陕西省博物馆：《陕西绥德墕头村发现一批窖藏商代铜器》，《文物》1975年第2期。
③ 郭勇：《石楼后兰家沟发现商代青铜器简报》，《文物》1962年第4—5期合刊。
④ 中国青铜器全集编辑委员会：《中国青铜器全集（北方民族）》，文物出版社，2011年，图六六。
⑤ 杨建华：《商周时期中国北方冶金区的形成——商周时期北方青铜器的比较研究》，《公元前2千纪的晋陕高原与燕山南北》，科学出版社，2008年。
⑥ 中国青铜器全集编辑委员会：《中国青铜器全集（北方民族）》，文物出版社，2011年，图六六。
⑦ 高雪：《陕西清涧县又发现商代青铜器》，《考古》1984年第8期。
⑧ 中国青铜器全集编辑委员会：《中国青铜器全集（北方民族）》，文物出版社，2011年，图一七四。

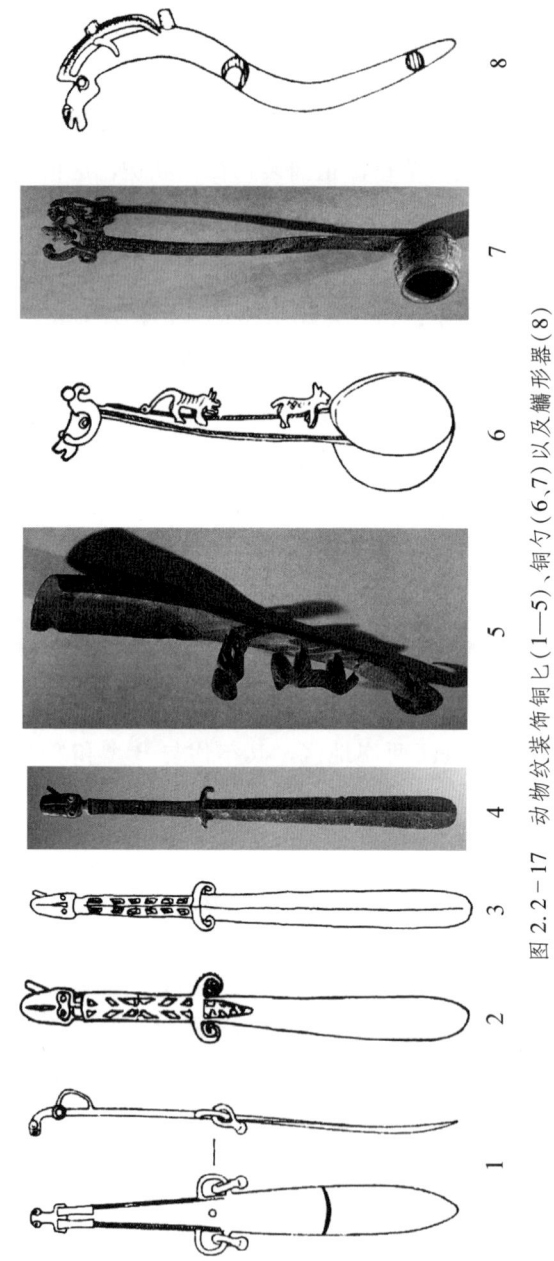

图 2.2-17 动物纹装饰铜匕(1—5)、铜勺(6,7)以及鱄形器(8)
1. 襄城台西 2. 石楼褚家峪 3. 石楼后兰家沟 4. 石楼后兰家沟 5. 绥德墕头村 6. 清涧解家沟 7. 石楼后兰家沟 8. 朝阳地区

觿形器并不多见，在朝阳地区采集2件①。其中一件一端作马头形，另一端呈圆尖状（图2.2-17，8）。另一件一端也装饰类似的马头形象，但另一端略有不同。

朝阳出土的觿形器属于魏营子文化，年代主要在晚商至周初②。

四、小结

北方地区出土的动物纹工具武器以短剑和铜刀为主，还包括少量的铜戈、铜斧、铜钺、铜盔、铜匕和铜勺等。其中以短剑数量最多，149件共分为八个类型；铜刀次之，31件分为三个类型。

目前中国北方地区动物纹装饰工具武器最早出现于早商时期，朱开沟墓地出土的A型铜戈（图2.2-16，1）和藁城台西遗址出土的A型铜匕（图2.2-17，1）都是以兽首来进行装饰，朱开沟墓地铜戈以虎头装饰，藁城台西铜匕以羊头装饰。这个时期动物纹装饰工具武器数量少，而且与中原文化联系密切，朱开沟墓地出土了一定数量的商文化典型陶器和铜器，铜戈也是商文化典型形制，虽然内部装饰的虎头纹饰不见于商文化，但与之类似风格的纹饰在商文化中非常常见③。藁城台西遗址是商文化的北方类型，虽然这种羊首匕不见于商文化中，但该类型人群与商文化关系十分密切。因此，北方地区最早的动物纹装饰工具武器虽然种类少、数量不丰富，但与中原文化联系十分密切。

晚商时期至商周之际中国北方青铜器进入了第一个繁荣阶段，发现的动物纹工具武器种类、数量都大大增加。Aa型短剑、Aa型Ⅰ式和Ab型铜刀、铜勺、B型和C型铜匕、绥中东王岗台出土的刀鞘、青海湟中县出土的管銎斧、闫家沟墓葬出土的铜钺、榆林出土的管銎钺都属于这一时期。晚商时期动物纹装饰短剑和铜刀的特点是动物装饰在柄首，柄弯曲，阑式护手，主要流行鹿首和羊首两种动物纹装饰（图2.2-1，1—4；图2.2-14，1—8）；同

---

① 乌恩岳斯图：《北方草原考古学文化研究——青铜时代至早期铁器时代》，科学出版社，2007年，第104页，图四九，11。
② 董新林：《魏营子文化初步研究》，《考古学报》2000年第1期；乌恩岳斯图：《北方草原考古学文化研究——青铜时代至早期铁器时代》，科学出版社，2007年。
③ 井中伟：《早期中国青铜戈·戟研究》，科学出版社，2011年。

样装饰在柄首的是 B 型铜匕，装饰有蛇首（图 2.2-17，2—4）。晚商时期另外一种比较有特色的装饰是圆雕的立兽，在刀鞘、C 型铜匕、铜勺、管銎斧和管銎钺上都有发现，这些器物上的立兽多身体细长，比较抽象，无法辨认具体动物种类（图 2.2-16，5、7、8；图 2.2-17，5、6）。

西周早期和西周中期发现的动物纹装饰工具武器数量较少，仍然流行动物首装饰。在昌平白浮发现了 Ab 和 Ac 型短剑（图 2.2-1，5、6）以及 Ae 型铜刀（图 2.2-14，13），装饰马首和鹰首，短剑剑柄中空有銎，剑格也呈凹槽形；在朝阳发现的觿形器也装饰马首（图 2.2-17，8）。此外在寺洼文化中发现了一件属于该时期的铜戈，援与阑部相接处正背两面有对称牛首纹（图 2.2-16，2），类似的牛首纹装饰在中原地区比较常见①。

西周晚期至春秋早期是燕山北部夏家店上层文化的繁荣期，也是北方青铜器发展的又一高峰期，与之前相比属于这一时期的动物纹装饰工具武器种类和数量都有所增加，装饰动物的种类比较丰富。Ca 型Ⅰ式、Cb 型、Ha 型和部分 B 型短剑，Aa 型Ⅱ式、Ac 型、Ad 型、Ba 型、Bc 型、Bd 型、C 型铜刀，动物纹铜盔（图 2.2-16，9—11）和銎内戈均流行于这一时期。西周晚期至春秋早期铜刀柄部仍然存在动物形首装饰（图 2.2-14，9—12），但铜刀和短剑柄部新出现了整只动物的立兽装饰（图 2.2-2，2、4；图 2.2-15，1—6）和对兽首装饰（图 2.2-15，9、10）。在铜刀和短剑上都流行虎形装饰，Ca 型短剑剑柄和柄首都铸造成对俯卧双虎形装饰（图 2.2-2，5、6），B 型短剑柄首也有站立的虎形装饰（图 2.2-2，1、2），这表明这个时期虎形装饰非常流行，而且这种虎形装饰也基本写实。除了虎形装饰外，柄部装饰有成排动物纹的 Ha 型短剑也非常发达，这种成排动物纹的种类较为丰富，有马纹、牛纹、鹿纹、鸟纹（图 2.2-12，1—5）；还有一件一面为鹿纹，一面为犬纹（图 2.2-12，6）；另外在小黑石沟征集一件，上装饰多种动物，柄首为双鸟纹、剑柄对卧马纹、剑格两侧为双鸟头、剑身中脊为十个首尾相连的伫立猪纹（图 2.2-12，7），这件短剑具有极高的艺术价值。除了短剑外，铜刀（图 2.2-15，1、5、13—15）和铜戈（图 2.2-16，3）上也

---

① 井中伟：《早期中国青铜戈·戟研究》，科学出版社，2011 年。

发现有成排的动物纹，这都显示了当地人群对动物纹尤其是成排动物纹装饰的热爱，因此，成排动物纹流行也是这个时代的重要特征之一。

从春秋中期开始，燕山以北的夏家店上层文化衰落，冀北地区的玉皇庙文化迅速发展起来，这一时期的动物纹工具武器大都属于该文化，以短剑为主，还有少量的铜刀。主要包括部分 B 型，大部分的 D 型、E 型、F 型、G 型、Hb 型短剑以及 Bb 型、Be 型铜刀。立兽装饰产生于上一阶段，在这一时期仍然存在，但是数量很少（图 2.2-2，3；图 2.2-15，7，8）。同样延续上个阶段的是 Hb 型短剑的成排动物纹，但到这一时期柄首已经由平首变成抹角圆形，上面还装饰有动物纹，剑格也变成"人"字形（图 2.2-13）。这一时期流行的是羊角形装饰（E 型和 G 型）、双环蛇纹（F 型）和对兽装饰（D 型）。其中与羊角形相关的装饰短剑占这一时期所有短剑的近半数（图 2.2-7、图 2.2-8、图 2.2-9、图 2.2-11），表明当时人群对这种装饰的喜爱程度非常高。除了这种装饰题材外，双环蛇纹装饰所占的比例也很高，这种装饰在这个阶段非常有特点，柄首均为蛇缠绕而成的双环（图 2.2-10）。这一时期另外一种比较有特色的装饰就是柄首对兽装饰，其中数量最多的是两只相对的猫科动物（图 2.2-4），还有立体的对虎、对熊和对猪纹（图 2.2-3）。除了以上的动物纹装饰工具武器外，在这一阶段还出现了双鸟回首剑（De 型Ⅰ式），这种铜剑多见于内蒙古和甘宁地区（图 2.2-6），流行时间均不早于春秋晚期。

到战国之后，动物纹装饰的数量和种类都变少了，除了甘肃庆阳出土的战国早期的鹤嘴斧外，其余均为青铜短剑，主要包括 Ca 型Ⅱ式（图 2.2-2，7）、Dd 型（图 2.2-5）、De 型和 Df 型（图 2.2-6）短剑。剑首主要装饰的动物包括相背的兽头以及大量的双鸟回首及其变体，双鸟回首这种装饰在境外草原和中国北方中部、西部广泛流行，在中国北方地区有一种从西向东传播的趋势①。在内蒙古岱海地区的毛庆沟墓地出土的一件该类短剑仍然非常写实，年代可以早到春秋晚期。在东部燕山南北地区这种装饰已经出现抽象化的趋势，尤其是在北辛堡出土的短剑，已经基本不见明显的鸟嘴和眼

---

① 杨建华：《春秋战国时期中国北方文化带的形成》，文物出版社，2004年。

睛（图2.2-6，24），很显然是双鸟回首短剑发展的晚期阶段，年代已经到战国中期。

第三节　动物纹装饰车马器

车和马是古代最主要的交通工具，在战争和生活中都发挥了巨大的作用，因此车马器对于古代人群来说意义重大，尤其是御马器的发展促进了骑兵崛起，而发达的马具也是北方游牧人群最重要的特征之一。大多数具有实用功能的车马器少见装饰，但仍有部分车马器上装饰了具有特色的动物纹装饰。

一、动物纹装饰马具

北方地区的马具主要包括马衔、马镳、当卢和节约等，这些器物都存在动物纹装饰，但大多数马具上的装饰都表现在马镳上，其他器物装饰非常少。

1. 马衔和马镳

由于马衔是放置在马嘴中的御马器，所以一般上面没有任何装饰，目前尚未发现单独的马衔上有装饰，但在宁城小黑石沟发现了2件衔镳一体的马具，上面装饰有动物纹，2件器物均出自小黑石沟M8501。标本M8501:173，中间为两个圆环套接，一端为圆柱状，另一端为圆环状并衔一卷曲的虎形饰件，虎形饰身上装饰有重环纹，马衔全长8.5厘米，虎纹长4厘米（图2.3-1，1）；标本M8501:172，中间为两个弧三角形环套接，两端各衔一虎形饰，虎均呈蹲踞状，身上饰重环纹，马衔全长8.7厘米，虎形饰分别长3.3厘米和2.1厘米[①]（图2.3-1，2）。

单独的动物纹装饰马镳发现的数量较多，笔者共收集了45件。依据镳的整体形制和动物纹装饰的差异可分为四个类型。

---

① 内蒙古自治区文物考古研究所、宁城县辽中京博物馆：《小黑石沟——夏家店上层文化遗址发掘报告》，科学出版社，2009年。

A型，勺形镳①，勺柄上有两个或三个环形钮，部分钮上系有环形坠饰，柄首上有动物纹装饰，共5件。依据柄首装饰的动物可以分为两个亚型。

Aa型，勺柄为蛇首，共4件。石楼曹家垣出土1件②，蛇首，柄部素面，上有一钮无环，下有两钮，各系一叶状环，全长11厘米（图2.3-1，3）；石楼外庄村出土1件③，全长9厘米；吉县上东村出土2件④，形状相同，出土时在人骨左侧腰部，全长13厘米（图2.3-1，4、5）。

Ab型，勺柄为马首，1件。1974年鄂尔多斯地区征集⑤，椭圆形勺，柄端铸马首，张口竖耳，柄侧附两个半圆形环扣，一个环扣内套接连环状饰件，全长11.8厘米（图2.3-1，6）。

B型，镳身细长，镳首为动物首装饰，镳身上附有多个半圆形环，共3件。依据镳首的动物不同分为两个亚型。

Ba型，镳首为鹿首，2件。均出自宁城小黑石沟M8061⑥，两件形制基本相似，镳身微弧，体侧存有四个圆形鼻钮，鼻钮上残存有连珠形饰，尺寸分别为19厘米和16.5厘米（图2.3-1，7、8）。

Bb型，镳首为羊首，1件。内蒙古鄂尔多斯蓿亥树湾征集⑦，器身细长，两侧附半圆形环，尖端微翘，全长22.2厘米（图2.3-1，9）。

C型，镳身弯曲，靠近镳身两端各有一穿孔，镳首有动物形装饰，共32

---

① 也有人称为勺形器，不过很早就有学者指出这是一种马镳，见瓦廖诺夫：《商代至西周早期中国北方诸小族的考古遗存——年代、分布及文化关系问题》，《中国古代北方民族考古文化国际学术研讨会》，内蒙古文物考古研究所，1992年。杨建华先生对此有专门的研究，见杨建华、Linduff. K.：《从晋陕高原"勺形器"的用途看中国北方与欧亚草原在御马器方面的联系》，《北方先秦考古研究》，科学出版社，2015年。
② 山西吕梁地区文物工作室：《山西石楼褚家峪、曹家垣发现商代铜器》，《文物》1981年第8期。
③ 杨绍舜：《山西石楼新征集到的几件商代青铜器》，《文物》1976年第2期。
④ 吉县文物工作站：《山西吉县出土商代青铜器》，《考古》1985年第9期。
⑤ 中国内蒙古文物考古研究所、韩国高句丽研究财团：《内蒙古中南部的鄂尔多斯青铜器和文化》，韩国高句丽研究财团，2006年，第143页，图47。
⑥ 内蒙古自治区文物考古研究所、宁城县辽中京博物馆：《小黑石沟——夏家店上层文化遗址发掘报告》，科学出版社，2009年。
⑦ 中国青铜器全集编辑委员会：《中国青铜器全集（北方民族）》，文物出版社，2011年，图六八。

件。均出自冀北玉皇庙墓地和甘子堡墓地①，依据动物造型的不同分为两个亚型。

Ca型，马镳整体为一个完整的动物造型，共25件。均出自甘子堡墓地和玉皇庙墓地，动物纹饰种类包括马形、鸟形、蛇形以及虎或豹等猫科动物形。虎形，3件：甘子堡墓地1件、玉皇庙墓地2件。标本甘子堡墓地M18：11，一端为虎前身，一端为虎后身，镳身有两个椭圆形孔，长11.6厘米（图2.3-1，10）；标本玉皇庙YYM156：16-1，长9.45厘米（图2.3-1，14）。马形，玉皇庙墓地出土6件，标本YYM250：20和YYM2：23-1（图2.3-1，18，19）。豹形，玉皇庙墓地出土8件，均出自一个墓葬，标本YYM18：25-1，长12.15厘米（图2.3-1，20）。鸟形，甘子堡墓地出土2件，一端为鸟首，一端为鸟身，标本M1：16，长11.4厘米。蛇形，甘子堡墓地出土6件，标本M18：5，蛇首，蛇尾弯成小环，蛇身微鼓，长16.2厘米（图2.3-1，13）。

Cb型，镳两端为对称的动物形首，共7件。甘子堡墓地出土6件，标本M5：8，整体呈扁平长方形，两端各装饰一马首，通长14.9厘米（图2.3-1，11）；涿鹿孙家沟出土1件②，通长12厘米（图2.3-1，12）。

D型，马镳整体呈弧形弯曲，镳首有动物纹装饰，靠近镳身两端各有一纵向穿孔，中部有一横向的圆形穿孔，共5件。均出自冀北玉皇庙墓地和甘子堡墓地③，依据动物造型的不同分为两个亚型。

Da型，马镳整体为一个完整的动物造型，共4件。甘子堡墓地出土3件，一端作虎形前半身，另一端作虎形后半身，两端各附一椭圆形孔，标本M5：9，通长15.5厘米（图2.3-1，15）；玉皇庙墓地YYM156：15-1也出土1件，长16.1厘米（图2.3-1，16）。

Db型，马镳两端为对称的动物形首，1件。出自玉皇庙墓地，编号

---

① 贺勇、刘建中：《河北怀来甘子堡发现的春秋墓群》，《文物春秋》1993年第2期；北京市文物研究所：《军都山墓地——玉皇庙》，文物出版社，2007年。
② 涿鹿县文物保护管理所：《河北省涿鹿县发现春秋晚期墓葬》，《华夏考古》1998年第4期。
③ 贺勇、刘建中：《河北怀来甘子堡发现的春秋墓群》，《文物春秋》1993年第2期；北京市文物研究所：《军都山墓地——玉皇庙》，文物出版社，2007年。

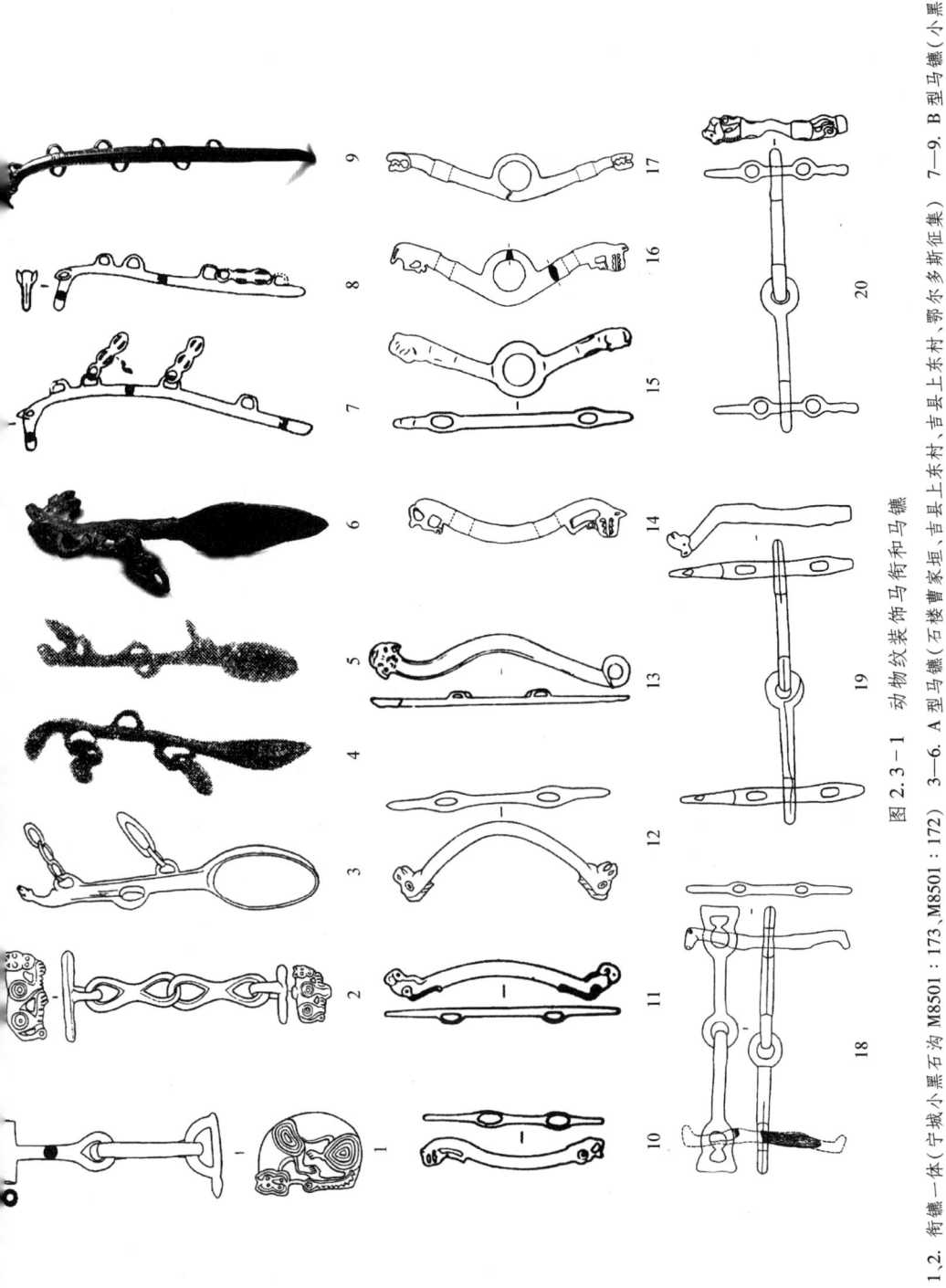

图 2.3-1 动物纹装饰马衔和马镳

1、2. 衔镳一体（宁城小黑石沟 M8501：173、M8501：172） 3—6. A 型马镳（石楼曹家垣、吉县上东村、吉县上东村、鄂尔多斯征集） 7—9. B 型马镳（小黑石沟 M8061、小黑石沟 M8061、鄂尔多斯征集） 10—14、18—20. C 型马镳（甘子堡 M18：11、甘子堡 M5：8、涑鹿孙家沟、甘子堡 M18：5、玉皇庙 YYM156：16—1、玉皇庙 YYM250：20、玉皇庙 YYM2：23—1、玉皇庙 YYM18：25—1） 15—17. D 型马镳（甘子堡 M5：9、玉皇庙 YYM156：15—1、玉皇庙 YYM2：23—6）

YYM2∶23-6，马镳两端为对称兽首，具体何种动物不明，通长16.3厘米（图2.3-1，17）。

2. 其他马具

除了马衔和马镳外，少量的节约和当卢上也存在动物纹装饰。小黑石沟M9601出土多件[①]，其中鸟形节约共三对，6件，鸟首方向相对，整体呈双翅下垂的鸟形，双翅、头尾部侧面贯通，眼部以圆圈纹表示，鸟翅和尾部以线纹装饰，标本M9601∶140和M9601∶141长4厘米（图2.3-2，1、2）；蝉纹节约1件，标本M9601∶135，十字贯通，正面微凸，装饰有蝉形纹，背部为十字形穿孔，长3.8厘米（图2.3-2，3）。另外在西沟畔墓地还出土了7

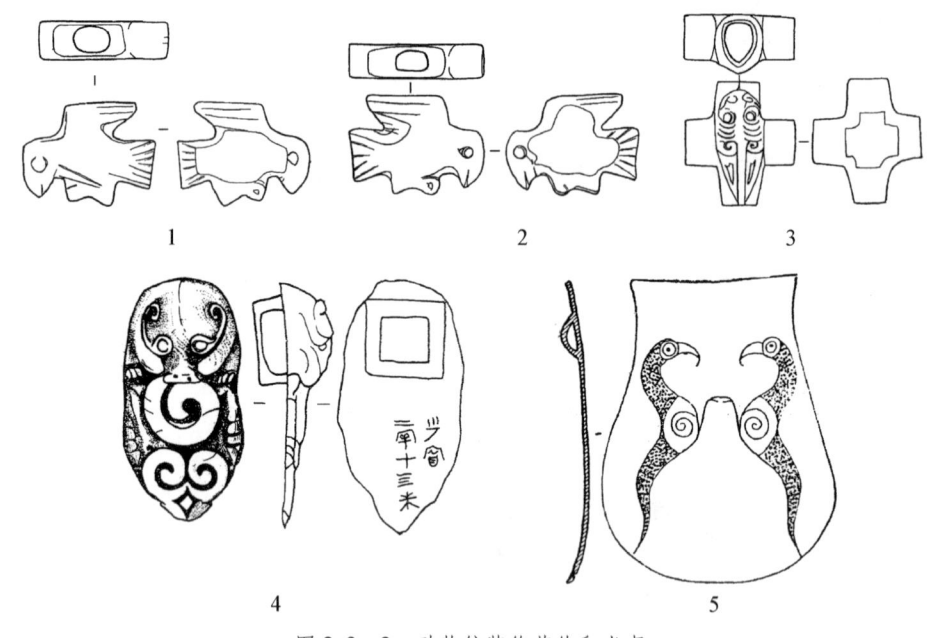

图2.3-2 动物纹装饰节约和当卢

1—3. 小黑石沟M9601 4. 西沟畔M2 5. 宁夏中宁短剑墓M2

---

① 内蒙古自治区文物考古研究所、宁城县辽中京博物馆：《小黑石沟——夏家店上层文化遗址发掘报告》，科学出版社，2009年，第376页，图三〇五。

件银虎头节约①，正面铸成虎头，四肢很小，背面有十字形穿孔，背面均刻有铭文，长5.5—6厘米、宽2.6—2.9厘米（图2.3-2，4）。

当卢1件，出自宁夏中宁县青铜短剑墓M2∶6②，上端宽圆，下端狭且平，背面下端有一对竖直小钮，正面饰一对鹰的图案，长10.4厘米、宽8厘米（图2.3-2，5）。

3. 各类马具的流行年代

动物纹装饰马衔只发现2件衔镳一体的，均出自宁城小黑石沟M8501（图2.3-1，1、2），属于夏家店上层文化繁荣期遗存，年代在西周晚期至春秋早期③。

动物纹马镳可以分为四个类型，A型马镳为勺形马镳（图2.3-1，3—6），主要出自南流黄河两岸，从共存的青铜器看，这些马镳的主要流行年代为晚商时期④。B型马镳镳身细长，在宁城小黑石沟M8061出土了2件（图2.3-1，7、8），该墓葬属于夏家店上层文化的繁荣期遗存，年代在西周晚期，因此鄂尔多斯征集的马镳也大致属于这个时期（图2.3-1，9）。C型和D型马镳，主要出自玉皇庙文化的甘子堡墓地和玉皇庙墓地，墓地主要年代在春秋中期和春秋晚期，下限可能会延续到春战之际⑤，这也基本代表了C型和D型马镳的流行年代。

动物纹节约数量较少，主要出自夏家店上层文化繁荣期（图2.3-2，1—3），年代在西周晚期至春秋早期。另外在西沟畔墓地M2出土的虎头形节约（图2.3-2，4），根据共存的器物年代大致可断在战国晚期⑥。

北方地区出土的当卢数量很多，但装饰动物纹的数量极少，宁夏中宁县青铜短剑墓出土1件（图2.3-2，5），根据已有的研究，中宁青铜短剑墓的

---

① 伊克昭盟文物工作站、内蒙古文物工作队：《西沟畔匈奴墓》，《文物》1980年第7期。
② 宁夏回族自治区博物馆考古队：《宁夏中宁县青铜短剑墓清理简报》，《考古》1987年第9期。
③ 邵会秋、杨建华：《从夏家店上层文化青铜器看草原金属之路》，《考古》2015年第10期。
④ 杨建华、Linduff. K.：《从晋陕高原"勺形器"的用途看中国北方与欧亚草原在御马器方面的联系》，《北方先秦考古研究》，科学出版社，2015年。
⑤ 滕铭予、张亮：《玉皇庙墓地出土的直刃匕首式短剑研究》，《边疆考古研究（第13辑）》，科学出版社，2013年。
⑥ 伊克昭盟文物工作站、内蒙古文物工作队：《西沟畔匈奴墓》，《文物》1980年第7期。

年代在春秋晚期左右①。

二、动物纹装饰车器

车器的种类比较多，但北方地区动物纹装饰车器数量最多的是杆头饰，另外还包括一些辕饰和衡末饰。

1. 辕饰

车辕上的饰件，共发现5件。根据装饰动物种类不同可以分为A、B两个类型。

A型，辕饰头部为羊首，共4件。准格尔旗玉隆太出土1件②，圆雕盘角羊头造型，銎部有固定用的钉孔，长20.5厘米、銎径5.8厘米（图2.3-3，2）；内蒙古速机沟出土1件③，羊头双角弯曲，颈长伸呈筒状，通长24.8厘米、銎内径4.9×5.1厘米（图2.3-3，3）；伊金霍洛旗石灰沟出土1件④，盘角羊形，吻部前倾，头及颈中空，颈部向后渐宽，略呈长方形，微鼓成銎，近銎口一侧有一小钉孔，通长18.3厘米、銎径0.5厘米（图2.3-3，4）；杨郎乡马庄ⅢM4出土1件⑤，一端开口，一端为写实羊首，銎端有一钉孔，通长12.2厘米（图2.3-3，5）。

B型，辕饰头部为立体的狻猊，1件。出土于内蒙古自治区鄂尔多斯市准格尔旗速机沟⑥，狻猊四足立于铜銎顶部，头微昂，前腿直立，后腿弯曲前伸，銎为上细下粗的圆筒形，銎的中段两侧有两个对称的圆孔，高5厘米、身长9.5厘米、銎长10厘米（图2.3-3，1）。

2. 衡末饰

共2件，均出自小黑石沟M8501。原报告称为杆头饰⑦，但具体形制与

---

① 杨建华：《春秋战国时期中国北方文化带的形成》，文物出版社，2004年，第41页。
② 内蒙古博物馆、内蒙古文物工作队：《内蒙古准格尔旗玉隆太的匈奴墓》，《考古》1977年第2期。
③ 盖山林：《内蒙古自治区准格尔旗速机沟出土一批铜器》，《文物》1965年第2期。
④ 伊克昭盟文物工作站：《伊金霍洛旗石灰沟发现的鄂尔多斯式文物》，《内蒙古文物考古》1992年第1—2期合刊。
⑤ 宁夏文物考古研究所、宁夏固原博物馆：《宁夏固原杨郎青铜文化墓地》，《考古学报》1993年第1期。
⑥ 盖山林：《内蒙古自治区准格尔旗速机沟出土一批铜器》，《文物》1965年第2期。
⑦ 内蒙古自治区文物考古研究所、宁城县辽中京博物馆：《小黑石沟——夏家店上层文化遗址发掘报告》，科学出版社，2009年，第279页，图二二三。

图 2.3-3 辕饰和衡末饰

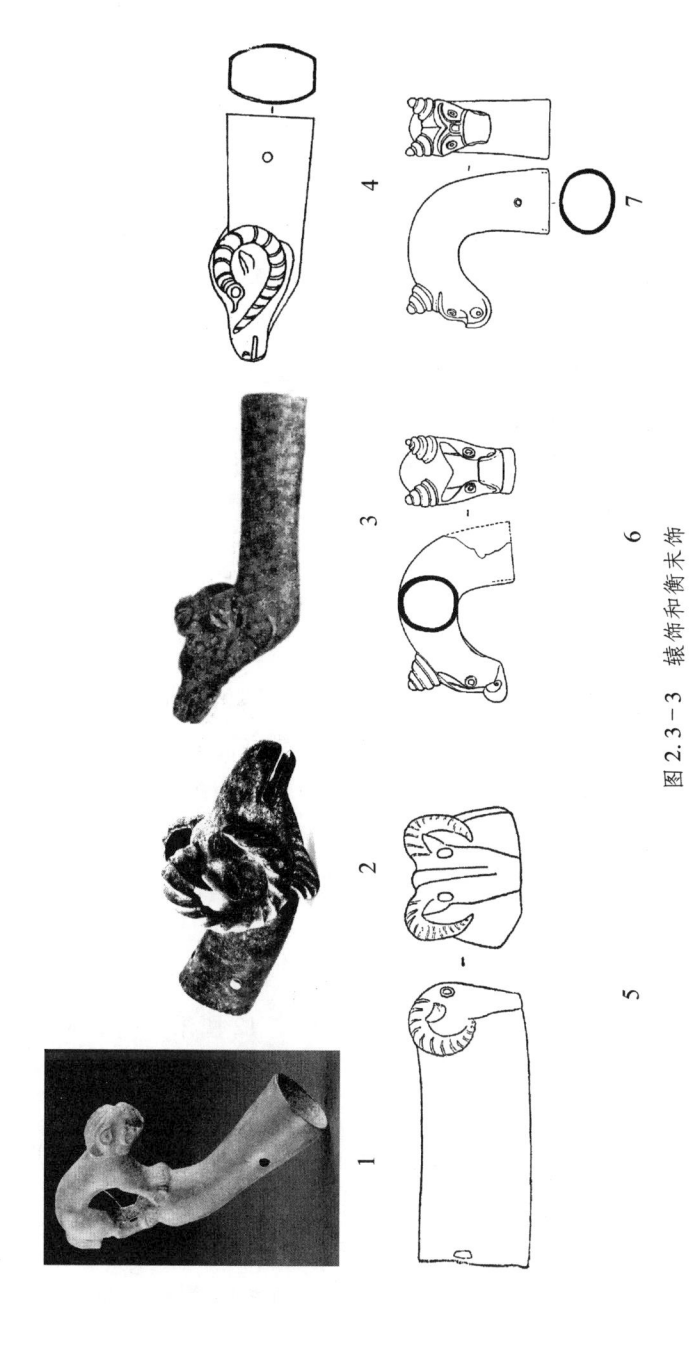

1—5. 辕饰（速机沟、玉隆太、速机沟、石灰沟、杨郎马庄） 6、7. 衡末饰（小黑石沟 M8501：76、75）

第二章 中国北方地区动物纹装饰器物的分类与年代

典型的杆头饰差异较大，从琉璃河燕国墓地的资料看，这可能是一种衡末饰①。器物端头饰圆雕的蟠龙纹饰，向下弯曲，盘龙双角为四重螺旋状，双目圆睁，标本M8501：76 高5.1厘米、口径2.1—2.3厘米（图2.3-3，6）；标本M8501：75，高6.4厘米、口径2.5—2.8厘米（图2.3-3，7）。

3. 杆头饰（杖首）

杆头饰一般指车上竖立的木杆上的装饰，因其銎部插在木杆头部，故称为杆头饰。杆头饰在北方地区主要流行于东周时期，但在更早的时期，也存在一些类似形制的器物，也是以銎纳柄，笔者认为这些器物并不是杆头饰，原因有二：第一，这些器物年代比较早，而这一时期北方地区车器非常少见；第二，这些器物的形制与东周时期的杆头饰差异明显。结合已有的资料和研究成果，这些器物最有可能是权杖首，但考虑到它们与杆头饰的相似性，本书中将其与杆头饰一起介绍。

（1）权杖首

目前发现的权杖首至少有5件。依据装饰动物种类不同，可以分为两个类型。

A型，青铜铸造的四羊首杖首，仅1件。火烧沟墓地出土②，该器制作精巧，外形极似一细颈小壶，中空，在器物下端位置饰四道凹弦纹，梁孔内残存一段木柄；在腹中部偏下对称地铸有四个盘角的羊头；器物高8厘米、口径2.8厘米（图2.3-4，1）。

B型，鸟形杖首，共4件。青海湟源县大华中庄出土2件③，均出自M87，銎为圆筒形，上为鸠头，圆眼，眼下一周连珠，长嘴，嘴端承托一犬，鸠首承托一母牛，牛下一小牛正在吃奶；犬翘尾张嘴，面向母牛作吠叫状，母牛纵肩、拱腰、翘尾作与犬决斗状；通高12厘米（图2.3-4，2）。青海大通县黄家寨墓地出土1件④，编号M16：5，鸟作长喙状，有冠，环

---

① 北京市文物研究所：《琉璃河西周燕国墓地（1973—1977）》，文物出版社，1995年，第219页，图一三二。
② 李水城、水涛：《四坝文化铜器研究》，《文物》2000年第3期。
③ 青海省湟源县博物馆、青海省文物考古队、青海省社会科学院历史研究室：《青海湟源县大华中庄卡约文化墓地发掘简报》，《考古与文物》1985年第5期。
④ 青海省文物考古研究所、吉林大学考古学系：《青海大通县黄家寨墓地发掘报告》，《考古》1994年第3期。

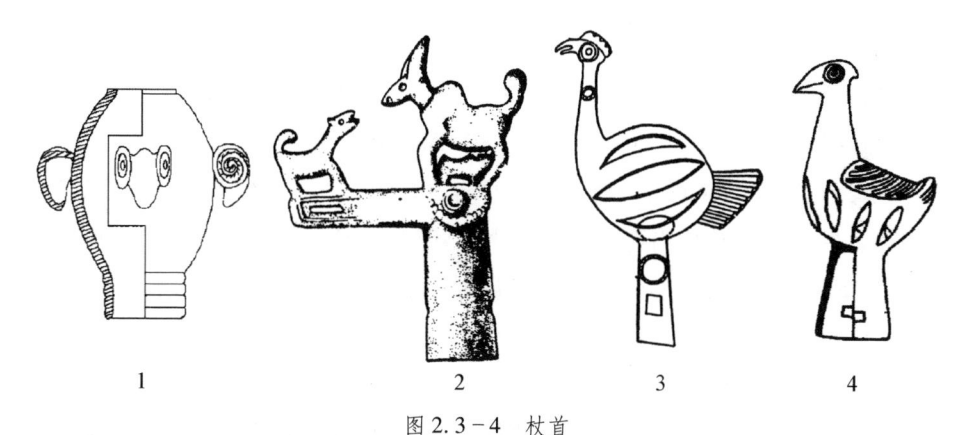

图 2.3-4　杖首
1. 玉门火烧沟墓地　2. 湟源县大华中庄
3. 大通县黄家寨墓地　4. 湟源沸海乡巴燕峡征集

眼，昂首，长颈，椭圆形圆鼓腹，腹每侧有三条镂孔，空腹内有一橄榄状铜丸，宽扁尾，足为一长管，上有一长方形镂孔，高10.8厘米、长7.8厘米（图2.3-4，3）。青海湟源县沸海乡巴燕峡征集1件①，据称出土于墓葬内，鸟长颈大嘴，似为水鸟，中空，腹内有一石球，摇动有声（图2.3-4，4）。

（2）杆头饰

典型的动物纹装饰杆头饰，共42件。依据装饰的动物形制差异可以划分为A和B两个类型。

A型，动物形首杆头饰，共27件。根据动物种类不同可以进一步分五个亚型。

Aa型，鹤首形，共3件。速机沟出土2件②，其中一件鹤头长喙向下弯曲，喙端张开，双眼圆大，作远眺状；头顶有一不甚规整的长孔，颈中空成圆銎，銎侧有一圆孔；喙长14.1厘米、銎内径2.5厘米（图2.3-5，1）。另一件鹤头微昂，睁眼闭口，颏下有九道皱褶；长颈弯曲中空成椭圆形銎，銎口微残，头顶有一方孔；长30.5厘米、銎径2.9×3.3厘米（图2.3-5，

---

① 青海省文物考古队、湟源县博物馆：《青海湟源县境内的卡约文化遗迹》，《考古》1986年第10期。

② 盖山林：《内蒙古自治区准格尔旗速机沟出土一批铜器》，《文物》1965年第2期。

3)。西沟畔墓地出土1件①，编号M2∶72，长喙鹤头形，圆眼，后端有銎，銎侧有方形钉孔，长18厘米、銎径3.2厘米（图2.3-5，2）。

Ab型，鹰首形，共18件。于家庄SM4出土1件②，写实鹰首，方形銎，銎部有纹饰，銎侧有一对钉孔，通高3.6厘米、銎宽1.4厘米（图2.3-5，8）。甘肃永登榆树沟墓地出土4件③，鹰嘴短粗、喙弯曲，圆目，炯炯有神，颈下呈圆銎形，其中两件的銎贯通头顶，銎的一侧有方形钉孔（图2.3-5，9，10）。杨郎乡马庄墓地出土6件④，标本1残高3.4厘米、銎宽1.2厘米，写实鹰首，方形銎，末端残，銎侧有一对钉孔（图2.3-5，11）；标本2通长6.1厘米、銎径3.1厘米（图2.3-5，12）；标本3通高5.8厘米、銎径2.8厘米（图2.3-5，13）。宁夏彭阳王大户墓地出土2件⑤，标本M1∶68通高3.6厘米（图2.3-5，14）。此外，在宁夏南部地区还征集2件⑥，头营乡王家坪⑦、中卫县狼窝子坑M5⑧和张街村M3⑨各出土1件。

Ac型，狼首形，1件。出自速机沟墓地⑩，狼头双耳皆残，张口竖耳，双眼平视；颈中空成銎，銎口处呈扁圆形，銎之两侧有对称的两孔；颈长0.9厘米、嘴长1.7厘米、銎口内径1.8×1.5厘米（图2.3-5，4）。

Ad型，鹿首形，共2件。为写实的鹿首，杨郎乡马庄⑪和吕坪村⑫各出

---

① 伊克昭盟文物工作站、内蒙古文物工作队：《西沟畔匈奴墓》，《文物》1980年第7期。
② 宁夏文物考古研究所：《宁夏彭堡于家庄墓地》，《考古学报》1995年第1期。
③ 甘肃省博物馆文物工作队：《甘肃永登榆树沟的沙井墓葬》，《考古与文物》1981年第4期。
④ 宁夏文物考古研究所、宁夏固原博物馆：《宁夏固原杨郎青铜文化墓地》，《考古学报》1993年第1期。
⑤ 宁夏文物考古研究所、彭阳县文物管理所：《王大户与九龙山——北方青铜文化墓地》，文物出版社，2016年，第44页，图2-19。
⑥ 钟侃、韩孔乐：《宁夏南部春秋战国时期的青铜文化》，《中国考古学会第四次年会论文集》，文物出版社，1985年。
⑦ 钟侃、韩孔乐：《宁夏南部春秋战国时期的青铜文化》，《中国考古学会第四次年会论文集》，文物出版社，1985年。
⑧ 周兴华：《宁夏中卫县狼窝子坑的青铜短剑墓群》，《考古》1989年第11期。
⑨ 宁夏回族自治区文物考古研究所、彭阳县文物站：《宁夏彭阳县张街村春秋战国墓地》，《考古》2002年第8期。
⑩ 盖山林：《内蒙古自治区准格尔旗速机沟出土一批铜器》，《文物》1965年第2期。
⑪ 宁夏文物考古研究所、宁夏固原博物馆：《宁夏固原杨郎青铜文化墓地》，《考古学报》1993年第1期。
⑫ 固原博物馆：《宁夏固原吕坪村发现一座东周墓》，《考古》1992年第5期。

图 2.3-5 A 型杆头饰

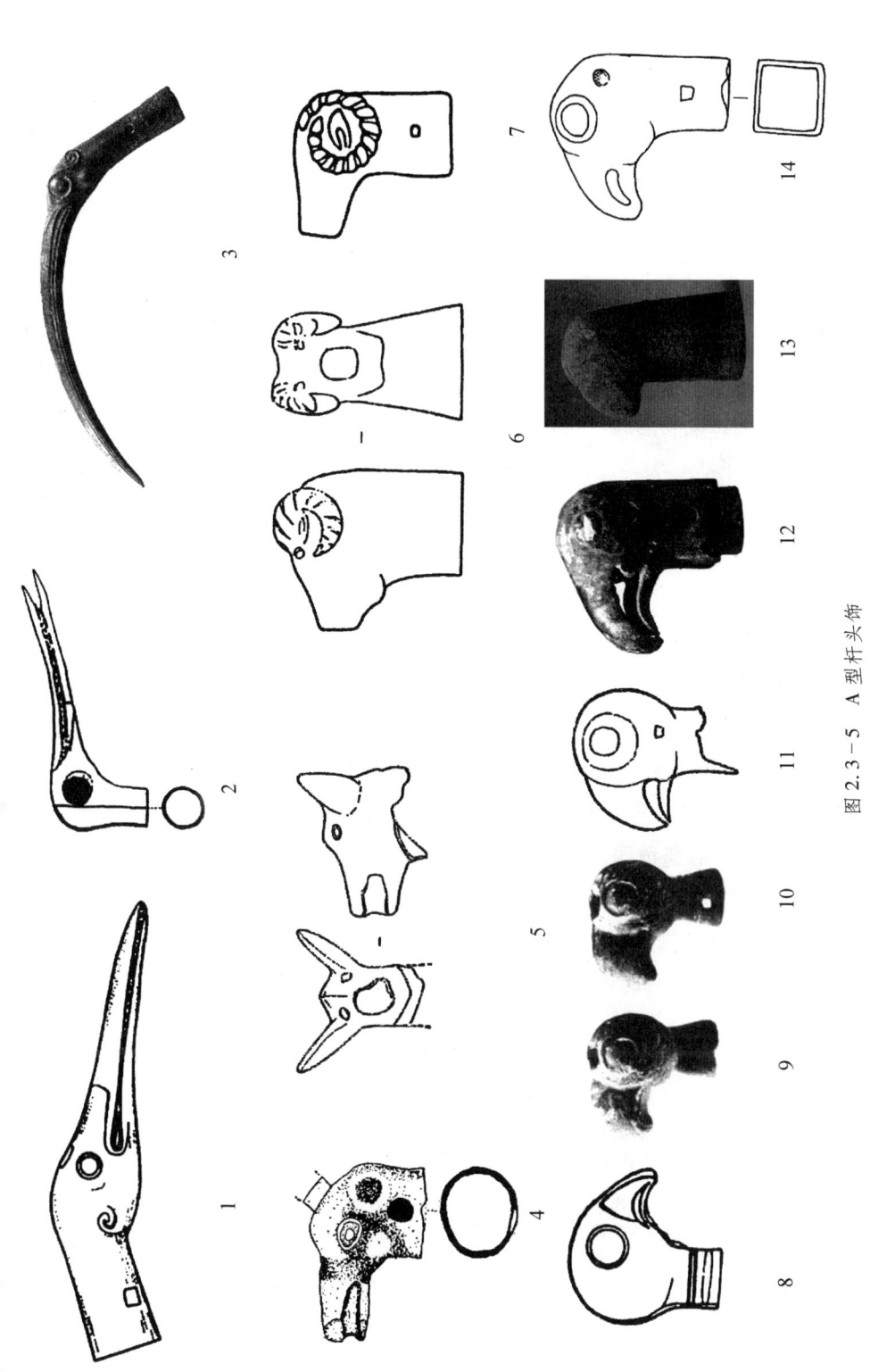

1、3、4. 速机沟 2. 西沟畔 M2∶72 5. 杨郎乡马庄 ⅢM4 6. 杨郎乡马庄 ⅢM4 7. 店洼村 8. 于家庄 SM4 9、10. 永登榆树沟 11. 杨郎乡马庄 ⅢM1 12. 杨郎乡马庄 13. 杨郎乡马庄 14. 彭阳王大户墓地 M1
(1—3 为 Aa 型,4 为 Ab 型,5 为 Ad 型,6 和 7 为 Ae 型,8—14 为 Ac 型)

土1件。标本马庄ⅢM4，銎孔残，通高3.4厘米、銎径1.4厘米（图2.3-5，5）。

Ae型，羊首形，共3件。杨郎乡马庄墓地①、店洼村②和中卫县狼窝子坑M1③各出土1件。标本马庄ⅢM4羊首较为写实，颈部延伸为圆形銎，銎侧有一对钉孔，通高6.7厘米、銎径3.6厘米（图2.3-5，6）；店洼村通高3厘米、銎径1.5厘米（图2.3-5，7）。

B型，立体动物形杆头饰，共15件。依据装饰动物种类不同可以分为四个亚型。

Ba型，装饰动物为鹿，共6件。甘肃永登榆树沟墓地出土2件④，鹿四肢直立，昂首前视，尖耳，短尾，无角，小圆眼，背略弓，腹中空；足下有方形銎，銎左侧有一小钉孔，长5.2厘米、高6.5厘米（图2.3-6，1）。西沟畔墓地出土4件⑤，鹿低头竖耳，圆眼，头上扁平环状角与短尾相连接；四足内收立于小方銎上，銎侧有钉孔。标本M2：9-12，高7.2厘米、长7.3厘米（图2.3-6，3）。

Bb型，装饰动物为羊，共4件。玉隆太墓地出土4件⑥，玉隆太2245：1、2，羚羊昂首前视，角后斜，四足内收，立于方形銎端，臀微下蹲，作欲跑状，体中空，通高17.4厘米、銎高5.8厘米（图2.3-6，2）。玉隆太2265：1、2，羊头微昂，目前视，颈后有脊，头上有圆形銎向前斜伸，前腿直立，后腿稍屈，四足立于圆形銎端，銎侧有钉孔，通高14.2厘米、銎高5.2厘米（图2.3-6，4）。

Bc型，装饰动物为马，共4件。玉隆太墓地出土2件⑦，编号为2253和2266，马低头下视，耳前伸，马鬃工整，尾下垂；四足稍内收，立于方形銎

---

① 宁夏文物考古研究所、宁夏固原博物馆：《宁夏固原杨郎青铜文化墓地》，《考古学报》1993年第1期。
② 杨宁国、祁悦章：《宁夏彭阳县近年出土的北方系青铜器》，《考古》1999年第12期。
③ 周兴华：《宁夏中卫县狼窝子坑的青铜短剑墓群》，《考古》1989年第11期。
④ 甘肃省博物馆文物工作队：《甘肃永登榆树沟的沙井墓葬》，《考古与文物》1981年第4期。
⑤ 伊克昭盟文物工作站、内蒙古文物工作队：《西沟畔匈奴墓》，《文物》1980年第7期。
⑥ 内蒙古博物馆、内蒙古文物工作队：《内蒙古准格尔旗玉隆太的匈奴墓》，《考古》1977年第2期。
⑦ 内蒙古博物馆、内蒙古文物工作队：《内蒙古准格尔旗玉隆太的匈奴墓》，《考古》1977年第2期。

图 2.3-6 B 型杆头饰

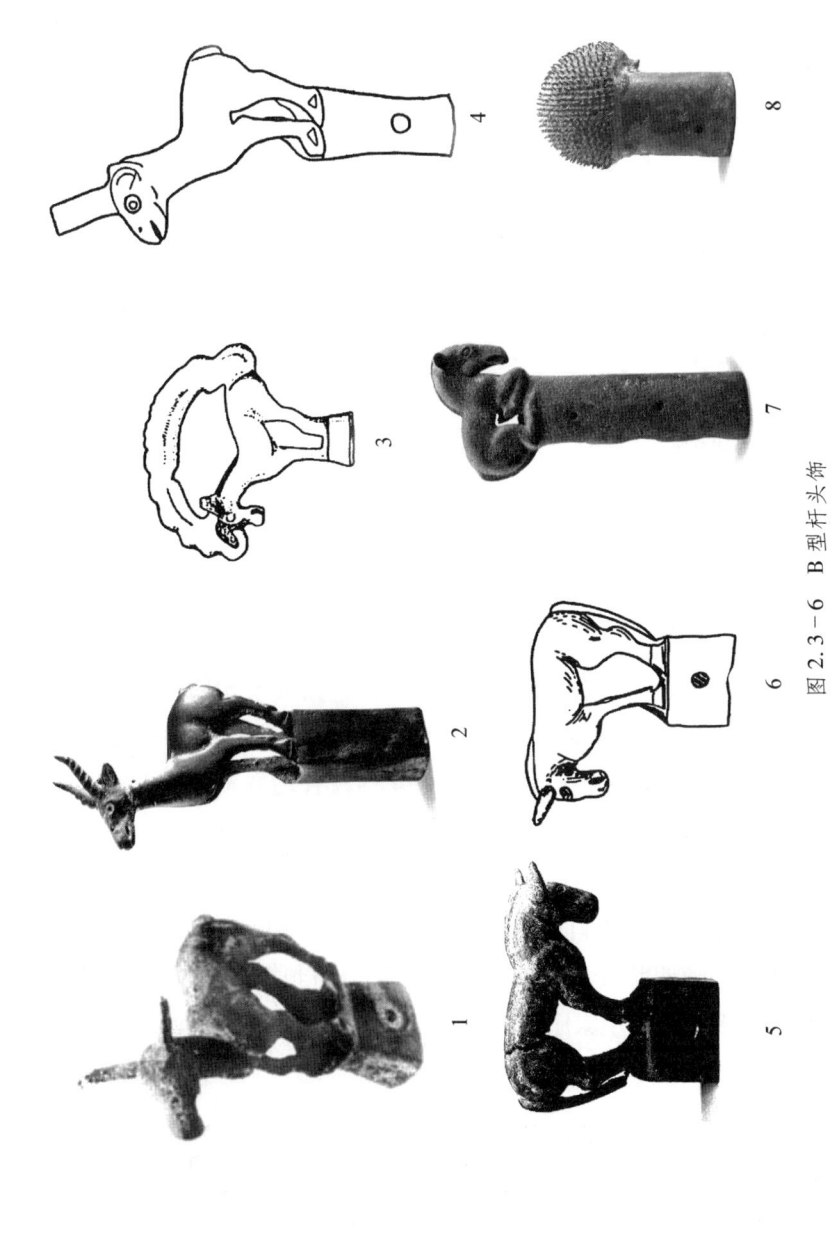

1. 永登榆树沟 2、4—6. 玉隆太 3. 西沟畔 M2：9–12 7. 速机沟 8. 神木纳林高兔
（1、3 为 Ba 型，2、4 为 Bb 型，5—7 为 Bc 型，8 为 Bd 型）

第二章　中国北方地区动物纹装饰器物的分类与年代

端，銎侧有圆形钉孔，通高6.6厘米、銎长2.9厘米（图2.3-6，5、6）。速机沟墓地出土2件①，马低头竖耳，长尾贴臀下垂，腹中空；四足蜷曲立于方筒形銎顶端，銎侧有三个方洞，左右两侧各有两个对称的小圆孔，高5厘米、长8厘米、銎长11.5厘米（图2.3-6，7）。

Bd型，装饰动物为刺猬，共1件。出自神木纳林高兔②，刺猬嘴尖耳短，低头缩颈，躯体隆起呈球形，短小四足蹲卧于扁圆筒形銎端，通高9.5厘米、銎径4厘米（图2.3-6，8）。

4. 各类车器的流行年代

车辕饰共发现5件，除了A型中马庄墓地ⅢM4出土的1件外（图2.3-3，5），其余均出自内蒙古中南部地区，包括石灰沟、速机沟、玉隆太墓地（图2.3-3，1—4）。这几个墓地年代都较晚，年代范围都集中在战国晚期；根据已有的研究，马庄墓地ⅢM4的年代也属于战国晚期③，因此，目前北方地区发现的动物纹车辕饰年代大都属于战国晚期。

动物纹衡末饰只发现了2件，均出自小黑石沟M8501（图2.3-3，6、7），这座墓葬属于夏家店上层文化繁荣期遗存，年代在西周晚期至春秋早期。

权杖首并不是车器，但常常与杆头饰相混淆，目前发现的权杖首年代都较早，火烧沟墓地出土的四羊首权杖首是四坝文化冶金技术巅峰之作（图2.3-4，1），年代相当于早商时期④。另外4件杖首均属于青海卡约文化晚期（图2.3-4，2—4），年代相当于西周中晚期至春秋早期⑤。

车器中数量最多的是杆头饰，A型为动物形首杆头饰（图2.3-5），其中Aa型鹤首和Ac型狼首出自内蒙古中南部的西沟畔和速机沟墓地，这两个墓地年代都在战国晚期前后。其余A型杆头饰均出自甘宁地区，其中以杨郎马庄墓地数量最多，还有于家庄墓地。根据杨建华先生的研究，这些墓葬年

---

① 盖山林：《内蒙古自治区准格尔旗速机沟出土一批铜器》，《文物》1965年第2期。
② 戴应新、孙嘉祥：《陕西神木县出土匈奴文物》，《文物》1983年第12期。
③ 杨建华：《春秋战国时期中国北方文化带的形成》，文物出版社，2004年。
④ 李水城、水涛：《四坝文化铜器研究》，《文物》2000年第3期。
⑤ 三宅俊彦：《卡约文化青铜器初步研究》，《考古》2005年第5期。

代上限是春战之际，下限到战国晚期①，因此，A 型杆头饰主要流行的年代范围相当于战国时期。

B 型杆头饰均呈立体动物形，主要装饰的动物有鹿、羊、马和刺猬等（图 2.3 - 6），甘肃永登沙井文化中出土 2 件，陕西神木纳林高兔出土 1 件，其余均出自内蒙古中南部的西沟畔、玉隆太和速机沟等墓地。这三座墓地年代都在战国晚期前后②，从出土物的对比来看，纳林高兔和永登沙井文化的立体动物形杆头饰年代也大致相当，因此，B 型杆头饰年代在战国晚期前后。

三、小结

北方地区出土的动物纹装饰车马器可以分为马具和车器两类，在整个北方地区商周时期动物纹装饰器物中数量并不丰富。

北方地区最早的动物纹车马器出现于晚商时期，不过只有 A 型的勺形马镳，分布地域主要是在南流黄河两岸和内蒙古中南部地区，动物纹装饰的题材较少，仅有蛇首和马首等动物形首部。

西周晚期至春秋早期动物纹车马器的种类和数量都有所增加，例如宁城小黑石沟出土的衔镳一体的马衔和马镳、B 型马镳、节约、衡末饰等。这些器物主要分布于燕山以北的夏家店上层文化中，装饰的动物纹题材种类要丰富一些，包括衔镳一体上的卷曲和蹲卧虎形装饰、B 型马镳上的鹿首和羊首装饰、节约上的鸟形和蝉纹装饰以及衡末饰上的圆雕蟠龙纹饰。

属于春秋中期和晚期的车马器主要有 C 型和 D 型马镳以及中宁青铜短剑墓出土的当卢。马镳均属于冀北地区的玉皇庙文化，动物纹装饰主要包括马形、鸟形、蛇形以及虎或豹等猫科动物形，还有当卢上装饰的对鹰形象。

战国时期，最流行的动物纹车马器是杆头饰，主要分布于甘宁地区和内蒙古中南部地区。其中 A 型杆头饰在整个战国时期都非常常见，到战国晚期开始流行 B 型立体动物形杆头饰，目前发现的车辕饰和西沟畔墓地 M2 出土

---

① 杨建华：《春秋战国时期中国北方文化带的形成》，文物出版社，2004 年，第 36—43 页。
② 杨建华：《春秋战国时期中国北方文化带的形成》，文物出版社，2004 年，第 61、62 页。

的节约也都属于战国晚期。这一时期动物纹装饰种类最为丰富，辕上装饰羊首和狻猊形动物，杆头饰有鹤首、鹰首、狼首、鹿首、羊首等种类，还有鹿、羊、马和刺猬等立体动物形象的杆头饰，在这些装饰中羊、马、鹿和鸟形装饰最为常见。

除了上述的动物纹车马器外，本节还介绍了动物纹权杖首。权杖首是一种具有西方传统的器物，已有学者对此进行过专门研究。动物纹权杖首在中国北方地区出现的年代较早，属于早商时期四坝文化的火烧沟墓地就已经出土1件，但目前看是一件孤例。其余的权杖首年代大都在西周中晚期至春秋早期。

总体看来，由于功能的限制，北方地区动物纹装饰车马器并不发达。其中动物纹马具出现的时间可早到晚商时期，大多数都在西周和春秋时期；而动物纹车器最早大约出现于西周晚期至春秋早期，主要流行于战国时期，且在战国晚期最为繁盛。

第四节 动物纹装饰品

装饰品是北方青铜文化中种类和数量都最为丰富的一类金属器，由于不受功能的限制，北方人群可以根据自身的审美观念和喜好来制作具有自身特色的装饰品，因此装饰品也是草原动物纹艺术最重要的载体，除了大量的服饰品外，还存在一些其他单独的动物纹饰件。本节将对这些动物纹装饰品进行分类研究，首先，笔者依据整体造型不同将动物纹饰件分为立体（三维）和平面（二维）两大类。

一、立体动物形饰件

笔者收集的北方地区立体动物形饰件共163件[1]，依据动物种类可以分为九个类型。

---

[1] 由于马家塬墓地正式报告尚未出版，无法明确各类动物纹装饰器物的出土数量，因此本节的统计数字涉及马家塬墓地的器物数量时仅统计种类，而不计算马家塬墓地动物纹器物的具体数量。

A 型，鹿形饰件，99 件。按照动物姿势不同可以分为两个亚型。

Aa 型，伫立式鹿形饰件，11 件。整体呈伫立状，腹中空。甘肃永登榆树沟的沙井文化墓葬出土 4 件①，鹿昂首前视，长 5 厘米、高 5 厘米（图 2.4－1，1）。杨郎乡马庄墓地出土 3 件②，立鹿，较写实，下腹开放，首身分铸，套接，通长 6.9 厘米、高 6.8 厘米（图 2.4－1，2、3）。内蒙古准格尔旗速机沟墓地出土 2 件③，一件高 12.5 厘米、长 9.3 厘米（图 2.4－1，4）；另一件头上有枝状角，高 16.7 厘米、长 9.5 厘米（图 2.4－1，6）。另外鄂尔多斯征集 1 件，编号 E1668④，长 10.4 厘米、高 8.2 厘米（图 2.4－1，7）。瓦尔吐沟墓地也出土 1 件⑤，但尺寸不明（图 2.4－1，5）。

Ab 型，蹲踞或跪卧式鹿形饰件，88 件。甘肃清水县刘坪出土 1 件⑥，双耳上耸，直颈，短尾，前蹄叠压在后蹄上，高 8.3 厘米、宽 6 厘米（图 2.4－1，8）。甘肃庆阳宁县平子乡袁家村出土 1 件⑦，长 6.1 厘米、高 4.3 厘米（图 2.4－1，9）。彭阳王大户墓地 M7 出土 3 件⑧，筒状嘴，双耳耸立前倾，直颈，直背，尾部残，残长 6.4—6.9 厘米、高 4.6—5.8 厘米（图 2.4－1，10）。彭阳中庄墓地 M1 出土 8 件⑨，筒状嘴，双竖耳，直颈，空腹，屈足相连，高 6 厘米、长 8.8 厘米（图 2.4－1，11）。杨郎马庄墓地共出土 7 件⑩，标本 IM1，较写实，腹中空，下腹开放，与四肢相连形成銎口，颈部残存朽木，通长 7.2 厘米、高 7.9 厘米（图 2.4－1，12）；标本 IIIM1，通长 5

---

① 甘肃省博物馆文物工作队：《甘肃永登榆树沟的沙井墓葬》，《考古与文物》1981 年第 4 期。
② 宁夏文物考古研究所、宁夏固原博物馆：《宁夏固原杨郎青铜文化墓地》，《考古学报》1993 年第 1 期。
③ 盖山林：《内蒙古自治区准格尔旗速机沟出土一批铜器》，《文物》1965 年第 2 期。
④ 田广金、郭素新：《鄂尔多斯式青铜器》，文物出版社，1986 年，图版一二二。
⑤ 田广金、郭素新：《鄂尔多斯式青铜器》，文物出版社，1986 年，图版一一〇，2。
⑥ 李晓青、南宝生：《甘肃清水县刘坪近年发现的北方系青铜器及金饰片》，《文物》2003 年第 7 期。
⑦ 刘得祯、许俊臣：《甘肃庆阳春秋战国墓葬的清理》，《考古》1988 年第 5 期。
⑧ 宁夏文物考古研究所、彭阳县文物管理所：《王大户与九龙山——北方青铜文化墓地》，文物出版社，2016 年，第 223 页，图 2－114。
⑨ 宁夏文物考古研究所、彭阳县文物管理所：《王大户与九龙山——北方青铜文化墓地》，文物出版社，2016 年，第 448、449 页，图 3－19、图 3－20。
⑩ 宁夏文物考古研究所、宁夏固原博物馆：《宁夏固原杨郎青铜文化墓地》，《考古学报》1993 年第 1 期。

图 2.4-1 A 型立体动物形饰件

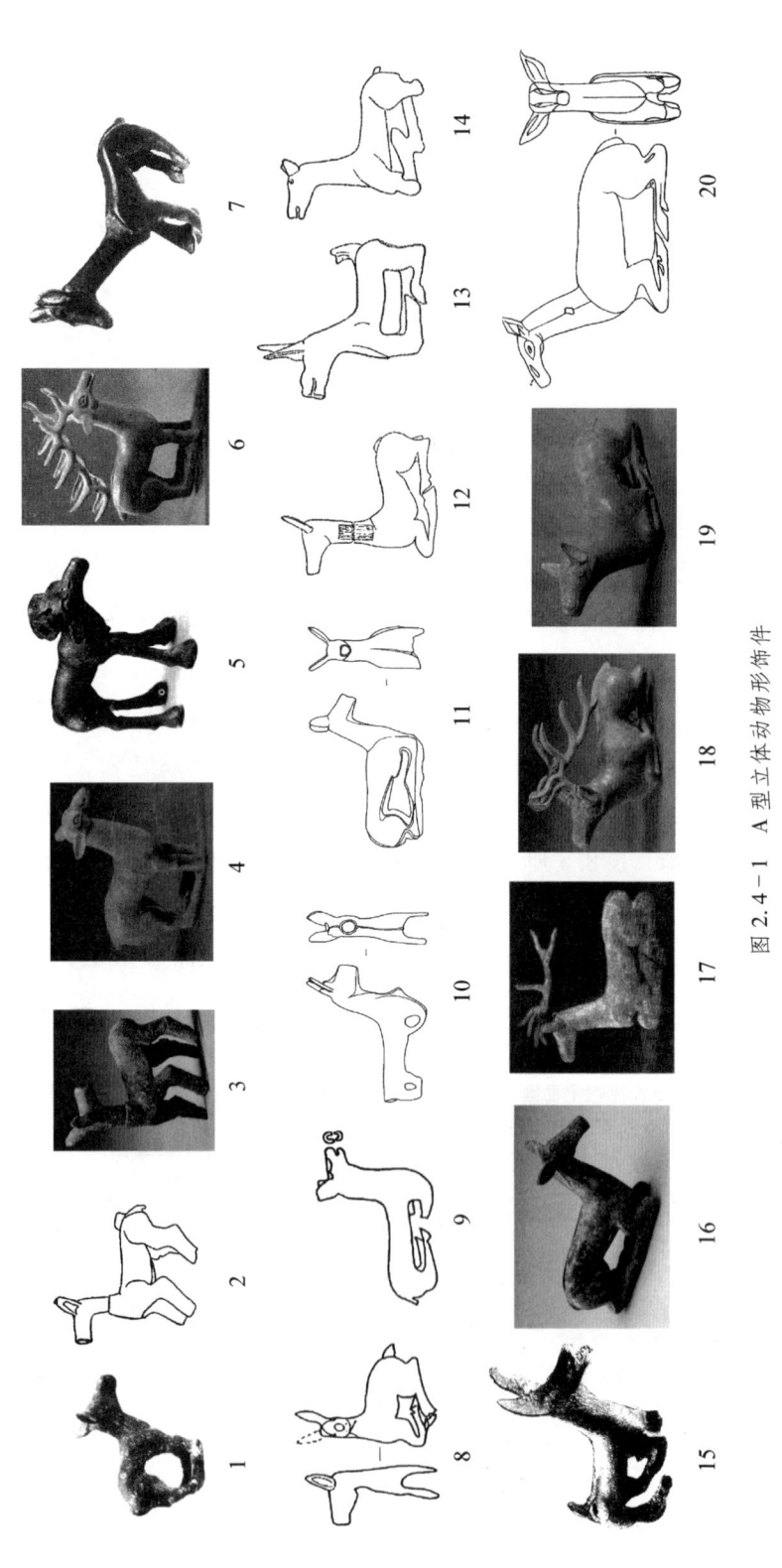

1. 永登榆树沟墓地 2、3、12—14. 杨郎马庄墓地 4、6、18、19. 杨郎墓地 5. 速机沟墓地 7、15. 鄂尔多斯青铜器（E1668、E1669）
8. 庆阳平子乡袁家村 9. 清水刘坪 10. 王大户墓地 M7 11. 中庄墓地 M1 16、17. 玉隆太墓地 20. 阿鲁柴登墓地
（1—7 为 Aa 型，8—20 为 Ab 型）

厘米、高5.2厘米（图2.4-1，13）；标本IM12，通长6.6厘米、高6.1厘米（图2.4-1，14）。玉隆太墓地出土4件①，其中三件形制一致，编号2248：1—3，高9厘米、长12.5厘米（图2.4-1，16）；另外一件编号2247，头上有枝状角，高11.4厘米、长12.3厘米（图2.4-1，17）。内蒙古速机沟墓地出土2件②，一件头上有枝状角，细腹中空，背有凸棱一道，高12.4厘米、长10.3厘米（图2.4-1，18）；另一件高7.7厘米、长10.1厘米（图2.4-1，19）。此外内蒙古阿鲁柴登墓地出土1件③（图2.4-1，20）、鄂尔多斯征集1件（编号E1669④；图2.4-1，15）、甘肃庄浪出土8件⑤、宁夏固原撒门村M1出土7件⑥、于家庄墓地出土5件⑦、陈阳川村M3出土1件⑧、米塬村出土1件⑨、甘肃庆阳冯堡征集6件、吴家沟圈收集7件、庆阳地区博物馆征集2件、正宁县后庄村墓葬出土1件⑩、陕西神木县中沟村和店塔村出土17件⑪、纳林高兔出土5件⑫。

B型，羊形饰件，28件。按照动物姿势不同可以分为两个亚型。

Ba型，伫立式羊形饰件，8件。张家川马家塬墓地出土2件，M2L：14，质地为铅，昂首，扭头侧视，羊角卷曲，后足并立，前腿残，残高4.36厘米（图2.4-2，1）。固原头营乡杨河村⑬，立羚羊，腹中空，通长6.1厘米、高7.1厘米（图2.4-2，2）。甘肃秦安县千户公社出土5件⑭，形状、大小均相同，环眼圆耳，造型丰满生动，身高6.8厘米、身长7厘米（图

---

① 内蒙古博物馆、内蒙古文物工作队：《内蒙古准格尔旗玉隆太的匈奴墓》，《考古》1977年第2期。
② 盖山林：《内蒙古自治区准格尔旗速机沟出土一批铜器》，《文物》1965年第2期。
③ 田广金、郭素新：《内蒙古阿鲁柴登发现的匈奴遗物》，《考古》1980年第4期。
④ 田广金、郭素新：《鄂尔多斯式青铜器》，文物出版社，1986年，图版一二二。
⑤ 李晓斌：《甘肃庄浪县出土北方系青铜器》，《考古》2005年第5期。
⑥ 罗丰、韩孔乐：《宁夏固原近年发现的北方系青铜器》，《考古》1990年第5期。
⑦ 宁夏文物考古研究所：《宁夏固原于家庄墓地发掘简报》，《华夏考古》1991年第3期。
⑧ 宁夏文物考古所、西吉县文管所：《西吉县陈阳川墓地发掘简报》，《宁夏考古文集》，宁夏人民出版社，1994年。
⑨ 杨宁国、祁悦章：《宁夏彭阳县近年出土的北方系青铜器》，《考古》1999年第12期。
⑩ 均出自刘得祯、许俊臣：《甘肃庆阳春秋战国墓葬的清理》，《考古》1988年第5期。
⑪ 曹玮主编：《萌芽·成长·融合：东周时期北方青铜文化臻萃》，三秦出版社，2012年，第250、251页。
⑫ 戴应新、孙嘉祥：《陕西神木县出土匈奴文物》，《文物》1983年第12期。
⑬ 宁夏固原博物馆：《固原文物精品图集》，宁夏人民出版社，2003年，第197页。
⑭ 秦安县文化馆：《秦安县历年出土的北方系青铜器》，《文物》1986年第2期。

图 2.4-2 B 型立体动物形饰件

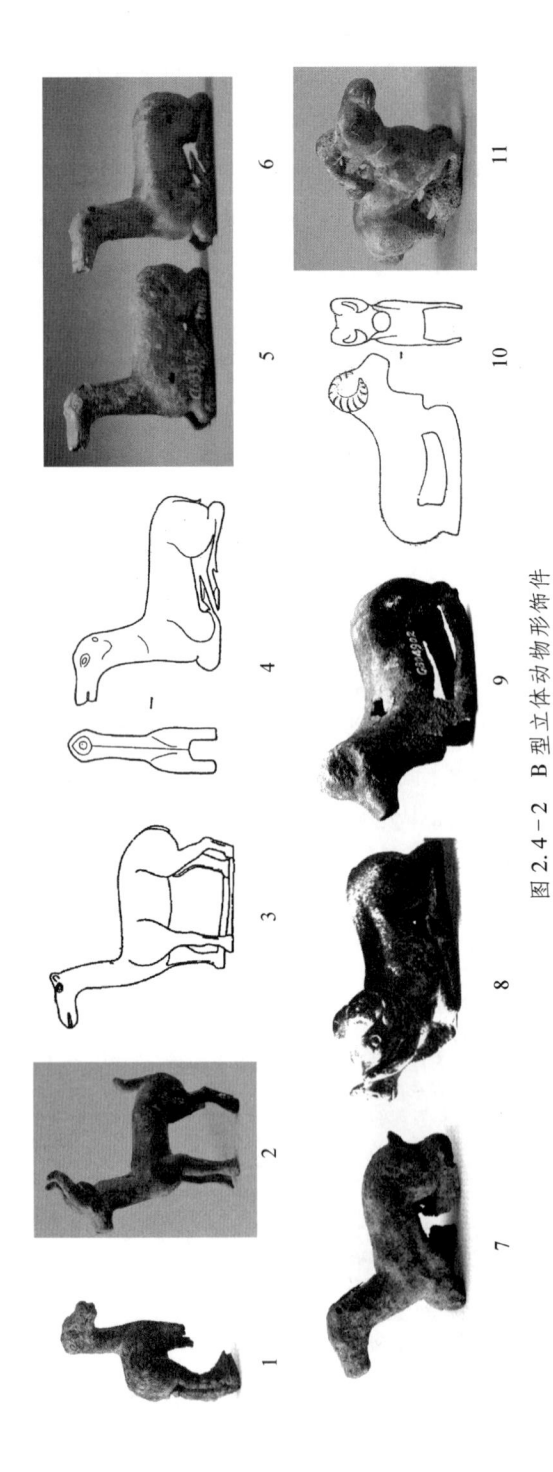

1、7. 马家塬墓地 2. 头营乡杨河村 3. 甘肃秦安县千户公社 4. 撒门村 M1 5、6、9、10. 杨郎马庄墓地 8. 瓦尔吐沟墓地 11. 宁城小坡子那苏合
（1—3 为 Ba 型，4—11 为 Bb 型）

2.4-2，3）。

Bb 型，蹲踞或跪卧式羊形饰件，20 件。固原撒门村 M1 出土 12 件①，较写实，无角，腹中空，下腹开放，与四肢相连形成銎口，通长 8.5 厘米、高 6 厘米（图 2.4-2，4）。杨郎乡马庄出土 4 件②，其中两件形制一致，通长 8.1 厘米、高 6.3 厘米（图 2.4-2，5、6）；另外两件为大卷角羊，尺寸分别为通长 9.5 厘米、高 6 厘米和通长 9.4 厘米、高 6.7 厘米（图 2.4-2，9、10）。张家川马家塬墓地出土 1 件，M9∶1③，质地为锡，跪卧状，残长 6.8 厘米、残高 5.2 厘米（图 2.4-2，7）。宁城小城子那苏台出土 2 件④，羊抬头前视，双角向后弯曲，整体呈蹲踞状，短尾，圆雕，腹中空，高 4.7 厘米、长 7.3 厘米（图 2.4-2，11）。另外在内蒙古瓦尔吐沟墓地出土 1 件⑤，尺寸不明（图 2.4-2，8）。

C 型，牛形饰件，3 件。均出自张家川马家塬墓地⑥，其中铅牛饰件 2 件，标本 M3∶63，俯首，双腿并立，四足落地，背负一小兽，牛双肩及前腿饰螺旋纹，长 10 厘米、高 8 厘米（图 2.4-3，1）；标本 M3∶45，牛形铅俑，俯首，角弯曲向上，弓背，双肩及腿部饰螺旋纹，长 10.8 厘米、高 7 厘米（图 2.4-3，2）。铜牛饰件 1 件，标本 M14∶66，伫立状，低头，嘴半张，尾上卷至背部，腹下部以刻划竖线表示牦牛的长毛，长 6.5 厘米、高 3.9 厘米（图 2.4-3，3）。

D 型，马形饰件，11 件。陕西甘泉闫家村出土 2 件⑦，实心圆雕，通体素面，形制相同，其中一件两只前腿及右侧后腿蹄部残缺。呈站立状，体型健硕，四肢粗短，马身较长，头部较小，眼睛圆睁，口鼻微张，两短耳直立向

---

① 罗丰、韩孔乐：《宁夏固原近年发现的北方系青铜器》，《考古》1990 年第 5 期。
② 宁夏固原博物馆：《固原文物精品图集》，宁夏人民出版社，2013 年，第 195 页。
③ 甘肃省文物考古研究所：《西戎遗珍——马家塬战国墓地出土文物》，文物出版社，2014 年。
④ 中国青铜器全集编辑委员会：《中国青铜器全集（北方民族）》，文物出版社，2011 年，图三三六。
⑤ 田广金、郭素新：《鄂尔多斯式青铜器》，文物出版社，1986 年，图版一一〇，3。
⑥ 甘肃省文物考古研究所：《西戎遗珍——马家塬战国墓地出土文物》，文物出版社，2014 年。
⑦ 王永刚、崔风光、李延丽：《陕西甘泉县出土晚商青铜器》，《考古与文物》2007 年第 3 期。

前，鬃毛短直，长尾下垂，通长26.5厘米、高18.5厘米（图2.4-3，12）。固原西郊郭庄村出土8件①，马作伫立状，嘴眼鬃均可见，背似有鞍，马前腿、腹部和尾部均有同心圆圈纹，长4.9—5.4厘米、高2.8—3.3厘米（图2.4-3，4）。内蒙古玉隆太墓地出土1件②，具体尺寸不明。

E型，刺猬形饰件，14件。石灰沟墓地出土4件③，银片压制而成，腹中空，身上和足部压有花纹，长6.8厘米、宽4.4—4.7厘米（图2.4-3，5）。阿鲁柴登墓地出土10件④，金片压制成的立体刺猬形，腹中空，身上压有花纹，高1.6厘米、长4.5厘米（图2.4-3，6）。

F型，鸟形饰件，1件。阿鲁柴登出土⑤，为黄金冠饰，冠饰下部为金片打制的半球面体，上面浮雕动物咬斗图案，其中四只狼两两对卧，分布于半球体左右两侧，其外饰四只盘角羊，两两相对，后半身被狼紧紧咬住，形成了翻转的姿态；半球之上傲立展翅雄鹰一只，鹰身为金片制成，中空，鹰头颈部镶嵌两块绿松石（图2.4-3，7）。

G型，虎形饰件，2件。依据形制的差异，可以分为两个亚型。

Ga型，蹲踞式虎形，1件。出自甘肃宁县宇村⑥（M1:4），虎作匍匐欲跃状，中空，腹下有一小长条孔；肩和臀部两侧饰盘卷夔纹，腹饰弯曲条纹，长7.2厘米、高2.5厘米（图2.4-3，8）。

Gb型，伫立式虎形，1件。出自神木纳林高兔⑦，银质，伫立前视，圆头方鼻，张口露齿，颈部粗短，体浑圆中空；双肩及前肢饰凸斜条纹，通长11厘米、高7厘米（图2.4-3，9）。

H型，鹿形神兽，1件。出自神木纳林高兔⑧，金质，鹰喙兽身，头生双角如鹿，角分四叉，叉端各有一个浮雕的鸟头；整个神兽伫立在一个四瓣花

---

① 罗丰、韩孔乐：《宁夏固原近年发现的北方系青铜器》，《考古》1990年第5期。
② 田广金、郭素新：《鄂尔多斯式青铜器》，文物出版社，1986年，第171页，图一一八，2。
③ 伊克昭盟文物工作站：《伊金霍洛旗石灰沟发现的鄂尔多斯式文物》，《内蒙古文物考古》1992年第1—2期合刊。
④ 田广金、郭素新：《内蒙古阿鲁柴登发现的匈奴遗物》，《考古》1980年第4期。
⑤ 田广金、郭素新：《内蒙古阿鲁柴登发现的匈奴遗物》，《考古》1980年第4期。
⑥ 许俊臣、刘得祯：《甘肃宁县宇村出土西周青铜器》，《考古》1985年第4期。
⑦ 戴应新、孙嘉祥：《陕西神木县出土匈奴文物》，《文物》1983年第12期。
⑧ 戴应新、孙嘉祥：《陕西神木县出土匈奴文物》，《文物》1983年第12期。

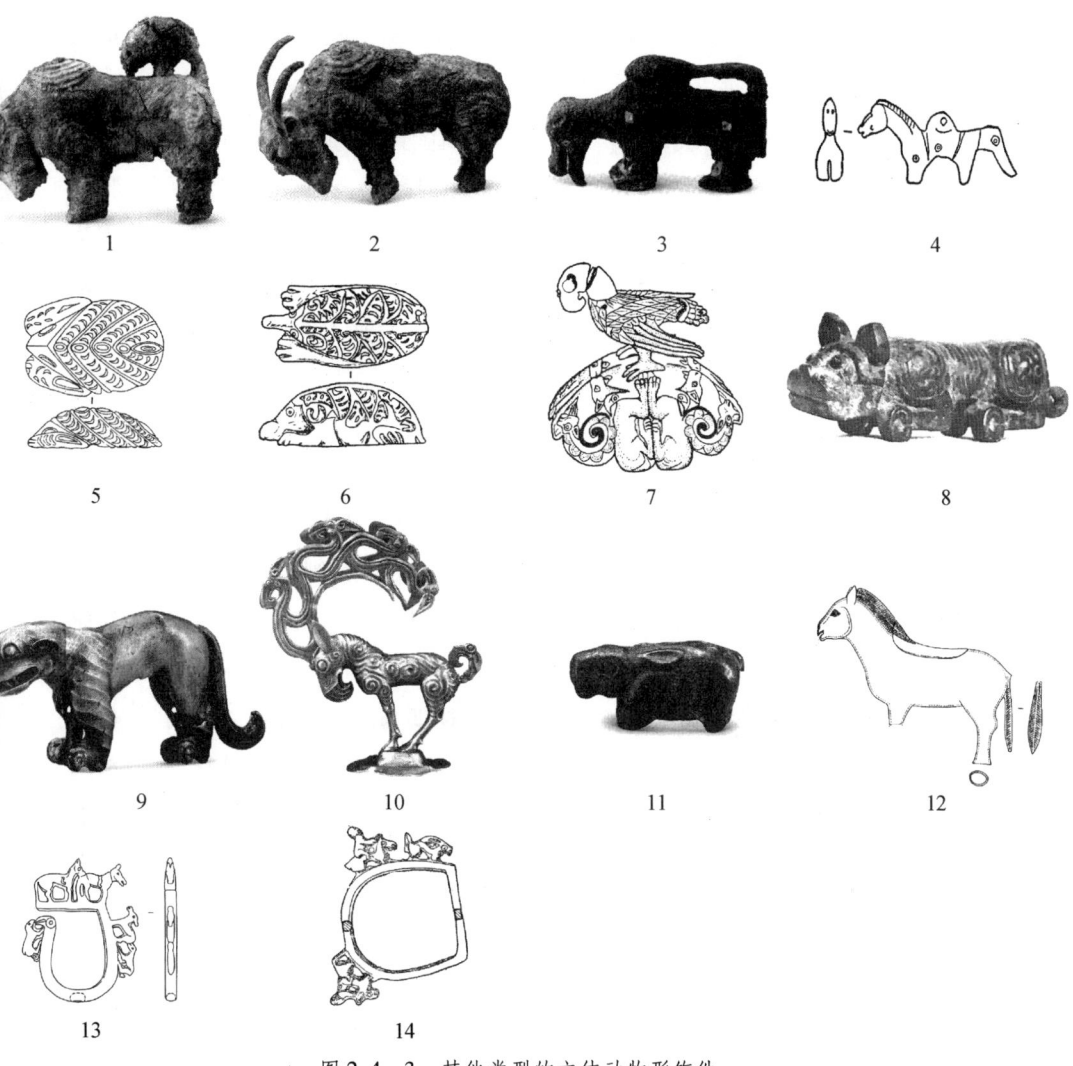

图 2.4－3　其他类型的立体动物形饰件

1—3. 张家川马家塬墓地　4. 固原西郊郭庄村　5. 石灰沟　6、7. 阿鲁柴登　8. 甘肃宁县宇村
9、10. 神木纳林高兔　11. 神木李家畔村　12. 甘泉闫家村　13. 小黑石沟 75ZJ：23　14. 南山根 M3：2
（1—3 为 C 型；4、12 为 D 型；5、6 为 E 型；7 为 F 型；8、9 为 G 型；10 为 H 型；11 为 I 型）

形托座上，体内中空，尾部卷成环形，通身及四肢上部饰凸云纹，通长11厘米、高11.5厘米（图2.4-3，10）。

I型，兔形饰件，4件。均出自陕西神木县李家畔村①，整体为卧兔造型，长3.2—3.7厘米（图2.4-3，11）。

除了上述立体动物纹之外，还发现骑士追动物形象器物2件，暂无法归入以上各型中。小黑石沟75ZJ：23，整体呈马镫形，挂钩上端饰有两个骑马的形象，上部残，仅存马背上的人物腿部造型，左侧横梁上饰一豹，右侧梁上饰两只狗（图2.4-3，13）。南山根遗址M3：2②，整体呈环形，环外侧铸有两个骑马人像，其一马前铸一奔兔，从环的直边磨损看可能是系在带子上（图2.4-3，14）。

立体动物形饰件数量非常多，动物种类也很丰富，其中鹿形和羊形立体动物饰件数量最多，此外还有牛、马、刺猬、鸟、虎、兔和神兽等形象的立体动物饰件。A型鹿形立体动物饰件可以分为伫立式的Aa型和蹲踞或跪卧式的Ab型两种，出土Aa型立体动物饰件的包括永登榆树沟、杨郎马庄、准格尔旗速机沟和瓦尔吐沟墓地等（图2.4-1，1—7），根据杨建华先生的研究，这些墓地的年代大都在战国晚期③。Ab型立体动物饰件主要出自清水刘坪、庆阳袁家村、彭阳王大户、彭阳中庄、杨郎马庄、于家庄、撒门村M1、陈阳川M3、玉隆太、速机沟、阿鲁柴登等（2.4-1，8—20），其中清水刘坪、庆阳袁家村、陈阳川M3、玉隆太、速机沟、阿鲁柴登、杨郎马庄等墓地的年代都在战国晚期前后④，彭阳王大户⑤和彭阳中庄墓地⑥年代在战国中期，于家庄墓地年代从战国早期至战国晚期，撒门村M1的年代在战国中期

---

① 曹玮主编：《萌芽·成长·融合：东周时期北方青铜文化臻萃》，三秦出版社，2012年，第252、253页。
② 中国科学院考古研究所内蒙古工作队：《宁城南山根遗址发掘报告》，《考古学报》1975年第1期。
③ 杨建华：《春秋战国时期中国北方文化带的形成》，文物出版社，2004年。
④ 杨建华：《春秋战国时期中国北方文化带的形成》，文物出版社，2004年。
⑤ 宁夏文物考古研究所、彭阳县文物管理所：《王大户与九龙山——北方青铜文化墓地（上）》，文物出版社，2016年，第276页。
⑥ 宁夏文物考古研究所、彭阳县文物管理所：《王大户与九龙山——北方青铜文化墓地（下）》，文物出版社，2016年，第469页。

前后①。从整体上看，A 型鹿形立体动物形饰件均出自甘宁和内蒙古中南部地区，主要流行年代在战国中期和晚期，其中战国晚期前后数量最多，Aa 型出现的年代可能稍晚于 Ab 型。

B 型为羊形立体动物饰件，Ba 型伫立式立体饰件出自马家塬、固原头营乡杨河村和秦安千户公社（图 2.4-2，1—3），其中马家塬墓地属于战国晚期②；秦安千户公社年代可能早到战国早期③；固原头营乡杨河村并无可利用的年代材料，图录推测为春秋战国时期④，从其他墓地的情况看，应该不会早于战国时期。因此，Ba 型立体动物饰件主要流行年代在战国时期。Bb 型为蹲踞或跪卧式羊形立体动物饰件，主要出自固原撒门村 M1、杨郎马庄、张家川马家塬、内蒙古瓦尔吐沟、宁城小城子那苏台（图 2.4-2，4—11），其中马家塬墓地、杨郎马庄墓地和瓦尔吐沟墓地的年代都在战国晚期前后；固原撒门村 M1 年代可能会早到战国中期⑤；据报道宁城小城子那苏台年代在西周晚期至春秋早期⑥，可并没有相关的证据发表，笔者暂且存疑。但即使小城子那苏台的立体动物饰件可以早到西周晚期至春秋早期，Bb 型羊形立体动物饰件的主要流行年代也集中在战国中期和晚期，且分布地域主要集中于甘肃、宁夏和内蒙古中南部地区。

其他类型的立体动物饰件数量较少，C 型牛形立体动物饰件均出自张家川马家塬墓地（图 2.4-3，1—3），年代在战国晚期前后⑦；D 型马形立体动物饰件出自固原郭庄村和玉隆太等（图 2.4-3，4、12），玉隆太的年代在战国晚期，郭庄村的年代也在战国时期⑧；E 型刺猬形立体动物饰件出自石灰沟和阿鲁柴登墓地（图 2.4-3，5、6），年代在战国晚期；F 型鸟形立体动

---

① 杨建华：《春秋战国时期中国北方文化带的形成》，文物出版社，2004 年，第 36 页。
② 甘肃省文物考古研究所：《西戎遗珍——马家塬战国墓地出土文物》，文物出版社，2014 年，第 30 页。
③ 杨建华：《春秋战国时期中国北方文化带的形成》，文物出版社，2004 年，第 36 页。
④ 宁夏固原博物馆：《固原文物精品图集》，宁夏人民出版社，2003 年，第 197 页。
⑤ 杨建华：《春秋战国时期中国北方文化带的形成》，文物出版社，2004 年，第 36 页。
⑥ 中国青铜器全集编辑委员会：《中国青铜器全集（北方民族）》，文物出版社，2011 年，图三三六。
⑦ 甘肃省文物考古研究所：《西戎遗珍——马家塬战国墓地出土文物》，文物出版社，2014 年，第 30 页。
⑧ 罗丰、韩孔乐：《宁夏固原近年发现的北方系青铜器》，《考古》1990 年第 5 期。

物饰件也出自阿鲁柴登（图2.4-3，7），年代也在战国晚期；G型虎形立体动物饰件可以分为两个亚型，Ga型出自宁县宇村墓地（图2.4-3，8），年代在西周晚期①，Gb型出自神木纳林高兔（图2.4-3，9），年代在战国晚期②；H型神兽（图2.4-3，10），也出自纳林高兔，年代也在战国晚期；I型兔形立体动物饰件（图2.4-3，11），出自陕西神木，年代在战国时期③。而2件骑士追动物形象器物都属于夏家店上层文化繁荣期遗存，年代在西周晚期至春秋早期。

综合来看，立体动物形饰件主要分布于内蒙古中南部地区和甘宁地区，除了宁县宇村虎形饰件和宁城出土的羊形饰件以及骑士追动物形象器物可以早到西周晚期至春秋早期外，其余年代范围均在战国时期，尤其集中在战国中期和晚期。

二、平面动物纹饰件

平面动物纹饰件是中国北方地区动物纹艺术中种类最丰富、数量最多的器物。根据饰件表现的题材可以分为三大类。

1. 甲类，兽头和鸟头形动物纹饰件。依据动物的数量不同可以分为三个类型。

A型，只表现单个动物首的饰件，共129件。按动物种类可以划分为六个亚型。

Aa型，狐狸首形饰件，共42件。根据具体造型不同可以分为三种。第一种，共25件，尖耳尖嘴，眼和耳均镂空，背凹，正中有竖向钮。甘肃庆阳红岩村出土3件④，长3厘米、宽1.6厘米；桃红巴拉墓地3件⑤；井沟子墓地12件⑥；于家庄墓地2件⑦；毛庆沟墓地5件⑧（图2.4-4，1—8）。第二

---

① 许俊臣、刘得祯：《甘肃宁县宇村出土西周青铜器》，《考古》1985年第4期。
② 戴应新、孙嘉祥：《陕西神木县出土匈奴文物》，《文物》1983年第12期。
③ 曹玮主编：《萌芽·成长·融合：东周时期北方青铜文化臻萃》，三秦出版社，2012年，第252、253页。
④ 刘得祯、许俊臣：《甘肃庆阳春秋战国墓葬的清理》，《考古》1988年第5期。
⑤ 田广金：《桃红巴拉的匈奴墓》，《考古学报》1976年第1期。
⑥ 内蒙古自治区文物考古研究所、吉林大学边疆考古研究中心：《林西井沟子——晚期青铜时代墓地的发掘与综合研究》，科学出版社，2010年。
⑦ 宁夏文物考古研究所：《宁夏固原于家庄墓地发掘简报》，《华夏考古》1991年第3期。
⑧ 内蒙古文物工作队：《毛庆沟墓地》，《鄂尔多斯式青铜器》，文物出版社，1986年，第227—315页。

种，共 8 件，无耳尖嘴，面部上宽下窄，以两个小孔代表眼睛，造型简单，背有钮。桃红巴拉墓地 M6∶9 出土 1 件①，长约 1.9 厘米；柴湾岗墓地出土 7 件②（图 2.4-4，9—11）。第三种，共 9 件，双连珠中间夹一写实狐首，两侧的圆泡正面皆微鼓，饰花瓣纹，内侧中部有一横梁贯穿。于家庄墓地 3 件③、马庄墓地 3 件④、河川县阳洼村 1 件⑤、米塬村 1 件⑥、撒门村 M3 出土 1 件⑦，通长为 3.2—4.7 厘米（图 2.4-4，12—17）。

Ab 型，羊首形饰件，共 2 件。龙庆峡别墅区墓地出土 1 件⑧，编号 M36∶19，整体为正视前方的绵羊羊首形，背上有横向穿鼻，长 1.6 厘米、宽 1.5 厘米（图 2.4-4，18）。玉皇庙墓地 YYM300∶13 也出土 1 件⑨，尺寸不明（图 2.4-4，19）。

Ac 型，虎首形饰件，共 5 件。玉皇庙墓地出土 2 件⑩，均出自 M159∶1，只铸出正面虎头，背面有一个纵向穿鼻，高 1.7 厘米、宽 1.1 厘米（图 2.4-4，20）。内蒙古新店子墓地出土 1 件⑪，M43∶11，泡面呈虎头状，上有两耳，虎头细部特征较为逼真，背面有一横贯钮，钮端可达泡面两侧边缘，长 3 厘米、宽 2 厘米（图 2.4-4，21）。阿鲁柴登墓地出土 2 件⑫，银质，口大张，下颌有圆孔，以便佩戴，高 2.8 厘米、宽 16.4 厘米（图 2.4-4，22）。

---

① 田广金：《桃红巴拉的匈奴墓》，《考古学报》1976 年第 1 期。
② 甘肃省文物考古研究所：《永昌西岗柴湾岗——沙井文化墓葬发掘报告》，甘肃人民出版社，2001 年。
③ 宁夏文物考古研究所：《宁夏固原于家庄墓地发掘简报》，《华夏考古》1991 年第 3 期。
④ 宁夏文物考古研究所、宁夏固原博物馆：《宁夏固原杨郎青铜文化墓地》，《考古学报》1993 年第 1 期。
⑤ 钟侃、韩孔乐：《宁夏南部春秋战国时期的青铜文化》，《中国考古学会第四次年会论文集》，文物出版社，1985 年。
⑥ 杨宁国、祁悦章：《宁夏彭阳县近年出土的北方系青铜器》，《考古》1999 年第 12 期。
⑦ 罗丰、韩孔乐：《宁夏固原近年发现的北方青铜器》，《考古》1990 年第 5 期。
⑧ 北京市文物研究所：《延庆龙庆峡别墅工程中发现的春秋时期墓葬》，《北京文物与考古（第四辑）》，北京燕山出版社，1994 年。
⑨ 北京市文物研究所：《军都山墓地——玉皇庙（三）》，文物出版社，2007 年。
⑩ 北京市文物研究所：《军都山墓地——玉皇庙（三）》，文物出版社，2007 年。
⑪ 内蒙古文物考古研究所、乌兰察布市博物馆：《内蒙古和林格尔县新店子墓地发掘简报》，《考古》2009 年第 3 期。
⑫ 田广金、郭素新：《内蒙古阿鲁柴登发现的匈奴遗物》，《考古》1980 年第 4 期。

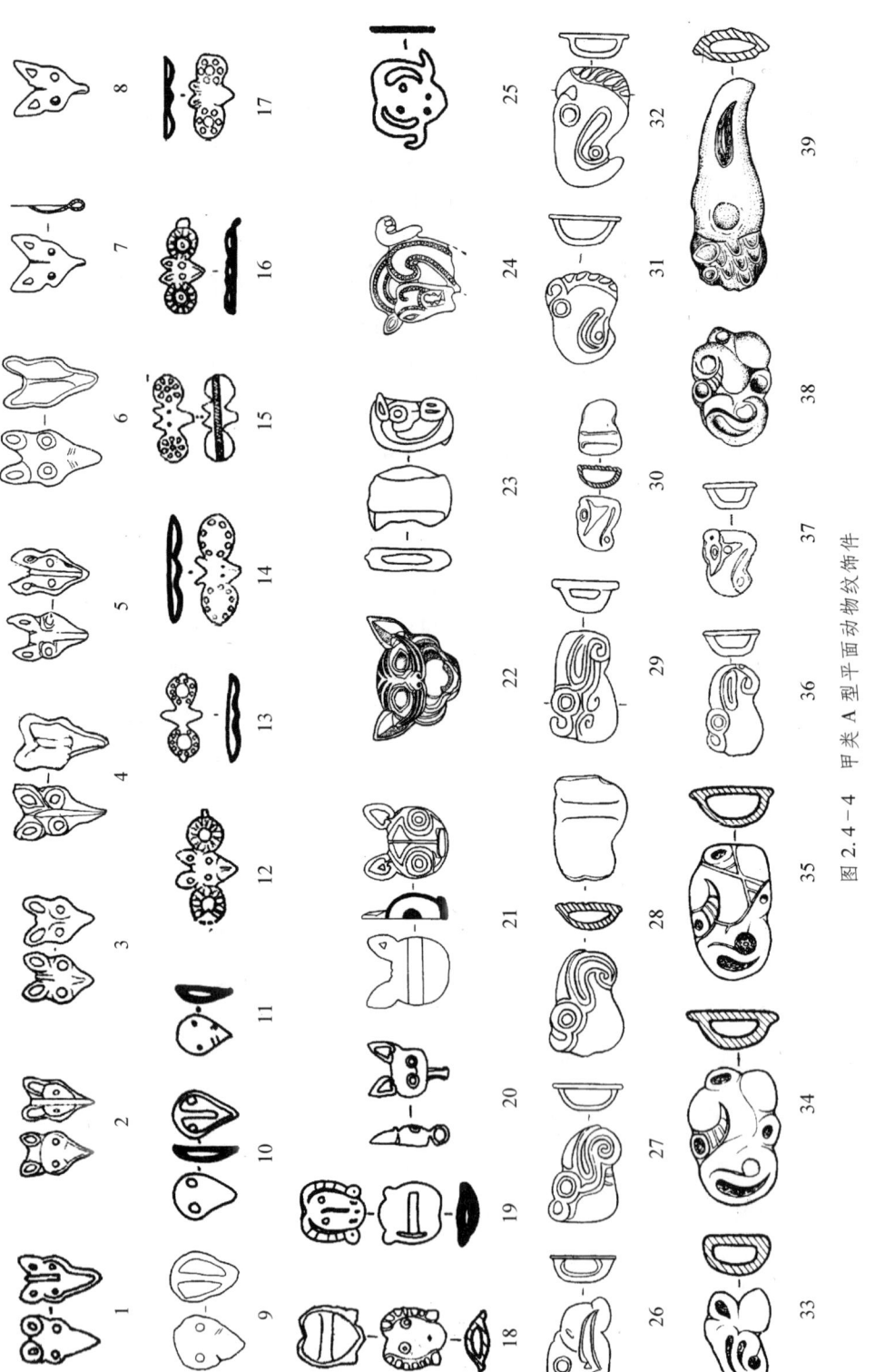

图 2.4-4 甲类 A 型平面动物纹饰件

1. 庆阳红岩村 2. 干家庄 SM5 3. 干家庄 M7 4,5. 毛庆沟墓地 M66:1, M2:7 6,9. 桃红巴拉 7,8. 井沟子墓地 10,11. 永昌柴湾岗 12. 干家庄 M12 13,14. 马庄墓地 15. 淅川县阳洼村 16. 撒郎 M3 17. 杨郎马庄ⅢM1 18. 龙庆峡别墅区墓地 M36:19 19,20,23. 玉皇庙墓地 21. 新店子墓地 22. 阿鲁柴登 24. 干家庄 M5:2 25. 西岗墓地 26—32. 忻州窑子墓地 33—35. 毛庆沟墓地 36,37. 峰县峦子墓地 38,39. 西沟畔墓地
(1—17 为 Aa 型;18,19 为 Ab 型;20—22 为 Ac 型;23,24 为 Ad 型;25 为 Ae 型;26—29 为 Af 型)

Ad 型，马首形饰件，共 30 件。玉皇庙墓地出土 29 件[①]，标本 YYM32，马的吻部向右，背面有横向条形穿鼻，穿孔纵向，通长 2.6 厘米、宽 2.2 厘米（图 2.4-4，23）。于家庄墓地 M5:2 出土 1 件[②]，透雕马头图案，马头内曲，颈部饰两排方点纹，背有拱形钮，残长 5.3 厘米、宽 4.4 厘米（图 2.4-4，24）。

Ae 型，牛首形饰件，共 1 件。西岗墓地出土[③]，M318:1，牛首位于铜片上，眼睛侧视，犄角由上至下曲折，角尖呈钩状，眼睛、鼻孔左右大小不一，高 1.9 厘米、宽 2.5 厘米（图 2.4-4，25）。

Af 型，鸟首形饰件，平面呈鸟头形，正面浅浮雕由喙、眼、耳、羽毛组成的单个鸟头形图案，共 49 件。忻州窑子墓地出土 27 件[④]（图 2.4-4，26—32）、毛庆沟墓地 8 件[⑤]（图 2.4-4，33—35）、崞县窑子 8 件[⑥]（图 2.4-4，36、37）、沟里头 3 件[⑦]、西沟畔 3 件[⑧]（图 2.4-4，38、39）。大部分饰件鸟喙部卷勾明显，长度都在 3 厘米左右，仅西沟畔墓地 M3:17-18 鸟喙稍弯，长 5.4 厘米（图 2.4-4，39）。

B 型，表现两个动物首的平面动物纹饰件，共 221 件。依据饰件装饰动物的种类和形制分为四个亚型。

Ba 型，双虎首动物纹饰件，共 2 件。均出自小黑石沟 M8501[⑨]，整体由两个相对的抽象虎首构成，背面附有桥形钮。标本 M8501:168，长 3.2 厘米、高 2.1 厘米（图 2.4-5，1）。

[①] 北京市文物研究所：《军都山墓地——玉皇庙（三）》，文物出版社，2007 年。
[②] 宁夏文物考古研究所：《宁夏彭堡于家庄墓地》，《考古学报》1995 年第 1 期。
[③] 甘肃省文物考古研究所：《永昌西岗柴湾岗——沙井文化墓葬发掘报告》，甘肃人民出版社，2001 年。
[④] 内蒙古自治区文物考古研究所、内蒙古自治区文物保护中心：《岱海地区东周墓群发掘报告》，科学出版社，2016 年。
[⑤] 内蒙古文物工作队：《毛庆沟墓地》，《鄂尔多斯式青铜器》，文物出版社，1986 年，第 227—315 页。
[⑥] 内蒙古文物考古研究所：《凉城崞县窑子墓地》，《考古学报》1989 年第 1 期。
[⑦] 崔利明：《内蒙古兴和县沟里头匈奴墓》，《考古》1994 年第 5 期。
[⑧] 伊克昭盟文物工作站、内蒙古文物工作队：《西沟畔匈奴墓》，《文物》1980 年第 7 期。
[⑨] 内蒙古自治区文物考古研究所、宁城县辽中京博物馆：《小黑石沟——夏家店上层文化遗址发掘报告》，科学出版社，2009 年，第 289 页，图二三一，12。

百兽率舞

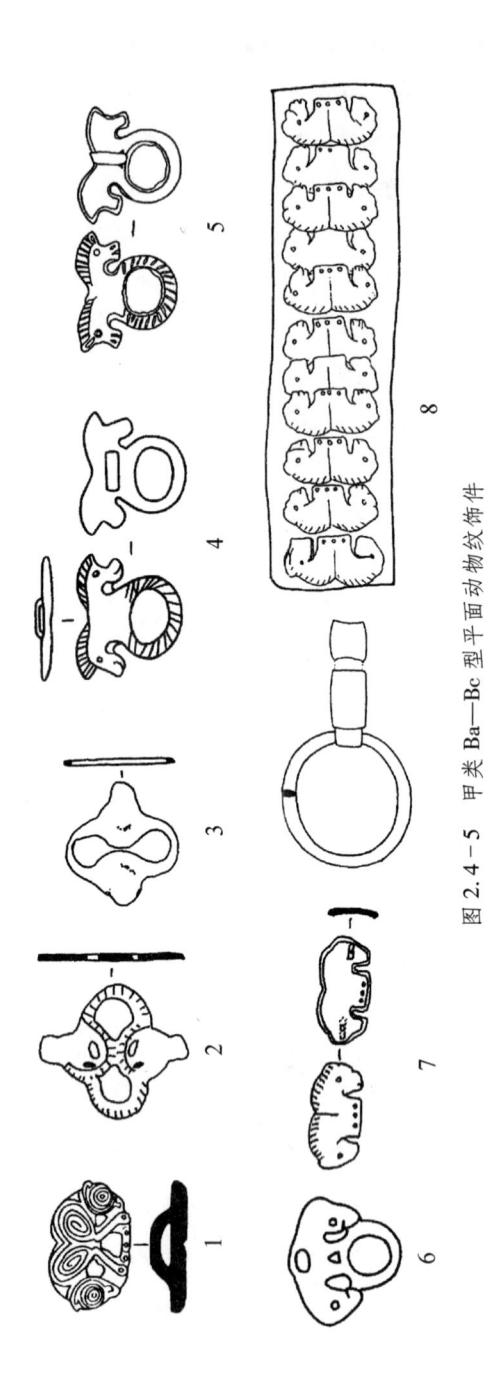

图 2.4-5 甲类 Ba—Bc 型平面动物纹饰件
1. 小黑石沟 M8501 2、3、6—8. 西岗塞地 4、5. 玉皇庙塞地 YYM158：14
（1 为 Ba 型；2、3 为 Bb 型；4—8 为 Bc 型）

Bb 型，双牛首动物纹饰件，共 2 件。均出自西岗墓地①，双牛首环形饰牌，面部微凸出，背平。标本 M375：4，双牛牛角相接呈"8"字形，眼部铸一对浅窝，通高 4.9 厘米、宽 4.6 厘米（图 2.4-5，3）；西岗采：01，形体与 M375：4 相似，角上有圜棱纹，吻部消瘦，通高 4.9 厘米、宽 4.3 厘米（图 2.4-5，2）。

Bc 型，双马首动物纹饰件，共 55 件。其中玉皇庙墓地出土 39 件②，标本 YYM158：14，环上及马鬃饰短线纹，通长 2.7—2.8 厘米、通宽 2.9—3 厘米（图 2.4-5，4、5）。西岗墓地采集 1 件③，两马立环上，尾部相接，吻低垂环上，只表现前腿、头部，无钮，通高 3.1 厘米、长 3.9 厘米（图 2.4-5，6）；另外西岗墓地出土对马饰牌 15 件④，两马方向相反对卧，只表现两马的头部、颈部、前腿和前半身，眼睛和嘴用凹弦纹和圆孔表现，15 件组成一组带饰嵌在皮带上（图 2.4-5，8），标本 M114：2，长 3.8 厘米、高 1.8 厘米（图 2.4-5，7）。

Bd 型，双鸟首动物纹饰件，整体呈 S 形，除鸟首外，部分为不知名兽首，暂归入此型，共 162 件。依据造型的差异分为四个亚亚型。

Bd1 型，双鸟首左右相对，平面略呈中部凸出的椭圆形，正面浅浮雕由喙、眼、耳组成的反向对称抽象双鸟头图案，喙部圈勾明显，背面附桥形钮，共 25 件。毛庆沟墓地出土 2 件⑤，长 2.9 厘米、宽 1.8 厘米（图 2.4-6，2、3）。忻州窑子墓地出土 6 件⑥（图 2.4-6，4—6）、崞县窑子墓地出土 17 件⑦（图 2.4-6，1）。

Bd2 型，双鸟首上下相对，上下鸟喙均朝向中间，平面呈 S 形，中部束

---

① 甘肃省文物考古研究所：《永昌西岗柴湾岗——沙井文化墓葬发掘报告》，甘肃人民出版社，2001 年。
② 北京市文物研究所：《军都山墓地——玉皇庙（三）》，文物出版社，2007 年。
③ 甘肃省文物考古研究所：《永昌西岗柴湾岗——沙井文化墓葬发掘报告》，甘肃人民出版社，2001 年。
④ 甘肃省文物考古研究所：《永昌西岗柴湾岗——沙井文化墓葬发掘报告》，甘肃人民出版社，2001 年。
⑤ 内蒙古文物工作队：《毛庆沟墓地》，《鄂尔多斯式青铜器》，文物出版社，1986 年，第 227—315 页。
⑥ 内蒙古自治区文物考古研究所、内蒙古自治区文物保护中心：《岱海地区东周墓群发掘报告》，科学出版社，2016 年。
⑦ 内蒙古文物考古研究所：《凉城崞县窑子墓地》，《考古学报》1989 年第 1 期。

腰呈圆圈状凸起，正面浅浮雕中心对称的鸟头形图案，背面有桥形钮，长3—4厘米，共39件。忻州窑子27件①（图2.4-6，9、10）、崞县窑子9件②（图2.4-6，7、8）、毛庆沟墓地M17∶3出土1件③（图2.4-6，12）、西岗墓地1件④（图2.4-6，14）、于家庄M14出土1件⑤（图2.4-6，13）。

Bd3型，双兽首上下相对，上下嘴部均朝向中间，共44件。玉皇庙墓地M264出土39件⑥，整体呈S形，双兽回首，兽首中心对称，长2.7厘米、宽1.3厘米（图2.4-6，15）。毛庆沟墓地M71∶7出土2件，兽头反向连接而成，弯曲处有圆形镂孔，背面有桥形钮（图2.4-6，16）。桃红巴拉M1∶28出土1件，长3.4厘米、宽2.2厘米（图2.4-6，17）。撒门村M1出土1件⑦（图2.4-6，18）、于家庄M11出土1件⑧（图2.4-6，19）。

Bd4型，双鸟首上下相对，鸟喙方向均向外，共53件。清水刘坪出土8件⑨，整体呈S形，正面为一凸起的圆形，两边双鸟反向相连，长3.5—5.8厘米、宽2—3.4厘米，金质3件（图2.4-6，20）、铜质5件（图2.4-6，21、22）。撒门村M1出土1件⑩（图2.4-6，29）、张街村2件⑪（图2.4-6，31）、陈阳川村2件⑫（图2.4-6，27、32）、西岗墓地2件⑬（图2.4-

---

① 内蒙古自治区文物考古研究所、内蒙古自治区文物保护中心：《岱海地区东周墓群发掘报告》，科学出版社，2016年。
② 内蒙古文物考古研究所：《凉城崞县窑子墓地》，《考古学报》1989年第1期。
③ 内蒙古文物工作队：《毛庆沟墓地》，《鄂尔多斯式青铜器》，文物出版社，1986年，第227—315页。
④ 甘肃省文物考古研究所：《永昌西岗柴湾岗——沙井文化墓葬发掘报告》，甘肃人民出版社，2001年。
⑤ 宁夏文物考古研究所：《宁夏固原于家庄墓地发掘简报》，《华夏考古》1991年第3期。
⑥ 北京市文物研究所：《军都山墓地——玉皇庙（三）》，文物出版社，2007年，第1232页，图七二二，15。
⑦ 罗丰、韩孔乐：《宁夏固原近年发现的北方系青铜器》，《考古》1990年第5期。
⑧ 宁夏文物考古研究所：《宁夏固原于家庄墓地发掘简报》，《华夏考古》1991年第3期。
⑨ 甘肃省文物考古研究所、清水县博物馆：《清水刘坪》，文物出版社，2014年。
⑩ 罗丰、韩孔乐：《宁夏固原近年发现的北方系青铜器》，《考古》1990年第5期。
⑪ 宁夏回族自治区文物考古研究所、彭阳县文物站：《宁夏彭阳县张街村春秋战国墓地》，《考古》2002年第8期。
⑫ 宁夏文物考古所、西吉县文管所：《西吉县陈阳川墓地发掘简报》，《宁夏考古文集》，宁夏人民出版社，1994年。
⑬ 甘肃省文物考古研究所：《永昌西岗柴湾岗——沙井文化墓葬发掘报告》，甘肃人民出版社，2001年。

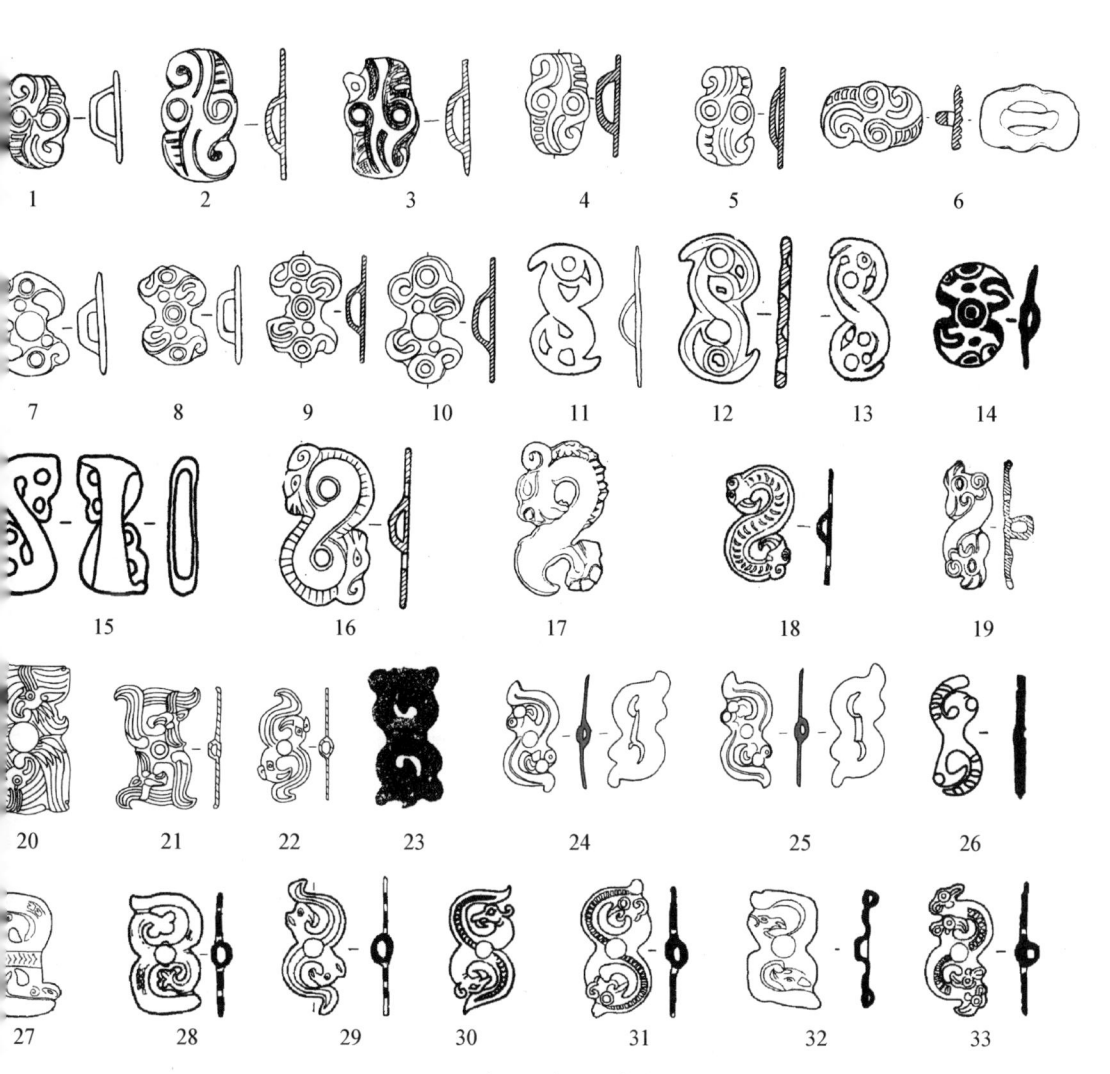

图 2.4-6 甲类 Bd 型平面动物纹饰件

1、7、8. 峱县窑子墓地 2、3、12、16. 毛庆沟墓地 4—6、9、10. 忻州窑子墓地 11. 桃红巴拉 M1:31
13. 于家庄 M14 14、26. 西岗墓地 15. 玉皇庙墓地 17. 桃红巴拉 M1:28 18、29. 撒门村 19. 于家庄 M11
20—22. 清水刘坪 23. 柴湾岗墓地 24、25. 米沟墓地 27、32. 陈阳川村
28. 张街村 M2 30. 宁县平子乡袁家村 31、33. 张街村
(1—6 为 Bd1 型;7—14 为 Bd2 型;15—19 为 Bd3 型;20—32 为 Bd4 型)

6，26）、柴湾岗墓地5件①（图2.4-6，23）、米沟墓地12件②（图2.4-6，24、25）、甘肃庆阳宁县平子乡袁家村12件③（图2.4-6，30）、庆阳塌头7件④。另外，甘肃秦安王洼战国墓地出土金饰件2件⑤。

除以上饰件外，在张街村还出土1件，鸟首呈中心对称，细节清楚，但上下各有两个写实鸟首，无法归入具体亚型中（图2.4-6，33）。

C型，表现多个动物首的饰件，数量较少，共15件。依据整体形状可以分为两个亚型。

Ca型，整体呈圆形，四周装饰多个动物形首，共8件。标本1出自小黑石沟85NDXAIM3：18⑥，平面呈花瓣形，中为齿边圆形，周边饰八个抽象鸟首，两者之间饰椭圆形或半月形镂孔（图2.4-7，1）。标本2出自小黑石沟98NDXAIIIM17：3⑦，平面呈圆形，正面装饰复杂的花纹，外圈饰十个抽象动物纹，内圈装饰火焰纹，火焰纹内外各饰一周连珠纹（图2.4-7，2）。标本3出自龙庆峡别墅区墓地M32：8，共出土1件⑧，中间为一隆起铜泡，四周环以八个马首，背有穿鼻，直径5.3厘米（图2.4-7，3）。标本4出自石灰沟墓地，共5件⑨，半球形，六羊聚首，吻部聚点为圆心，盘角为圆边，直径3.3厘米、高1.9厘米（图2.4-7，4）。

Cb型，饰件由四个两两相对的动物首构成，共7件。标本1出自小黑石

---

① 甘肃省文物考古研究所：《永昌西岗柴湾岗——沙井文化墓葬发掘报告》，甘肃人民出版社，2001年。
② 宁夏文物考古研究所、彭阳县文物管理所：《王大户与九龙山——北方青铜文化墓地》，文物出版社，2016年。
③ 刘得祯、许俊臣：《甘肃庆阳春秋战国墓葬的清理》，《考古》1988年第5期。
④ 刘得祯、许俊臣：《甘肃庆阳春秋战国墓葬的清理》，《考古》1988年第5期。
⑤ 甘肃省文物考古研究所：《甘肃秦安王洼战国墓地2009年发掘简报》，《文物》2012年第8期。
⑥ 内蒙古自治区文物考古研究所、宁城县辽中京博物馆：《小黑石沟——夏家店上层文化遗址发掘报告》，科学出版社，2009年，第429页，图三三七，22。
⑦ 内蒙古自治区文物考古研究所、宁城县辽中京博物馆：《小黑石沟——夏家店上层文化遗址发掘报告》，科学出版社，2009年，第429页，图三三七，19。
⑧ 北京市文物研究所：《延庆龙庆峡别墅工程中发现的春秋时期墓葬》，《北京文物与考古（第四辑）》，北京燕山出版社，1994年。
⑨ 伊克昭盟文物工作站：《伊金霍洛旗石灰沟发现的鄂尔多斯式文物》，《内蒙古文物考古》1992年第1—2期合刊。

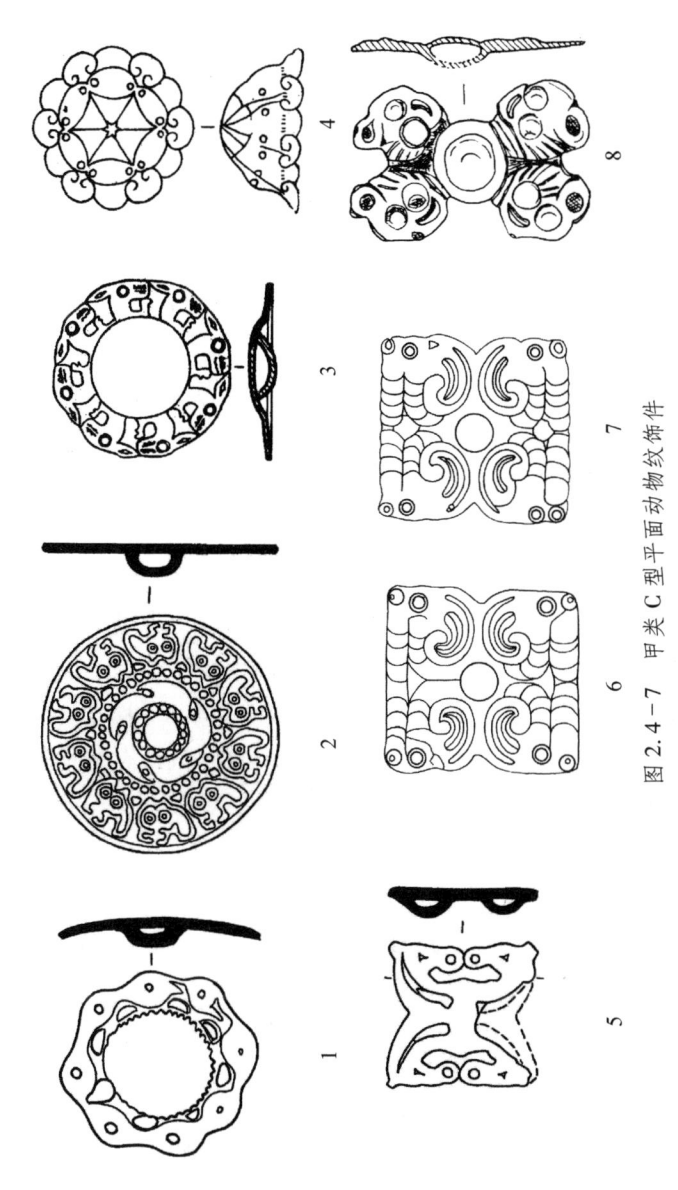

图 2.4-7 甲类 C 型平面动物纹饰件

1. 小黑沟 85NDXAIM3∶18 2. 小黑沟 98NDXAIIM17∶3 3. 龙庆峡别墅区墓地 M32∶8 4. 石灰沟墓地
5. 小黑沟 92NDXAIM1∶1 6,7. 清水刘坪 8. 毛庆沟墓地 M44∶5
（1—4 为 Ca 型；5—8 为 Cb 型）

沟92NDXAIM1：1①，整体呈方形，刻有四个对称的马头，背面马首处存有四个桥形钮，略残（图2.4-7，5）。标本2和3出自清水刘坪墓地②，金质，共5件，近长方形，以捶揲法在薄金片上捶打出四个鸟首，鸟首均朝向中心，圆眼，四角有钉孔，长6厘米、宽5.5厘米（图2.4-7，6、7）。标本4出自毛庆沟墓地M44：5③，由四鸟头与铜泡连接而成，长4.7厘米、宽3厘米（图2.4-7，8）。

甲类平面动物纹饰件主要装饰的是动物首部，分为三个类型。A型为单个动物首饰件，分为六个亚型，Aa型为狐狸首饰件，出土地点较多，甘肃和宁夏地区的庆阳红岩村、于家庄墓地、马庄墓地、撒门村M3、米塬村、阳洼村，内蒙古毛庆沟墓地、桃红巴拉墓地和井沟子墓地都有出土（图2.4-4，1—17），这些墓葬中，井沟子墓地年代在春秋晚期至战国中期④，毛庆沟、桃红巴拉、于家庄、撒门村M3、米塬村、红岩村等基本都在这个年代范围内⑤，马庄墓地年代稍晚可以到战国晚期，柴湾岗墓地年代在西周晚期至春秋中晚期之间⑥，因此，笔者推测甲类Aa型平面动物纹饰件的流行年代主要集中在战国时期，上限可能会到春秋晚期。Ab型单羊首饰件出自龙庆峡别墅区墓地和玉皇庙墓地（图2.4-4，18、19），属于玉皇庙文化早期和中期遗存，上限在春秋中期，下限在春秋晚期至战国早期⑦。Ac型单虎首饰件出自玉皇庙墓地、新店子墓地和阿鲁柴登墓地（图2.4-4，20—22），玉皇庙墓地的年代在春秋中期至战国早期，新店子墓地年代在春秋晚期至战国

---

① 内蒙古自治区文物考古研究所、宁城县辽中京博物馆：《小黑石沟——夏家店上层文化遗址发掘报告》，科学出版社，2009年，第431页，图三三八，10。
② 李晓青、南宝生：《甘肃清水县刘坪近年发现的北方系青铜器及金饰片》，《文物》2003年第7期。
③ 内蒙古文物工作队：《毛庆沟墓地》，《鄂尔多斯式青铜器》，文物出版社，1986年，第227—315页。
④ 内蒙古自治区文物考古研究所、吉林大学边疆考古研究中心：《林西井沟子——晚期青铜时代墓地的发掘与综合研究》，科学出版社，2010年，第23页。
⑤ 杨建华：《春秋战国时期中国北方文化带的形成》，文物出版社，2004年。
⑥ 甘肃省文物考古研究所：《永昌西岗柴湾岗——沙井文化墓葬发掘报告》，甘肃人民出版社，2001年，第201页。
⑦ 滕铭予、张亮：《玉皇庙墓地出土的直刃匕首式短剑研究》，《边疆考古研究（第13辑）》，科学出版社，2013年；杨建华：《春秋战国时期中国北方文化带的形成》，文物出版社，2004年，第76页。

早期①，阿鲁柴登墓地年代较晚，在战国晚期前后，因此，Ac 型年代在春秋中期至战国晚期。Ad 型单马首饰件主要出自玉皇庙墓地和于家庄墓地（图 2.4-4，23、24），玉皇庙墓地年代在春秋中期至战国早期，于家庄墓地主要流行年代为战国早中期②，因此，Ad 型年代大约在春秋晚期至战国中期。Ae 型单牛首饰件出自西岗墓地（图 2.4-4，25），年代在西周晚期至春秋中晚期之间③。Af 型单鸟首饰件数量较多，但除西沟畔墓地外（图 2.4-4，38、39），其余均集中在内蒙古中南部的凉城岱海地区（图 2.4-4，26—37），毛庆沟墓地、崞县窑子墓地和沟里头墓地年代都在春秋晚期至战国中期④，忻州窑子墓地年代在春秋晚期至战国早期⑤，西沟畔 M2 年代虽然可以晚到战国晚期，但鸟首饰件的具体形制与其他墓地区别较大，因此，Af 型饰件主要集中于春秋晚期至战国中期的凉城岱海地区，下限可延续到战国晚期。

B 型为双动物首饰件，数量非常多，可分为四个亚型。Ba 型双虎首饰件均出自小黑石沟 M8501（图 2.4-5，1），属于夏家店上层文化繁荣期遗存，年代在西周晚期至春秋早期⑥。Bb 型双牛首饰件均出自西岗墓地（图 2.4-5，2、3），年代在西周晚期至春秋中晚期之间⑦。Bc 型双马首饰件出自玉皇庙墓地和西岗墓地（图 2.4-5，4—8），西岗墓地年代在西周晚期至春秋中晚期之间⑧，玉皇庙墓地年代在春秋中期至战国早期，因此，Bc 型年代在西周晚期至战国早期。Bd 型双鸟首 S 形饰件可以分为四个亚亚型，Bd1 型主要

---

① 内蒙古文物考古研究所、乌兰察布市博物馆：《内蒙古和林格尔县新店子墓地发掘简报》，《考古》2009 年第 3 期。
② 杨建华：《春秋战国时期中国北方文化带的形成》，文物出版社，2004 年，第 36 页。
③ 甘肃省文物考古研究所：《永昌西岗柴湾岗——沙井文化墓葬发掘报告》，甘肃人民出版社，2001 年，第 201 页。
④ 杨建华：《春秋战国时期中国北方文化带的形成》，文物出版社，2004 年，第 61 页。
⑤ 内蒙古自治区文物考古研究所、内蒙古自治区文物保护中心：《岱海地区东周墓群发掘报告》，科学出版社，2016 年，第 263 页。
⑥ 邵会秋、杨建华：《从夏家店上层文化青铜器看草原金属之路》，《考古》2015 年第 10 期；井中伟：《夏家店上层文化的分期与源流》，《边疆考古研究（第 12 辑）》，科学出版社，2012 年。
⑦ 甘肃省文物考古研究所：《永昌西岗柴湾岗——沙井文化墓葬发掘报告》，甘肃人民出版社，2001 年，第 201 页。
⑧ 甘肃省文物考古研究所：《永昌西岗柴湾岗——沙井文化墓葬发掘报告》，甘肃人民出版社，2001 年，第 201 页。

出自内蒙古岱海地区的忻州窑子墓地、毛庆沟墓地和崞县窑子墓地（图2.4-6，1—6），这些墓地的年代主要在春秋晚期至战国早期之间①；Bd2型也主要出自内蒙古岱海地区的各个墓地中（图2.4-6，7—12），此外在于家庄墓地和西岗墓地也有出土（图2.4-6，13、14），综合来看Bd2型流行年代与Bd1型大致相似，主要集中在西周晚期至战国早期之间，年代下限有可能到战国中期；Bd3型出自玉皇庙墓地M264、毛庆沟墓地、桃红巴拉墓地以及撒门村M1和于家庄墓地（图2.4-6，15—19），玉皇庙墓地主要年代在春秋中期至战国早期，其他墓地年代大致在春秋晚期至战国中期之间②，因此，Bd3型年代在春秋中期至战国中期；Bd4型数量很多，主要出自甘肃和宁夏地区（图2.4-6，20—32），最早的出自西岗和柴湾岗墓地，最晚的出自清水刘坪墓地，虽然碳十四数据测定西岗和柴湾岗墓地年代在西周晚期至春秋中晚期之间③，但综合其他墓地的情况，笔者推测Bd4型的年代上限可能在春秋中晚期；清水刘坪墓地的年代在战国晚期④，这代表了Bd4型的年代下限。

C型为多个动物首，数量较少，但形制和年代差别较大。Ca型整体呈圆形，小黑石沟出土2件（图2.4-7，1、2），属于夏家店上层文化繁荣期遗存，年代在西周晚期至春秋早期；龙庆峡出土1件（图2.4-7，3），年代在春秋中期至战国早期；石灰沟出土5件（图2.4-7，4），年代在战国晚期⑤。Cb型整体呈方形，小黑石沟出土1件四马首饰件（图2.4-7，5），年代在西周晚期至春秋早期；毛庆沟出土1件四鸟首饰件（图2.4-7，8），年代在春秋晚期至战国中期；清水刘坪出土5件四鸟首饰件（图2.4-7，6、7），年代在战国晚期⑥。总体看来C型各件器物差别明显，年代跨度也

---

① 内蒙古自治区文物考古研究所、内蒙古自治区文物保护中心：《岱海地区东周墓群发掘报告》，科学出版社，2016年，第263页；杨建华：《春秋战国时期中国北方文化带的形成》，文物出版社，2004年，第61页。
② 杨建华：《春秋战国时期中国北方文化带的形成》，文物出版社，2004年。
③ 甘肃省文物考古研究所：《永昌西岗柴湾岗——沙井文化墓葬发掘报告》，甘肃人民出版社，2001年，第201页。
④ 甘肃省文物考古研究所、清水县博物馆：《清水刘坪》，文物出版社，2014年，第16页。
⑤ 杨建华：《春秋战国时期中国北方文化带的形成》，文物出版社，2004年。
⑥ 甘肃省文物考古研究所、清水县博物馆：《清水刘坪》，文物出版社，2014年，第16页。

较大。

2. 乙类,单体动物纹饰件。根据饰件外形的不同可以进一步分为三个类型。

A型,以动物外形为边框的饰件,共3 548件。根据动物的种类可以分为九个亚型。

Aa型,虎形饰件,整体为一虎形,超过62件。依据具体形制演变分为五式。

Ⅰ式,虎呈蹲踞状,较为写实,虎身上有明显的短线纹装饰,共6件。甘肃宁县宇村出土3件①,背面内凹,边沿打磨平齐,当腰有铸成的条状钮,可穿携,长6.7厘米、高2.6厘米(图2.4-8,1、2)。小黑石沟出土3件,标本M8501:157,整体呈蹲踞状,虎身肌肉以浅浮雕表现,虎尾及前后叠压的腿部饰以短线纹,腿部及尾部下端各有一镂孔,背附一长条形钮,长4.7厘米、宽2.4厘米(图2.4-8,3)。

Ⅱ式,虎呈蹲踞状,仍较为写实,但虎身无明显装饰,仅以浅浮雕表现肌肉,共6件。玉皇庙墓地2件②,标本M18:5,金质,虎头向前,浮雕,前后肢屈曲向前,呈行走状,眼、前后爪窝和尾端有四个圆形嵌窝,通长4.8厘米、宽2.5厘米(图2.4-8,8)。相似形制的饰件在宣化小白阳M20:1出土1件③(图2.4-8,7),滦平苘子沟出土2件④(图2.4-8,4、6),河北隆化转山墓地出土1件⑤(图2.4-8,5)。

Ⅲ式,虎仍为蹲踞式,虎形象已经较为抽象,大部分器官以小圆圈代替,共34件。玉皇庙墓地出土27件⑥,标本M34:6,长4.2厘米、宽1.8

---

① 许俊臣、刘得祯:《甘肃宁县宇村出土西周青铜器》,《考古》1985年第4期。
② 北京市文物研究所:《军都山墓地——玉皇庙》,文物出版社,2007年,第1179、1180页。
③ 张家口市文物事业管理所、宣化县文化馆:《河北宣化县小白阳墓地发掘报告》,《文物》1987年第5期。
④ 郑绍宗:《中国北方青铜短剑的分期及形制研究》,《文物》1984年第2期。
⑤ 王为群:《河北隆化县发现的两处山戎墓群》,《文物春秋》2008年第3期。
⑥ 北京市文物研究所:《军都山墓地——玉皇庙》,文物出版社,2007年,第1179、1180页。

厘米（图2.4-8，9—13）。宣化小白阳M41：9出土1件①，甘子堡墓地出土4件②，葫芦沟墓地出土1件③，《鄂尔多斯式青铜器》中也收录1件（编号E1055）④。

Ⅳ式，虎已经变成半蹲踞或站立式，形体较为丰满，共4件。均出自毛庆沟墓地⑤，标本M55：4，平面呈透雕伫立虎形，右前肢稍抬，爪呈钩状，头前伸，张嘴竖耳，牙呈锯齿形，眼睛以两个同心圆表示，背面附桥形钮，长10.3厘米、宽5.5厘米（图2.4-8，14）；标本M74：5，平面近似长方形，正面阴刻半蹲踞状虎纹，齿状牙，钩形爪，腹、背、尾部有成排的阴弦纹，虎口、后肢和腹部各有一个圆穿，长11厘米、宽5.6厘米（图2.4-8，15）；标本M5：6①，平面呈长方形，正面阴刻半蹲踞状虎纹，方头，镂空圆眼，齿状牙，钩形爪，长尾下垂，背和尾部饰短线纹，眼部、颈部及后肢均有镂孔，长10.7厘米、宽6.1厘米（图2.4-8，16）。

Ⅴ式，多以金银箔片剪切成虎形，虎作行走状，嘴大张，尾向上卷起，虎身和颈部錾刻出线纹，共超过12件。清水刘坪出土6件⑥，长约8厘米、高4.7厘米（图2.4-8，18、19）。马家塬M3出土多件⑦，金箔制成，标本M116：207，长9.5厘米、高6.5厘米（图2.4-8，17、21）。陕西神木纳林高兔出土的4件形制较为特殊⑧，金虎和银虎各一对，四肢前后交叉，作行走状，低头并向右转，头颅凸出躯干之外，为圆雕，通体饰凸条纹，颈部和右后腿下各有一小圆孔，长12厘米、高5.6厘米（图2.4-8，20）。

---

① 张家口市文物事业管理所、宣化县文化馆：《河北宣化县小白阳墓地发掘报告》，《文物》1987年第5期。
② 贺勇、刘建中：《河北怀来甘子堡发现的春秋墓群》，《文物春秋》1993年第2期。
③ 北京市文物研究所：《军都山墓地——葫芦沟与西梁垙》，文物出版社，2009年。
④ 田广金、郭素新：《鄂尔多斯式青铜器》，文物出版社，1986年，第171页，图一一九，3。
⑤ 内蒙古文物工作队：《毛庆沟墓地》，《鄂尔多斯式青铜器》，文物出版社，1986年，第281页，图四五。
⑥ 李晓青、南宝生：《甘肃清水县刘坪近年发现的北方系青铜器及金饰片》，《文物》2003年第7期；甘肃省文物考古研究所、清水县博物馆：《清水刘坪》，文物出版社，2014年。
⑦ 甘肃省文物考古研究所：《西戎遗珍——马家塬战国墓地出土文物》，文物出版社，2014年，第72—74页。
⑧ 戴应新、孙嘉祥：《陕西神木县出土匈奴文物》，《文物》1983年第12期。

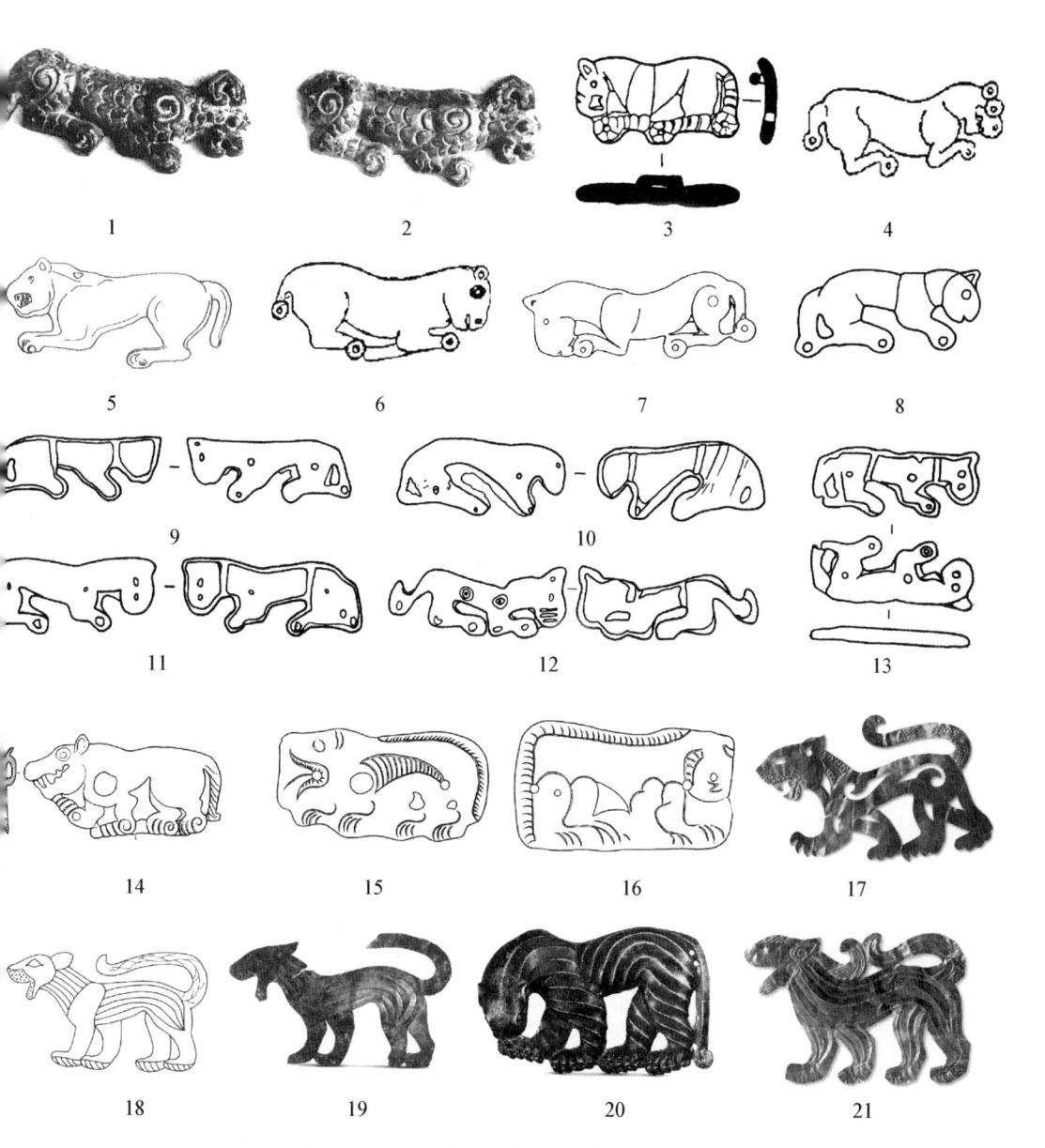

图 2.4-8 乙类 Aa 型平面动物纹饰件

1、2. 宁县宇村 M1　3. 小黑石沟 M8501　4、6. 滦平苘子沟　5. 隆化转山墓地　7. 宣化小白阳墓地
8—13. 军都山玉皇庙墓地　14—16. 毛庆沟墓地　17、21. 马家塬墓地　18、19. 清水刘坪　20. 神木纳林高兔
（1—3 为Ⅰ式；4—8 为Ⅱ式；9—13 为Ⅲ式；14—16 为Ⅳ式；17—21 为Ⅴ式）

Ab型，马形饰件，共1 903件。按照马的形态不同可分四个亚亚型。

Ab1型，饰件为立马形象，马呈伫立觅食状，双腿粗壮，背面内凹并附有钮，共62件。小黑石沟85NDXAIM3出土43件、征集6件①，长2.8厘米（图2.4-9，1、2）。河北隆化西南沟墓地出土立马饰件9件②（图2.4-9，3、4）。玉皇庙墓地出土立马饰件4件③（图2.4-9，5—7）。

Ab2型，马呈伏卧状，四肢均向前屈，共46件。按照马的写实程度可以分为两式。

Ⅰ式，马的形象较为写实，嘴、眼、鼻、鬃毛等均表现得较为清晰，共43件。其中玉皇庙墓地出土34件④，标本YYM227∶5，马前后肢屈曲平卧，垂尾略后卷，通长5.3厘米、宽2.4厘米（图2.4-9，8、9）。龙庆峡别墅区墓地出土2件⑤，标本M32∶4，颈上留长鬃和短鬃，尾上卷，耳梢、尾根、后肢蹄部及前蹄有四个细小的穿孔，通长3.4厘米（图2.4-9，10）。小白阳墓地出土4件⑥，标本M31∶4，马呈伏卧状，正面微凸，背有两钮，眼、蹄、尾部留有圆形嵌孔（图2.4-9，11）。五道沟门墓地出土1件⑦，编号WM3∶3，立鬃，嘴露三齿，头、蹄、身饰四圆圈，长6厘米、高3厘米（图2.4-9，12）。另外葫芦沟墓地和西梁垙墓地也各出土1件⑧。

Ⅱ式，马的形象已经非常抽象，饰件上关节等连接部分仅用圆圈纹代替，共3件。均出自梨树沟门墓群⑨，标本L∶1826，背下凹，肢体关节部位有小圆嵌孔，蹄也由嵌孔表示，背有双钮（图2.4-9，13）。

---

① 内蒙古自治区文物考古研究所、宁城县辽中京博物馆：《小黑石沟——夏家店上层文化遗址发掘报告》，科学出版社，2009年，第305页，图二四三。
② 王为群：《河北隆化县发现的两处山戎墓群》，《文物春秋》2008年第3期。
③ 北京市文物研究所：《军都山墓地——玉皇庙（三）》，文物出版社，2007年，第1183、1184页。
④ 北京市文物研究所：《军都山墓地——玉皇庙（三）》，文物出版社，2007年，第1180—1184页。
⑤ 北京市文物研究所：《延庆龙庆峡别墅工程中发现的春秋时期墓葬》，《北京文物与考古（第四辑）》，北京燕山出版社，1994年。
⑥ 张家口市文物事业管理所、宣化县文化馆：《河北宣化县小白阳墓地发掘报告》，《文物》1987年第5期。
⑦ 张汉英：《丰宁五道沟门山戎文化墓葬》，《文物春秋》1999年增刊。
⑧ 北京市文物研究所：《军都山墓地——葫芦沟与西梁垙》，文物出版社，2009年。
⑨ 承德地区文物保护管理所、滦平县文物保护管理所：《河北省滦平县梨树沟门墓群清理发掘简报》，《文物春秋》1994年第2期。

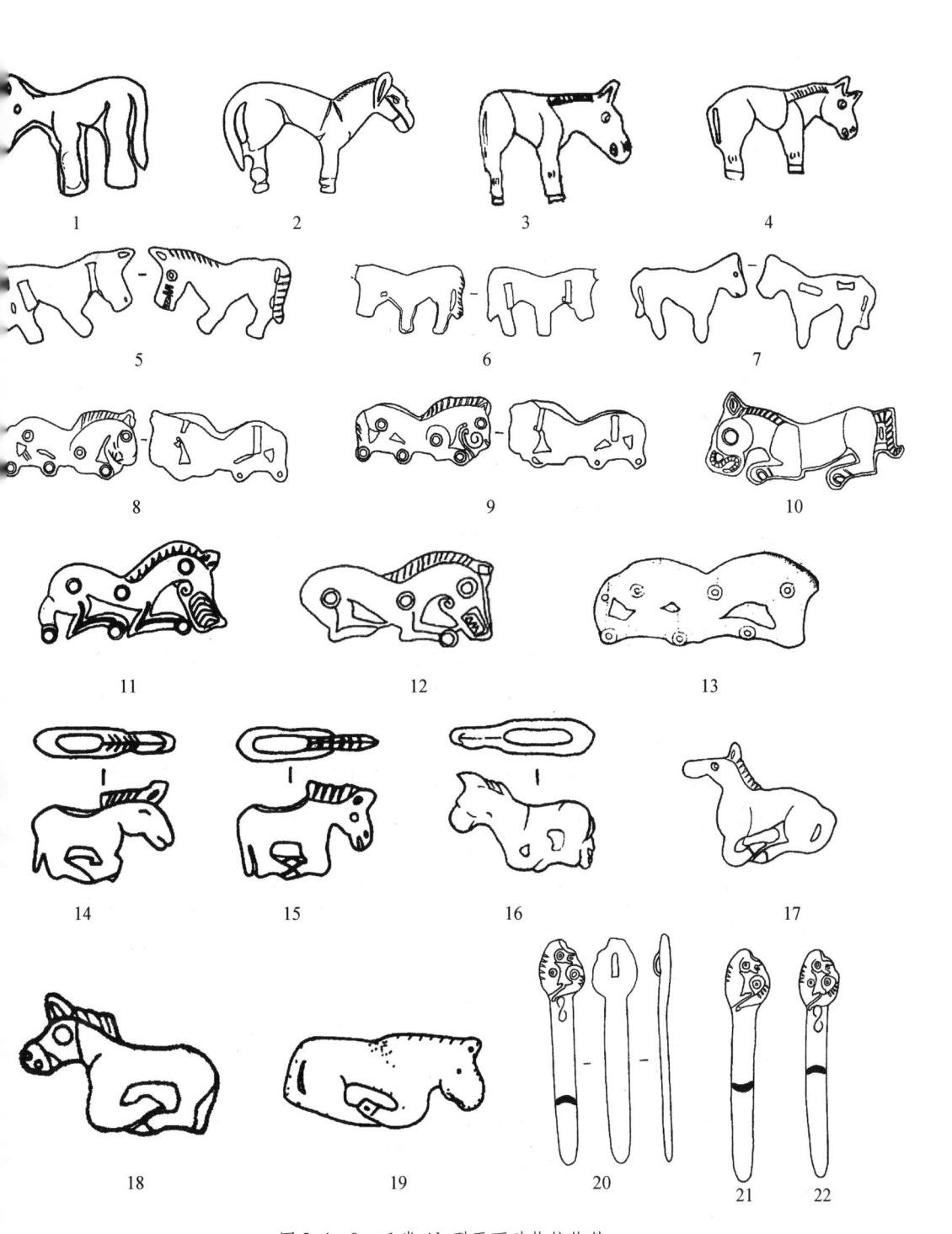

图 2.4-9 乙类 Ab 型平面动物纹饰件

1、2. 小黑石沟　3、4. 隆化西南沟墓地　5—9、14、15、17、20—22. 玉皇庙墓地　10、18. 龙庆峡别墅区墓地
11. 宣化小白阳　12. 丰宁五道沟门　13. 滦平梨树沟门　16. 林西井沟子墓地　19. 永昌柴湾岗墓地
（1—7 为 Ab1 型；8—13 为 Ab2 型；14—19 为 Ab3 型；20—22 为 Ab4 型）

Ab3型，马为俯卧状，前蹄叠于后蹄上，共1775件。玉皇庙墓地出土1569件[1]，前后蹄相叠，眼、鼻、口以阴刻手法表现，口部上端有辔饰，马鬃和马尾以绹纹表现，蹄呈三角形（图2.4-9，14、15、17）。林西井沟子出土2件[2]，标本M41，马身中部有近圆角长方形穿孔，上下贯通，长2.3厘米、高1.6厘米（图2.4-9，16）。龙庆峡墓地出土1件[3]，M32：10，马呈卧状，风格写实，有上下穿孔，长2.5厘米（图2.4-9，18）。柴湾岗墓地出土3件[4]，标本M72：12，前腿向后屈，后腿相应前伸，昂首前视，两耳竖起，背面有缝缀的双钮，长5.3厘米、高2.5厘米（图2.4-9，19）。另外西梁垅墓地出土105件[5]、梨树沟门墓地出土45件[6]、涿鹿倒拉嘴墓地征集6件[7]、甘子堡墓地出土44件[8]。

Ab4型，纵向回首卧马形，均为坠饰，共20件。均出自玉皇庙墓地[9]，前蹄叠于后蹄上，肱骨头和股骨头饰双圈纹，坠首背面有一个纵向穿鼻（图2.4-9，20—22）。

Ac型，羊形饰件，共223件。根据羊的造型不同可以分为两个亚亚型。

Ac1型，卧羊造型，共189件。南山根遗址出土5件[10]，标本M101：66，昂首，羊角后卷到背部，前后肢连接在一起，背有钮，长5.8厘米（图2.4-10，2）。玉皇庙墓地出土163件[11]，标本YYM13：17，昂首引颈，吻部向上，羊角弯转成半圆形，饰绹纹，前后蹄相叠，短尾下垂，通长2.3厘

---

[1] 北京市文物研究所：《军都山墓地——玉皇庙（三）》，文物出版社，2007年。
[2] 内蒙古自治区文物考古研究所、吉林大学边疆考古研究中心：《林西井沟子——晚期青铜时代墓地的发掘与综合研究》，科学出版社，2010年。
[3] 北京市文物研究所：《延庆龙庆峡别墅工程中发现的春秋时期墓葬》，《北京文物与考古（第四辑）》，北京燕山出版社，1994年。
[4] 甘肃省文物考古研究所：《永昌西岗柴湾岗——沙井文化墓葬发掘报告》，甘肃人民出版社，2001年。
[5] 北京市文物研究所：《军都山墓地——葫芦沟与西梁垅》，文物出版社，2009年。
[6] 滦平县博物馆：《河北省滦平县梨树沟门山戎墓地清理简报》，《考古与文物》1995年第5期。
[7] 涿鹿县文物保管所：《河北涿鹿县发现春秋晚期墓葬》，《文物春秋》1999年第6期。
[8] 贺勇、刘建中：《河北怀来甘子堡发现的春秋墓群》，《文物春秋》1993年第2期。
[9] 北京市文物研究所：《军都山墓地——玉皇庙（三）》，文物出版社，2007年，第1202—1205页。
[10] 辽宁省昭乌达盟文物工作站、中国科学院考古研究所东北工作队：《宁城县南山根的石椁墓》，《考古学报》1973年第2期。
[11] 北京市文物研究所：《军都山墓地——玉皇庙（三）》，文物出版社，2007年。

图 2.4-10 乙类 Ac 型平面动物纹饰件

1. 南山根遗址 M101:65 2. 南山根遗址 M101:66 3—5、9. 玉皇庙墓地 6—8、18—21. 清水刘坪
10. 西岗墓地采:01 11、12. 马庄墓地 13. 米沟墓地 C:198 14. 张街村 ZHJ:21 15—17. 马家塬墓地

米、宽3厘米（图2.4-10，9）；标本YYM227：11-1—29，羊垂首，耳直立，前肢直立，后肢斜前屈，通长2.9厘米、宽2厘米（图2.4-10，3—5）。清水刘坪出土3件①，其中2件为金质、1件为铜质，羊作跪卧状，前蹄搭于后蹄之上，首前伸，大角上卷至背部，长3.3厘米、高2.4厘米（图2.4-10，6—8）。固原米沟墓地出土3件②，标本C：198，羊足相连，角细长，后伸贴附于背，长7.6厘米、宽4.3厘米（图2.4-10，13）。固原马庄墓地出土14件③，羊作卧状，前肢后屈，后肢前伸，标本ⅢM4：110，长13.7厘米、宽8.2厘米（图2.4-10，11、12）。另外在西岗墓地采集1件④，羊作前昂、后蹲卧状，大盘角，吻凸出，前腿肥短，后腿斜倚，未铸眼睛，暂归入此型，高3.5厘米、长3.1厘米（图2.4-10，10）。

Ac2型，立羊造型，共34件。宁城南山根遗址出土9件⑤，标本M101：65，器型较小，作立羊形，背后有两小钮，长2.7厘米（图2.4-10，1）。彭阳县张街村出土9件⑥，标本ZHJ：21，羊呈站立状，目视前方，角上翘延伸至后背，背有一弓形钮，长4.5厘米、宽3.5厘米（图2.4-10，14）。马家塬墓地出土6件⑦，其中1件金质、4件银质、1件铜质，以银箔或金箔剪成大角羊形，羊作行走状，角上卷至背部，尾上翘（图2.4-10，15—17）。清水刘坪也出土10件⑧，均为银质，形制与马家塬出土的形制基本相似（图2.4-10，18—21）。

Ad型，鹿形饰件，共878件。根据鹿的造型不同分为三个亚亚型。

Ad1型，鹿作卧状，前后蹄相叠，鹿角为连环状，共853件。甘子堡墓

---

① 甘肃省文物考古研究所、清水县博物馆：《清水刘坪》，文物出版社，2014年。
② 宁夏文物考古研究所、彭阳县文物管理所：《王大户与九龙山——北方青铜文化墓地》，文物出版社，2016年。
③ 宁夏文物考古研究所、宁夏固原博物馆：《宁夏固原杨郎青铜文化墓地》，《考古学报》1993年第1期。
④ 甘肃省文物考古研究所：《永昌西岗柴湾岗——沙井文化墓葬发掘报告》，甘肃人民出版社，2001年。
⑤ 辽宁省昭乌达盟文物工作站、中国科学院考古研究所东北工作队：《宁城县南山根的石椁墓》，《考古学报》1973年第2期。
⑥ 杨宁国、祁悦章：《宁夏彭阳县近年出土的北方系青铜器》，《考古》1999年第12期。
⑦ 甘肃省文物考古研究所：《西戎遗珍——马家塬战国墓地出土文物》，文物出版社，2014年。
⑧ 甘肃省文物考古研究所、清水县博物馆：《清水刘坪》，文物出版社，2014年。

地出土 71 件①，标本 M3：19，鹿作蹲踞式，昂首前视，角作三连环状，前后肢内屈相接，长 3.9 厘米、高 2.2—2.8 厘米（图 2.4-11，1）。玉皇庙墓地出土 781 件②（图 2.4-11，2—4）。呼和浩特市附近出土 1 件③，鹿作卧状，巨角贴背呈四个圆圈状（图 2.4-11，5）。

Ad2 型，鹿作卧状，前后蹄相叠，分叉式鹿角，共 22 件。龙头山遗址 II 祭坑出土 1 件④，鹿角分叉不是很明显，无明显的细部刻画（图 2.4-11，6）。玉皇庙墓地出土 18 件⑤，标本 YYM174：8-1，鹿昂首挺颈，三叉鹿角平后伸，上扬的尾部饰线纹和圈点纹，蹄为三角形，前后蹄相叠，通长 4.5 厘米、宽 3.4 厘米（图 2.4-11，9—11）。宣化小白阳墓地出土 1 件⑥，M32：7，鹿昂首伏卧，长角与尾相连，尾部有一孔（图 2.4-11，7）。另外在葫芦沟墓地也出土 2 件⑦（图 2.4-11，8）。

Ad3 型，鹿作站立状，分叉式鹿角，共 3 件。呼鲁斯太墓地出土 1 件⑧，M2：16，鹿四肢直立，昂首前视，两耳上竖，头上有枝状角连接尾部，下有一圆形铜牌，牌后有钮，高 9.5 厘米、铜牌直径 4.9 厘米（图 2.4-11，13）。马家塬墓地出土 1 件，M5：26，以银箔片剪切成形，昂首，压印出杏核形眼和柳叶形耳，大角分叉向后伸展与尾部相接，颈部錾刻细线和圆点纹，长 6.7 厘米、高 6.5 厘米（图 2.4-11，12）。

Ae 型，鸟形饰件，共 35 件。依据具体形态差异可以分为两个亚亚型。

Ae1 型，均为坠饰，整体为双翅平展的鸟形，共 23 件。依据装饰程度可以分为两式。

I 式，鸟身有明显装饰，翅膀及尾部饰有斜线及网格纹。小黑石沟

---

① 贺勇、刘建中：《河北怀来甘子堡发现的春秋墓群》，《文物春秋》1993 年第 2 期。
② 北京市文物研究所：《军都山墓地——玉皇庙（三）》，文物出版社，2007 年。
③ 乌恩岳斯图：《北方草原考古学文化研究——青铜时代至早期铁器时代》，科学出版社，2007 年。
④ 齐晓光：《内蒙古克什腾旗龙头山遗址发掘的主要收获》，《内蒙古东部区考古学文化研究文集》，海洋出版社，1991 年。
⑤ 北京市文物研究所：《军都山墓地——玉皇庙（三）》，文物出版社，2007 年。
⑥ 张家口市文物事业管理所、宣化县文化馆：《河北宣化县小白阳墓地发掘报告》，《文物》1987 年第 5 期。
⑦ 北京市文物研究所：《军都山墓地——葫芦沟与西梁垙》，文物出版社，2009 年。
⑧ 塔拉、梁京明：《呼鲁斯太匈奴墓》，《文物》1980 年第 7 期。

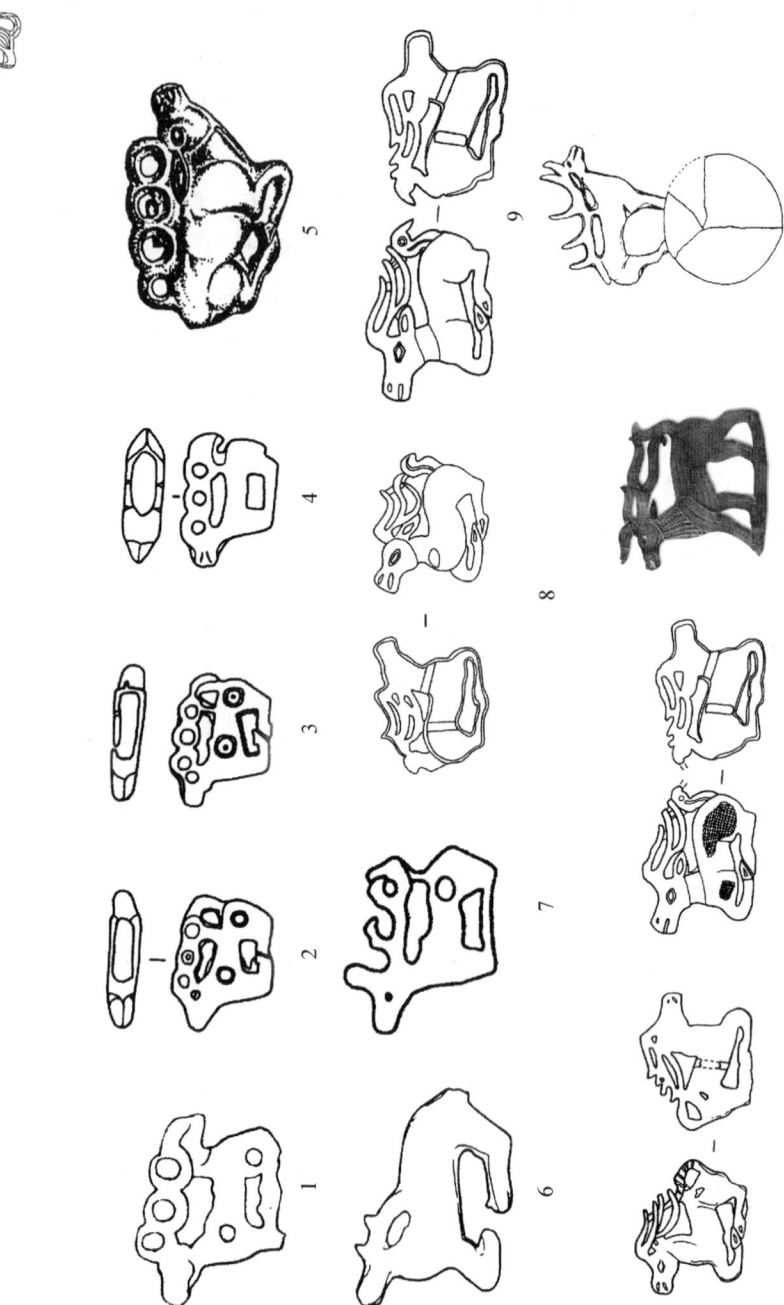

图 2.4-11 乙类 Ad 型平面动物纹饰件

1. 甘子堡墓地 M3:19 2—4、9—11. 军都山玉皇庙墓地 5. 呼和浩特附近 6. 龙头山遗址 7. 小白阳墓地 M32:7 8. 葫芦沟墓地 12. 马家塬墓地 M5:26 13. 呼鲁斯太墓地 M2:16

M9601出土20件①，标本M9601：374，头部偏向一侧，双脚后伸，背部附有一桥形钮，通长4.1—4.8厘米、宽4.7厘米（图2.4-12，2）。宁城南山根M4也出土1件②（图2.4-12，1）。

Ⅱ式，鸟较为抽象，身上无纹饰。玉皇庙墓地出土2件③，标本YYM240：7，头部有一个横向圆形穿孔，通长3.6厘米、宽2.5厘米（图2.4-12，3）。

Ae2型，压制成的金质或铅质写实性鸟形饰件，共12件。均出自西沟畔墓地④，金鸟形饰件7件，金片压成鸟形图案，张翅展尾，上有圆形钉孔，标本M2：32，长4.7厘米、宽3.4厘米（图2.4-12，4）；铅鸟形饰件5件，形似天鹅，作张翅展尾回首状，背部有钮，标本M2：42，长6厘米、宽3.8厘米（图2.4-12，5）。

Af型，野猪形饰件，共123件。玉皇庙墓地出土117件⑤，形制差异较明显，其中，中空圆雕野猪形带饰89件，垂首直立，长头尖耳短尾，通长2.5—3厘米、宽1.7—2厘米（图2.4-12，7）；环上立浮雕野猪形饰件5件，野猪垂首立于一圆环上，前后蹄、尾端各有一平口嵌窝，通长2.5厘米、宽3.3厘米（图2.4-12，6）；野猪形坠饰23件，为垂首而立的野猪形，中空圆雕式，背上纵向排列双环钮（图2.4-12，8、9）。铁匠沟墓地出土野猪形饰牌6件⑥，呈卧状，腿细长，颈部与背部刻出鬃毛，背面有两个竖钮，长6厘米左右、宽3—3.4厘米（图2.4-12，10）。

Ag型，犬形饰件，共267件。玉皇庙墓地共出土263件，其中犬形带饰14件⑦，在弧形面上阴刻出奔犬图案，前后肢屈曲向前，呈奔跑状，背面有

---

① 内蒙古自治区文物考古研究所、宁城县辽中京博物馆：《小黑石沟——夏家店上层文化遗址发掘报告》，科学出版社，2009年，第380页，图三〇七，11。
② 辽宁省昭乌达盟文物工作站、中国科学院考古研究所东北工作队：《宁城县南山根的石椁墓》，《考古学报》1973年第2期。
③ 北京市文物研究所：《军都山墓地——玉皇庙（三）》，文物出版社，2007年，第1212页，图七一二，1。
④ 伊克昭盟文物工作站、内蒙古文物工作队：《西沟畔匈奴墓》，《文物》1980年第7期。
⑤ 北京市文物研究所：《军都山墓地——玉皇庙（三）》，文物出版社，2007年。
⑥ 邵国田：《敖汉旗铁匠沟战国墓地调查简报》，《内蒙古文物考古》1992年第1—2期合刊。
⑦ 北京市文物研究所：《军都山墓地——玉皇庙（三）》，文物出版社，2007年，第1244页，图七二六，11。

一条形穿鼻，通长2.5厘米、宽2.2厘米（图2.4-12，13）；右向左回首奔犬纹饰件244件①，前后肢向前屈伸，尾部上扬，背面是横向单条形穿鼻，通长3厘米左右（图2.4-12，12）；犬形饰牌5件②，侧面左向，平面模铸，屈肢平卧，头微抬（图2.4-12，14）。类似形制的饰牌在葫芦沟墓地也出土1件③。柴湾岗墓地出土3件④，犬立于圆环之上，以圆孔和扁环表示眼睛和双耳，张口竖耳，尾大上卷，前腿直立，后腿前蹬，标本M5∶3和M6∶4，长3.3厘米、高4.6厘米（图2.4-12，15）。

Ah型，蛇形饰件，共41件。玉皇庙墓地出土33件⑤，整体呈反S形，通长3厘米、宽1.7厘米（图2.4-12，17）。梁家营子8071出土8件⑥，双蛇曲颈昂首，两端各为一个蛇头，双颈之间连铸一条形铜板，通高6.5厘米、宽8.8厘米（图2.4-12，16）。

Ai型，神兽形饰件，均为自然界不见的动物，共16件。阿鲁柴登出土12件⑦，黄金铸成，正面为虎形图案，虎头上有角，角上有并排的八个鸟头，背面两端各有拱形钮（图2.4-12，18）。西沟畔M2∶29⑧，金片剪成，鹰嘴卷尾，头上有连续环状角，直达尾部，角上和身体的边缘有钉孔若干，长12厘米、高10.2厘米（图2.4-12，19）。王大户墓地出土1件⑨，PWM2∶15，兽首蛇身，身躯弯转，头后顾，颈部和身躯呈环形并装饰有连珠纹，长4.5厘米、宽4厘米（图2.4-12，20）。清水刘坪墓地出土

---

① 北京市文物研究所：《军都山墓地——玉皇庙（三）》，文物出版社，2007年，第1230页，图七二一。
② 北京市文物研究所：《军都山墓地——玉皇庙（三）》，文物出版社，2007年，第1188页，图六九八。
③ 北京市文物研究所：《军都山墓地——葫芦沟与西梁垙》，文物出版社，2009年。
④ 甘肃省文物考古研究所：《永昌西岗柴湾岗——沙井文化墓葬发掘报告》，甘肃人民出版社，2001年。
⑤ 北京市文物研究所：《军都山墓地——玉皇庙（三）》，文物出版社，2007年，第1232页，图七二二，16。
⑥ 宁城县文化馆、中国社会科学院研究生院考古系东北考古专业：《宁城县新发现的夏家店上层文化墓葬及其相关遗物的研究》，《文物资料丛刊（9）》，文物出版社，1985年。
⑦ 田广金、郭素新：《内蒙古阿鲁柴登发现的匈奴遗物》，《考古》1980年第4期。
⑧ 伊克昭盟文物工作站、内蒙古文物工作队：《西沟畔匈奴墓》，《文物》1980年第7期。
⑨ 宁夏文物考古研究所、彭阳县文物管理所：《王大户与九龙山——北方青铜文化墓地》，文物出版社，2016年。

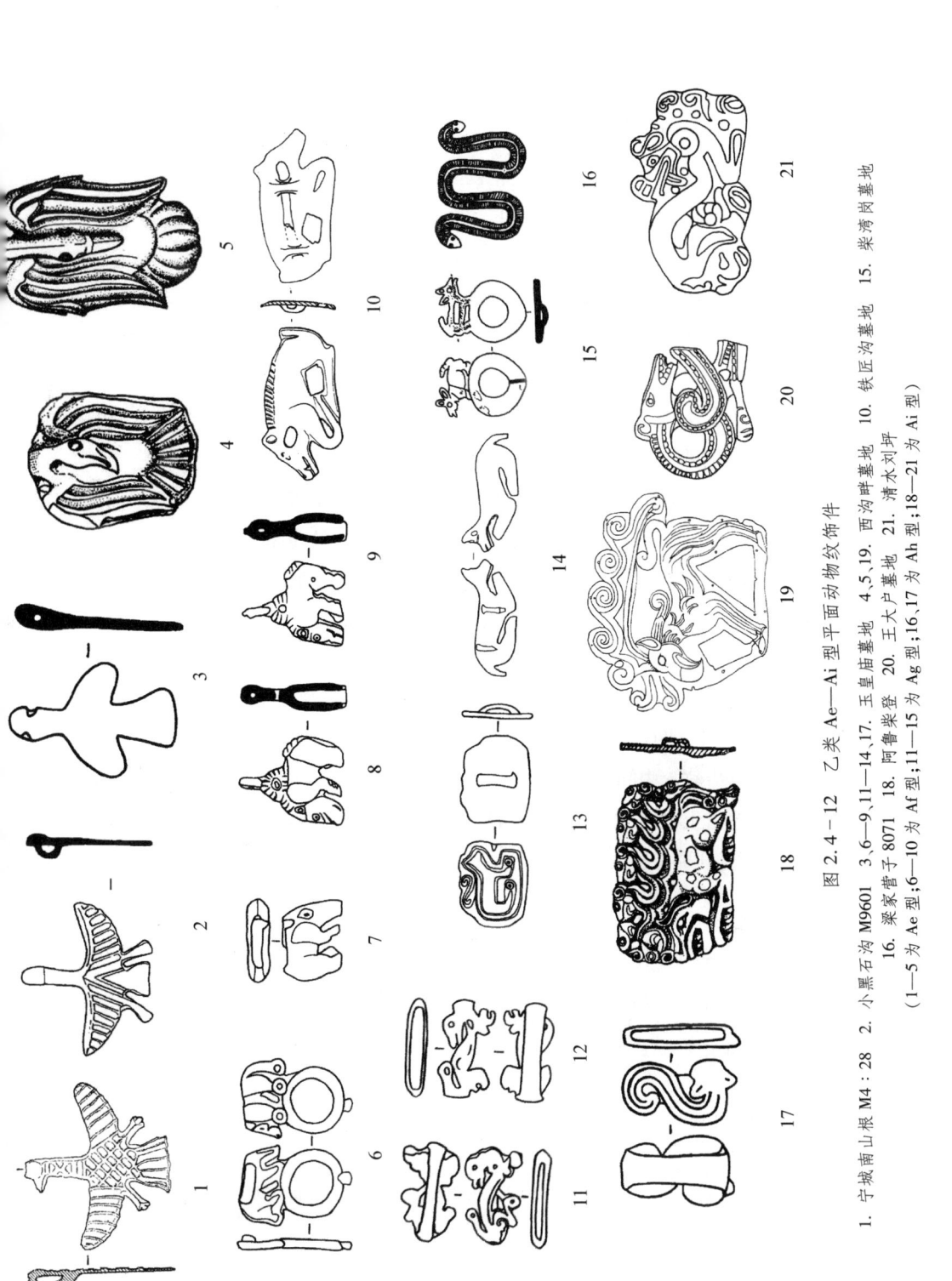

图 2.4-12 乙类 Ae—Ai 型平面动物纹饰件

1. 宁城南山根 M4:28 2. 小黑石沟 M9601 3、6—9、11—14、17. 玉皇庙墓地 4、5、19. 西沟畔墓地 10. 铁匠沟墓地 15. 柴湾岗墓地 16. 梁家睿子 8071 18. 阿鲁柴登 20. 王大户墓地 21. 清水河坪
(1—5 为 Ae 型;6—10 为 Af 型;11—15 为 Ag 型;16、17 为 Ah 型;18—21 为 Ai 型)

2件①，龙形铜饰牌，龙回首张望，杏眼，嘴微张，身体盘曲，四爪伏卧，卷尾于腹下，长5.6厘米、宽3.3厘米（图2.4-12，21）。

B型，动物卷曲成圆形的饰件，共118件。依据动物的形态差异划分为四个亚型。

Ba型，动物卷曲成圆形，多为虎的形象，头部正视，突出并排的两个鼻孔，腿下部和尾部常见平行条纹，共11件。小黑石沟出土4件，M8501出土2件②（图2.4-13，1、3）、92NDXAIIM5：4出土1件（图2.4-13，2）。河北康保出土1件（图2.4-13，4），河北地区征集1件（图2.4-13，5），鄂尔多斯青铜器博物馆收藏多件（超过5件）（图2.4-13，6—10）。

Bb型，动物卷曲成圆形，绝大部分为猫科动物，头部侧视，首尾相接，部分周围饰有一圈连珠纹或短线纹，共99件。玉皇庙墓地出土54件③，直径在2.5厘米左右（图2.4-13，17—21）。龙庆峡别墅区墓地出土1件④，M36：5，饰团马纹，背有两穿鼻（图2.4-13，22）。甘肃秦安县博物馆收藏1件⑤，出土地点不详，构图为一狼团曲成椭圆形，嘴前、颈下和腹下三处各有一圆形透孔，长嘴利齿，环眼圆耳，利爪细腰，尾短而细，直径2.8—3.8厘米（图2.4-13，23）。清水刘坪出土1件⑥，残，正面隆起，缘内饰一周锯齿纹，中间为一只卷曲的兽，直径5厘米（图2.4-13，24）。另外甘子堡墓地出土3件⑦（图2.4-13，16）。涿鹿孙家沟出土1件⑧（图2.4-13，14）。隆化骆驼梁M8出土1件⑨（图2.4-13，15）。小黑石沟M8501：167

---

① 甘肃省文物考古研究所、清水县博物馆：《清水刘坪》，文物出版社，2014年，图123、124。

② 内蒙古自治区文物考古研究所、宁城县辽中京博物馆：《小黑石沟——夏家店上层文化遗址发掘报告》，科学出版社，2009年，第289页，图二三一，9。

③ 北京市文物研究所：《军都山墓地——玉皇庙（三）》，文物出版社，2007年，图七三四、七三五。

④ 北京市文物研究所：《延庆龙庆峡别墅工程中发现的春秋时期墓葬》，《北京文物与考古（第四辑）》，北京燕山出版社，1994年。

⑤ 秦安县文化馆：《秦安县历年出土的北方系青铜器》，《文物》1986年第2期。

⑥ 甘肃省文物考古研究所、清水县博物馆：《清水刘坪》，文物出版社，2014年。

⑦ 贺勇、刘建中：《河北怀来甘子堡发现的春秋墓群》，《文物春秋》1993年第2期。

⑧ 涿鹿县文物保护管理所：《河北省涿鹿县发现春秋晚期墓葬》，《华夏考古》1998年第4期，第25、26页。

⑨ 郑绍宗：《中国北方青铜短剑的分期及形制研究》，《文物》1984年第2期。

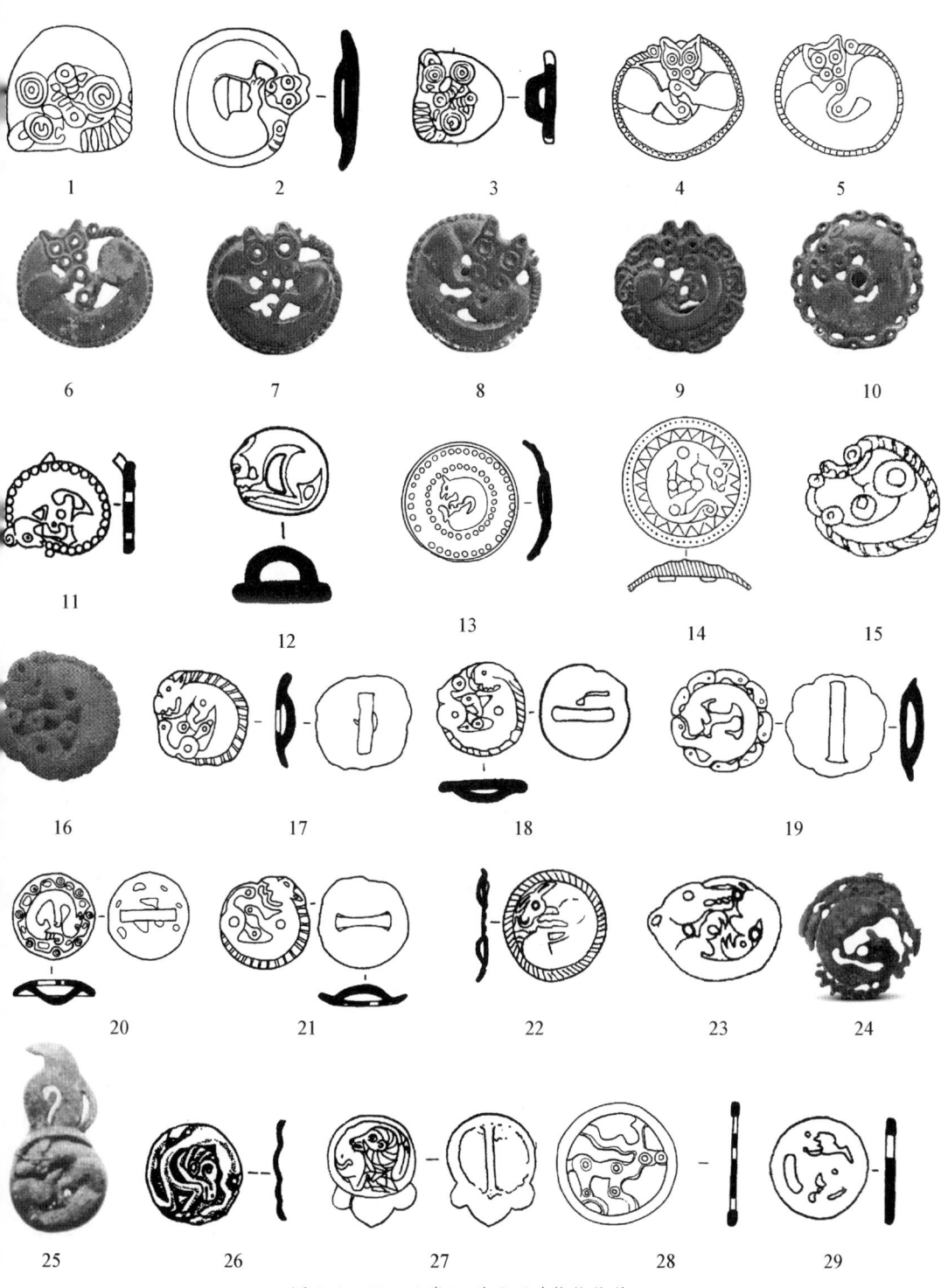

图 2.4-13 乙类 B 型平面动物纹饰件

1—3、11—13、28. 宁城小黑石沟 4. 康保 5. 张家口、承德地区征集 6—10. 鄂尔多斯青铜器博物馆藏 14. 涿鹿孙家沟 15. 隆化骆驼梁 M8 16. 甘子堡墓地 17—21. 军都山玉皇庙墓地 22. 龙庆峡别墅区墓地 23. 秦安县博物馆藏 24. 清水刘坪 25. 永登榆树沟 26. 阿鲁柴登墓地 27. 纳林高兔 29. 永昌西岗墓地

出土1件①（图2.4-13，12）；小黑石沟92NDXAIIM5出土1件②（图2.4-13，11）；小黑石沟98NDXAIIIM17：4出土1件③，直径4厘米（图2.4-13，13）。甘肃永登榆树沟墓地出土34件，体呈圆形，中有卧犬纹图案，上部作镂空火焰状，通长9.5厘米、下部直径4.5厘米（图2.4-13，25）。

Bc型，整体呈圆形，均为羊卷曲而成，共6件。阿鲁柴登墓地出土5件④，正面有羊形图案，羊头居中，头上有角，羊身后半部反转构成圆形图案，周边有四个小圆孔，直径1.8厘米（图2.4-13，26）。纳林高兔墓地出土1件⑤，羊伏卧卷曲，头翻转压在身上，大角弯曲，角饰凹凸线纹，为浮雕，直径3.3厘米（图2.4-13，27）。

Bd型，共2件。圆环内立有一鹿形动物纹，与其他三亚型差别较为明显，但考虑到整体形象，暂归入此型。小黑石沟99ZJ：2⑥，圆环形，正中为一镂空的较为抽象的大角鹿，鹿身饰圆圈纹（图2.4-13，28）。西岗墓地出土1件⑦，M146：5，一幼鹿蹲立于圆环内，大叉角，回首张嘴，首、尾、足与环相连，鹿身共有三个小圆孔，面微凸，背凹，直径3.2厘米（图2.4-13，29）。

C型, 有方形或长方形边框的动物纹饰件，共16件。按照图案主题不同分为四个亚型。

Ca型，方框内为浮雕马形图案，共10件。依据马的形态差异可以分为两个亚亚型。

Ca1型，卧马的图案。马家塬墓地出土3件⑧，一件以薄金片模压出卧

---

① 内蒙古自治区文物考古研究所、宁城县辽中京博物馆：《小黑石沟——夏家店上层文化遗址发掘报告》，科学出版社，2009年，第289页，图二三一，7。
② 内蒙古自治区文物考古研究所、宁城县辽中京博物馆：《小黑石沟——夏家店上层文化遗址发掘报告》，科学出版社，2009年，第347页，图二八一，2。
③ 内蒙古自治区文物考古研究所、宁城县辽中京博物馆：《小黑石沟——夏家店上层文化遗址发掘报告》，科学出版社，2009年，第394页，图三一九，1。
④ 田广金、郭素新：《内蒙古阿鲁柴登发现的匈奴遗物》，《考古》1980年第4期。
⑤ 戴应新、孙嘉祥：《陕西神木县出土匈奴文物》，《文物》1983年第12期。
⑥ 内蒙古自治区文物考古研究所、宁城县辽中京博物馆：《小黑石沟——夏家店上层文化遗址发掘报告》，科学出版社，2009年，第431页，图三三八，18。
⑦ 甘肃省文物考古研究所：《永昌西岗柴湾岗——沙井文化墓葬发掘报告》，甘肃人民出版社，2001年。
⑧ 甘肃省文物考古研究所：《西戎遗珍——马家塬战国墓地出土文物》，文物出版社，2014年。

马图案，四角各钻有一小孔（图2.4-14，1）；另外两件编号 M14：63，金银相间，是贴于车轮上的卧马图案，金长2.2厘米、宽1.6厘米，银长2.5厘米、宽1.7厘米（图2.4-14，2）。西沟畔墓地出土5件①，其中完整的仅1件，M2：61，银片压成长方形，在方框内有一卧马图案，长9.6厘米、宽5.5厘米（图2.4-14，3）。

Ca2 型，马的后肢翻转，共2件。西沟畔墓地出土1件②，M2：74，正方形，框内有一后肢翻转的马纹，长3.4厘米、宽3.4厘米（图2.4-14，4）。固原三营红庄出土1件③（图2.4-14，5）。

Cb 型，方框内为浮雕食肉动物图案或神兽图案，共4件。固原博物馆藏1件④，框内为呈飞行状的有翼马图案，马背与腹部饰六个鸟头，边缘饰一周麦穗纹，两端各有一圆形小孔，长6.9厘米、宽4.5厘米（图2.4-14，8）。固原市中河乡出土1件⑤，有边框的行走状单体食肉动物，周身饰卷云纹和三角纹等，吻部细长，唇部向上翻卷，尾部竖直下垂，与背部鬃毛和足部形成边框，背有一钮，通长6.2厘米、宽4.7厘米（图2.4-14，6）。固原市潘家庄农场出土1件⑥，有边框的写实行走状单体食肉动物，素面，吻部细长，唇部向上翻卷，背部鬃毛末端卷曲，尾部下垂，尾端上翘，嘴部有一扣钩，背有两桥形钮，通长8厘米、宽5厘米（图2.4-14，7）。西沟畔 M2：60 出土1件，长方形，一端宽，一端窄，两端有箭镞形花边，内有卧状神兽纹，神兽为鹰嘴、鹿角，身上有毛状纹饰，长9厘米、中部宽6厘米（图2.4-14，9）。

Cc 型，方框内为镂空的虎形图案，共1件。马家塬 M4 出土，以薄金片錾刻剪切而成，长方形边框上錾刻三角形卷云纹，框内錾刻镂空虎纹，虎呈行走状，昂首向前，右前足抬起，嘴大张，露獠牙，长6.5厘米、宽3.6厘米（图2.4-14，10）。

---

① 伊克昭盟文物工作站、内蒙古文物工作队：《西沟畔匈奴墓》，《文物》1980年第7期。
② 伊克昭盟文物工作站、内蒙古文物工作队：《西沟畔匈奴墓》，《文物》1980年第7期。
③ 钟侃、韩孔乐：《宁夏南部春秋战国时期的青铜文化》，《中国考古学会第四次年会论文集》，文物出版社，1985年。
④ 宁夏固原博物馆：《固原文物精品图集（上册）》，宁夏人民出版社，第102页。
⑤ 宁夏固原博物馆：《固原文物精品图集（上册）》，宁夏人民出版社，第100页。
⑥ 宁夏固原博物馆：《固原文物精品图集（上册）》，宁夏人民出版社，第101页。

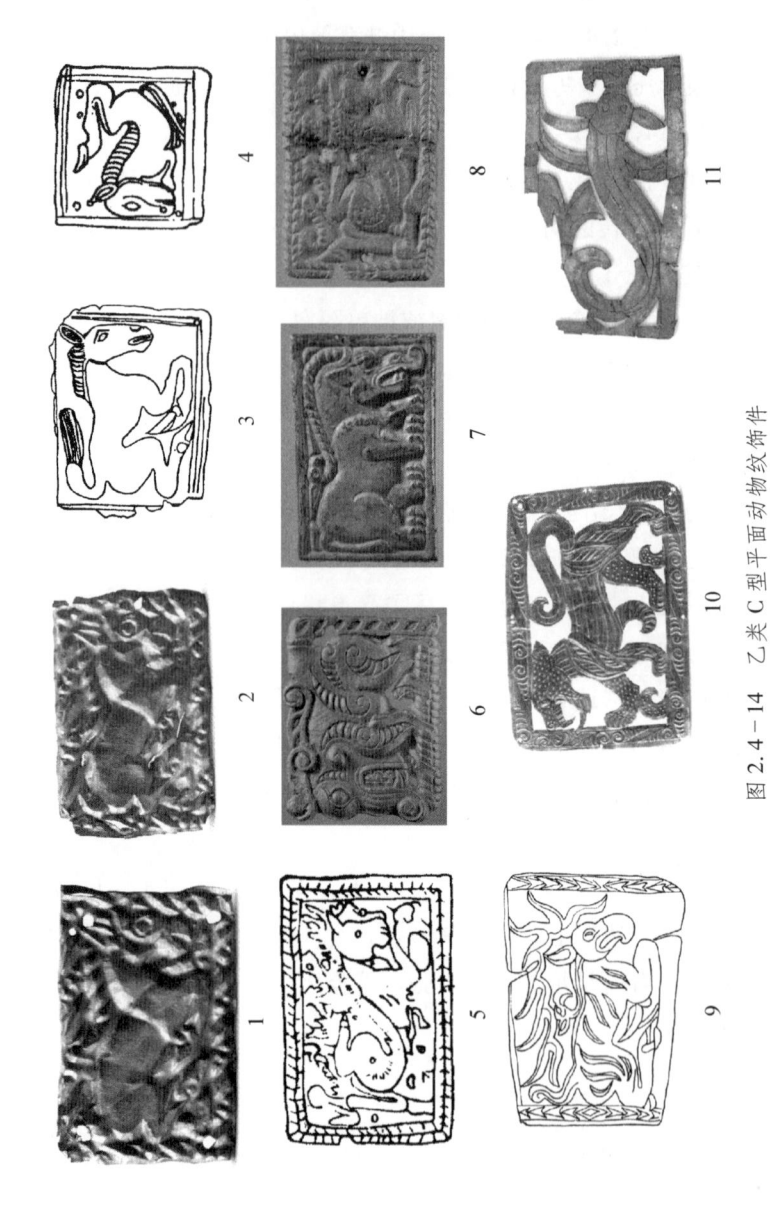

图 2.4-14 乙类 C 型平面动物纹饰件

1、2、10、11. 马家塬墓地　3、4、9. 西沟畔墓地　5. 固原红庄　6. 固原中河乡
7. 固原潘家庄衣场　8. 固原博物馆藏

Cd 型，方框内为镂空的鱼形图案，共 1 件。马家塬 M3∶31，以薄银片剪切成型，长方形边框内镂刻鱼纹，宽须，圆目，长 5.7 厘米、宽 4.7 厘米（图 2.4 - 14，11）。

乙类单体动物纹饰件在北方所有动物纹饰件中数量最多，本书中收集的就有近 4 000 件，可分为三个类型，其中以动物纹为边框的 A 型所占比例最高，可进一步分为九个亚型。Aa 型为虎形饰件，从早到晚分为五式，有完整的演变序列。Aa 型 Ⅰ 式出自小黑石沟墓地和宁县宇村（图 2.4 - 8，1—3），宁县宇村的年代在西周晚期[①]，宁城小黑石沟 M8501 年代在西周晚期至春秋早期[②]，因此 Aa 型 Ⅰ 式的年代也应在西周晚期至春秋早期。Aa 型 Ⅱ 式主要出自玉皇庙墓地、宣化小白阳、滦平苘子沟和隆化转山墓地（图 2.4 - 8，4—8），根据已有的研究大部分墓葬的年代属于春秋中期前后，虽然玉皇庙墓地整体年代在春秋中期至战国早期[③]，但出土 Aa 型 Ⅱ 式饰件的 M18 在整个墓地中的年代也属于早期阶段，因此 Aa 型 Ⅱ 式的主要流行年代应在春秋中期前后。Aa 型 Ⅲ 式也主要出自冀北地区的玉皇庙文化，包括玉皇庙墓地、小白阳墓地、葫芦沟墓地、甘子堡墓地（图 2.4 - 8，9—13），内蒙古也征集 1 件，根据研究这些墓葬主要流行年代在春秋中期至春秋晚期[④]。Aa 型 Ⅳ 式均出在毛庆沟墓地（图 2.4 - 8，14—16），该墓地年代上限是春秋晚期至战国早期，下限到战国中期，这也基本代表了 Aa 型 Ⅳ 式的流行年代。Aa 型 Ⅴ 式出自清水刘坪、张家川马家塬墓地和神木纳林高兔（图 2.4 - 8，17—21），这三个墓地的年代都在战国晚期前后[⑤]，因此 Aa 型 Ⅴ 式的流行年代主要在战国晚期前后。

Ab 型马形饰件分为四个亚亚型。Ab1 型出自小黑石沟墓地 85NDXAIM3、

---

① 许俊臣、刘得祯：《甘肃宁县宇村出土西周青铜器》，《考古》1985 年第 4 期。
② 邵会秋、杨建华：《从夏家店上层文化青铜器看草原金属之路》，《考古》2015 年第 10 期。
③ 杨建华：《春秋战国时期中国北方文化带的形成》，文物出版社，2004 年。
④ 杨建华：《春秋战国时期中国北方文化带的形成》，文物出版社，2004 年，第 73 页；滕铭予、张亮：《葫芦沟墓地的年代及相关问题》，《边疆考古研究（第 12 辑）》，科学出版社，2012 年。
⑤ 甘肃省文物考古研究所、清水县博物馆：《清水刘坪》，文物出版社，2014 年，第 16 页；甘肃省文物考古研究所：《西戎遗珍——马家塬战国墓地出土文物》，文物出版社，2014 年，第 30 页。

隆化西南沟墓地和玉皇庙墓地（图2.4-9，1—7），小黑石沟85NDXAIM3属于夏家店上层文化繁荣期遗存，年代属于西周晚期至春秋早期①，隆化西南沟墓地从共存的铜戈和铜剑看，其年代应为春秋早期至春秋中期，玉皇庙墓地的年代在春秋中期至春战之际前后，因此Ab1型主要流行年代在西周晚期至春战之际。Ab2型出自玉皇庙墓地、龙庆峡墓地、梨树沟门墓地、五道沟门墓地、小白阳墓地以及葫芦沟和西梁垙墓地（图2.4-9，8—13），均属于玉皇庙文化，主要流行年代在春秋中期至战国早期②。Ab3型也主要出自玉皇庙文化中，包括玉皇庙墓地、龙庆峡墓地、西梁垙墓地和梨树沟门墓地等（图2.4-9，14、15、17、18），年代主要在春秋中期至战国早期；此外林西井沟子墓地和永昌柴湾岗墓地也有出土（图2.4-9，16、19），井沟子墓地年代在春秋晚期至战国前期③，柴湾岗墓地年代范围在西周晚期至春秋中晚期④，综合来看Ab3型主要流行年代大致在春秋中期至战国早期。Ab4型仅出于玉皇庙墓地（图2.4-9，20—22），年代范围在春秋中期至战国早期。

Ac型羊形饰件分为卧羊和立羊两个亚亚型。Ac1型出自宁城南山根M101、西岗墓地、玉皇庙墓地、固原米沟墓地、马庄墓地和清水刘坪墓地等（图2.4-10，2—13）。这些墓地年代从西周晚期一直到战国晚期，最早的是宁城南山根M101，年代在西周晚期至春秋早期⑤，最晚的清水刘坪墓地，年代在战国晚期⑥，固原米沟墓地年代在整个战国时期⑦，西岗墓地年代在西周晚期至春秋中晚期⑧，玉皇庙墓地年代在春秋中期至战国早期⑨，因此Ac

---

① 邵会秋、杨建华：《从夏家店上层文化青铜器看草原金属之路》，《考古》2015年第10期；井中伟：《夏家店上层文化的分期与源流》，《边疆考古研究（第12辑）》，科学出版社，2012年。
② 杨建华：《春秋战国时期中国北方文化带的形成》，文物出版社，2004年，第73页。
③ 内蒙古自治区文物考古研究所、吉林大学边疆考古研究中心：《林西井沟子——晚期青铜时代墓地的发掘与综合研究》，科学出版社，2010年。
④ 甘肃省文物考古研究所：《永昌西岗柴湾岗——沙井文化墓葬发掘报告》，甘肃人民出版社，2001年，第201页。
⑤ 邵会秋、杨建华：《从夏家店上层文化青铜器看草原金属之路》，《考古》2015年第10期；井中伟：《夏家店上层文化的分期与源流》，《边疆考古研究（第12辑）》，科学出版社，2012年。
⑥ 甘肃省文物考古研究所、清水县博物馆：《清水刘坪》，文物出版社，2014年，第16页。
⑦ 宁夏文物考古研究所、彭阳县文物管理所：《王大户与九龙山——北方青铜文化墓地（下）》，文物出版社，2016年，第806页。
⑧ 甘肃省文物考古研究所：《永昌西岗柴湾岗——沙井文化墓葬发掘报告》，甘肃人民出版社，2001年，第201页。
⑨ 杨建华：《春秋战国时期中国北方文化带的形成》，文物出版社，2004年，第73页。

型饰件流行时间很长，从西周晚期一直到战国晚期。

Ad型鹿形饰件分为三个亚亚型。Ad1型主要出自甘子堡墓地和玉皇庙墓地（图2.4-11，1—4），都属于玉皇庙文化，主要流行年代在春秋中期至战国早期；另外在呼和浩特附近征集1件（图2.4-11，5），也应大致在这个时代。Ad2型最早的一件出自龙头山遗址Ⅱ祭祀坑（图2.4-11，6），属于夏家店上层文化早期遗存，年代在西周早期[①]；其余均出自玉皇庙墓地、小白阳墓地和葫芦沟墓地等玉皇庙文化中（图2.4-11，7—11），这些墓地年代都在春秋中期至战国早期之间，因此Ad2型鹿形饰件最早出现于西周时期，流行于春秋中期至战国早期。Ad3型出自呼鲁斯太和马家塬墓地（图2.4-11，12、13），马家塬墓地年代在战国晚期[②]，呼鲁斯太墓地年代可以早到战国早期，下限在战国中期[③]，因此Ad3型鹿形饰件主要流行年代在战国时期。

Ae型鸟形饰件分为两个亚亚型。Ae1型分为两式，Ⅰ式出自小黑石沟M9601和南山根M4（图2.4-12，1、2），年代在西周晚期至春秋早期；Ⅱ式出于玉皇庙墓地（图2.4-12，3），年代在春秋中期至战国早期。Ae2型均出自西沟畔M2（图2.4-12，4、5），年代在战国晚期[④]。Af型野猪形饰件出自玉皇庙墓地和铁匠沟墓地（图2.4-12，6—10），玉皇庙墓地年代在春秋中期至战国早期，铁匠沟墓地年代也大致相当[⑤]。Ag型犬形饰件主要出自玉皇庙墓地、葫芦沟墓地和柴湾岗墓地（图2.4-12，11—15），主要流行年代应该在春秋中期至战国早期之间。Ah型蛇形饰件出自玉皇庙墓地和梁家营子8071（图2.4-12，16、17），根据已有的研究梁家营子8071年代大约在春秋中期[⑥]，玉皇庙墓地年代在春秋中期至战国早期，因此Ah型饰件主要流行年代在春秋中期至战国早期之间。Ai型神兽形饰件出自西沟畔M2、

---

① 邵会秋、杨建华：《从夏家店上层文化青铜器看草原金属之路》，《考古》2015年第10期。
② 甘肃省文物考古研究所：《西戎遗珍——马家塬战国墓地出土文物》，文物出版社，2014年，第30页。
③ 杨建华：《春秋战国时期中国北方文化带的形成》，文物出版社，2004年，第52页。
④ 伊克昭盟文物工作站、内蒙古文物工作队：《西沟畔匈奴墓》，《文物》1980年第7期。
⑤ 邵国田：《敖汉旗铁匠沟战国墓地调查简报》，《内蒙古文物考古》1992年第1—2期合刊。
⑥ 井中伟：《夏家店上层文化的分期与源流》，《边疆考古研究（第12辑）》，科学出版社，2012年。

清水刘坪、阿鲁柴登和王大户墓地（图2.4-12，18—21），其中王大户墓地年代在战国中期前后①，其余三个墓地年代都在战国晚期，因此Ai型饰件流行年代在战国中期和晚期。

乙类B型为动物卷曲成圆形的饰件，分为四个亚型。Ba型经过科学发掘的均出自小黑石沟墓地（图2.4-13，1—3），年代在西周晚期至春秋早期；其余多为河北征集和鄂尔多斯青铜器博物馆藏品，形制要比小黑石沟更加规整（图2.4-13，4—10），年代可能稍晚，其中鄂尔多斯青铜器博物馆藏1件金饰牌，年代可能晚到春秋晚期②，因此Ba型的年代大约在西周晚期至春秋晚期。Bb型出土数量较多，分布地域也比较广，其中小黑石沟墓地出土的年代最早（图2.4-13，11—13），在西周晚期至春秋早期；玉皇庙墓地、龙庆峡墓地、甘子堡墓地、隆化骆驼梁墓地等玉皇庙文化墓地（图2.4-13，15—22），年代在春秋中期至战国早期；清水刘坪和永登榆树沟墓地出土的卷曲动物纹饰件形制与其他地区差别较大（图2.4-13，24、25），年代可以晚到战国晚期③，因此整体看来，Bb型最早出现于西周晚期至春秋早期，主要流行于春秋时期的燕山南北地区，到战国晚期时在甘宁地区也有发现。Bc型出自阿鲁柴登墓地和纳林高兔墓地（图2.4-13，26、27），年代都属于战国晚期。Bd型数量少，形制特殊，小黑石沟出土1件（图2.4-13，28），年代在西周晚期至春秋早期；西岗墓地出土1件（图2.4-13，29），年代在西周晚期至春秋中晚期④。

乙类C型方形或长方形边框单体动物纹饰件仅收集16件，分为四个亚型，出自马家塬、西沟畔M2以及固原地区的多个地点（图2.4-14）。以马家塬和西沟畔M2为代表的遗存年代大都在战国晚期前后⑤，这也基本代表

---

① 宁夏文物考古研究所、彭阳县文物管理所：《王大户与九龙山——北方青铜文化墓地（下）》，文物出版社，2016年，第469页。
② 林沄：《论欧亚草原的卷曲动物纹》，《林沄学术文集（二）》，科学出版社，2008年，图二，13。
③ 杨建华：《春秋战国时期中国北方文化带的形成》，文物出版社，2004年；甘肃省文物考古研究所、清水县博物馆：《清水刘坪》，文物出版社，2014年，第16页。
④ 甘肃省文物考古研究所：《永昌西岗柴湾岗——沙井文化墓葬发掘报告》，甘肃人民出版社，2001年，第201页。
⑤ 甘肃省文物考古研究所：《西戎遗珍——马家塬战国墓地出土文物》，文物出版社，2014年，第30页；伊克昭盟文物工作站、内蒙古文物工作队：《西沟畔匈奴墓》，《文物》1980年第7期。

了 C 型饰件的流行年代。

3. 丙类，群体动物纹饰件。表现两个或两个以上动物的饰件，依据轮廓的区别可以进一步分为两个类型。

A 型，动物形体即为饰件的外轮廓，共 196 件。可以依据具体题材分为五个亚型。

Aa 型，表现食肉动物吞噬食草动物情景的饰件，主要是虎噬羊或鹿，共 155 件。依据具体形制变化可划分为六式。

Ⅰ式，虎噬羊，虎与羊尺寸相差较小，整体呈三角形，共 1 件。出自小黑石沟 M8501∶170①，上端为昂立状虎身，饰重环纹，扑向半躺状的羊，背面附有桥形钮，长 3.2 厘米、高 2.1 厘米（图 2.4－15，1）。

Ⅱ式，虎噬羊或其他动物，虎为蹲踞，所占比例较大，而被噬动物尺寸很小，整体较为抽象，无任何装饰，共 116 件。

玉皇庙墓地出土虎噬羊或其他动物饰件 48 件②，其中虎噬兽 37 件，均出自 YYM7，虎低首垂尾，口衔一兽，前后肢屈曲前伸，眼部、肱骨头及股骨头等关节饰圆圈纹，长 7 厘米、宽 1.7 厘米（图 2.4－15，2）；虎衔羊 11 件，标本 YYM282∶9，虎呈蜷卧状，口衔羊头，前爪按住仅剩头部的羊，尾部收至腹下，背面有一个横向穿鼻，纵向穿孔，重 5.5 克，通长 2.8 厘米、通宽 1.8 厘米（图 2.4－15，3）。西梁垙墓地也出土相似形制的虎噬羊饰件 58 件③，均出自 M25，标本 YXM25∶17，长 3 厘米、宽 1.9 厘米（图 2.4－15，4）。另外，玉皇庙墓地还出土双虎食三鹿纹饰件 10 件④，暂归入此型，两虎各食一鹿，呈对角线对称，两虎之间另立一鹿，标本 YYM117∶14，长 3.4 厘米、宽 1.4 厘米。

Ⅲ式，虎噬羊，虎仍为蹲踞，被噬动物所占比例仍较小，但虎头、虎尾

---

① 内蒙古自治区文物考古研究所、宁城县辽中京博物馆：《小黑石沟——夏家店上层文化遗址发掘报告》，科学出版社，2009 年，第 289 页，图二三一，13。
② 北京市文物研究所：《军都山墓地——玉皇庙（三）》，文物出版社，2007 年，第 1242 页，图七二五，4、5。
③ 北京市文物研究所：《军都山墓地——葫芦沟与西梁垙（一）》，文物出版社，2009 年，第 523 页，图三二二，3。
④ 北京市文物研究所：《军都山墓地——玉皇庙（三）》，文物出版社，2007 年，第 1234 页，图七二三，6。

和四肢上有明显的装饰，图案比Ⅱ式要写实，共12件。

范家窑子墓葬出土8件①，器型较小，虎呈蹲踞式，前后肢均屈曲前伸，爪呈圆环状，口中含一动物，似羊头，在头下及尾部饰阴线纹，背有钮，大小相近，长5厘米左右（图2.4-15,5）。崞县窑子墓地出土2件②，标本12：2-2近圆角长方形，图案透雕，上端为一虎，呈伫立状，低头垂尾，作撕咬状，前后腿之间有一山羊，作挣扎状，背有双拱钮，长7.6厘米、宽4.3厘米（图2.4-15,6）。小双古城墓地出土2件③，标本M11：2，主体图案为一透雕的蹲踞状虎，虎首低垂，嘴部大张，俯身撕咬一羊头，中部有圆形穿孔，背部的桥形钮已有一个残缺，长10.7厘米、宽5.5厘米（图2.4-15,7）。

Ⅳ式，虎噬羊，与Ⅲ式相比，虎为伫立状，羊所占比例仍然较小，共6件。

马庄墓地出土2件④，虎呈站立状，虎尾甩到后背上，低头张口撕咬一食草动物，身体为素面，标本IM12：5，长9.5厘米、宽5.2厘米（图2.4-15,8）。彭阳县古城乡古城村出土1件⑤（图2.4-15,9）。内蒙古博物院收藏1件⑥，饰牌主体造型为一只透雕的伫立猛虎，虎的一前肢踩踏在一只蜷曲的小羊头部之上，虎嘴大张，作吞噬状，长11.4厘米、宽5.9厘米（图2.4-15,10）。彭阳县新集乡白杨林村出土1件⑦，虎作伫立状，长尾下托，尾尖卷曲，尾上饰麦穗纹，通体肌肉凸起，表面磨光，虎口中衔一曲体小羊，清晰可辨，虎爪呈连环状，制作十分精细生动，但虎背上长出一个鹰头，可以看出塑造的不是一般的动物形象，饰牌整体长8厘米、宽4.5厘米（图2.4-15,11）。甘肃庆阳吴家沟圈收集1件⑧，略呈长方形，正面周边

---

① 李逸友：《内蒙古和林格尔县出土的铜器》，《文物》1959年第6期。
② 内蒙古文物考古研究所：《凉城崞县窑子墓地》，《考古学报》1989年第1期。
③ 内蒙古文物考古研究所：《内蒙古凉城县小双古城墓地发掘简报》，《考古》2009年第3期。
④ 宁夏文物考古研究所、宁夏固原博物馆：《宁夏固原杨郎青铜文化墓地》，《考古学报》1993年第1期。
⑤ 杨宁国、祁悦章：《宁夏彭阳县近年出土的北方系青铜器》，《考古》1999年第12期。
⑥ 张闯辉：《内蒙古博物院藏羊纹北方系青铜器》，《文物世界》2015年第3期。
⑦ 罗丰、韩孔乐：《宁夏固原近年发现的北方系青铜器》，《考古》1990年第5期。
⑧ 刘得祯、许俊臣：《甘肃庆阳春秋战国墓葬的清理》，《考古》1988年第5期。

向背面折0.3厘米，凸面，浮雕猛虎食羊纹饰，线条虽简，但形象逼真，左侧近边处有喙形凸钮，钮旁有一不规则形镂孔，背面右侧近边处有一竖向鼻钮，长10.2厘米、宽4.7厘米（图2.4-15，12）。

V式，虎噬羊或鹿，虎多为伫立，与Ⅳ式相比，被噬动物比例增大，虎身有明显的阴线纹，共16件。

马家塬墓地出土4件①，标本M20MS：8，虎吻向下，嘴咬着羊的头部，羊头反曲，后足亦踩一羊，羊蜷卧，首昂起，虎腿上饰卷云纹，四角各有一圆形穿孔，长9.4厘米、宽6.9厘米（图2.4-15，13—16）。清水刘坪出土7件②，捶揲法做出虎噬羊造型，边缘经过剪切，虎呈蹲踞状，嘴微张，前爪按抓一羊，长8.5厘米、宽4.5—5.5厘米（图2.4-15，18、19）。西吉县新营乡陈阳川村出土3件③，1985年出土2件，其中一件虎作伫立状，卷尾，虎衔小羊，羊造型较模糊，但仍可辨羊角，圆形虎耳，眼睛较小，通体较厚重，凹部铸阴线，正面吻部凸起一钉，长9.6厘米、宽5厘米；另一件造型大致相同，背面臀部有一凸钉，长10.6厘米、宽5厘米（图2.4-15，17、21）；1991年出土1件④，虎口下蜷曲一羊，利爪下匍匐一羊，虎身饰卷云纹和粟点纹，长11.9厘米、宽6.7厘米、厚0.2厘米（图2.4-15，23）。张街村墓葬出土1件⑤，M2：17，虎作伫立状，长尾下垂，尾端微卷，耳镂孔向前，圆凸眼，整体饰阴线纹，虎张嘴衔住鹿的颈部，右前爪按住鹿头及背部，鹿呈回首状，鹿头十分明显，长耳，长吻，圆凸眼，前腿呈跪状，与鹿身连接成底边缘，凹背，背部前后附两个拱形钮，整体造型前宽后窄，长7.5厘米、最宽处4.7厘米（图2.4-15，20）。石灰沟墓地出土1

---

① 甘肃省文物考古研究所：《西戎遗珍——马家塬战国墓地出土文物》，文物出版社，2014年。
② 李晓青、南宝生：《甘肃清水县刘坪近年发现的北方系青铜器及金饰片》，《文物》2003年第7期。
③ 罗丰、韩孔乐：《宁夏固原近年发现的北方系青铜器》，《考古》1990年第5期。
④ 宁夏文物考古所、西吉县文管所：《西吉县陈阳川墓发掘简报》，《宁夏考古文集》，宁夏人民出版社，1994年。
⑤ 宁夏回族自治区文物考古研究所、彭阳县文物站：《宁夏彭阳县张街村春秋战国墓地》，《考古》2002年第8期。

件①，银质，半浮雕，虎口大张，露出尖利的牙齿，鹿在左下角，被踏卧于虎口之下，显得毫无反抗之力，背有双钮，长 9.8—10.4 厘米、宽 3.6—4.75 厘米（图 2.4-15，22）。

Ⅵ式，被噬动物比例进一步增大，虎均为伫立，虎身饰有密集的斑条纹，饰件整体呈"P"形，共 4 件。

杨郎蒋河出土 2 件②，这两件为带扣，虎呈伫立状，张嘴咬住马的颈部，马头下垂，马的前肢微屈，后肢弯曲搭在虎的颈上（图 2.4-15，24）。《内蒙古·长城地带》收录 1 件③，写实性虎咬羊纹，虎作伫立状，抬头张嘴衔住羊的颈部，羊前腿下垂与底部边缘连接，羊身搭在虎颈之上，后腿下垂，虎尾夹在后腿之间，作行走状，虎身饰虎皮状斑纹，长 9.4 厘米、最宽处 5.1 厘米（图 2.4-15，25）。崞县窑子采集 1 件④，虎呈伫立状，张嘴咬住马的颈，马头向后，身体微曲，前后肢屈曲呈卧状，在饰牌的底部与前部边缘连接，饰凹阴线纹，虎的尾部有三个圆形镂孔，长 9.2 厘米、最宽处 5.5 厘米（图 2.4-15，26）。

Ab 型，表现动物相斗场景的饰件，共 3 件。

碾房渠墓地出土 1 件⑤，虎狼相斗，黄金铸成，浮雕镂空，造型以伫立状虎为主，虎一前肢踏住狼身，张口咬住狼的上颚，狼也咬住虎的下颚，狼口下部有一蜷缩的小动物，虎身还刻画群虎围猎狼的图案，饰牌背面有一方形钮，长 13.8 厘米、宽 7.95 厘米（图 2.4-15，27）。甘肃庆阳塌头村出土 1 件⑥，近长方形，周沿向背面微折，正面凸起，雕刻成龙虎斗纹饰，虎左向，尾卷于背，爪锋锐，口叼蛟龙，五条蛟龙除一条被虎口咬住外，其余四条盘卷虎身，右侧近沿处有一喙状凸钮，左有竖向桥钮，长 10.8 厘米、宽 6.3 厘米（图 2.4-15，28）。甘肃庆阳地区博物馆收集 1 件⑦，近长方形，

---

① 伊克昭盟文物工作站：《伊金霍洛旗石灰沟发现的鄂尔多斯式文物》，《内蒙古文物考古》1992 年第 1—2 期合刊。
② 钟侃：《宁夏固原县出土文物》，《文物》1978 年第 12 期。
③ 江上波夫、水野清一：《内蒙古·长城地带》，东亚考古学会，1935 年。
④ 田广金、郭素新：《鄂尔多斯式青铜器》，文物出版社，1986 年。
⑤ 伊克昭盟文物工作站：《内蒙古东胜市碾房渠发现金银器窖藏》，《考古》1991 年第 5 期。
⑥ 刘得祯、许俊臣：《甘肃庆阳春秋战国墓葬的清理》，《考古》1988 年第 5 期。
⑦ 刘得祯、许俊臣：《甘肃庆阳春秋战国墓葬的清理》，《考古》1988 年第 5 期。

图 2.4-15 丙类 Aa、Ab 型平面动物纹饰件

1. 宁城小黑石沟 M8501　2、3. 军都山玉皇庙墓地　4. 西梁圪墓地　5. 范家窑子墓葬　6. 崞县窑子墓地 12∶2-2
7. 小双古城墓地 M11∶2　8. 马庄墓地　9. 彭阳县古城村　10. 内蒙古博物院藏　11. 彭阳县新集乡　12. 庆阳吴家沟圈
13—16. 马家塬墓地　17、21、23. 西吉县陈阳川村　18、19. 清水刘坪　20. 彭阳张街村　22. 石灰沟墓地　24. 杨郎蒋河
25.《内蒙古·长城地带》收录　26. 崞县窑子采集　27. 碾房渠　28. 庆阳塌头村　29. 庆阳征集

（1—26 为 Aa 型；27—29 为 Ab 型）

边沿向背面微折，正面凸起，上雕"母子"虎纹饰及蛟龙纹饰，虎左向，尾卷于背，口含虎子尾，虎子呈跃起嬉戏状，一条卷曲蛟龙口咬虎的后爪，近左边有一喙状凸钮，向内有不规则孔，背凹，右边有一竖向桥钮（图2.4－15，29）。

Ac型，动物交媾形象，共3件。小黑石沟出土1件①，M8501：171，双鹿交媾，下面的鹿呈蹲踞回首状，上端鹿则盘于其上，腿部下为连珠纹，背附桥形钮并附圆环，略残，长2.9厘米、宽1.8厘米（图2.4－16，1）。于家庄墓地出土1件②，M12：1，雌鹿作回首状，雄鹿双腿骑在雌鹿髋部作交配状，长3.4厘米、宽3.1厘米（图2.4－16，2）。铁匠沟墓地出土1件③，AM1：9，野猪交媾饰件，整体呈三角形，母猪圆睛外凸，尖嘴，长4.8厘米、宽3.9厘米（图2.4－16，3）。

Ad型，表现的题材多为母体下依偎一作回首状的羊羔，乌恩岳斯图先生将其称为羔羊哺乳纹④，共4件。蛮汗山地区出土1件⑤，双羊为哺乳状，母山羊昂首伫立，头上有环状角延至颈后，短尾上翘，母体下依偎一羊羔，作回首状，背有钮，长3.7厘米（图2.4－16，4）。《内蒙古·长城地带》收录1件⑥，双羊为哺乳状，母山羊昂首伫立，头上环状角延至颈后，母体下依偎一羊羔，作回首状，背有钮（图2.4－16，5）。《欧亚草原东部青铜器》⑦和《欧亚草原东部游牧艺术》⑧各著录1件（图2.4－16，6、7）。

Ae型，上下或左右对称的动物纹，共31件。依据动物种类不同，分为两个亚亚型。

Ae1型，对称的双虎形象，共12件。小黑石沟85NDXAIM2：24出土1

---

① 内蒙古自治区文物考古研究所、宁城县辽中京博物馆：《小黑石沟——夏家店上层文化遗址发掘报告》，科学出版社，2009年。
② 宁夏文物考古研究所：《宁夏彭堡于家庄墓地》，《考古学报》1995年第1期。
③ 邵国田：《敖汉旗铁匠沟战国墓地调查简报》，《内蒙古文物考古》1992年第1—2期合刊。
④ 乌恩岳斯图：《北方草原考古学文化研究——青铜时代至早期铁器时代》，科学出版社，2007年。
⑤ 田广金、郭素新：《鄂尔多斯式青铜器》，文物出版社，1986年。
⑥ 江上波夫、水野清一：《内蒙古·长城地带》，东亚考古学会，1935年，图版73，8。
⑦ Emma C. Bunker, Trudy S. Kawami, Katheryn M. Linduff, Wu En, *Ancient Bronzes of the Eastern Eurasian Steppes from the Arthur M. Sackler Collections*, The Arthur M. Sackler Foundation, 1997, p.191, fig.116.
⑧ Emma C. Bunker, James C. Y. Watt, Zhixin Sun, *Nomadic Art of the Eastern Eurasian Steppes*, New York, 2002, p.167, fig.151.

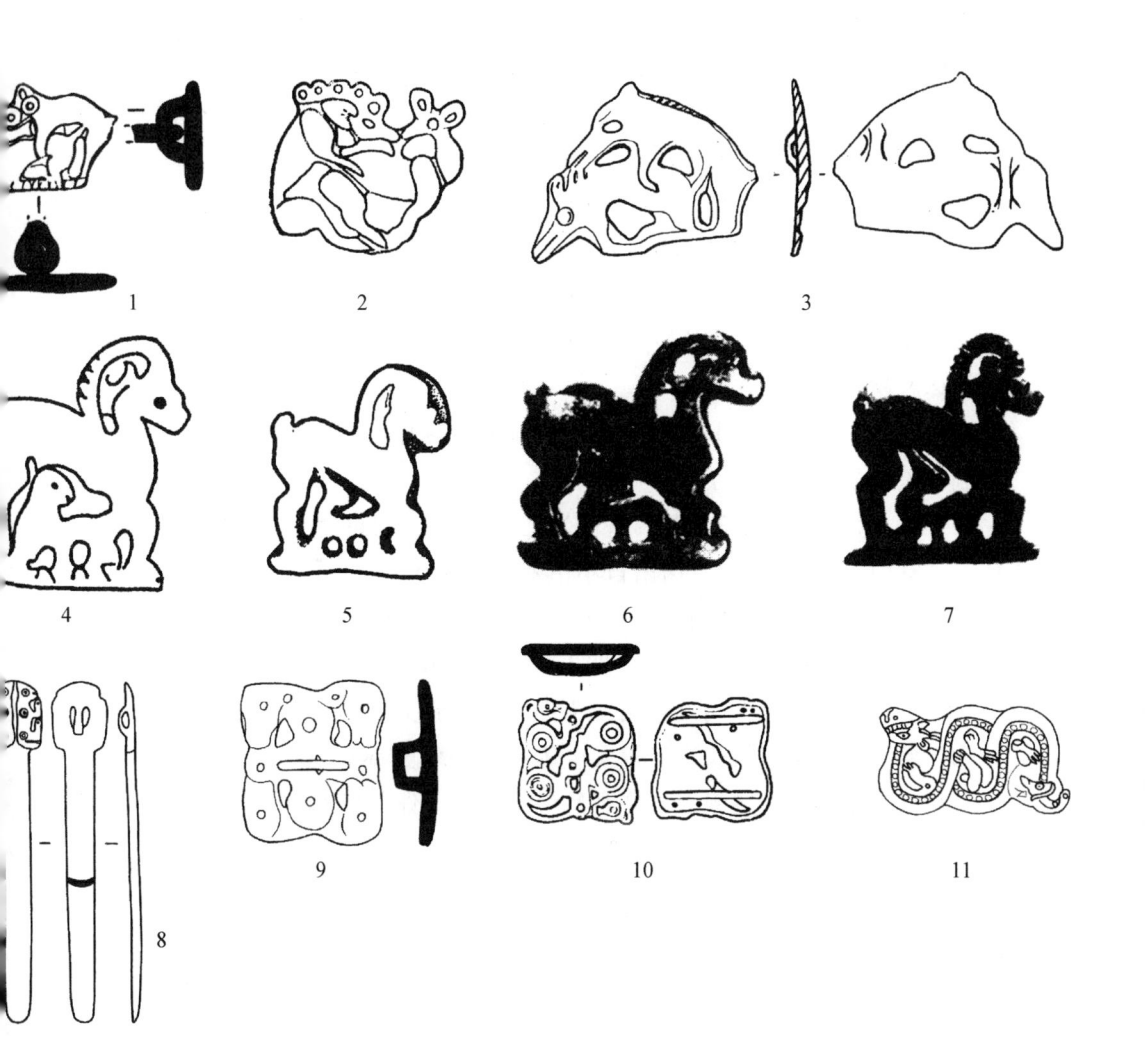

图 2.4-16　丙类 Ac—Ae 型平面动物纹饰件

1. 小黑石沟 M8501　2. 于家庄墓地　3. 铁匠沟墓地　4. 蛮汗山征集　5.《内蒙古·长城地带》收录
6.《欧亚草原东部青铜器》著录　7.《欧亚草原东部游牧艺术》著录　8. 玉皇庙墓地
9. 小黑石沟 85NDXAIM2：24　10. 小黑石沟 M8501　11. 清水刘坪
（1—3 为 Ac 型；4—7 为 Ad 型；其余为 Ae 型）

件，平面略呈方形，为上下对称的伫立虎纹，虎身装饰有圆圈纹，长4厘米、宽3.5厘米（图2.4-16，9）；小黑石沟M8501出土6件，由上下对称的两个蹲踞虎纹组成，标本M8501：159，长2.8厘米、宽2.8厘米（图2.4-16，10）。玉皇庙墓地出土横向相背双虎纹饰件5件，柄部横向分布两只相背卧虎，前后肢屈卧，身上饰圆圈纹（图2.4-16，8）。

Ae2型，对称的双龙纹，共19件。均出自清水刘坪墓地①，均为金质，长方形，捶揲而成，图案为双龙盘绕，龙首咬另一龙尾部，头尾部有钉孔，长5厘米、宽2.8厘米（图2.4-16，11）。

B型，动物纹饰件外轮廓为明显的长方形或方形边框，共80件。依据具体题材可以分为三个亚型。

Ba型，表现的是同一种动物，成排或对称排列，共47件。依据动物形制的差异分为三个亚亚型。

Ba1型，竖向长方形框，框内为上下排列的三只动物，共17件。

其中三牛纹11件，均出自小黑石沟M8501②。长方形，周边饰锯齿状纹，内饰三伫立觅食状牛纹，牛角夸张，形似犀牛，背面附有两个桥形钮，标本M8501：146，长5厘米、宽3.1厘米（图2.4-17，1）。

三马纹6件。西岗墓地出土4件③，长方形边框，内有三层伫马纹，中间一层与上下两层马头方向相反，高4.4—4.6厘米、宽3.2—3.4厘米（图2.4-17，3、4）。桃红巴拉墓地M5：7出土1件④（图2.4-17，2），《内蒙古·长城地带》收录1件⑤。

Ba2型，竖向长方形框，框内为四只回首鹿纹，上下两层，每层各两只，共8件。其中西岗墓地出土5件⑥，前肢内屈，微蹲，回首竖耳，高4.8

---

① 甘肃省文物考古研究所、清水县博物馆：《清水刘坪》，文物出版社，2014年，图117。
② 内蒙古自治区文物考古研究所、宁城县辽中京博物馆：《小黑石沟——夏家店上层文化遗址发掘报告》，科学出版社，2009年，第289页，图二三一，5。
③ 甘肃省文物考古研究所：《永昌西岗柴湾岗——沙井文化墓葬发掘报告》，甘肃人民出版社，2001年。
④ 田广金：《桃红巴拉的匈奴墓》，《考古学报》1976年第1期。
⑤ 江上波夫、水野清一：《内蒙古·长城地带》，东亚考古学会，1935年。
⑥ 甘肃省文物考古研究所：《永昌西岗柴湾岗——沙井文化墓葬发掘报告》，甘肃人民出版社，2001年。

厘米、宽2.8厘米（图2.4-17，5、6）。小双古城墓地M59出土1件①，长4.7厘米、宽2.6厘米（图2.4-17，7）。《鄂尔多斯式青铜器》收录1件②，编号E1044（图2.4-17，8）。柴湾岗墓地出土1件③，长4.8厘米、宽2.6厘米。

Ba3型，多为横向饰件，动物上下或左右完全对称，均为金质，共22件。

清水刘坪出土9件。其中蛇纹金带饰7件④，长方形，薄金片捶打而成，纹饰由周边四条大蛇和数条小蛇交错盘曲而成，长5.5厘米、宽4.5厘米（图2.4-17，15）。双龙纹金带饰2件⑤，长方形，略残，薄金片捶揲成型，双龙相对盘曲，龙爪屈于身下，龙身饰云纹和连珠纹，长7厘米、宽5.3厘米（图2.4-17，16）。

西沟畔墓地出土10件⑥。对称鹿纹1件，M2∶46，长方形，框内有鹿形图案，四肢内屈，头上枝状角直至尾部，饰片中部有折叠痕迹，长10.9厘米、宽7.9厘米（图2.4-17，13）。双马对卧1件，M2∶47，长方形，框内有双马对卧纹，四肢内屈，长11.7厘米、宽5.7厘米（图2.4-17，10）。左右双马对称1件，M2∶59，长方形，两端稍圆，框内有双马纹，头部相顶，长9厘米、宽3.4厘米（图2.4-17，9）。双兽纹金饰片7件，方形，框内有对卧的兽形图案，屈肢前伸至尾部，饰片中间有折叠痕迹，标本M2∶49，长10.9厘米、宽7.9厘米（图2.4-17，14）。

马家塬墓地出土3件⑦。对称卧虎纹，卧虎以对角线为轴对称，上下各一，头尾相顾，虎头呈扁圆状，长3—3.1厘米、宽2—2.4厘米（图2.4-17，11、12）。

---

① 内蒙古自治区文物考古研究所、内蒙古自治区文物保护中心：《岱海地区东周墓群发掘报告》，科学出版社，2016年，第150页，图九二，2。
② 田广金、郭素新：《鄂尔多斯式青铜器》，文物出版社，1986年，第176页，图一二三，2。
③ 甘肃省文物考古研究所：《永昌西岗柴湾岗——沙井文化墓葬发掘报告》，甘肃人民出版社，2001年。
④ 甘肃省文物考古研究所、清水县博物馆：《清水刘坪》，文物出版社，2014年，图115。
⑤ 甘肃省文物考古研究所、清水县博物馆：《清水刘坪》，文物出版社，2014年，图112。
⑥ 伊克昭盟文物工作站、内蒙古文物工作队：《西沟畔匈奴墓》，《文物》1980年第7期。
⑦ 甘肃省文物考古研究所：《西戎遗珍——马家塬战国墓地出土文物》，文物出版社，2014年，第96页。

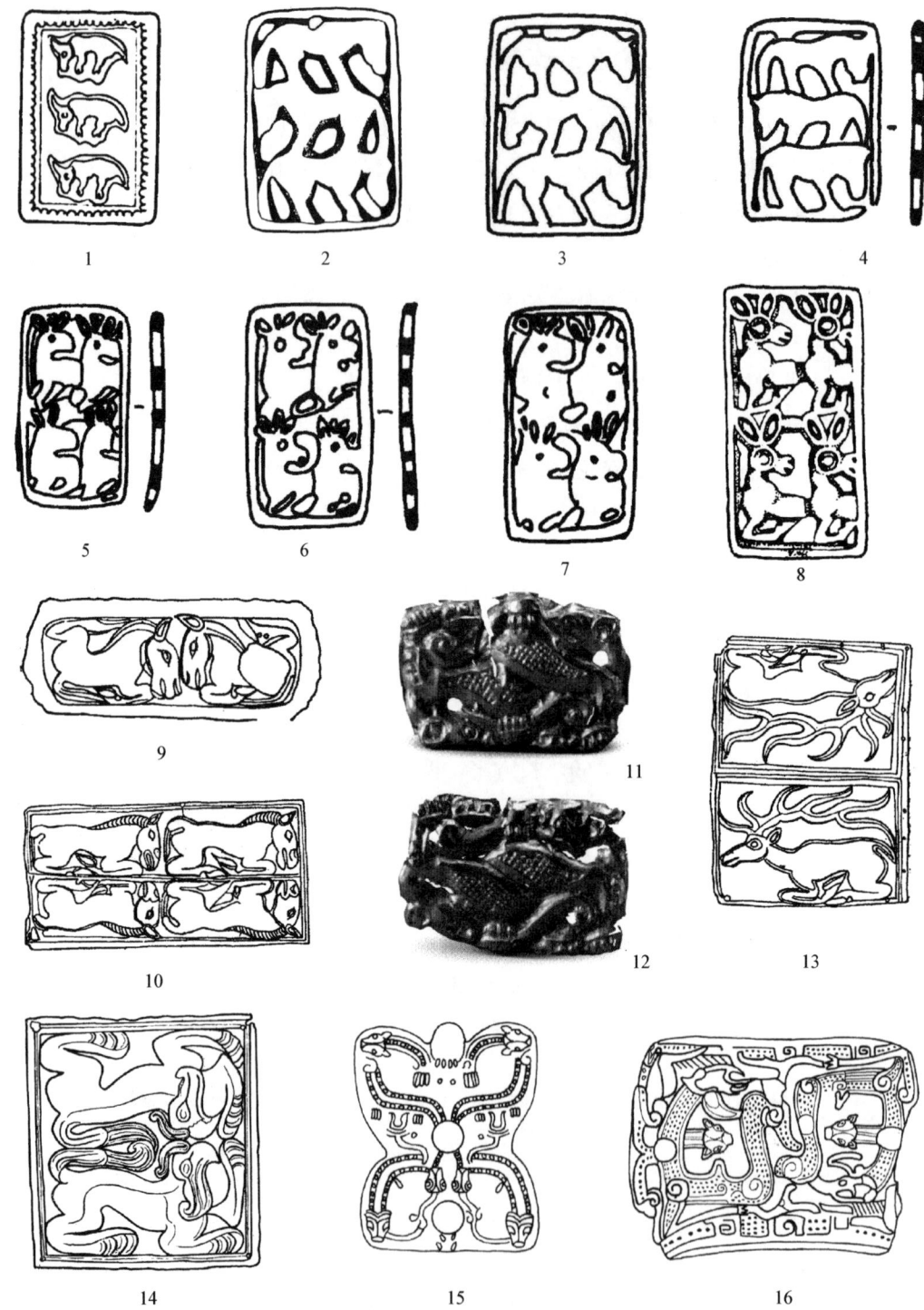

图 2.4-17 丙类 Ba 型平面动物纹饰件

1. 小黑石沟 M8501 2. 桃红巴拉墓地 3. 西岗墓地 M74:8 4. 西岗墓地 M187:2
5、6. 西岗墓地 7. 小双古城墓地 8.《鄂尔多斯式青铜器》收录
9、10、13、14. 西沟畔墓地 11、12. 马家塬墓地 15、16. 清水刘坪

Bb 型，动物相互搏斗饰件，多为黄金制成，共 31 件。由于此型饰件表现的图案多样，且年代较为相近，故笔者将不进行更细致的划分，仅分开介绍。

虎猪咬斗纹金饰件，西沟畔 M2 出土 2 件①。黄金铸成，上有虎与野猪咬斗图案，虎前肢卧地，张大口咬住野猪的后腿，野猪又张嘴咬住虎的后腿，虎的后肢翻转。金牌周边装饰有绳索纹，背面有双钮，长 13 厘米、宽 10 厘米（图 2.4‐18，1）。

虎牛争斗纹金饰件，阿鲁柴登墓地出土 4 件②。其中 2 件完整，黄金铸成，饰牌正面为虎牛争斗图案，牛居中间，四肢平伸，身体平卧，四只猛虎两两成对地咬住牛的颈部及腹部，牛虽被猛虎捕杀于地，但仍然表现出顽强的反抗精神。饰牌周边为绳索纹。两件器物尺寸相当，长 12.6 厘米、宽 7.4 厘米（图 2.4‐18，2）。

三兽咬斗纹金饰件，西沟畔 M2 出土 2 件③。呈梯形，框内有三兽咬斗图案，一兽后腿直立，咬住虎的颈部，虎又咬住此兽的前肢，其上还有另外一只神兽。标本 M2∶57，上边长 7.9 厘米、下边长 9.3 厘米、高 6.3 厘米（图 2.4‐18，3）。

双猪相斗纹金饰件，马家塬墓地出土 7 件④。以薄金片捶揲而成，猪首相交，互咬颈部，圆目，凸鼻，躯干和腿部捶揲出圆点纹，四个角各有固定用的两个孔眼，长 11.9 厘米、宽 8.2 厘米（图 2.4‐18，4）。

双鸟相斗纹金饰件，马家塬墓地出土 1 件⑤。长方形，以中间圆环为中心，左右为正反相对的鸟，双鸟相斗，鸟为长弯喙，圆眼，大耳，饰件上镶嵌肉红石髓和煤精，长 5.3 厘米、宽 3.1 厘米（图 2.4‐18，5）。

鸟衔蛇纹金饰件，共 15 件。马家塬墓地 M16 出土 9 件，由正反相对的鸟蛇相斗镂空图案构成，双鸟颈部相交，巨喙反向衔住蛇身，鸟为兽身，腹

---

① 伊克昭盟文物工作站、内蒙古文物工作队：《西沟畔匈奴墓》，《文物》1980 年第 7 期。
② 田广金、郭素新：《内蒙古阿鲁柴登发现的匈奴遗物》，《考古》1980 年第 4 期。
③ 伊克昭盟文物工作站、内蒙古文物工作队：《西沟畔匈奴墓》，《文物》1980 年第 7 期。
④ 甘肃省文物考古研究所：《西戎遗珍——马家塬战国墓地出土文物》，文物出版社，2014 年，第 36 页。
⑤ 甘肃省文物考古研究所：《西戎遗珍——马家塬战国墓地出土文物》，文物出版社，2014 年，第 42 页。

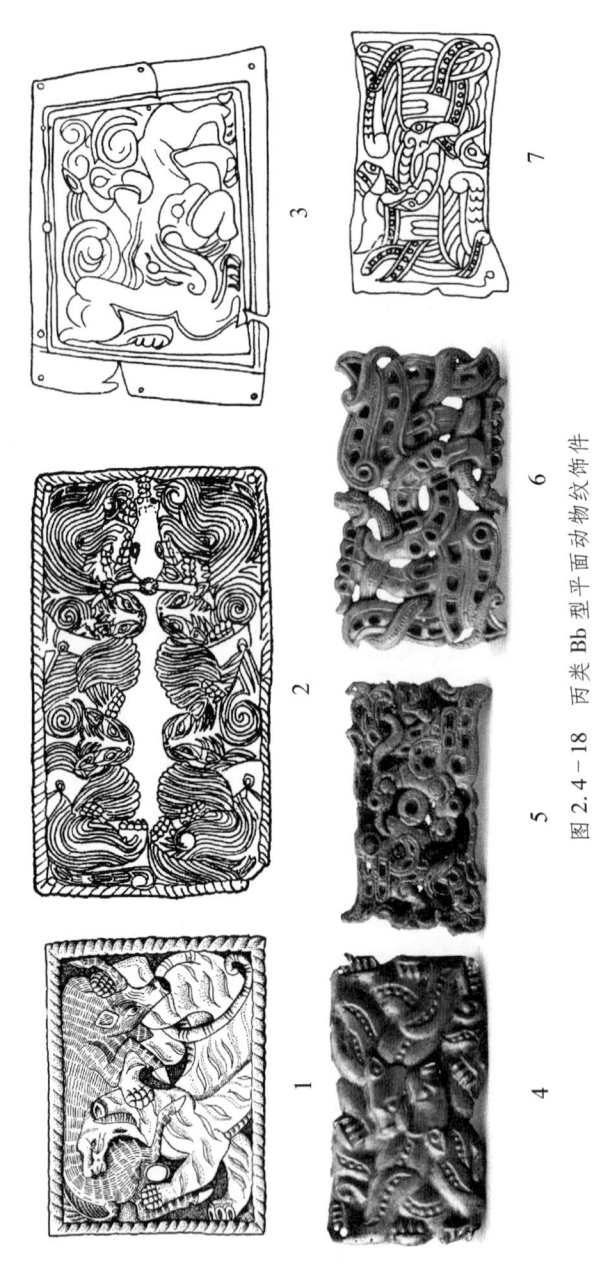

图 2.4-18 丙类 Bb 型平面动物纹饰件
1、3. 西沟畔墓地 M2 2. 阿鲁柴登 4—6. 马家塬墓地 7. 清水刘坪

下有粗壮的兽足，可能是格里芬的形象，蛇身缠绕格里芬的腿、尾及腹部，蛇身和鸟翼饰连珠纹，长6.4厘米、宽3.7厘米（图2.4-18，6）。清水刘坪出土6件①，长方形，饰正反两组相对的鸟噬蛇纹，鸟喙皆衔蛇颈，蛇身缠绕鸟身，四角有钉孔，长5厘米、宽3厘米（图2.4-18，7）。

Bc型，其他场景的动物纹，因形制和图案特殊，暂且归入此型，共2件。

狩猎场景刻纹骨板1件，出自南山根M102②，狩猎场景，右上方有手持弓矢的一个男子，矢头方向有两只鹿，中下部是两辆驾驭双马的单辕马车，后一辆车的双马之前各有一狗，长34厘米（图2.4-19，1）。

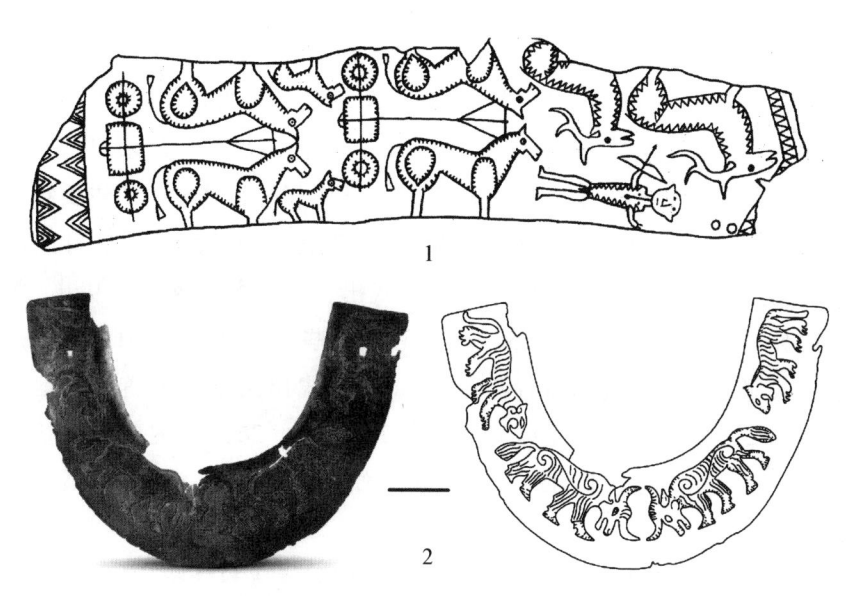

图2.4-19 丙类Bc型平面动物纹饰件

1. 南山根M102 2. 清水刘坪

---

① 甘肃省文物考古研究所、清水县博物馆：《清水刘坪》，文物出版社，2014年，图116。

② 中国社会科学院考古研究所东北工作队：《内蒙古宁城县南山根102号石椁墓》，《考古》1981年第4期，图六。

银项饰1件，出自清水刘坪墓地①，半环形，内侧边缘上卷，正面錾刻有两组相对的虎噬牛图案，牛在前虎在后，图案上又粘贴形状与虎牛图案相同的薄金片。牛为牦牛，虎身以波浪状曲线表现虎的斑纹，直径27厘米、宽5.5厘米（图2.4-19，2）。

丙类群体动物纹饰件分为A和B两个类型，其中A型分为五个亚型，Aa型食肉动物吞噬食草动物饰牌可分为早晚不同的六式。Aa型Ⅰ式仅出自小黑石沟M8501（图2.4-15，1），属于夏家店上层文化的繁荣期遗存，年代在西周晚期至春秋早期。Aa型Ⅱ式出自玉皇庙墓地和西梁垙墓地（图2.4-15，2—4），均属于玉皇庙文化遗存，这两个墓地年代都在春秋中期至战国早期之间②，其中绝大部分墓葬属于春秋中期和春秋晚期前后。Aa型Ⅲ式主要出自范家窑子、崞县窑子和小双古城等墓地（图2.4-15，5—7），小双古城墓地的年代主要在战国早期③，范家窑子和崞县窑子年代与毛庆沟墓地中早段大体一致，在春秋晚期至战国早期之间④，因此Aa型Ⅲ式的年代在春秋晚期至战国早期。Aa型Ⅳ式出自马庄、彭阳古城村、彭阳白杨林村和庆阳吴家沟圈等地（图2.4-15，8—12），马庄和白杨林墓地的主要年代范围在战国晚期⑤，但考虑到饰牌的演变序列，其上限可能到战国中期，Aa型Ⅳ式的流行年代在战国中晚期。Aa型Ⅴ式出自马家塬、西吉陈阳川、张街村和石灰沟等墓地（图2.4-15，13—23），这些墓地的年代都在战国晚期，这也代表了Aa型Ⅴ式的流行年代。Aa型Ⅵ式出土于杨郎蒋河墓地（图2.4-15，24），崞县窑子征集1件（图2.4-15，26），《内蒙古·长城地带》也收录1件（图2.4-15，25），这种饰牌年代较晚，年代在战国晚期至秦代⑥。

Ab型有明确出土地点的包括碾房渠和庆阳塌头村（图2.4-15，27、

---

① 甘肃省文物考古研究所、清水县博物馆：《清水刘坪》，文物出版社，2014年，图117、图142。
② 杨建华：《春秋战国时期中国北方文化带的形成》，文物出版社，2004年，第73页。
③ 内蒙古自治区文物考古研究所、内蒙古自治区文物保护中心：《岱海地区东周墓群发掘报告》，科学出版社，2016年，第263页。
④ 杨建华：《春秋战国时期中国北方文化带的形成》，文物出版社，2004年，第58页。
⑤ 杨建华：《春秋战国时期中国北方文化带的形成》，文物出版社，2004年，第36页。
⑥ 杨建华：《春秋战国时期中国北方文化带的形成》，文物出版社，2004年，第58页。

28），这两个墓地年代都在战国晚期或战国晚期以后，这也是 Ab 型流行的年代范围。Ac 型出自小黑石沟 M8501、于家庄墓地和铁匠沟墓地（图 2.4 - 16，1—3），小黑石沟 M8501 年代在西周晚期至春秋早期之间，铁匠沟的年代大致在春秋晚期至战国早期①，于家庄墓地主要年代在战国早中期，因此 Ac 型可能延续时间较长，年代上限在西周晚期至春秋早期，下限能到战国中期。Ad 型羔羊哺乳纹，北方地区均为征集品（图 2.4 - 16，4—7）；在新疆哈密的寒气沟墓地也发现一件，属于焉不拉克文化晚期遗存，可能不早于战国时期②；据报道在冀北地区亦有发现，年代约为公元前 5—公元前 4 世纪③，综合看来，Ad 型饰件流行年代大约在战国早中期。Ae 型分为两个亚亚型，二者差异较大，Ae1 型出自小黑石沟墓地和玉皇庙墓地（图 2.4 - 16，8—10），小黑石沟 M8501 年代在西周晚期至春秋早期，玉皇庙墓地年代在春秋中期至战国早期；Ae2 型出自清水刘坪墓地（图 2.4 - 16，11），年代在战国晚期④。

B 型为外轮廓有明显长方形或方形边框的动物纹饰件，分为三个亚型。表现同一种动物的 Ba 型分为三个亚亚型，Ba1 型出自小黑石沟 M8501、西岗墓地和桃红巴拉墓地（图 2.4 - 17，1—4），小黑石沟 M8501 年代在西周晚期至春秋早期，西岗墓地年代在西周晚期至春秋中晚期⑤，桃红巴拉墓地年代主要在西周晚期至战国早期之间，因此 Ba1 型的年代范围在西周晚期至战国早期；Ba2 型出自西岗墓地、柴湾岗墓地和小双古城墓地（图 2.4 - 17，5—8），小双古城墓地的年代主要在战国早期⑥，西岗墓地和柴湾岗墓地年代在西周晚期至春秋中晚期⑦，Ba2 型年代在西周晚期至战国早期；Ba3 型出自

---

① 邵国田：《敖汉旗铁匠沟战国墓地调查简报》，《内蒙古文物考古》1992 年第 1—2 期合刊。
② 邵会秋：《焉不拉克墓地分期研究》，《新疆文物》2007 年第 3 期。
③ Emma C. Bunker, Trudy S. Kawami, Katheryn M. Lindluff, Wu En, *Ancient Bronzes of the Eastern Eurasian Steppes from the Arthur M. Sackler Collections*, The Arthur M. Sackler Foundation, 1997, p. 191, fig. 116.
④ 甘肃省文物考古研究所、清水县博物馆：《清水刘坪》，文物出版社，2014 年，第 16 页。
⑤ 甘肃省文物考古研究所：《永昌西岗柴湾岗——沙井文化墓葬发掘报告》，甘肃人民出版社，2001 年，第 201 页。
⑥ 内蒙古自治区文物考古研究所、内蒙古自治区文物保护中心：《岱海地区东周墓群发掘报告》，科学出版社，2016 年，第 263 页。
⑦ 甘肃省文物考古研究所：《永昌西岗柴湾岗——沙井文化墓葬发掘报告》，甘肃人民出版社，2001 年，第 201 页。

西沟畔 M2、清水刘坪墓地和马家塬墓地（图 2.4－17，9—16），这三座墓地年代都在战国晚期前后，因此 Ba3 型年代范围应该在战国晚期。Bb 型平面动物纹饰件出自阿鲁柴登、西沟畔 M2、马家塬和清水刘坪墓地（图 2.4－18），这些墓地年代基本无争议，年代范围都在战国晚期前后。

Bc 型各件差异较为明显，狩猎场景骨板（图 2.4－19，1）年代在西周晚期至春秋早期；清水刘坪出土的银项饰（图 2.4－19，2）年代在战国晚期。

三、小结

北方地区动物纹艺术中种类和数量最丰富的就是动物纹装饰品，这些动物纹饰件可分为立体和平面两大类。立体动物形饰件数量相对较少，且分布年代较为集中，其中 A 型鹿形和 B 型羊形饰件数量最多，此外还有牛（C 型）、马（D 型）、刺猬（E 型）、鸟（F 型）、虎（G 型）、神兽（H 型）和兔（I 型）等立体动物形饰件。绝大多数动物纹饰件属于平面动物纹，无论数量还是种类都十分丰富，可以分为装饰动物首部的甲类、装饰单体动物纹的乙类和装饰群体动物纹的丙类。

从本章收集的材料看，最早的动物纹饰件为晚商时期陕西甘泉闫家村出土的立体马形饰件（图 2.4－3，12）和西周早期燕山以北夏家店上层文化龙头山遗址出土的鹿形饰件（图 2.4－11，6），但动物纹饰件真正开始流行始于夏家店上层文化的繁荣期，年代相当于西周晚期至春秋早期。

西周晚期至春秋早期，动物纹饰件主要集中分布在燕山以北的夏家店上层文化中，这一时期立体动物形饰件数量和种类都较少，仅见于宁城小城子那苏台的 Bb 型羊形立体动物饰件（图 2.4－2，11）和宁县宇村墓地的 Ga 型虎形立体动物饰件（图 2.4－3，8）。动物纹装饰以平面单体动物纹饰牌为主，流行虎形装饰（图 2.4－8，1—3），鹿、鸟、马、羊和犬等动物形象也很多，还有牛和野猪及一些抽象的动物纹。流行卷曲动物纹，主要表现的是卷曲的虎或豹等猫科动物的形象，多为单独的饰牌（图 2.4－13，1—3、11—13）。多体动物饰牌数量不多，大都是描绘同一种动物，主要表现为交媾纹（图 2.4－16，1）、外轮廓呈三角形的虎噬羊纹（图 2.4－15，1）、对称的双虎纹（图 2.4－16，9、10）以及纵向的长方形饰牌（图 2.4－17，1、

2），不见野兽搏斗的风格。在青海东北部地区还流行 B 型鸟形杖首（图 2.3－4，2—4）。

到了春秋中期至战国早期，北方各地的动物纹装饰变得非常普遍，虽然各地这一时期都无立体动物形饰件，但平面动物纹装饰品非常丰富。其中以燕山以南的冀北地区最为发达，单体动物纹中既有羊首（图 2.4－4，18、19）、虎首（图 2.4－4，20—22）、马首（图 2.4－4，23、24）等动物形首饰件，还有大量的虎形（图 2.4－8，5—13）、羊形（图 2.4－10，3—5、9）、马形（图 2.4－9，4—22）、鹿形（图 2.4－11，1—4、7—11）、鸟形（图 2.4－12，3）、野猪形（图 2.4－12，6—9）、犬形（图 2.4－12，12—14）和蛇形（图 2.4－12，17）等饰件以及虎、豹等猫科动物的卷曲动物纹饰件（图 2.4－13，4、5、14—22），发现了大量的虎噬羊或其他动物饰件（图 2.4－15，2—4）。燕山以北地区，相对上一时期动物纹装饰衰落很多，动物纹装饰品也仅有狐狸首形（图 2.4－4，7、8）、马形（图 2.4－9，16）和野猪形（图 2.4－12，10）饰件。岱海地区以动物形首为主，包括单鸟首（图 2.4－4，33—37）、狐狸首（图 2.4－4，4、5）、虎首（图 2.4－4，21）和双鸟首（图 2.4－6，1—6）动物纹饰件，其中鸟纹装饰最具特色，除了动物形首装饰外，还有半蹲踞或站立式虎形饰牌（图 2.4－8，14—16）、虎噬羊饰件（图 2.4－15，5—7）、羊羔哺乳主题饰件（图 2.4－16，4）以及带方框的多只回首鹿纹饰件（图 2.4－17，7）。鄂尔多斯高原地区有明确出土位置的动物纹装饰品数量不多，主要包括狐狸首饰件（图 2.4－4，6、9）、双鸟首饰件（图 2.4－6，11）和鹿形饰件（图 2.4－11，5），还有卷曲的虎形动物纹饰件（图 2.4－13，6—10）和带方框的三马纹饰件（图 2.4－17，2）。甘宁地区装饰品中主要有狐狸首（图 2.4－4，1—3、12—17）、马首（图 2.4－4，24）、双鸟首（图 2.4－6，13）和双鹿交媾（图 2.4－16，2）形象。河西走廊地区则既有狐狸首（图 2.4－4，10、11）、牛首（图 2.4－4，25）、双牛首（图 2.4－5，2、3）、双马首（图 2.4－5，6—8）、双鸟首（图 2.4－6，14）动物纹饰件，也有马形（图 2.4－9，19）、羊形（图 2.4－10，10）、鹿形和犬形（图 2.4－12，15）饰件，还有长方形三马纹（图 2.4－17，3、4）和四鹿纹（图 2.4－17，5、6）饰件。

战国中期至晚期，北方很多地区的动物纹装饰品已经衰落，鄂尔多斯高原地区和甘宁地区成为动物纹装饰最发达的区域。北方地区动物纹装饰品风格也发生了很大的改变，与前几个时期相比，这一时期时代特征更加明显，金银等贵金属饰牌数量增多，动物首部装饰大大减少，立体动物饰件（图2.4-3，1—7、9—11）和方形或长方形边框的单体或对称的多体平面动物纹饰件（图2.4-17，9—16）数量较多，群体动物纹饰件非常丰富，仍然存在虎噬羊或鹿饰牌，但被噬动物比例增大，虎身有明显的装饰（图2.4-15，13—26），还新出现了动物互搏（图2.4-15，27—29；图2.4-18）和多种神兽题材（图2.4-3，10；图2.4-14，6—9）的动物纹装饰。从已有的资料看，这一时期鄂尔多斯高原地区和甘宁地区的动物纹装饰风格非常相似，表明两地之间的文化联系进一步加强，而且出现了许多新风格的动物纹装饰，暗示了与境外草原地区的联系也有加强的趋势。除了这两个地区外，仅有河西走廊的沙井文化存在一定数量的立体动物形饰件（图2.4-1，1）和乙Bb型饰件（图2.4-13，25），但在这一地区未发现游牧贵族墓葬，因此动物纹饰件也并不十分丰富。

第五节　动物纹带钩、带扣和带环

带钩、带扣和带环三种器物与其他装饰品差异明显，有明显的使用功能，因此笔者在本节中对这三种器物进行单独介绍和分析。北方地区发现的带钩、带扣和带环数量较多，但是有动物纹装饰的数量较少，以下将分别介绍这三种器物。

一、动物纹带钩

带钩是典型的中原传统的器物，但在北方地区却存在一些具有自身特色的动物造型或动物纹饰的带钩，它们体现了中原文化的影响，同时又彰显了北方文化的土著特征。目前收集的动物纹带钩共21件，依据具体形制差异可以分为两个类型。

A型，钩身为单体动物形，共18件。

玉皇庙墓地出土17件[①]，造型多样。其中羊形1件，标本YYM229：2，羊昂首引颈，前后肢屈曲前伸，长角由耳根垂及背部，尾上扬后卷，通长5.2厘米、宽3厘米（图2.5-1，1）；马形1件，前肢平卧，后肢蹄端点地，颈饰线纹，马尾即钩首，位于左侧，背面在马头和臀部各有一个钉钮，标本YYM275：10，通长4.2厘米、宽1.5厘米（图2.5-1，2）；鸟形5件，整体呈纵向鸟形，平雕式，钩首即鸟首，有上下对称的两对翅膀，标本YYM229：2，通长3.9厘米、宽2.4厘米（图2.5-1，5）；横向回首瑞兽形2件，右向半浮雕，钩体位于左侧，前肢后折，后肢前屈，呈跪卧状，长颈后环，头部正向衔其背，大耳高竖，圆眼凸起为嵌窝，身体饰鱼鳞纹，标本YYM227：6，长5厘米、宽3.4厘米，标本YYM95：13，长4.5厘米、宽3厘米（图2.5-1，3、4）；横向瑞兽形1件，瑞兽昂首引颈，收腹提臀，尾上扬，前后蹄屈曲向前，呈狂奔状，标本YYM102：8，通长5.6厘米、宽3.8厘米（图2.5-1，6）；纵向龙形1件，标本YYM158：5，镂空龙首形，主体有四条龙首盘绕，面部均正向，钩首位于上端，通长4.9厘米、宽3厘米（图2.5-1，7）；其他6件也均为兽形。

此外清水刘坪出土1件虎形铜带钩，虎蹲踞状，昂首立耳，尾上卷呈S形贴于后背，后爪弯曲贴地，自左前爪伸出钩首，长9厘米（图2.5-1，8）。

B型，钩身上透雕或浮雕多体动物纹，共3件。

均出自马家塬墓地[②]，黄金制成。标本M16：11，钩首呈长颈龙首状，颈为三棱状，肩部三角形边框内镂空雕铸对称狼形图案，钩身为长方形，有长方形边框，边框内镂空雕铸正反对称的虎噬大角羊图案一组，边框以及动物的躯干上有三角形、卷云纹等形状不同的镂空图案，内嵌肉红石髓，填以朱砂，长20厘米、宽7.2—7.6厘米（图2.5-1，9）；M14：9，钩首呈长颈龙首状，钩身为正方形，正面高浮雕兽面，球形凸眼，眉、鼻、嘴等均呈卷云纹状，额、耳及面部轮廓边缘处饰连珠纹，长6.3厘米、宽3.47厘米（图

---

① 北京市文物研究所：《军都山墓地——玉皇庙（三）》，文物出版社，2007年，第1222页，图七一六。
② 甘肃省文物考古研究所：《西戎遗珍——马家塬战国墓地出土文物》，文物出版社，2014年。

图 2.5-1 动物纹带钩

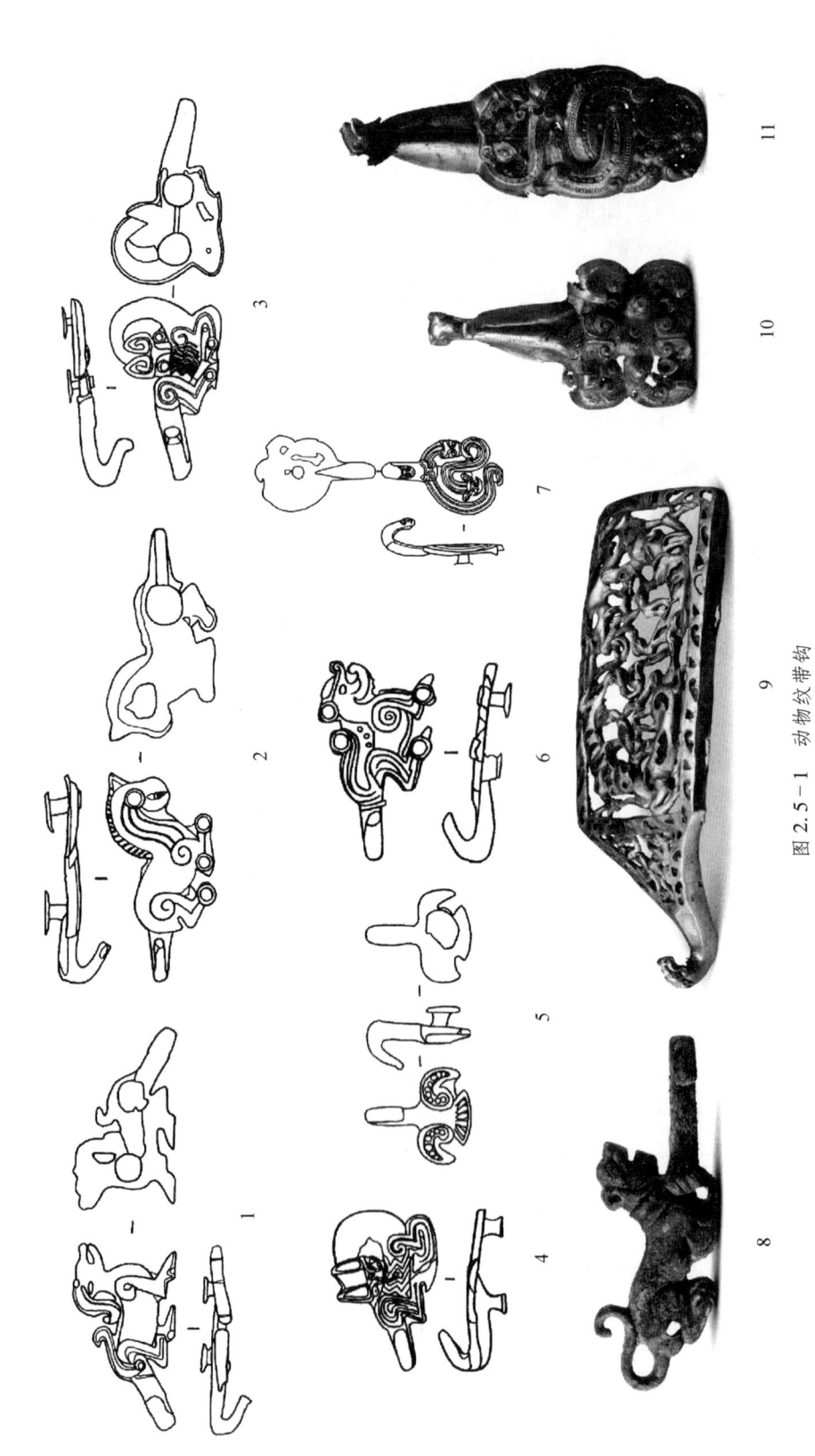

1—7. 玉皇庙墓地　8. 清水刘坪　9—11. 马家塬墓地

2.5-1，10）；M14：15，钩首呈长颈龙首状，钩身琵琶形，正面高浮雕龙虎相斗纹，龙身相互缠绕，虎仅露出虎头，龙身饰卷云纹、凹窝纹和云雷纹，长9厘米、宽3.25厘米（图2.5-1，11）。

二、动物纹带扣

北方地区的带扣与中原地区的带钩功能一致，但很少见于中原地区，因此带扣是北方文化中最具特色的器物之一。北方地区发现的带扣数量较多，但动物纹装饰的带扣相对较少，分布也相对集中，目前收集的出土动物纹带扣共11件，依据扣身的形状可以分为A和B两个类型。

A型，扣身为圆形或椭圆形，共6件。

虎形带扣2件。玉皇庙墓地出土1件[①]，M261：10，扣体为卷曲的虎形，头尾相近，前后肢向环体中心伸展，通长5.1厘米、宽3.6厘米（图2.5-2，1）。新店子M13出土1件[②]，与玉皇庙墓地的虎形带扣形制相似，但虎的形象要简化些（图2.5-2，2）。

阿鲁柴登出土1件[③]，黄金铸成，然后雕刻出眼耳，双面图案相同，虎嘴衔扣环，环上雕刻两两相对的狼头四个，长3厘米、环径2.4厘米（图2.5-2，3）。

碾房渠窖藏出土1件[④]，包金铁心，金片捶揲成猫头形，口中衔环，环上饰梅花状纹饰及其他图案，长2.65厘米、下宽1.95厘米（图2.5-2，4）。

西沟畔M2：80[⑤]，钮部较宽，呈方形，安在背面。正面饰对卧的怪兽状图案，屈肢前伸，嘴弯曲，头部的环状角位于环的两侧，环的边缘饰有绳索纹。长4.7厘米、上部宽约4.5厘米、环径约3.4厘米（图2.5-2，5）。

杨郎乡马庄IM7[⑥]，整体呈近"8"字形。回首卧兽形扣钮，细节较写

[①] 北京市文物研究所：《军都山墓地——玉皇庙（三）》，文物出版社，2007年。
[②] 内蒙古文物考古研究所、乌兰察布市博物馆：《内蒙古和林格尔县新店子墓地发掘简报》，《考古》2009年第3期。
[③] 田广金、郭素新：《内蒙古阿鲁柴登发现的匈奴遗物》，《考古》1980年第4期。
[④] 伊克昭盟文物工作站：《内蒙古东胜市碾房渠发现金银器窖藏》，《考古》1991年第5期。
[⑤] 伊克昭盟文物工作站、内蒙古文物工作队：《西沟畔匈奴墓》，《文物》1980年第7期。
[⑥] 宁夏文物考古研究所、宁夏固原博物馆：《宁夏固原杨郎青铜文化墓地》，《考古学报》1993年第1期。

图 2.5-2 动物纹带扣

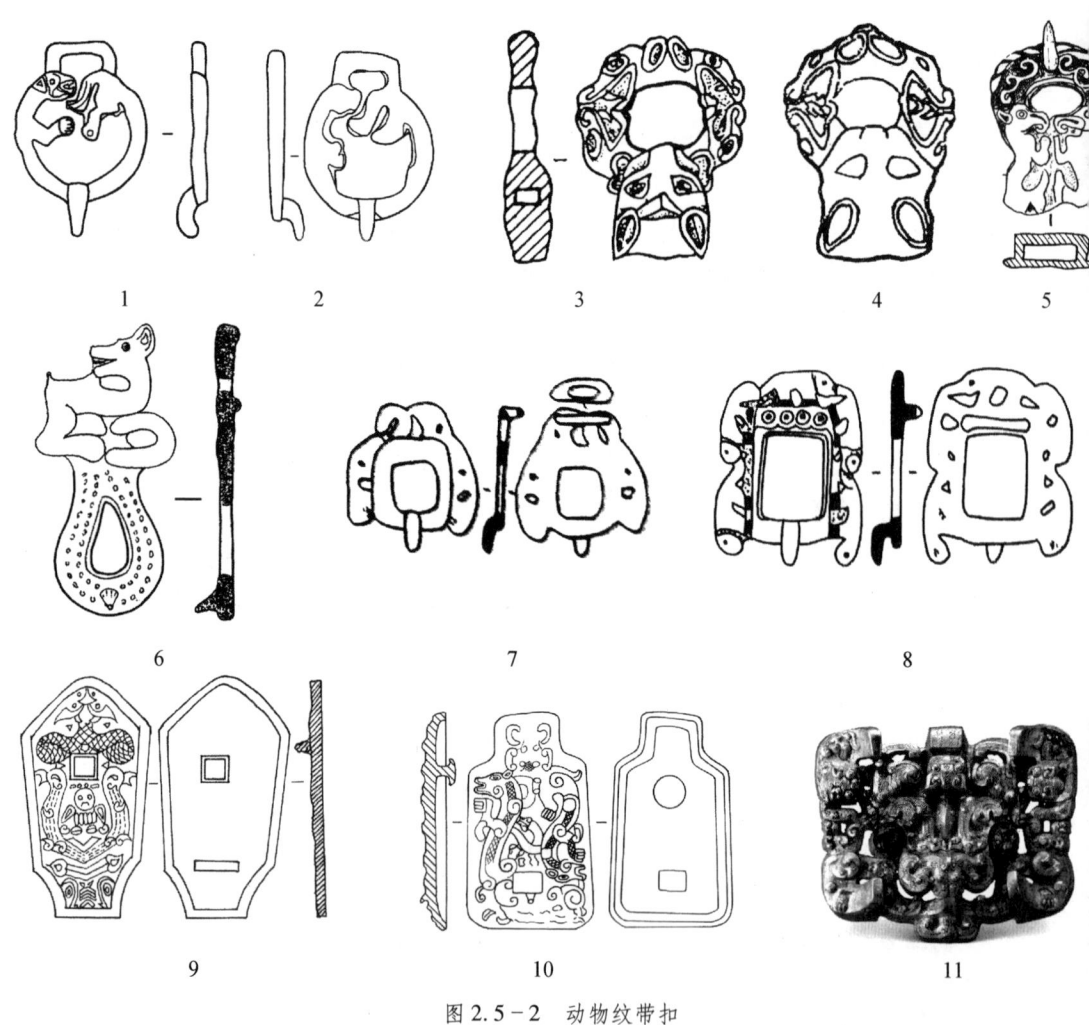

1. 玉皇庙墓地 2. 新店子墓地 M13 3. 阿鲁柴登 4. 碾房渠 5. 西沟畔 6. 马庄墓地 IM7
7、8. 柴湾岗墓地 9. 庆阳袁家村 10. 清水刘坪 11. 马家塬墓地

实，扣钮正中有一背钮。水滴形扣环，正面饰粟点纹。扣钩位于扣环下端中部，向外斜直伸出。通长6.6厘米、宽3.2厘米（图2.5-2，6）。

B型，扣身为方形或长方形，共5件。

柴湾岗墓地出土2件①，标本M75：11，呈方形，环外三面共有五个伫立的虎，虎低首垂尾，三虎头方向一致，另两虎头相反，背有桥形钮，长5.5厘米（图2.5-2，8）；标本M78：1，方形，背部为桥形钮，环外左右两侧各装饰一马纹，长4.3厘米（图2.5-2，7）。

甘肃庆阳宁县平子乡袁家村出土1件②，正面雕刻蟠螭、双凤、人面纹，近右侧有一正方形镂孔，镂孔右侧有一凸起的喙状钮，边沿向背面折1.5厘米，背右侧有竖向桥形钮，纹饰细腻形象。长8厘米、最宽处4.3厘米（图2.5-2，9）。

清水刘坪出土1件③，整体呈"凸"字形，宽端有方形孔，孔侧有扣针，正面饰龙纹和乳钉纹，长7.8厘米、宽4.6厘米（图2.5-2，10）。

马家塬墓地M18出土1件④，整体为大型兽面，球形凸眼，大方耳，高凸鼻。额头正中浮雕一兽头，面朝上。鼻梁为蝉形，鼻梁两侧为两条小龙，口部由两条小龙构成，饰连珠纹、卷云纹及羽状纹。兽面两侧镂雕出龙兽相斗图案，左右对称，兽身上缠绕一龙。长9.2—9.6厘米、宽7.6厘米（图2.5-2，11）。

三、动物纹带环

动物纹带环是北方地区出现较晚的一种特色器物，整体呈椭圆形或长方形，目前共收集8件，其中椭圆形6件、长方形2件。

马家塬墓地出土银带环2件⑤。标本M3L：31，椭圆形，截面呈桥形，

---

① 甘肃省文物考古研究所：《永昌西岗柴湾岗——沙井文化墓葬发掘报告》，甘肃人民出版社，2001年。
② 刘得祯、许俊臣：《甘肃庆阳春秋战国墓葬的清理》，《考古》1988年第5期。
③ 甘肃省文物考古研究所、清水县博物馆：《清水刘坪》，文物出版社，2014年。
④ 甘肃省文物考古研究所：《西戎遗珍——马家塬战国墓地出土文物》，文物出版社，2014年。
⑤ 甘肃省文物考古研究所：《西戎遗珍——马家塬战国墓地出土文物》，文物出版社，2014年。

中间有吻部相对的兽首两组，长径5.8厘米、短径4.7厘米（图2.5-3，1）；标本M14：40，由四条头相对、尾相接的龙组成，阴刻头、嘴和眼，长径4厘米、短径3.3厘米（图2.5-3，2）。

陕西神木纳林高兔墓地出土银环2件①，环体扁平，椭圆形，正反两面各浮雕四只虎头，长径6.8厘米、短径5.8厘米（图2.5-3，3）。

清水刘坪出土4件②。近椭圆形1件，银质，环一端未封闭，阴线刻吻部相对的龙首两对，龙圆眼，嘴微张，长7.8厘米、宽7厘米（图2.5-3，4）；椭圆形环1件，表面镀锡，环一端未封闭，阴线刻吻部相对的兽首两对，兽身饰三角云纹，长径5.5厘米、短径4.8厘米（图2.5-3，5）；长方形铜带环2件，长边中央各有一对吻部相向的兽首，长6厘米、宽5厘米（图2.5-3，6）。

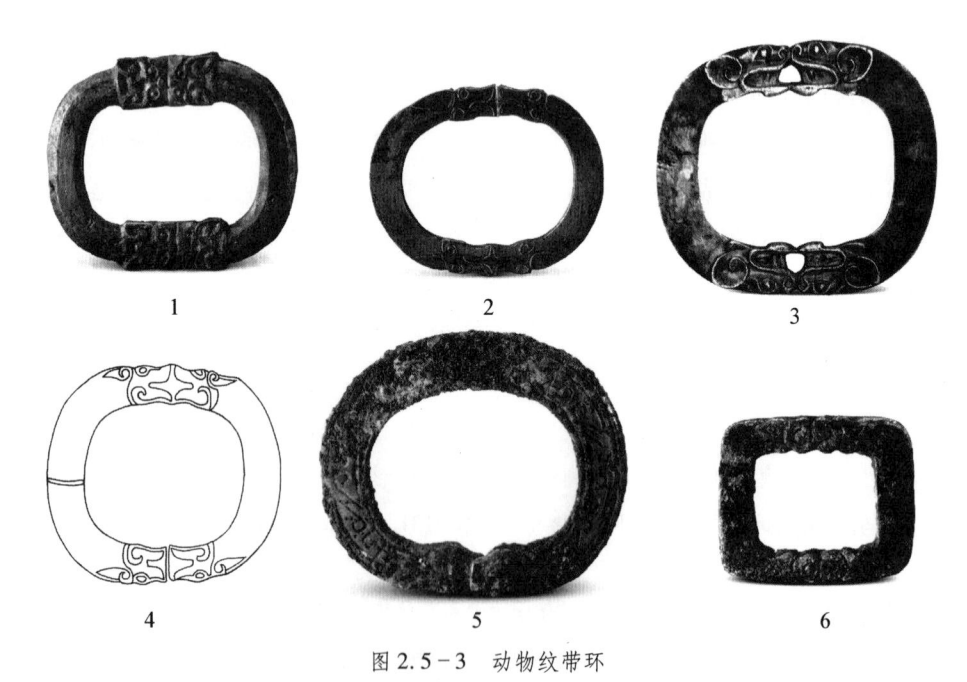

图2.5-3 动物纹带环

1、2. 马家塬墓地 3. 神木纳林高兔 4—6. 清水刘坪

---

① 戴应新、孙嘉祥：《陕西神木县出土匈奴文物》，《文物》1983年第12期。
② 甘肃省文物考古研究所、清水县博物馆：《清水刘坪》，文物出版社，2014年。

四、动物纹带钩、带扣和带环的年代

带钩属于典型的中原文化因素器物，北方地区出土的带钩很多都是中原式的带钩，具有土著特色的动物纹带钩数量并不多，而且分布相对较为集中。钩身为单体动物形的 A 型带钩，除了 1 件出自清水刘坪外（图 2.5-1, 8），其余全部出自冀北地区的玉皇庙墓地中（图 2.5-1, 1—7），主要装饰动物包括羊、马、虎、鸟以及其他不可辨认的动物，玉皇庙墓地的主要年代在春秋中期至春战之际①，清水刘坪的年代大约在战国中晚期②。钩身上透雕或浮雕多体动物纹的 B 型带钩均出自甘肃马家塬墓地，黄金制成，上面装饰动物互相搏斗的纹饰，该墓地的年代大体在战国晚期③，这也代表了 B 型带钩的流行年代。

带扣是具有北方文化特色的器物，已有多位学者对此进行过专门论述④，但动物纹带扣数量并不多，而且形制差异较为明显，延续时间也较长。其中 A 型带扣中，有 2 件虎形带扣，1 件出自新店子墓地（图 2.5-2, 2），其年代在春秋战国之际⑤；而玉皇庙墓地出土的 1 件，比新店子墓地的同类器更加写实（图 2.5-2, 1），结合玉皇庙墓地的年代范围，这件带扣年代可能在春秋晚期。其他地点出土的 A 型带扣如阿鲁柴登、碾房渠、西沟畔 M2 和杨郎乡马庄 IM7（图 2.5-2, 3—6），年代较晚，从这些墓地的年代看，这些带扣都主要流行于战国晚期⑥。B 型方形带扣均出自甘宁地区，分为两种，第一种出自永昌柴湾岗墓地，带扣四周装饰多个站立的虎或马（图 2.5-2, 7、8），年代在西周晚期至春秋中晚期之间⑦；第二种为浮雕或透雕

---

① 滕铭予、张亮：《东周时期冀北山地玉皇庙文化的中原文化因素》，《考古学报》2014 年第 4 期。
② 甘肃省文物考古研究所、清水县博物馆：《清水刘坪》，文物出版社，2014 年，第 16 页。
③ 甘肃省文物考古研究所：《西戎遗珍——马家塬战国墓地出土文物》，文物出版社，2014 年，第 30 页。
④ 王仁湘：《带扣略论》，《考古》1986 年第 1 期；豆海锋、丁利娜：《北方地区东周时期环状青铜带扣》，《边疆考古研究（第 6 辑）》，科学出版社，2007 年。
⑤ 内蒙古文物考古研究所、乌兰察布市博物馆：《内蒙古和林格尔县新店子墓地发掘简报》，《考古》2009 年第 3 期。
⑥ 杨建华：《春秋战国时期中国北方文化带的形成》，文物出版社，2004 年。
⑦ 甘肃省文物考古研究所：《永昌西岗柴湾岗——沙井文化墓葬发掘报告》，甘肃人民出版社，2001 年，第 201 页。

多体动物纹，出土于清水刘坪墓地、马家塬墓地和甘肃庆阳袁家村（图2.5-2，9—11），这些墓地的年代都在战国晚期。

动物纹带环是北方地区另外一种有特色的器物，整体呈椭圆形或方形，上面往往雕刻出吻部相对的虎或龙纹（图2.5-3），这种器物出现的时代较晚，目前发现的均出自清水刘坪、马家塬以及神木纳林高兔墓地中，主要流行年代在战国晚期。

第三章　北方地区动物纹装饰分期和分区研究

在第二章笔者分析了北方地区动物纹装饰的分类和年代，在这个基础上本章将进行两方面的研究，一方面是分期研究，分析北方地区动物纹发展演变脉络，揭示动物纹装饰的时代性特征；另一方面根据北方各个地区流行的动物纹装饰的种类和形制差异，归纳整合北方青铜器动物纹装饰的地域性特征。

第一节　分　期　研　究

在对动物纹装饰进行类型学分析及年代判定的基础上，按照它们在不同时期造型和风格的变化与发展，可以划分为商时期、西周早中期、西周晚期至春秋早期、春秋中晚期至战国早期和战国中晚期五个时期（表3.1）。

第一期：商时期（公元前16—公元前11世纪）

根据前文的分类，可以将商时期进一步分为早商和晚商两个阶段。

根据目前的考古发现，中国北方地区并未发现早于商代的动物纹装饰，最早的动物纹装饰见于早商时期，这一时期的动物纹装饰数量少，分布范围也比较有限，属于动物纹装饰的萌芽阶段。目前仅在三个遗址中发现，包括藁城台西遗址出土的A型铜匕（图2.2-17，1）、朱开沟墓地出土的A型铜戈（图2.2-16，1）和火烧沟墓地出土的A型权杖首（图2.3-4，1）。

虽然出土的动物纹装饰数量和种类都很少，但仍可以分为两组，第一组以火烧沟墓地出土的四羊首权杖首为代表。权杖首是西方传统的典型器物，

表 3.1 中国北方地区动物纹装饰分期和分区表

分期	分区	燕山北麓区	燕山南麓区	岱海地区	晋陕高原区	鄂尔多斯高原区	甘宁区	河西走廊和青海东北部区
商时期	早商		A型铜匕					A型权杖首
商时期	晚商	Aa型I式铜刀	Aa型短剑、Aa型I式铜刀		Aa型I式铜刀, B型铜钺和C型铜匕; Aa型马镳; D型立体动物纹饰件	A型铜戈		管銎斧
西周早中期		Z、Ad2型饰件、马首形觿形器	Ab型和Ac型短剑, Ae型铜刀			Ab型铜刀, 铜钺; Ab型马镳		
西周晚期至春秋早期		容器; Ba型、Bb型、Ca型I式、Ha型短剑, Aa型盔, 铜戈, Aa型II式, Ac型、Ba型、Bc型、Bd型和C型铜刀; 衔镳、Ba型马镳, Ba型马衔, 蝉纹和鸟纹节约, 衡末饰; Bb型立体动物纹; 甲Ba型、甲Ca型;甲甲Cb型、Z、Aa型I式、Z、Ab1型、Z、Ac1型、Z、Ac2型、Z、Ae1型I	Ba型和Bb型短剑, Ba型铜刀			Cb型短剑, Ac型、Ba型、C型铜刀; Bb型马镳	Ca型立体动物纹饰件、乙、Aa型I式饰件	B型鸟形杖首、乙、Bd型饰件

续 表

分期\分区	燕山北麓区	燕山南麓区	岱海地区	晋陕高原区	鄂尔多斯高原区	甘宁区	河西走廊和青海东北部区
	式,乙 Ah 型,乙 Ba 型,乙 Bb 型,乙 Bd 型,丙 Aa 型 Ⅰ 式,丙 Ae1 型,丙 Ba1 型,丙 Bc 型饰件						
春秋中晚期至战国早期	Be 型铜刀;甲 Aa 型,乙 Ab3 型,乙 Af 型,丙 Ac 型饰件	Da 型、Db 型、Dc 型、E 型、F 型、Ga 型、Gb 型、Hb 型短剑,Bb 型、Cb 型、Da 型和 Db 型马镳;甲 Ab 型、甲 Ac 型、甲 Ad 型、甲 Bc 型、甲 Bd3 型、甲 Ca 型、乙 Aa 型Ⅲ式、乙 Ab1 式、乙 Ab2 型、乙 Ab3 型、乙 Ab4 型、乙 Ac1 型、乙 Ad1 型、乙 Ad2 型、乙 Ae1 型Ⅱ型、乙 Af 型、乙 Ag 型、乙 Ah 型、乙 Ba 型Ⅱ式、丙 Ae1 型饰件;A 型带钩,A 型带扣	De 型短剑;甲 Aa 型、甲 Ac 型、甲 Af 型、甲 Bd1 型、甲 Bd2 型、甲 Bd3 型甲 Cb 型、乙 Aa 型 Ⅳ 式、丙 Aa 型Ⅲ式、丙 Ad 型和丙 Ba2 型饰件		容器;Dc 型、De 型短剑;甲 Aa 型、甲 Bd3 型、乙 Ad1 型、乙 Ba 型、丙 Ba1 型饰件	Ca 型 Ⅱ 式、Dd 型短剑、De 型鹤嘴斧;动物纹当卢,A 型杆头饰;甲 Aa 型、甲 Ad 型、甲 Bd4 型、丙 Ac 型饰件	甲 Aa 型、甲 Ae 型、甲 Bb 型、甲 Bc 型、甲 Bd2 型、甲 Bd4 型、乙 Ab3 型、乙 Ac1 型、乙 Ag 型、乙 Bd 型、丙 Ba1 型、丙 Ba2 型饰件;B 型带扣

第三章 北方地区动物纹装饰分期和分区研究

147

续表

分期 \ 分区	燕山北麓区	燕山南麓区	岱海地区	晋陕高原区	鄂尔多斯高原区	甘宁区	河西走廊和青海东北部区
战国中晚期		De 型短剑	De 型短剑		De 型短剑;A 型和 B 型镳饰,虎头纹约节,Aa 型、Ac 型、Ba 型、Bb 型、Bc 型、Bd 型杆头饰,Aa 型、Ab 型、Bb 型、D 型、E 型、F 型、Gb 型、H 型和 I 型立体动物纹饰件,甲 Ac 型、甲 Af 型、甲 Ca 型、乙 Aa 型 V 式、乙 Ae2 型、乙 Bc 型、乙 Ca 型、乙 Cb 型、乙 Z Ai 型、丙 Aa 型 IV 式、丙 Aa 型 V 式、丙 Aa 型 VI 式、丙 Ab 型、丙 Bb 型、丙 Ba3 型 Bc 型饰件;A 型带扣,动物纹带环	De 型短剑;A 型镳饰,Ab 型、Ad 型、Ae 型杆头饰;Aa 型、Ba 型、Bb 型、C 型、D 型立体动物纹饰件,甲 Aa 型、甲 Bd4 型、甲 Cb 型、乙 Aa 型 V 式、乙 Ac1 型、乙 Ac2 型、乙 Ad3 型、乙 Ai 型、乙 Bb 型、乙 Ca 型、乙 Cc 型、乙 Cd 型、丙 Aa 型 IV 式、丙 Aa 型 V 式、丙 Aa 型 VI 式、丙 Ab 型、丙 Ae2 型、丙 Ba3 型、丙 Bc 型饰件;A 型和 B 型带钩,A 型和 B 型带扣,动物纹带环	Ab 型、Ba 型杆头饰;Aa 型立体动物纹饰件,乙 Bb 型饰件

年代较早的权杖首比较集中地发现于古埃及、近东、安纳托利亚、黑海及里海周边地区，最早可上溯到距今5500年或更早。根据李水城先生的研究，中国境内的权杖首在空间上仅分布于甘肃、陕西西部、新疆等地，其形态与近东和中亚发现的同类器物非常相似，权杖这种具有特殊功能的器具不是华夏文明固有的文化特质，应属外来因素[①]。而这件器物在腹中部偏下对称地铸有四个盘角的羊头，显示了高超的铸造工艺，与同时期北方各地的冶金技术反差较大，因此笔者推测以四羊首权杖首为代表的第一组源自西方。第二组，包括朱开沟墓地的A型铜戈和藁城台西遗址的A型铜匕。朱开沟文化是内蒙古中南部地区的一支土著文化，朱开沟墓地A型铜戈形制上属于典型的商文化铜戈，但内部的一个侧面铸有虎头形图案，则属于自身文化特色，这件器物体现了商文化与朱开沟文化的融合。藁城台西遗址属于商文化的北方类型，该遗址出土了一定数量的具有北方文化特色的青铜器，其中A型铜匕，柄作羊首形，以食草动物作为兽首装饰，很可能是商周北方青铜器兽首的创作源头[②]。台西遗址的地理位置处于中原商文化和北方长城地带之间，这种非商因素突显出它在北方系青铜器兴起中的重要作用，因此第二组体现了北方与中原商文化之间的联系。从上面的分析看，早商时期属于动物纹装饰的萌芽阶段，北方地区并没有形成具有自身特色的动物纹装饰风格，所有的动物纹装饰都与北方之外的草原或南部商文化关系密切。

到了晚商时期，北方地区动物纹装饰的数量和种类都有所增加，其中两个地区分布最为集中，一个是燕山南北地区，出现了Aa型短剑（图2.2-1，1—4）、Aa型Ⅰ式铜刀（图2.2-14，1、3、4、6、7）和动物纹装饰的刀鞘（图2.2-16，8）；另一个为南流黄河两岸的晋陕高原地区，该地区出土了Aa型Ⅰ式铜刀（图2.2-14，2、5）、动物纹装饰铜钺（图2.2-16，6）、铜勺（图2.2-17，6、7）、B型和C型铜匕（图2.2-17，2—5）、Aa型马镳（图2.3-1，3—5）以及D形立体马形饰件（图2.4-3，12）。此外

[①] 李水城：《权杖头：古丝绸之路早期文化交流的重要见证》，《中国社会科学院古代文明研究中心通讯》第4期，2002年。

[②] 杨建华、邵会秋、潘玲：《欧亚草原东部的金属之路》，上海古籍出版社，2016年，第137页。

在鄂尔多斯高原地区也可能存在动物纹装饰铜钺（图2.2-16，7）、Ab型铜刀（图2.2-14，8）和Ab型马镳（图2.3-1，6），在青海东北部地区发现有动物纹装饰的管銎战斧（图2.2-16，5）。

从动物纹装饰的种类来看，这个阶段绝大多数是工具和武器，以刀剑为主；另外还有少量的马具上也存在动物纹装饰；动物纹装饰品非常少见，仅在陕西甘泉闫家村发现2件马形饰件。动物纹装饰短剑和铜刀的特点是动物装饰在柄首，柄弯曲，阑式护手，以羊首最为流行，还有少量的鹿首装饰；同样仅在柄首装饰的还有B型铜匕和A型马镳，仅有蛇首和马首等动物形首部。晚商时期另外一种比较有特色的装饰是圆雕的立兽，在刀鞘、C型铜匕、铜勺、管銎斧和管銎钺上都有发现，这些器物上的立兽大多身体细长，比较抽象，很多无法辨认具体动物种类，可辨的动物有虎（图2.2-17，5）、马（图2.2-16，5）等。商代晚期中原青铜器进入鼎盛阶段，中原青铜器高超的技术对北方青铜器产生了极大的促进作用，同时由于殷墟晚商文化的收缩，给予了北方地区更广阔的发展空间，中国北方青铜器进入第一个繁荣时期，在亚洲东部草原最为发达。这一时期北方地区形成八个青铜器组合类型，并且向北传播，其中燕山南北和晋陕高原是其两个重要的中心①。中国北方和蒙古高原冶金区正式形成，它包括了中国北方和蒙古高原、外贝加尔地区，向西到达米努辛斯克盆地的卡拉苏克文化②。正是在这个背景下，中国北方地区动物纹装饰艺术得到了一定的发展，燕山南北和晋陕高原成为北方地区动物纹装饰最重要的两个地区，出现了具有自身特色的动物纹，但北方地区这一时期的青铜器仍然与中原文化关系密切，而且动物纹装饰都是在工具武器和马具上，受功能性的限制较大，装饰品中动物纹装饰非常少见。

第二期：西周早中期（公元前11—公元前10世纪）

在西周早期和中期，北方地区发现的动物纹装饰数量非常少，而且主要

---

① 杨建华：《商周时期中国北方冶金区的形成——商周时期北方青铜器的比较研究》，《公元前2千纪的晋陕高原与燕山南北》，科学出版社，2008年，第221—255页。

② 杨建华、邵会秋：《商文化对中国北方以及欧亚草原东部地区的影响》，《考古与文物》2014年第3期。

集中在燕山南北地区，动物纹装饰主要有 Ab 型（图 2.2-1，5）和 Ac 型短剑（图 2.2-1，6）、Ae 型铜刀（图 2.2-14，13）、马首形觿形器（图 2.2-17，8）、乙 Ad2 型平面动物纹饰件（图 2.4-11，6）。此外在甘肃东部岷县占旗寺洼文化遗址出土 1 件 A 型铜戈（图 2.2-16，2），而北方其他地区暂未发现。

从装饰的动物纹特征看，仍然以工具武器为主，流行动物首装饰，Ab 和 Ac 型短剑、Ae 型铜刀主要装饰的是马首和鹰首，觿形器上也装饰的是马首，寺洼文化 A 型铜戈援与阑部相接处正背两面有对称牛首纹，类似的牛首纹装饰在中原地区比较常见①，这些特征基本都延续了上一阶段动物纹装饰的特征。但这一时期燕山北部地区龙头山遗址 II 祭坑出现了 1 件乙 Ad2 型平面动物纹饰件，整体呈鹿形，鹿作卧状，前后蹄相叠，鹿角分叉不是很明显（图 2.4-11，6），虽然这件饰品鹿的形象较为抽象，但也预示着动物纹装饰将要进入一个以装饰品为代表的新时期。

西周早期和中期，中原的西周文化通过分封巩固了疆域，北方地区青铜文化则进入了一个过渡时期，一方面继承了晚商时期动物纹装饰的特征，另一方面也开始孕育出新的更为发达的动物纹装饰艺术。

第三期：西周晚期至春秋早期（公元前 9—公元前 8 世纪）

西周晚期至春秋早期是中国北方地区青铜文化发展的第二个高峰，尤其是燕山以北地区的夏家店上层文化进入了繁荣期，出现了许多大型的青铜器墓葬，出土的青铜器也非常丰富②。与前一时期相比，不仅主要器物形制发生了改变，青铜器种类和出土数量都大大增加。该地区也是这一时期北方地区动物纹装饰最为发达的区域，各类器物上都出现了动物纹装饰，包括多件动物纹装饰容器（图 2.1-1，1—7）；武器工具中有 Ba 型（图 2.2-2，2）、Bb 型（图 2.2-2，4）、Ca 型 I 式（图 2.2-2，5、6）和 Ha 型短剑（图 2.2-12，1—7），B 型铜戈（图 2.2-16，3），动物纹装饰头盔（图 2.2-16，9），Aa 型 II 式（图 2.2-14，11、12）、Ac 型（图 2.2-14，9）、

---

① 井中伟：《早期中国青铜戈·戟研究》，科学出版社，2011 年。
② 刘国祥：《夏家店上层文化青铜器研究》，《考古学报》2000 年第 4 期。

Ad 型（图 2.2-14，10）、Ba 型（图 2.2-15，1、2、5、6）、Bc 型（图 2.2-15，9、10）、Bd 型（图 2.2-15，11）和 C 型铜刀（图 2.2-15，13、14）；马具中有衔镳一体马衔（图 2.3-1，1、2）、Ba 型马镳（图 2.3-1，7、8）、动物纹节约（图 2.3-2，1、2）和衡末饰（图 2.3-3，6、7）；装饰品有 Bb 型立体动物形饰件（图 2.4-2，11），甲 Ba 型（图 2.4-5，1）、甲 Ca 型（图 2.4-7，1、2）、甲 Cb 型（图 2.4-7，5）、乙 Aa 型 I 式（图 2.4-8，3）、乙 Ab1 型（图 2.4-9，1、2）、乙 Ac1 型（图 2.4-10，2）、乙 Ac2 型（图 2.4-10，1）、乙 Ae1 型 I 式（图 2.4-12，1、2）、乙 Ah 型（图 2.4-12，16）、乙 Ba 型（图 2.4-13，1—3）、乙 Bb 型（图 2.4-13，11—13）、乙 Bd 型（图 2.4-13，28）、丙 Aa 型 I 式（图 2.4-15，1）、丙 Ac 型（图 2.4-16，1）、丙 Ae1 型（图 2.4-16，9、10）、丙 Ba1 型（图 2.4-17，1）、丙 Bc 型（图 2.4-19，1、2）平面动物纹饰件。

　　这个时期动物纹装饰有三个特点：第一，动物纹装饰见于各类器物上，包括容器，刀、剑、戈和头盔等工具武器，马衔、马镳、节约、衡末饰等车马器以及装饰品。从容器上的动物纹装饰看，大致可以分为两类，一类是容器表面阴刻着成排的动物纹，包括成排的鸟纹、鹿纹和鸭纹；另外一类是容器的把手、钮部或顶部装饰立体的动物形饰件，包括犬纹、夔纹和马纹等。工具武器中，铜戈上有并排的动物装饰，铜盔上也有立兽的形象，刀、剑的柄部及柄端既有之前流行的羊首和鹿首，也有新出现的整只动物的立兽装饰（图 2.2-2，2、4；图 2.2-15，1、2、5、6）和对兽首装饰（图 2.2-15，9、10），还有纵向排列的伫立马纹、公牛纹、伫立鸟纹、鹿纹和野猪纹等。车马器中马衔和马镳上往往装饰虎纹或马纹，节约则呈鸟形和蝉形。这种动物纹装饰不见于前一阶段。

　　第二，以饰牌为代表的装饰品中动物纹装饰的数量和种类都很多，这个特点也不见于北方地区之前的青铜文化中。西周早期龙头山遗址的鹿形饰牌也属于夏家店上层文化，这种单纯的动物纹装饰，不受使用功能的限制，更能体现人群的文化艺术特征，在西周晚期和春秋早期得到了快速发展。这些动物纹饰件以平面单体动物纹饰牌为主，也出现了多体动物纹饰牌，主要表现为哺乳纹、交媾纹、外轮廓呈三角形的虎噬羊纹以及纵向的长方形饰牌，器物造型各异，很多都是北方各地青铜文化同类器中最早的，如乙 Aa 型 I 式单体虎形饰件（图 2.4-8，3）、乙 Ae1 型 I 式单体鸟形饰件（图 2.4-12，1、2）和丙 Aa 型 I 式虎噬羊饰件（图 2.4-15，1）；另外还发现了 Bb 型羊形立体动物饰件（图 2.4-2，11），这种立体动物饰件主要流行于战国时期，但类似的风格这一时期就已经出现了。

第三，动物纹装饰艺术主题非常丰富。这个时期动物装饰艺术中所表现的动物种类和手法都很多，表现主题最多的是虎纹装饰，而且这种虎纹装饰也基本写实，此外豹、鹿、鸟、马、羊和犬等动物形象也很多，还有牛和野猪及一些抽象的动物纹。卷曲动物纹的装饰风格在这一时期夏家店上层文化中也很有特点，主要表现的是卷曲的虎或豹等猫科动物的形象，多为单独的饰牌，也出现在剑柄和马衔上。类似的装饰风格在欧亚草原地区也有非常广泛的分布，但是与欧亚草原流行的躯体瘦长的雪豹形象不同，夏家店上层文化中的卷曲动物纹往往是正视或侧视的虎的形象，爪和尾端有环形，前后腿上都有同心圆纹[1]。正视的动物装饰和同心圆纹在夏家店上层文化装饰艺术中非常流行，除了卷曲动物纹外，许多动物装饰也都是正视的造型，而且身上很多部位都直接被圆圈纹取代。立体圆雕和平面浮雕或透雕的单体动物在夏家店上层文化中也比较流行，这些动物形象包括鸟、虎、马、羊、蛇等。多体动物饰牌数量不多，大都是描绘同一种动物，少见野兽搏斗的风格。浮雕的成排动物纹饰也非常流行，这是西周晚期至春秋早期的重要时代特征之一，既有成排的鸟纹、鹿纹、马纹，也有马、鸟等多种动物同时成排出现的器物。两两相对的动物纹装饰包括短剑上的对卧虎形象、卧马形象、鸟形象以及其他对兽形象。另外还存在人物与动物共存的狩猎场景，在宁城南山根 M102 出土的一件丙 Bc 型刻纹骨板上[2]，生动地刻画了马车、猎手、狗和鹿共存的狩猎情景，这块骨板上的图像很有意义，首先它说明了夏家店上层文化以及出土有这种图像岩画的北方草原广泛使用战车；其次这种图像与以蒙古高原为中心的岩画艺术有密切的关系；最后还为判断草原的同类岩画的年

---

[1] 林沄：《论欧亚草原的卷曲动物纹》，《林沄学术文集（二）》，科学出版社，2008 年。
[2] 中国社会科学院考古研究所东北工作队：《内蒙古宁城县南山根 102 号石椁墓》，《考古》1981 年第 4 期。

代提供了可靠的证据①。宁城南山根 M3 中出土了一件描绘"双人骑马追兔"的器物,圆雕造型非常生动,向我们展现了当时骑马围猎的场景。类似的铜器 1975 年在小黑石沟采集一件,两个骑马猎手、两只狗和一只豹,可惜的是骑马人物已残,只保留了马背上的人物腿部造型。狩猎在古代游牧部落是一种非常重要的活动,一方面可以训练骑射技术,另一方面也是一种必要的经济补充。

除了燕山北部外,其他地区动物纹装饰相对较少,燕山以南地区仅有 Ba 型(图 2.2-2,1)和 Bb 型短剑(图 2.2-2,3)以及 Ba 型铜刀(图 2.2-15,3);内蒙古中南部地区仅有 Cb 型短剑(图 2.2-2,8)、C 型铜刀(图 2.2-15,15)、Bb 型马镳(图 2.3-1,9);甘宁地区仅有 Ga 型立体动物饰件(图 2.4-3,8)、乙 Aa 型 I 式饰件(图 2.4-8,1、2);青海东北部地区仅有 B 型鸟形杖首(图 2.3-4,2—4)。燕山以南地区和内蒙古中南部地区与前一阶段相似,动物纹装饰主要体现在工具武器和马具上,不见动物纹装饰品。甘宁地区动物纹装饰主要出自西周晚期的甘肃宁县宇村墓地②,该墓地是一个与中原西周文化关系密切的墓地,体现了中原文化和北方文化的融合。青海东北部地区发现的 B 型鸟形杖首属于卡约文化人群所有,是非常具有区域特色的动物纹装饰。

总体看来,这一时期燕山北部夏家店上层文化的动物装饰艺术最为繁盛,内涵极其丰富,与前两个时期的动物装饰形成了鲜明的对比。夏家店上层文化的许多装饰艺术都具有自身特色,其中部分装饰是中国北方乃至整个欧亚草原地区年代最早的。而同时期其他北方地区动物纹装饰则稍显薄弱,一方面可能与考古发现的限制有关,另外一方面,这个时期其他地区都没有出现如夏家店上层文化发达的青铜文化。

第四期:春秋中晚期至战国早期(公元前 7—公元前 5 世纪)

春秋中晚期至战国早期,北方地区畜牧经济得到了进一步发展,各地人

---

① 林沄:《对南山根 M102 出土刻纹骨板的一些看法》,《林沄学术文集》,中国大百科全书出版社,1998 年。

② 许俊臣、刘得祯:《甘肃宁县宇村出土西周青铜器》,《考古》1985 年第 4 期。

群之间的联系逐渐加强，整个北方地区出现了多支发达的青铜文化，在长城沿线形成了北方文化带[①]。在这一背景下动物纹装饰也在各地发展起来。这一时期北方各地都有较发达的动物纹装饰，其中燕山以南的冀北地区最为丰富，具体包括 Da 型（图 2.2-3，1、2）、Db 型（图 2.2-3，3—5）、Dc 型（图 2.2-4）、E 型（图 2.2-7、图 2.2-8、图 2.2-9）、F 型（图 2.2-10）、G 型（图 2.2-11）、Hb 型（图 2.2-13）短剑；Bb 型铜刀（图 2.2-15，7、8）；Ca 型、Cb 型、Da 型和 Db 型马镳（图 2.3-1，10—20）；甲 Ab 型（图 2.4-4，18、19）、甲 Ac 型（图 2.4-4，20—22）、甲 Ad 型（图 2.4-4，23、24）、甲 Bc 型（图 2.4-5，7、8）、甲 Bd3 型（图 2.4-6，15）、甲 Ca 型（图 2.4-7，3）、乙 Aa 型Ⅱ式（图 2.4-8，5—8）、乙 Aa 型Ⅲ式（图 2.4-8，9—13）、乙 Ab 型（图 2.4-9，3—22）、乙 Ac1 型（图 2.4-10，3—5、9）、乙 Ad1 型（图 2.4-11，1—4）、乙 Ad2 型（图 2.4-11，7—11）、乙 Ae1 型Ⅱ式（图 2.4-12，3）、乙 Af 型（图 2.4-12，6—9）、乙 Ag 型（图 2.4-12，12—14）、乙 Ah 型（图 2.4-12，16、17）、乙 Ba 型（图 2.4-13，4、5）、乙 Bb 型（图 2.4-13，14—22）、丙 Aa 型Ⅱ式（图 2.4-15，2—4）、丙 Ae1 型（图 2.4-16，8）饰件；A 型带钩（图 2.5-1，1—7）、A 型带扣（图 2.5-2，1）等。

这一时期冀北地区动物纹装饰的种类和数量都是最多的，工具武器、马具和装饰品中动物纹装饰都很发达。首先在短剑上，该地区是直刃匕首式短剑最为发达的地区，仅玉皇庙墓地就出土近百件短剑，其中大多数柄首有动物纹装饰，既有相对圆雕的熊、虎、野猪形象，也有很多透雕的对兽形象，这些透雕对兽短剑柄部往往有成排的夔纹或鹿纹，此外还有大量卷曲双羊角形柄首、双蛇缠绕的双环首以及犬纹装饰的短剑；铜刀上仅见鸟形动物纹装饰。马镳上装饰较为丰富，有马形、虎形或豹形以及蛇形装饰。装饰品中动物纹装饰也极为丰富，单体动物纹中既有羊首、虎首、马首等动物形首饰件，还有大量的虎形、羊形、马形、鹿形、鸟形、野猪形、犬形和蛇形等饰件以及大量饰虎、豹等猫科动物的卷曲动物纹饰件。单体动物装饰还表现在

[①] 杨建华：《春秋战国时期中国北方文化带的形成》，文物出版社，2004 年。

羊形、马形、鸟形、龙形带钩和虎形带扣上。多体动物纹有双马首、双虎纹、上下双兽首，还有一件八马首饰件，另外这个时期发现了大量的虎噬羊或其他动物饰件，一般虎为蹲踞，所占比例较大，而被噬动物尺寸很小。

　　北方其他地区虽然不如冀北地区发达，但也都存在一定数量的动物纹装饰，动物纹装饰的普遍性是这个时期的特点之一。在燕山以北地区，主要有 Be 型铜刀（图 2.2-15，12）；甲 Aa 型（图 2.4-4，7、8）、乙 Ab3 型（图 2.4-9，16）、乙 Af 型（图 2.4-12，10）、丙 Ac 型（图 2.4-16，3）饰件。这个地区很明显不如上一时期发达，工具武器和车马器的动物纹装饰比较少见，仅有出自敖汉旗周家地的 1 件柄首为奔兔纹的铜刀（图 2.2-15，12）；动物纹装饰装饰品也仅有狐狸首形、马形和野猪形饰件。

　　内蒙古岱海地区在之前并未发现动物纹装饰，这一时期突然繁盛起来了。主要动物纹装饰器物包括 De 型短剑（图 2.2-6，1、2、16、17），甲 Aa 型（图 2.4-4，4、5）、甲 Ac 型（图 2.4-4，21）、甲 Af 型（图 2.4-4，33—37）、甲 Bd1 型（图 2.4-6，1—6）、甲 Bd2 型（图 2.4-6，7—10，12）、甲 Bd3 型（图 2.4-6，16）、甲 Cb 型（图 2.4-7，8）、乙 Aa 型Ⅳ式（图 2.4-8，14—16）、丙 Aa 型Ⅲ式（图 2.4-15，5—7）、丙 Ad 型（图 2.4-16，4）和丙 Ba2 型（图 2.4-17，7）饰件。这个地区动物纹装饰工具武器仅有双鸟回首剑；装饰品中以动物形首为主，包括单鸟首、狐狸首、虎首和双鸟首动物纹饰件，除了动物形首饰件外，还有半蹲踞或站立式虎形饰牌、虎噬羊饰件、羊羔哺乳主题以及带方框的多只回首鹿纹饰件。在岱海地区，动物纹装饰种类并不十分丰富，但该地区鸟纹装饰最具特色，形制多样，数量也较多。此外，虎纹装饰也是当地人群较为喜爱的一种动物纹装饰主题。

　　鄂尔多斯高原与岱海地区比较相似，但有明确出土位置的器物数量不多，征集的动物纹装饰器物很多，多数都被各地的博物馆收藏。在这一时期发现了 1 件动物纹装饰容器，器身装饰成排的鸭形图案（图 2.1-1，8）；此外还有 Dc 型（图 2.2-4，9）、De 型（图 2.2-6，10、25—29）短剑；甲 Aa 型（图 2.4-4，6、9）、甲 Bd3 型（图 2.4-6，17）、乙 Ad1 型（图 2.4-11，5）、乙 Ba 型（图 2.4-13，6—10）、丙 Ba1 型（图 2.4-17，2）饰件。

工具武器中动物纹装饰种类较少，除了多件双鸟回首剑外，还征集了 1 件 Dc 型短剑，上面装饰镂空的两只对卧的鹿和两只卧羊。其他均为装饰品，包括狐狸首、双鸟首、鹿形饰件，还有卷曲的虎形动物纹和带方框的三马纹饰件。

甘宁地区是东周时期中国北方青铜器的重要分布区之一，在春秋中晚期至战国早期，主要动物纹装饰器物包括 Ca 型 II 式（图 2.2-2，7）、Dd 型（图 2.2-5，1、2）、De 型（图 2.2-6，3—9、11—15、18—21）短剑，鹤嘴斧（图 2.2-16，4），动物纹当卢（图 2.3-2，5），A 型杆头饰（图 2.3-5，8、14）、甲 Aa 型（图 2.4-4，1—3、12—17）、甲 Ad 型（图 2.4-4，24）、甲 Bd3 型（图 2.4-6，18、19）、甲 Bd4 型（图 2.4-6，29）、丙 Ac 型（图 2.4-16，2）饰件。铜剑上最常见的是双鸟回首的造型，还有少量透雕对卧的双兽和相背的兽头造型，武器中还包括一件大角羊装饰的鹤嘴斧。车马器中杆头饰较为发达，主要是鹰首杆头饰，数量很多，此外还有装饰有双鹰图案的当卢。装饰品中主要有狐狸首、马首、双鸟首和双鹿交媾形象。

河西走廊地区属于这一时期的主要是沙井文化，动物纹装饰也主要出自该文化中。主要包括甲 Aa 型（图 2.4-4，10、11）、甲 Ae 型（图 2.4-4，25）、甲 Bb 型（图 2.4-5，2、3）、甲 Bc 型（图 2.4-5，6—8）、甲 Bd2 型（图 2.4-6，14）、甲 Bd4 型（图 2.4-6，23）、乙 Ab3 型（图 2.4-9，19）、乙 Ac1 型（图 2.4-10，10）、乙 Ag 型（图 2.4-12，15）、乙 Bd 型（图 2.4-13，29）、丙 Ba1 型（图 2.4-17，3、4）、丙 Ba2 型（图 2.4-17，5、6）饰件，B 型带扣（图 2.5-2，7、8）。这个地区动物纹装饰仅见于装饰品中，既有狐狸首、牛首、双牛首、双马首、双鸟首动物纹饰件，也有马形、羊形、鹿形和犬形饰件，还有三马纹和四鹿纹长方形饰件，另外还出土了立虎纹方形带扣。

总体看来，春秋中晚期至战国早期北方青铜文化更加发达，与前一时期相比，动物纹装饰分布更广泛，动物纹饰件在上一时期的基础上数量和种类进一步增加，而且各地都存在一定地域特色。动物纹装饰中容器和工具数量较少，武器、车马器和装饰品数量较多。装饰的题材是动物首部、单体及群体的动物纹同时并存；虎噬食草动物纹较前一阶段有所发展，不再是呈三角形的外轮廓，而呈动物形，且虎多呈蹲踞或伏卧状，羊所占的比例非常小；圆形外边框器物在题材上较上一阶段增多，新出现了马纹和牛纹的题材。但动物装饰大多数是自然界存在的动物，缺乏神兽题材和立体动物饰件。另外虽然各地都存在动物纹装饰，但发展并不平衡，在各地的动物纹装饰中冀北地区最为发达，其他地区也都具有自身特色。冀北地区不见双鸟回首剑，而岱海地区、鄂尔多斯高原地区、甘宁地区非常流行；狐狸首饰件也不见于冀北地区，但北方其他地区都有发现；岱海地区多鸟形和虎形装饰；甘宁地区动物形首杆头饰流行，这些都说明在各地文化紧密联系的同时动物纹装饰也具有一定的地方特色。

第五期：战国中晚期（公元前 4—公元前 3 世纪）

战国中晚期随着中原农业文化的北扩和北部牧业文化的南下，中国北方地区土著文化发生了很大的改变，这在动物纹装饰上表现得也非常明显。这个时期动物纹装饰主要分布在鄂尔多斯高原地区和甘宁地区两个区域，具体包含的动物纹装饰如下。

鄂尔多斯高原地区：De 型短剑（图 2.2-6，26—29）；A 型和 B 型辕饰（图 2.3-3，1—4）、虎头节约（图 2.3-2，4）；Aa 型（图 2.3-5，1—3）、Ac 型（图 2.3-5，4）、Ba 型（图 2.3-6，3）、Bb 型（图 2.3-6，2、4）、Bc 型（图 2.3-6，5—7）、Bd 型（图 2.3-6，8）杆头饰；Aa 型（图 2.4-1，4—7）、Ab 型（图 2.4-1，15—20）、Bb 型（图 2.4-2，8）、D 型、E 型（图 2.4-3，5、6）、F 型（图 2.4-3，7）、Gb 型（图 2.4-3，9）、H 型（图 2.4-3，10）和 I 型（图 2.4-3，11）立体动物饰件；甲 Ac 型（图 2.4-4，22）、甲 Af 型（图 2.4-4，38、39）、甲 Ca 型（图 2.4-7，4）、乙 Aa 型 V 式（图 2.4-8，20）、乙 Ad3 型（图 2.4-11，12）、乙 Ae2 型（图 2.4-12，4、5）、乙 Ai 型（图 2.4-12，19）、乙 Bc 型（图 2.4-13，26、27）、乙 Ca 型（图 2.4-14，3、4）、乙 Cb 型（图 2.4-14，9）、丙 Aa 型 IV 式（图 2.4-15，10）、丙 Aa 型 V 式（图 2.4-15，22）、丙 Aa 型 VI 式（图 2.4-15，25）、丙 Ab 型（图 2.4-15，27）、丙 Ba3 型（图 2.4-17，9、10、13、14）、丙 Bb 型（图 2.4-18，1—3）饰件；A 型带扣（图

2.5-2，3—5）、动物纹带环（图2.5-3，3）。

甘宁地区：De型短剑（图2.2-6，18—21）；A型辕饰（图2.3-3，5）；Ab型（图2.3-5，8—14）、Ad型（图2.3-5，5）、Ae型（图2.3-5，6、7）杆头饰；Aa型（图2.4-1，2、3）、Ab型（图2.4-1，8—14）、Ba型（图2.4-2，1—3）、Bb型（图2.4-2，4—7、9、10）、C型（图2.4-3，2、3）、D型（图2.4-3，4）立体动物饰件；甲Aa型（图2.4-4，13、14）、甲Bd4型（图2.4-6，20—22、30）、甲Cb型（图2.4-7，6、7）、乙Aa型Ⅴ式（图2.4-8，17—19、21）、乙Ac1型（图2.4-10，6—8、11、12）、乙Ac2型（图2.4-10，15—21）、乙Ad3型（图2.4-11，12）、乙Ai型（图2.4-12，20、21）、乙Bb型（图2.4-13，24）、乙Ca型（图2.4-14，1、2、5）、乙Cb型（图2.4-14，6—8）、乙Cc型（图2.4-14，10）、乙Cd型（图2.4-14，11）、丙Aa型Ⅳ式（图2.4-15，8、9、11、12）、丙Aa型Ⅴ式（图2.4-15，13—21、23）、丙Aa型Ⅵ式（图2.4-15，24）、丙Ab型（图2.4-15，28、29）、丙Ae2型（图2.4-16，11）、丙Ba3型（图2.4-17，11、12、15、16）、丙Bb型（图2.4-18，4）、丙Bc型（图2.4-19，2）饰件；A型（图2.5-1，6）和B型带钩（图2.5-1，9—11）、A型（图2.5-2，6）和B型带扣（图2.5-2，9—11）、动物纹带环（图2.5-3，1、2、4—6）。

从这些动物纹装饰的特点来看，鄂尔多斯高原地区与甘宁地区的动物纹装饰存在非常紧密的联系，这表现在多个方面：

1. 两地武器工具上的动物纹装饰种类较少，仅De型的双鸟回首剑，这种短剑在战国时期分布较为广泛，是冀北地区（图2.2-6，22、24）和岱海地区仅有的动物纹装饰。

2. 动物纹装饰的车马器有两种，车辕饰和杆头饰，两地都存在羊首的辕饰和动物形首的杆头饰。

3. 动物纹饰牌中大量使用金银等贵金属，尤其是黄金制品数量最多。

4. 立体动物饰件非常发达，除了宁城小城子那苏台出土的Bb型立体羊形饰件（图2.4-2，11）和宁县宇村出土的立体虎形饰件（图2.4-3，8）外，其他立体动物饰件均属于这一时期，题材以羊和鹿为主，还有牛、马、刺猬、鸟、虎和其他神兽等。

5. 动物首形饰件数量大大减少，新出现了横向长方形和长方形外边框的单体或多体平面动物纹饰牌，单体动物题材主要是虎、羊、鹿和马。

6. 虎噬羊或鹿饰件较为流行，虎多为伫立，被噬动物比例增大，虎身有明显的装饰。

7. 新出现了很多自然界不存在的神兽题材的动物纹装饰，主要有兽身鸟喙、兽首蛇身、有翼神兽等题材，另外还出现了后肢180度翻转的翻转动物纹。

8. 丙类群体平面动物纹发达，新出现了动物相互搏斗饰件，主题包括鸟蛇相斗、双鸟相斗、双猪相斗、虎猪相斗、虎牛相斗等（图2.4-18）。

9. 两地都出土了动物纹带扣和带环，尤其是动物纹带环，都是四兽首相对，形制非常相似（图2.5-3）。

当然，两地动物纹装饰还存在一些具体的差异，如鄂尔多斯高原地区流行鹤首、狼首杆头饰，立体动物马形、羊形杆头饰；而甘宁地区流行鸟首和羊首杆头饰，平面动物纹中镂空的鱼纹和对称的双龙纹也不见于鄂尔多斯高原地区。但两地动物纹装饰的共性远大于差别，这些共同特点也基本体现了北方地区战国中晚期动物纹装饰的时代特征。

除了鄂尔多斯高原和甘宁地区外，北方其他地区动物纹装饰都不甚发达，冀北地区和岱海地区的动物纹装饰器物只有双鸟回首剑，河西走廊地区沙井文化中存在一些动物纹装饰器物，包括Ab型（图2.3-5，9，10）、Ba型（图2.3-6，1）杆头饰，Aa型立体动物饰件（图2.4-1，1），乙Bb型饰件（图2.4-13，25）。

战国中晚期北方地区文化出现了严重分化，一部分地区随着中原燕文化和赵文化的扩张、长城的修建，逐渐纳入中原农业文化的版图，动物纹装饰也随之衰落，如冀北和岱海等地；另一部分地区随着牧业文化的南下，游牧化程度更高，与境外草原地区联系更为紧密，出现了很多游牧贵族墓地，随葬品中武器数量减少，取而代之的是大量的金银动物纹饰件，如鄂尔多斯高原和甘宁地区。这也是战国中晚期北方地区动物纹装饰分布和发展的时代背景。

第二节 分 区 研 究

中国北方地区，草原呈连续带状分布，东起西辽河流域，经燕山、阴山、贺兰山，到达湟水流域和河西走廊。行政区划大体上包括了今天的辽宁西部、内蒙古东南部、河北北部、山西北部、陕西北部、内蒙古中南部、宁夏、甘肃全境和青海的东北部。根据地理特征和文化面貌可以将其划分为三个相对独立的区域，即以燕山南北为中心的东区、以内蒙古中南部和晋陕高原为主的中区和以甘青地区为中心的西区。通过对动物纹装饰发现和分布的梳理，笔者将北方地区商周时期动物纹的分布进一步划分为七个小区，分别是以赤峰和朝阳为中心的燕山北麓区、以冀北地区为中心的燕山南麓区、以凉城和和林格尔县为中心的岱海地区、以南流黄河两岸为中心的晋陕高原区、以鄂尔多斯为中心的鄂尔多斯高原区、以甘肃东南部和宁夏为中心的甘宁区以及河西走廊和青海东北部区（图3.2-1）。

一、燕山北麓区

燕山北麓区包括内蒙古东南部和辽西地区，西高东低，多山、多丘陵，西辽河、西拉木伦河与老哈河是区域内的重要河流，主要山脉有大兴安岭南段、努鲁儿虎山和七老图山等。这个地区是中国北方青铜文化的重要分布区之一。

夏至早商时期，燕山北麓区广泛分布着发达的夏家店下层文化[①]，该文化属于典型的农业文化，并没有发现铜器中的动物纹装饰。在晚商至商周之际，燕山北麓区出现了魏营子文化[②]和一些窖藏青铜器遗存[③]。这一时期一些工具武器上出现动物首装饰，主要是Aa型Ⅰ式羊首装饰铜刀（图2.2-14，3、4、6、7）、动物纹装饰的刀鞘（图2.2-16，8）和马首形觿形器

---

① 张忠培、孔哲生、张文军等：《夏家店下层文化研究》，《考古学文化论集（一）》，文物出版社，1987年；朱永刚：《东北青铜文化的发展阶段与文化区系》，《考古学报》1998年第2期。
② 郭大顺：《试论魏营子类型》，《考古学文化论集（一）》，文物出版社，1987年；董新林：《魏营子文化初步研究》，《考古学报》2000年第1期。
③ 杨建华：《燕山南北商周之际青铜器遗存的分群研究》，《考古学报》2002年第2期。

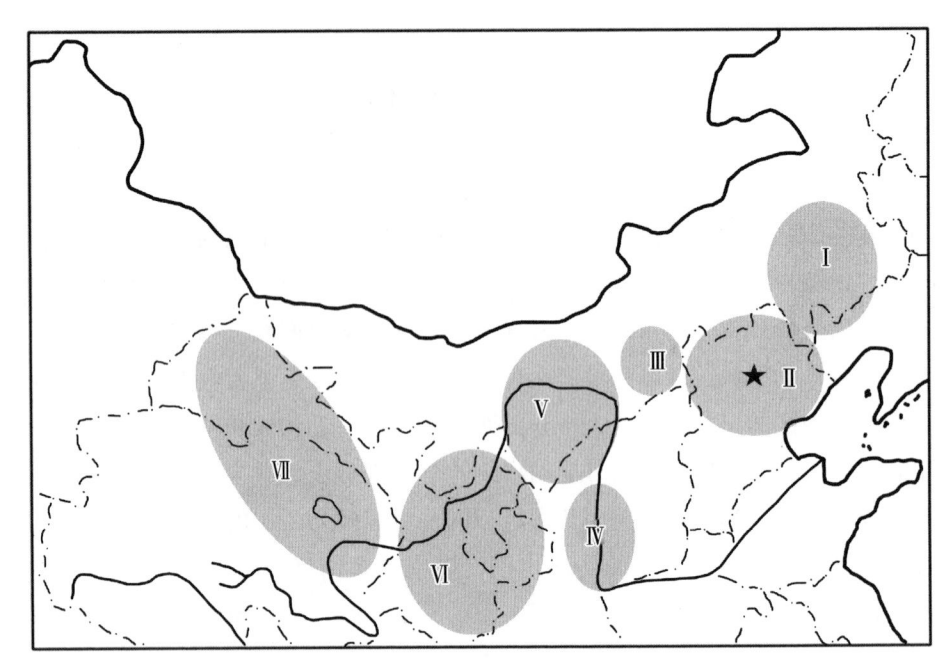

图 3.2-1　中国北方地区动物纹装饰分区示意图

Ⅰ. 燕山北麓区　Ⅱ. 燕山南麓区　Ⅲ. 岱海地区　Ⅳ. 晋陕高原区　Ⅴ. 鄂尔多斯高原区
Ⅵ. 甘宁区　Ⅶ. 河西走廊和青海东北部区

（图2.2-17，8），但不见动物纹装饰品。这些特点与燕山以南地区比较相似，体现了二者之间的联系。

这一地区最早的动物纹装饰品是出自夏家店上层文化龙头山遗址的乙Ad2型鹿形平面动物纹饰件（图2.4-11，6），年代在西周早期。夏家店上层文化是欧亚大陆东部地区最为发达的晚期青铜文化之一①，其主要分布区就是本书所指的燕山北麓区。依据碳十四数据和共存的中原青铜礼器的分析，可以将夏家店上层文化的年代范围断在西周早期至春秋中期，即公元前

---

① 乌恩：《论夏家店上层文化在欧亚大陆草原古代文化中的重要地位》，《边疆考古研究（第1辑）》，科学出版社，2002年；乌恩岳斯图：《北方草原考古学文化研究——青铜时代至早期铁器时代》，科学出版社，2007年。

11—前7世纪①，该文化可以分为形成期、繁荣期和衰落期三个阶段，形成期年代包括西周早期和西周中期，繁荣期年代集中在西周晚期至春秋早期，而春秋中期以后则属于衰落期②。夏家店上层文化形成期文化分布范围较小，动物纹装饰并不发达，但龙头山遗址的这件鹿形动物纹饰件是北方地区目前发现最早的动物纹饰件，具有十分重要的意义。

西周晚期至春秋早期是中国北方地区青铜文化发展的第二个高峰，也是夏家店上层文化的繁荣期。燕山北麓区出现了宁城南山根M101③、小黑石沟M8501和M9601④等许多大型的青铜器墓，该地区成为这一时期北方地区动物纹装饰最为发达的地区。动物纹装饰在夏家店上层文化中使用得非常广泛，容器、工具武器、车马器和装饰品上都有大量的动物纹装饰。动物纹装饰主题的种类也多样，主要有虎、豹、鹿、鸟、马、羊、犬、牛和野猪及一些抽象的动物纹。以动物形首和单体动物纹为主，还有一些多体动物纹，包括哺乳纹、交媾纹、外轮廓呈三角形的虎噬羊纹等。这些动物纹装饰器物中很多都是北方地区发现的同类器中的早期形态，如虎纹饰牌、卷曲动物纹饰件、虎噬羊饰件和浮雕成排动物纹的器物等。

虎纹是夏家店上层文化中最典型的动物纹装饰之一，虎是东亚典型的动物，在中国古代文化艺术中非常突出，夏家店上层文化虎的爪与尾端往往用圆环或圆涡纹表示，呈蹲踞状（图2.4-8，3）；卷曲动物纹是夏家店上层文化最早出现的另外一种动物纹装饰，与欧亚草原流行的躯体瘦长的雪豹形象不同，夏家店上层文化中的卷曲动物纹往往是正视或侧视的虎的形象，爪和尾端有环形，前后腿上都有同心圆纹（图2.4-13，1—3、11—13），体现了区域特色；虎噬羊或鹿是东周时期北方地区动物纹装饰中广泛流行的一种主题，有明显的演变顺序，夏家店上层文化发现的虎噬羊饰件外轮廓呈三角

---

① 乌恩岳斯图：《北方草原考古学文化研究——青铜时代至早期铁器时代》，科学出版社，2007年；朱永刚：《夏家店上层文化的初步研究》，《考古学文化论集（一）》，文物出版社，1987年。
② 邵会秋、杨建华：《从夏家店上层文化青铜器看草原金属之路》，《考古》2015年第10期；井中伟：《夏家店上层文化的分期与源流》，《边疆考古研究（第12辑）》，科学出版社，2012年。
③ 辽宁省昭乌达盟文物工作站、中国科学院考古研究所东北工作队：《宁城县南山根的石椁墓》，《考古学报》1973年第2期。
④ 内蒙古自治区文物考古研究所、宁城县辽中京博物馆：《小黑石沟——夏家店上层文化遗址发掘报告》，科学出版社，2009年。

形，是年代最早的一件（图2.4-15，1）；浮雕的成排动物纹饰是夏家店上层文化另外一种最具特色的动物纹装饰，在容器（图2.1-1，2—4）、武器工具（图2.2-12）和装饰品（图2.4-17，1）上都有发现，既有成排的鸟纹、鹿纹、马纹、公牛纹，也有马、鸟等多种动物同时成排出现的器物。除此之外，还流行相对的动物纹装饰，包括短剑上的对卧虎形象、卧马形象、鸟形象以及其他对兽形象。另外还存在人物与动物共存的狩猎场景，包括宁城南山根M102出土的一件刻画了马车、猎手、狗和鹿的狩猎情景的刻纹骨板（图2.4-19，1），以及宁城南山根M3中出土的描绘"双人骑马追兔"场景的器物等（图2.4-3，14）。而这些装饰在之前的文化中都基本不见。

总体看来，西周晚期至春秋早期的燕山北麓区动物纹装饰非常繁盛，在北方地区乃至整个欧亚草原地区都占据着非常重要的地位。这得益于夏家店上层文化的迅速崛起，该文化异常发达以至于对南部的燕国都构成了极大的威胁。

春秋中期以后，燕山北麓区的夏家店上层文化迅速衰落了，根据已有的研究，这可能与齐桓公伐山戎有关①，这也直接导致了这一地区动物纹装饰的衰落。夏家店上层文化消亡以后，该地区南部被燕文化所占据；北部则主要被井沟子类型人群所占据，该类型属于典型的农牧文化遗存②，其工具武器和车马器的动物纹装饰比较少见，动物纹装饰品也仅有狐狸首形（图2.4-4，7，8）、马形（图2.4-9，16）和野猪形（图2.4-16，3）饰件。

综上所述，燕山北麓区的动物纹装饰最早出现于晚商至商周之际，可能与燕山以南地区联系紧密。这一地区的夏家店上层文化在西周晚期至春秋早期发展到了巅峰，在这一背景下，燕山北麓区成为北方地区动物纹装饰最发达的区域，数量和种类都远远领先北方其他地区。春秋中期以后随着夏家店上层文化的消亡，动物纹装饰也迅速衰落。

---

① 林沄：《东胡与山戎的考古探索》，《林沄学术文集》，中国大百科全书出版社，1998年。
② 内蒙古自治区文物考古研究所、吉林大学边疆考古研究中心：《林西井沟子——晚期青铜时代墓地的发掘与综合研究》，科学出版社，2010年。

二、燕山南麓区

燕山南麓区主要包括现在行政区划的北京、天津以及河北北部等地，整个地区西北高东南低，西北主要是山地丘陵，桑干河从西向东贯穿整个地区。

早商时期，在燕山南麓区南部的藁城台西遗址出土了羊首铜匕（图2.2-17，1），这是目前发现的年代最早的一件动物形首装饰器物。藁城台西遗址虽然属于商文化的北方类型，但该遗址位于北方文化与商文化之间，受到北方文化和典型商文化的共同影响，同时还具有商文化先进的冶金工业，因此这里出土北方地区最早的羊首装饰无疑是具有开创性的，这也很可能是商周北方青铜器兽首的创作源头。

晚商时期，燕山南麓区出现了以青龙抄道沟为代表的多批青铜器遗存，也有学者将这些遗存与当地的考古学文化——围坊三期文化联系在一起①。这些青铜器中存在一些动物纹装饰，但动物纹种类较少，主要装饰在工具武器上，而且仅有Aa型羊首短剑（图2.2-1，1—4）和Aa型Ⅰ式羊首铜刀（图2.2-14，1），并未发现动物纹装饰品。

进入西周时期，燕山南麓区基本延续了前一阶段的动物纹装饰特征，数量和种类都并不丰富。在西周早期和中期，动物纹装饰也主要集中在短剑和铜刀的柄首，主要有Ab型马首铜剑（图2.2-1，5）、Ac型鹰首铜剑（图2.2-1，6）和Ae型鹰首铜刀（图2.2-14，13）；西周晚期至春秋早期，虽然动物纹装饰仍然集中在铜刀和铜剑上，但已经出现了圆雕立虎形象（图2.2-2，1）和圆雕立熊形象（图2.2-2，3）装饰的短剑以及圆雕立羊形象装饰的铜刀（图2.2-15，3），与前一阶段的动物形首装饰差别较为明显。西周早期至春秋早期，张家园上层文化是燕山南麓区目前能够确认的唯一一支北方青铜文化，该文化可分为早晚两段，早段年代为西周早期和中期，晚

---

① 乌恩岳斯图：《北方草原考古学文化研究——青铜时代至早期铁器时代》，科学出版社，2007年，第117—141页。

段年代为西周晚期至春秋早期①。这个分期结果与动物纹发展的情况基本一致。

春秋中期至战国早期，玉皇庙文化在燕山南麓区迅速发展起来，该文化发现了大量的墓葬遗存，出土了丰富的青铜器②，动物纹装饰也十分发达，无论数量还是种类，在整个北方地区青铜时代都是最丰富的。这些动物纹装饰主要有以下几个特点：

1. 虽然不见容器上装饰动物纹，但工具武器、马具和装饰品中动物纹装饰都很发达。尤其是直刃短剑上动物纹装饰数量最多，主要有相对圆雕的熊（图 2.2-3，1）、虎（图 2.2-3，2）、野猪（图 2.2-3，3、4）形象，也有很多透雕的对兽形象，这些透雕对兽短剑柄部往往有成排的夔纹或鹿纹（图 2.2-4），此外还有大量卷曲双羊角形柄首（图 2.2-7、图 2.2-8、图 2.2-9）、双蛇缠绕的双环首（图 2.2-10）以及犬纹装饰的短剑（图 2.2-13）。

2. 马镳上装饰较为丰富（图 2.3-1，10—20），包括的动物有马、虎或豹以及蛇。主要可以分为两种，一种是马镳整体为一个完整的动物造型，另外一种镳两头为对称的动物形首。

3. 动物纹装饰饰件的数量和种类都很丰富，既有发达的单体动物纹，也有很多多体动物纹。单体动物纹中既有羊首（图 2.4-4，18、19）、虎首（图 2.4-4，20—22）、马首（图 2.4-4，23、24）等动物形首饰件，还有大量的虎形（图 2.4-8，5—13）、羊形（图 2.4-10，3—5、9）、马形（图 2.4-9，3—22）、鹿形（图 2.4-11，1—4、7—11）、鸟形（图 2.4-12，3）、野猪形（图 2.4-12，6—9）、犬形（图 2.4-12，12—14）、蛇形（图 2.4-12，16、17）等饰件以及虎、豹等猫科动物的卷曲动物纹饰件（图 2.4-13，4、5、14—22），还发现了大量的虎噬羊或其他动物饰件（图 2.4-15，2—4）。

4. 出土了一定数量的动物纹带钩和带扣，带钩分为羊形、马形、鸟形、

---

① 乌恩岳斯图：《北方草原考古学文化研究——青铜时代至早期铁器时代》，科学出版社，2007 年，第 252—275 页。
② 北京市文物研究所：《军都山墓地——玉皇庙（三）》，文物出版社，2007 年；北京市文物研究所：《军都山墓地——葫芦沟与西梁垙》，文物出版社，2009 年。

龙形和其他瑞兽形（图2.5-1，1—7），带扣只有虎形一种（图2.5-2，1）。

战国中期以后，随着中原燕国和赵国的扩张，玉皇庙文化迅速衰落了，林沄先生认为玉皇庙文化的衰落与公元前457年赵襄子灭代有关①。而这一时期冀北地区已经完全纳入了中原文化的统治，在北辛堡墓地仅出现1件De型双鸟回首剑，而且鸟首已经变得非常抽象（图2.2-6，24），其他绝大多数器物基本与中原文化无明显差异，这或许说明至少有部分玉皇庙文化人群已经被中原文化所同化。

综上所述，燕山南麓区动物纹装饰出现得很早，早在商代早期时就已经出现了羊首装饰铜匕，而且这里的羊首装饰很可能是商周北方青铜器兽首的创作源头。晚商至西周中期燕山南麓区主要还是流行羊首、马首、鸟首等动物首的装饰，装饰器物的种类集中在工具武器中。西周晚期至春秋早期，虽然动物纹仍然装饰在工具武器上，但新出现了圆雕立虎、立羊和立熊等动物形象。春秋中期至战国早期是燕山南麓区动物纹最发达的时期，动物纹装饰的种类和数量都是北方地区最多的，这也是这一地区北方文化的巅峰时期。战国中期以后，由于中原赵国和燕国的扩张，导致燕山南麓区玉皇庙文化的消亡，动物纹装饰也迅速衰落了。

三、岱海地区

岱海地区主要为内蒙古岱海周边区域，主要包括凉城和和林格尔县等地，该地区处于鄂尔多斯高原与张家口地区的中间地带，是古代中原民族和北方民族经济文化交流的重要桥梁和纽带。在东周时期之前，岱海地区虽然存在过西岔和西麻青等遗存②，但并未发现出土动物纹装饰的青铜文化遗存。

进入东周时期，这里突然出现了毛庆沟墓地③、崞县窑子墓地④、忻州窑

---

① 林沄：《关于中国的对匈奴族源的考古学研究》，《林沄学术文集》，中国大百科全书出版社，1998年。
② 曹建恩：《内蒙古中南部商周考古研究的新进展》，《内蒙古文物考古》2006年第2期。
③ 内蒙古文物工作队：《毛庆沟墓地》，《鄂尔多斯式青铜器》，文物出版社，1986年。
④ 内蒙古文物考古研究所：《凉城崞县窑子墓地》，《考古学报》1989年第1期。

子墓地、小双古城墓地①、新店子墓地②等多个北方文化墓群。这些墓地的年代大都集中在春秋晚期至战国早期，因此，岱海地区动物纹装饰最为发达的时期也是春秋晚期至战国早期。这里的工具武器中动物纹装饰仅有 De 型双鸟回首剑（图 2.2-6，1、2、16、17）；装饰品中以动物形首装饰为主，虽然种类并不十分丰富，但鸟首装饰最具特色，既流行单鸟首饰件（图 2.4-4，26—37），也有大量的双鸟首饰件（图 2.4-6，1—10、12），还有少量的狐狸首（图 2.4-4，4、5）和虎首（图 2.4-4，21）饰件等。除了动物形首装饰外，虎纹装饰也是当地人群较为喜爱的一种动物纹装饰主题，主要是半蹲踞或站立式虎形饰牌（图 2.4-8，14—16）和虎噬羊饰件（图 2.4-15，5—7），这两种类型虎形饰件的形制都介于冀北地区玉皇庙文化和鄂尔多斯高原以及甘宁地区同类饰牌之间。除了以上动物纹饰件外，还有一些羊羔哺乳主题（图 2.4-16，4）以及带方框的多只回首鹿纹饰件（图 2.4-17，7）。

战国中期以后，岱海地区动物纹装饰逐渐衰落，这可能存在两方面的原因：一方面大量中原人群的强势北扩，压缩了北方文化人群的生存空间，毛庆沟墓地和饮牛沟墓地晚期出现的只随葬铜带钩的南北向墓葬可能是中原人北上的证据；另一方面，战国中期以后，铁器的大量应用，使得动物纹装饰很难保存下来，这在饮牛沟墓地表现得非常明显③。

总体看来，岱海地区东周以前的北方文化中并未发现动物纹装饰，这一地区动物纹装饰流行的时代比较集中，主要在春秋晚期至战国早期之间，比较有特色的是鸟首形装饰和虎纹装饰。战国中期以后随着中原文化的北上和铁器的流行，岱海地区动物纹装饰也逐渐衰落。

四、晋陕高原区

本书的晋陕高原区主要指南流黄河两岸的晋西山地和陕东北山地。这个

---

① 内蒙古自治区文物考古研究所、内蒙古自治区文物保护中心：《岱海地区东周墓群发掘报告》，科学出版社，2016 年。
② 内蒙古文物考古研究所、乌兰察布市博物馆：《内蒙古和林格尔县新店子墓地发掘简报》，《考古》2009 年第 3 期。
③ 岱海地区考察队：《饮牛沟墓地 1997 年发掘报告》，《岱海考古（二）》，科学出版社，2001 年。

地区在夏至早商时期青铜器遗存非常少见，也并未发现动物纹装饰。到了晚商至商周之际，晋陕高原区出现了很多青铜器遗存，部分属于窖藏类青铜器，有多位学者对这些青铜器遗存进行过专门的研究①。这个地区的动物纹装饰也主要集中在晚商至商周之际，装饰器物以工具为主，主要包括羊首铜刀（图2.2-14，2、5）、羊首装饰铜钺（图2.2-16，6）和蛇首匕（图2.2-17，2—4）等，另外还有柄端铸一盘角羊首，正面装饰伫立状虎的铜匕（图2.2-17，5）和柄端铸羊首，装饰虎追鹿形象的铜勺（图2.2-17，6）。除了工具外，还发现了多件蛇首马镳（图2.3-1，3—5）。另外在陕西甘泉闫家村发现了目前最早的立体马形饰件（图2.4-3，12），无独有偶，在同时期的灵石旌介商墓M1∶35铜簋底部也装饰有类似的马形象②，表明这种马形象并不是偶然出现的，或许已经成为当时较为常见的动物纹装饰。

总体看来，晋陕高原区的动物纹装饰主要体现在工具上，装饰主题包括两种：一种是动物首部，多装饰在铜刀、铜钺、铜匕、马镳上，以羊首和蛇首为主；另外一种比较有特色的装饰是圆雕的立兽，包括立虎和虎追鹿形象。动物纹饰件数量较少，但意义重大，出现了中国北方地区目前最早的马形饰件。晋陕高原区在晚商时期存在多支与中原文化联系紧密的人群，灵石旌介商墓③、石楼青铜器和李家崖文化④中都存在大量的商文化因素，这些青铜器遗存都与商文化关系十分密切，这也体现在动物纹装饰上，部分动物纹装饰的器物都是中原地区常见的铜器，如铜勺、铜钺和铜匕等。

西周以后这个地区属于晋国的势力范围，虽然文献中记载这里戎狄文化非常活跃，但考古上并未发现太多与中原文化区别明显的北方土著文化遗存，而且也基本不见北方特色的动物纹装饰。

---

① 李伯谦：《从灵石旌介商墓的发现看晋陕高原青铜文化的归属》，《北京大学学报（哲学社会科学版）》1988年第2期；沃浩伟：《晋陕高原商周时期青铜器分群研究》，《公元前2千纪的晋陕高原与燕山南北》，科学出版社，2008年；杨建华：《商周时期中国北方冶金区的形成——商周时期北方青铜器的比较研究》，《公元前2千纪的晋陕高原与燕山南北》，科学出版社，2008年；常怀颖：《山西保德林遮峪铜器墓年代及相关问题》，《考古》2014年第9期。
② 山西省考古研究所：《灵石旌介商墓》，科学出版社，2006年，第30页，图29。
③ 山西省考古研究所：《灵石旌介商墓》，科学出版社，2006年。
④ 陕西省考古研究院：《李家崖》，文物出版社，2013年；吕智荣：《试论李家崖文化的几个问题》，《考古与文物》1989年第4期。

五、鄂尔多斯高原区

鄂尔多斯高原区主要指内蒙古中南部鄂尔多斯地区，还包括陕西和宁夏的小部分区域。该地区位于黄河中游，地处高原，地形复杂，东与陕北高原连成一片，北望河套平原，南临关中盆地，西接陇东高原，是一个半干旱区向干旱区的过渡地带，也是早期游牧人群与南部农业人群争夺的重要区域。鄂尔多斯高原区是中国北方青铜器最重要的分布区，在夏至商代时期，这里就出现了著名的朱开沟文化，出土了目前中国发现最早的青铜短剑[①]，但属于这一阶段的动物纹装饰器物只有朱开沟遗址出土的相当于早商时期的 A 型铜戈，这种铜戈内部的一个侧面有虎头形装饰（图 2.2-16，1），但这个虎头装饰比较抽象，与后来北方流行的虎头形象差异较大。到了晚商时期，鄂尔多斯高原区并没有较为明确的考古学文化，动物纹装饰器物也大多为征集，包括装饰抽象立兽的铜钺（图 2.2-16，7）、Ab 型鹿首铜刀（图 2.2-14，8）和 Ab 型马首马镳（图 2.3-1，6）。与晋陕高原区相似，装饰主题主要有两种，一种是动物首部，另外一种是圆雕细长的立兽装饰，都装饰在工具武器和马具上，但动物种类比较少。

西周时期，鄂尔多斯高原区的情况与晚商时期大致相似，也没有发现明确的考古学文化，动物纹装饰器物也多为征集品，主要有 Cb 型鱼首短剑（图 2.2-2，8）、C 型成排动物纹铜刀（图 2.2-15，15）和 Bb 型羊首马镳（图 2.3-1，9）。

鄂尔多斯高原青铜文化的繁荣期出现在东周时期，发掘了许多墓地，也出土了大量的金属器。这个时期动物纹装饰基本上可以划分为两个阶段，早期阶段相当于春秋中晚期至战国早期，晚期阶段相当于战国中晚期。

在早期阶段，这里有明确出土位置的器物数量不多，征集的动物纹装饰器物很多，多数都被各地的博物馆收藏。在这一时期发现了 1 件器身装饰成排鸭形图案的容器（图 2.1-1，8）；工具武器中动物纹装饰种类较少，除了双鸟回首剑（图 2.2-6，10、25—29）外，还包括征集的 1 件装饰镂空的两

[①] 内蒙古自治区文物考古研究所、鄂尔多斯博物馆：《朱开沟——青铜时代早期遗址发掘报告》，文物出版社，2000 年，第 224 页，图一八九。

只对卧鹿和两只卧羊图案的铜剑（图2.2-4，9）；其余均为动物纹饰件，主要有狐狸首（图2.4-4，6、9）、双鸟首（图2.4-6，17）、鹿形（图2.4-11，5）饰件，还有卷曲的虎形动物纹（图2.4-13，6—10）和带方框的三马纹（图2.4-17，2）饰件。

在晚期阶段的战国中晚期，鄂尔多斯高原区发现了阿鲁柴登①、西沟畔②、碾房渠③、速机沟④、玉隆太墓地⑤等多个游牧人群贵族墓葬遗存，出土了大批青铜器和金器，大部分都有发达的动物纹装饰。与上一阶段相比，一方面动物纹装饰的种类和数量都大大增加，另一方面，动物纹装饰风格也发生了巨大的改变。这一时期动物纹装饰的工具武器，仅有双鸟回首剑（图2.2-6，26—29）；车马器中出现了立体动物车辕饰（图2.3-3，1—4）、虎头节约（图2.3-2，4）和数量较多的杆头饰，包括动物形首杆头饰（图2.3-5，1—4）和立体动物形杆头饰（图2.3-6，2—8）两种，其中鹤首杆头饰和立体动物形杆头饰是鄂尔多斯高原区最具特色的动物纹装饰之一。

这一时期，动物纹装饰品种类最为丰富，主要具有以下特点：首先，立体动物饰件发达，题材以羊（图2.4-2，8）和鹿（图2.4-1，4—7、15—20）为主，还有刺猬、鸟、虎、兔和其他神兽（图2.4-3，5—7、9—11）等；第二，流行带边框的方形或长方形饰牌，主要有马和神兽题材（图2.4-14，3、4、9）；第三，虎噬羊或鹿饰件以及动物互相搏斗饰牌（图2.4-15，27；图2.4-18，1—3）较为流行，虎多为伫立，被噬动物比例增大，虎身有明显的装饰（图2.4-15，22、25）；第四，新出现了很多自然界不存在的神兽题材的动物纹装饰（图2.4-3，10；图2.4-14，9），另外还出现了后肢180度翻转的翻转动物纹（图2.4-14，4）。

总体看来，鄂尔多斯高原区在商代早期就出现了虎首装饰，但与后来流行的动物纹装饰差异较为明显；晚商到西周时期的动物纹装饰器物多为征集

---

① 田广金、郭素新：《内蒙古阿鲁柴登发现的匈奴遗物》，《考古》1980年第4期。
② 伊克昭盟文物工作站、内蒙古文物工作队：《西沟畔匈奴墓》，《文物》1980年第7期。
③ 伊克昭盟文物工作站：《内蒙古东胜市碾房渠发现金银器窖藏》，《考古》1991年第5期。
④ 盖山林：《内蒙古自治区准格尔旗速机沟出土一批铜器》，《文物》1965年第2期。
⑤ 内蒙古博物馆、内蒙古文物工作队：《内蒙古准格尔旗玉隆太的匈奴墓》，《考古》1977年第2期。

品，数量很少，主要装饰在工具武器和马镳上；进入东周时期，工具武器中的动物纹装饰数量变少，动物纹饰件数量和种类都增多，但在春秋中晚期至战国早期有明确出土地点的动物纹饰件数量不多。这一地区动物纹装饰最繁荣的时期是战国中晚期。

六、甘宁区

甘宁区主要包括宁夏和甘肃的东南部地区，主要以宁夏固原、甘肃庆阳和天水为中心，地形虽然以高原、山地为主，但这一地区是东周时期中国北方青铜器分布的中心区之一。

在晚商和西周时期，甘宁区动物纹装饰数量非常少，仅在甘肃岷县占旗寺洼文化晚商时期遗址出土1件A型上面有牛头纹的铜戈（图2.2-16，2），在甘肃宁县宇村西周晚期墓葬中出土Ga型虎形立体动物饰件（图2.4-3，8）、乙Aa型Ⅰ式虎形饰件（图2.4-8，1、2）。这些文化与中原文化关系密切，尤其是宁县宇村西周墓，与动物纹饰件共存的均是西周文化典型器物[①]。

东周时期，甘宁地区北方青铜器迅速繁荣起来，已经发掘和征集了大量的青铜器和金银器。这些器物与东周之前的当地文化差异比较明显，二者也缺乏直接的联系。在春秋中晚期至战国早期，动物纹装饰器物的种类较杂，工具武器、马具和装饰品上都存在动物纹。铜剑上最常见的是双鸟回首的造型（图2.2-6，3—9、11—15、18—21），还有少量透雕对卧的双兽（图2.2-2，7）和相背的兽头造型（图2.2-5，1、2），武器中还包括1件大角羊装饰的鹤嘴斧（图2.2-16，4）。车马器中杆头饰较为发达，主要是鹰首杆头饰（图2.3-5，8、14），此外还有装饰有双鹰图案的动物纹当卢（图2.3-2，5）。装饰品中主要有狐狸首（图2.4-4，1—3、12—17）、马首（图2.4-4，24）、双鸟首（图2.4-6，29）和双鹿交媾形象（图2.4-16，2）。

到了战国中晚期，甘宁区动物纹风格发生了较大的变化，与鄂尔多斯高原区的动物纹装饰特征具有较大的相似性。工具武器中动物纹装饰仅见于

---

① 许俊臣、刘得祯：《甘肃宁县宇村出土西周青铜器》，《考古》1985年第4期。

De 型双鸟回首短剑（图 2.2-6，18—21）；车马器中有立体羊首车辕饰（图 2.3-3，5），还有大量鹰首和羊首杆头饰（图 2.3-5，6—14），在马家塬和清水刘坪墓地，还出土了大量的车饰件。这一时期，立体动物饰件较为发达，以鹿（图 2.4-1，2、3、8—14）和羊（图 2.4-2，1—7、9、10）为主，还有牛（图 2.4-3，2、3）、马（图 2.4-3，4）等。

在甘宁区的平面动物纹中金箔制成的动物纹饰牌非常有特色，这些饰牌基本不见动物形首装饰，展现出来的都是虎（图 2.4-8，17—19、21）、羊（图 2.4-10，6—8、11、12）、鹿（图 2.4-11，12）和鱼（图 2.4-14，11）的形象，还有对称的动物形象，包括鸟、虎、龙和蛇等形象（图 2.4-17，11、12、15、16）。虎噬羊或鹿饰件非常发达，与鄂尔多斯高原区相似，虎多为伫立，被噬动物比例增大，虎身有明显的装饰（图 2.4-15，8、9、11—21、23、24），还有动物互搏题材饰件，主题包括鸟蛇相斗、双鸟相斗、双猪相斗等题材（图 2.4-18，4—7）。此外，还有动物纹带钩（图 2.5-1，6、8—11）、带扣（图 2.5-2，9—11）、带环（图 2.5-3，1、2、4—6）和项饰（图 2.4-19，2）。

总体看来，甘宁区动物纹装饰在晚商至西周时期有零星发现，但这些都与中原文化关系密切。东周时期甘宁区进入了青铜器制作的发达时期，动物纹装饰非常丰富，但工具武器中主要以双鸟回首剑为主，还有比较有特色的大角羊装饰的鹤嘴斧。甘宁区的杆头饰在北方地区最为发达，鸟、蛇和龙形装饰饰件非常具有特色。战国中晚期清水刘坪和马家塬墓地出土了大量的金箔制品和车饰件，与鄂尔多斯高原区形成了鲜明的对比，发掘者认为这些高等级墓葬属于西戎贵族墓葬[1]，而且很多动物纹装饰金器与境外地区文化可能存在紧密联系[2]。

七、河西走廊和青海东北部区

河西走廊和青海东北部区实际上是两个不同的区域，但因为这两个区域

---

[1] 甘肃省文物考古研究所：《西戎遗珍——马家塬战国墓地出土文物》，文物出版社，2014年。
[2] 杨建华：《张家川墓葬草原因素寻踪——天山通道的开启》，《西域研究》2010年第4期。

都位于中国北方的西部边缘地区，而且两地发现的动物纹装饰数量都不多，所以将它们合成一个分区。河西走廊位于甘肃省西北部，是丝绸之路的重要通道；青海东北部主要指黄河湟水谷地，青海大部分人口都集中在这个区域，这里也是古代文化的重要分布区。

在早商时期，河西走廊属于四坝文化的势力范围，该文化冶铜业已经进入了一个成熟稳定的发展阶段，一方面继承了甘青地区齐家文化铜器的部分因素，另一方面不断吸收外来文化因素（权杖首、透銎斧、喇叭形耳环等），已经形成了具有稳定特征的铜器组合[①]。四坝文化火烧沟墓地出土的A型四羊首权杖首（图2.3-4，1）就是西方传统的典型器物，这也是该地区出现最早的一件动物纹装饰器物。

晚商至西周时期，四坝文化消亡以后，河西走廊地区青铜文化分布较为零散，并未发现动物纹装饰。在青海东北部地区则出现了少量的动物纹装饰，包括装饰立兽的管銎战斧（图2.2-16，5）和B型鸟形杖首（图2.3-4，2—4），这些遗存都属于卡约文化，该文化主要分布于青海东部的黄河及其支流湟水流域。管銎战斧属于晚商时期，其风格与晋陕高原区晚商时期的细长立兽风格相似；鸟形杖首属于西周中晚期至春秋早期[②]，是卡约文化特色的动物纹装饰器物。

春秋中期以后，这一地区的动物纹装饰主要集中在河西走廊的沙井文化中。沙井文化主要分布在甘肃民勤绿洲和永昌盆地，行政区划主要是民勤、金昌和永昌三县市，其年代范围早到西周，晚到春秋晚期或战国[③]，该文化分布区域较小，但属于比较发达的游牧文化，发掘了多处遗址和墓地[④]。在春秋中期至战国早期，这个地区的动物纹装饰仅见于装饰品中，既有狐狸首（图2.4-4，10、11）、牛首（图2.4-4，25）、双牛首（图2.4-5，2、3）、双马首（图2.4-5，6—8）、双鸟首（图2.4-6，14）动物纹饰件，也

---

① 杨建华、邵会秋：《中国早期铜器的起源》，《西域研究》2012年第3期。
② 三宅俊彦：《卡约文化青铜器初步研究》，《考古》2005年第5期。
③ 李水城：《沙井文化研究》，《国学研究（第二卷）》，北京大学出版社，1994年，第493—523页。
④ 甘肃省文物考古研究所：《永昌西岗柴湾岗——沙井文化墓葬发掘报告》，甘肃人民出版社，2001年。

有马形（图2.4-9,19）、羊形（图2.4-10,10）、鹿形和犬形（图2.4-12,15）饰件，还有三马纹（图2.4-17,3、4）和四鹿纹（图2.4-17,5、6）长方形饰件，另外还出土了动物纹方形带扣（图2.5-2,7、8）。到战国中晚期，沙井文化中出现了鹰首杆头饰（图2.3-5,9、10）和立体鹿形杆头饰（图2.3-6,1），动物纹饰件发现数量不多，有鹿形立体动物饰件（图2.4-1,1）和乙Bb型卷曲卧犬纹饰件（图2.4-13,25），其中卷曲卧犬纹上还装饰镂空的火焰纹，特征十分明显，但与甘宁区和鄂尔多斯高原区不同。在战国中晚期，沙井文化中并未发现高等级墓葬，也不见丰富的金银制品。

总体看来，河西走廊和青海东北部的动物纹装饰特征存在一定的差别，河西走廊地区在早商时期就出现了羊首权杖首，但很显然这是受到西方的直接影响。晚商至西周时期，河西走廊地区并未发现动物纹装饰。进入东周时期，随着沙井文化的发展，出现了较为发达的动物纹装饰，既有狐狸、牛、马和鸟等动物形首装饰，也有马、鹿、狗等动物形装饰，一直延续到战国中晚期，出现了鹰首和鹿形杆头饰以及立体动物装饰。而青海东北部地区，仅在晚商至西周时期发现了属于卡约文化的动物纹装饰，主要是饰立兽的管銎战斧和B型鸟形杖首，其中鸟形杖首具有明显的地方文化特色。由于材料的限制，东周时期以后的动物纹装饰情况并不明了。

第三节 小　　结

前两节笔者对中国北方地区动物纹装饰的分期和分区情况进行了分析和总结，揭示了北方地区动物纹装饰发展的时代特征和区域特征。通过以上的分析，笔者将北方地区的动物纹装饰划分为五个不同的发展时期和七个分布区。

第一期商时期可以分为早商和晚商早晚两个阶段。在早商阶段，发现的动物纹装饰非常有限，仅见于燕山南麓区藁城台西遗址的羊首铜匕、鄂尔多斯高原区朱开沟遗址装饰虎头纹的铜戈和河西走廊地区火烧沟墓地的四羊权杖首。这一时期属于动物纹装饰的萌芽阶段，北方地区并没有形成具有自身特色的动物纹装饰风格，所有的动物纹装饰都与北方之外的草原或南部商文化关系密切。河西走廊的四羊权杖首与西方文化传统相关，而朱开沟的铜戈以及台西的羊首匕都与中原商文化密切相关。即使如此，台西的羊首匕以食草动物作为兽首装饰，很可能是商周北方青铜器兽首的创作源头。

到了晚商阶段，中原殷墟文化的收缩，给予了北方地区更广阔的发展空间，中国北方青铜器进入第一个繁荣时期。这一时期北方地区形成八个青铜器组合类型，并且向北传播，其中燕山南北和晋陕高原是两个重要的中心。正是在这个背景下，北方地区动物纹装饰种类和数量都有所增加，也形成了具有自身特色的动物纹装饰风格，这些动物纹主要集中在燕山北麓区、燕山南麓区和晋陕高原区三个地区。此外，鄂尔多斯高原区也有一些征集品，青海东北部地区还发现一件立兽管銎战斧。这个时期动物纹装饰有以下两个特点：第一，动物纹主要装饰在工具武器和马镳上，以刀、剑、铜匕和勺形马镳为主，以羊首和蛇首最为流行，还有少量的鹿首和马首装饰；第二，出现了一种比较有特色的圆雕立兽装饰，在刀鞘、铜匕、铜勺、管銎斧和管銎钺上都有发现，这些器物上的立兽大多身体细长，比较抽象，很多无法辨认具体动物种类，可辨的动物有虎和马等。除了以上特点外，在陕西甘泉闫家村还发现了立体马形饰件，这是目前北方地区发现的最早的立体动物饰件。

第二期西周早中期属于北方地区动物纹装饰的一个过渡期，北方地区发现的动物纹装饰数量非常少，主要集中在燕山北麓区和燕山南麓区。动物纹装饰基本上都延续了上一阶段的特点，以工具武器为主，流行马首和鹰首等动物首装饰。但在燕山北麓区的夏家店上层文化中出土了一件鹿形饰牌，虽然这件饰品鹿的形象较为抽象，但也预示了动物纹装饰将要进入一个以装饰品为代表的新时期。总体看来这个时期一方面继承了晚商时期动物纹装饰的特征，另一方面也开始孕育出新的更为发达的动物纹装饰艺术。

第三期西周晚期至春秋早期是中国北方地区青铜文化发展的第二个高峰。最为发达的是燕山北麓区的夏家店上层文化，燕山北麓区也是这个时期动物纹装饰最集中的地区。这里动物纹装饰见于各类器物上，包括容器，刀、剑、戈和头盔等工具武器，马衔、马镳、节约、衡末饰等车马器以及装饰品。尤其是在装饰品中动物纹装饰数量和种类都很多，主要有虎、豹、鹿、鸟、马、羊、犬、牛和野猪及一些抽象的动物纹。以动物形首和单体动物纹为主，还有一些多体动物纹，包括哺乳纹、交媾纹、外轮廓呈三角形的虎噬羊纹。在这些动物纹装饰中很多都是北方地区发现的同类器物中的早期形态，如虎纹饰牌、卷曲动物纹饰件、虎噬羊饰件和浮雕的成排动物纹饰件等。除了燕山北麓区外，燕山南麓区和鄂尔多斯高原区与前一阶段相似，动物纹装饰主要体现在工具武器和马具上，不见动物纹装饰品；甘宁区动物纹装饰仅见于西周晚期宁县宇村墓地，主要出土虎纹装饰；青海东北部地区则只发现了B型鸟形杖首这一具有区域特色的动物纹装饰。总体看来，这一时期燕山北麓区夏家店上层文化的动物装饰艺术最为繁盛，许多装饰艺术都具有自身特色，与前两个时期的动物装饰形成了鲜明的对比，其中部分装饰是中国北方乃至整个欧亚草原地区年代最早的。

第四期春秋中期至战国早期，北方地区畜牧经济得到了进一步发展，各地人群之间的联系逐渐加强，在长城沿线形成了北方文化带。这个时期北方地区动物纹装饰分布更为普遍，除了晋陕高原区外，其他六区都出现了较为发达的动物纹装饰。其中最为发达的是燕山南麓区的玉皇庙文化，玉皇庙文化动物纹装饰的种类和数量在整个中国北方地区都是最多的。首先是在短剑上，该地区是直刃匕首式短剑最为发达的地区，其中大多数短剑柄首有动物纹装饰，既有圆雕的相对的熊、虎、野猪形象，也有很多透雕的对兽形象，这些透雕对兽短剑柄部往往有成排的夔纹或鹿纹，此外还有大量卷曲双羊角形柄首、双蛇缠绕的双环首以及犬纹装饰的短剑；马镳上装饰较为丰富，有马形、虎形或豹形以及蛇形装饰；装饰品中动物纹装饰也极为丰富，单体动物纹中既有羊首、虎首、马首等动物形首，还有大量虎形、羊形、马形、鹿形、鸟形、野猪形、犬形和蛇形等立体动物以及大量虎、豹等猫科动物的卷曲动物纹，多体动物纹饰有双马首、双虎纹、上下双兽首，另外这个时期发现了大量的虎噬羊或其他动物饰件，属于年代较早的形制。

除了燕山南麓区外，其他区也都存在一定数量的动物纹装饰。燕山北麓区动物纹与上一阶段相比衰落很多，工具武器和车马器的动物纹装饰比较少见，装饰品的动物纹装饰也仅有狐狸首形、马形和野猪形；岱海地区动物纹装饰工具武器仅有双鸟回首剑，装饰品中以动物形首为主，动物纹装饰流行的时代比较集中，主要在春秋晚期至战国早期之间，比较有特色的是鸟首形装饰和虎纹装饰；甘宁区最常见的是双鸟回首的造型，车马器中杆头饰较为发达，主要是鹰首杆头饰，数量很多，装饰品中主要有狐狸首、马首、双鸟首和双鹿交媾形象；河西走廊和青海东北部区的动物纹装饰仅见于装饰品中，既有狐狸首、牛首、双牛首、双马首、双鸟首动物纹饰件，也有马形、羊形、鹿形和犬形饰件。总体看来，春秋中晚期至战国早期北方青铜文化更加发达，与前一个时期相比，动物纹装饰分布更广泛，动物纹饰件在上一时期的基础上数量和种类进一步增加，燕山南麓区最为发达，各地文化紧密联系的同时动物纹装饰也具有一定的地方特色。

第五期战国中晚期，北方地区文化出现了严重分化，一部分地区随着中原燕文化和赵文化的扩张、长城的修建，已经基本纳入到中原农业文化的版图之中，动物纹装饰也随之衰落，如燕山南麓区和岱海地区；另一部分地区随着牧业文化的南下，游牧化程度更高，与境外草原地区联系更为紧密，出现了很多游牧贵族墓地，随葬品中武器数量减少，取而代之的是大量的金银动物纹饰件，如鄂尔多斯高原区和甘宁区。因此这个时期北方地区动物装饰主要集中在鄂尔多斯高原区和甘宁区，而且它们之间的联系非常紧密，动物纹风格也发生了明显变化。工具武器中动物纹装饰仅见于双鸟回首短剑；车马器中有立体羊首车辕饰和大量的杆头饰；立体动物形饰件发达，平面动物纹饰件中动物形首装饰比较少见，流行带边框的方形或长方形虎、羊、鹿、蛇和鸟纹饰牌，虎噬羊或鹿饰件以及动物互搏题材饰件也非常常见，新出现了很多自然界不存在的神兽题材和后肢翻转动物纹，在这些动物纹装饰器物中很大一部分是金器，与之前的青铜器形成鲜明对比。当然鄂尔多斯高原区和甘宁区的动物纹装饰还存在一些差异，如鄂尔多斯高原区流行鹤首、狼首杆头饰，马形、羊形立体动物杆头饰；甘宁区流行鹰首和羊首杆头饰，还出土了大量的车饰，金箔制成的动物纹饰牌非常有特色，鸟、龙、蛇题材较多。除了这两区外，北方其他地区动物纹装饰都不甚发达，燕山南麓区和岱海地区只有双鸟回首剑，河西走廊地区沙井文化中存在一些立体动物形装饰和杆头饰。

第四章 新疆地区青铜时代和早期铁器时代的动物纹装饰

新疆古称西域，地处欧亚大陆腹地，自古以来就是欧亚大陆的交通要道。从考古发现来看，汉代以前新疆地区的文化遗存是十分发达的，新疆与中亚和中国内地的联系可以追溯到更早的青铜时代。在青铜时代和早期铁器时代，新疆地区许多文化中都存在动物纹装饰，由于各地区不同文化的动物纹装饰都存在一定的差异，本章依据具体文化特征和动物纹装饰特征将新疆地区分为东部天山区、中部天山区、伊犁地区、阿勒泰地区和环塔里木盆地区五个区：

1. 东部天山区，包括哈密盆地和巴里坤草原，大致以东天山的巴里坤山、哈尔里克山为南北分界。

2. 中部天山区，包括现今乌鲁木齐、吐鲁番、昌吉三个地级行政区。主要位于天山中段，乌鲁木齐与昌吉位于天山北麓、准噶尔盆地南缘，地势南高北低，北部有冲积平原分布。

3. 伊犁地区，主要指伊犁河流域，另外石河子市南山古墓葬[①]的文化内涵与伊犁河谷相近，也被归入这个地区。

4. 阿勒泰地区，属于伊犁哈萨克自治州，位于新疆北端，阿尔泰山南麓，南与准噶尔盆地相接，东部毗邻蒙古国，西、北部与哈萨克斯坦、俄罗斯接壤。

5. 环塔里木盆地区，即以塔里木盆地为中心的地区。塔里木盆地为天

---

① 新疆文物考古研究所、石河子市军垦博物馆、新疆大学历史系：《新疆石河子南山古墓葬》，《文物》1999年第8期。

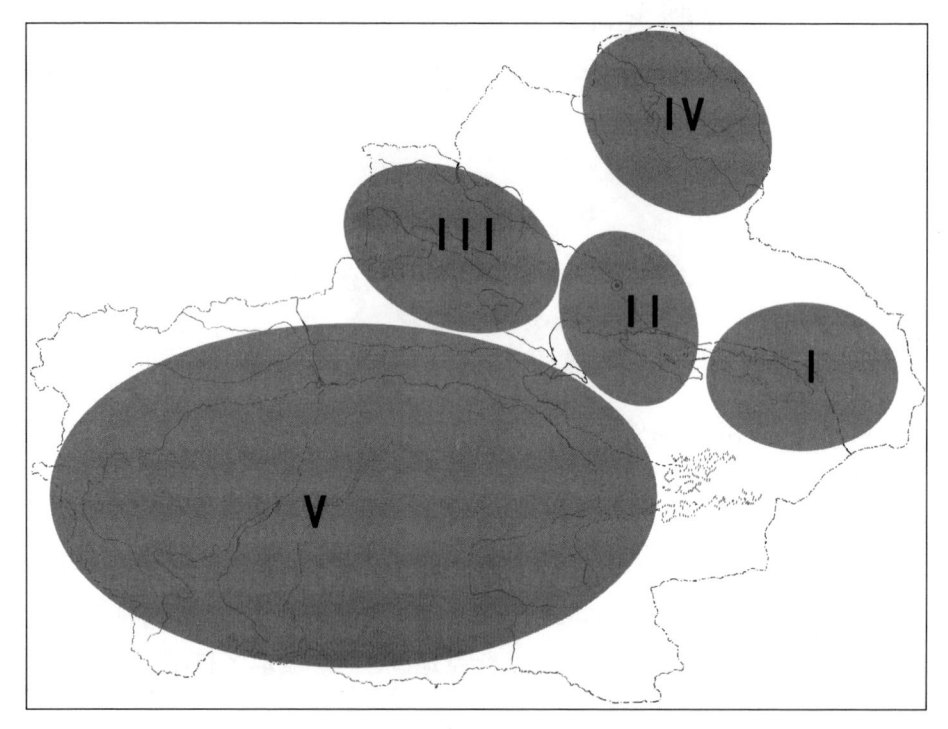

图 4.1 新疆动物纹分区示意图
Ⅰ.东部天山区　Ⅱ.中部天山区　Ⅲ.伊犁地区　Ⅳ.阿勒泰地区　Ⅴ.环塔里木盆地区

山、昆仑山、阿尔金山和帕米尔高原所环绕,焉耆盆地亦置于其中。由于塔里木盆地的中部是塔克拉玛干大沙漠,人类活动主要限于沙漠周围的山前地带,以及流入沙漠的河流两岸尤其是其尾闾地区。

第一节　东部天山区

整个东部天山区发现的动物装饰器物比较少,目前发表的资料共有14件。

鹿首铜刀 1 件,哈密花园乡采集。刀弧背,直刃,柄端铸鹿首,鹿抬头、竖耳、长脸,大角向后弯曲成半环状,颈下有小环扣。柄扁圆,向一侧弯曲，边缘各铸有一周正倒三角形组成的弦纹图案，柄、刃间"一"字形阑外凸。通长36厘米、柄长13.5厘米①（图4.1-1，1）。

双羊纹铜饰牌1件，哈密寒气沟墓地出土。表现了母羊哺乳小羊的画面。母羊昂首伫立，角延至颈后并贴背，尾部残，从迹象来看应是上翘状。母体下依偎一小羊羔，作引颈吸吮状。长3.2厘米、高3.5厘米②（图4.1-1，2）。

立羊铜管状饰1件，伊吾县吐葫芦乡拜其尔村南出土。管状饰件上铆接一站立的北山羊，高约10厘米，大角与身等高，角前缘有连续的波状凸棱，双耳短而直立，颌下有须，短尾下垂③（图4.1-1，3）。

立羊柄铜镜1件，伊吾县苇子峡墓地出土。羊低头、竖耳，唇部轮廓有角棱，大角上卷，角缘呈夸张的连续波状纹，前后肢显现肌肉感，短尾上翘。通高16厘米、镜面直径7.7厘米④（图4.1-1，4）。

动物纹饰牌及扣饰共10件，均出土于巴里坤东黑沟遗址M012。长方形金饰牌5件。其中较大的3件形制基本相同，表面的动物纹系压模而成，分上下两层：上层为一排三个格里芬鸟头；下层左侧是一虎纹，侧身；右侧是一豹纹，表现身体侧面和头部正面。饰牌长6.5厘米、宽3厘米（图4.1-1，5—7）。较小的2件表面纹饰也是压模而成，似抽象的龙首纹，但二者头向相反。饰牌四角各有一穿孔。长2.6厘米、宽1.5厘米（图4.1-1，8、9）。长方形银饰牌3件。前2件纹饰内容、大小与长方形金饰牌相同，而

---

① 新疆维吾尔自治区文物事业管理局、新疆维吾尔自治区文物考古研究所、新疆维吾尔自治区博物馆等：《新疆文物古迹大观》，新疆美术摄影出版社，1999年，第114页，图0268；穆舜英主编：《中国新疆古代艺术》，新疆美术摄影出版社，1994年，第50页，图100；新疆维吾尔自治区社会科学院考古研究所：《新疆古代民族文物》，文物出版社，1985年，图版59。

② 新疆文物考古研究所、哈密地区文管所：《哈密寒气沟墓地发掘简报》，《新疆文物》1996年第2期；新疆文物考古研究所、哈密地区文管所：《新疆哈密市寒气沟墓地发掘简报》，《考古》1997年第9期。但也有学者认为寒气沟墓地与焉不拉克遗存的区别主要是时代早晚不同所致，并未构成划分新类型的理由。参见韩建业：《新疆的青铜时代和早期铁器时代文化》，文物出版社，2007年，第84页。

③ 托乎提·吐拉洪：《新疆伊吾县拜其尔墓地进行抢救性考古发掘》，《中国文物报》2005年2月4日第1版。

④ 《丝绸之路——大西北遗珍》编辑委员会：《丝绸之路——大西北遗珍》，文物出版社，2010年，第29页。

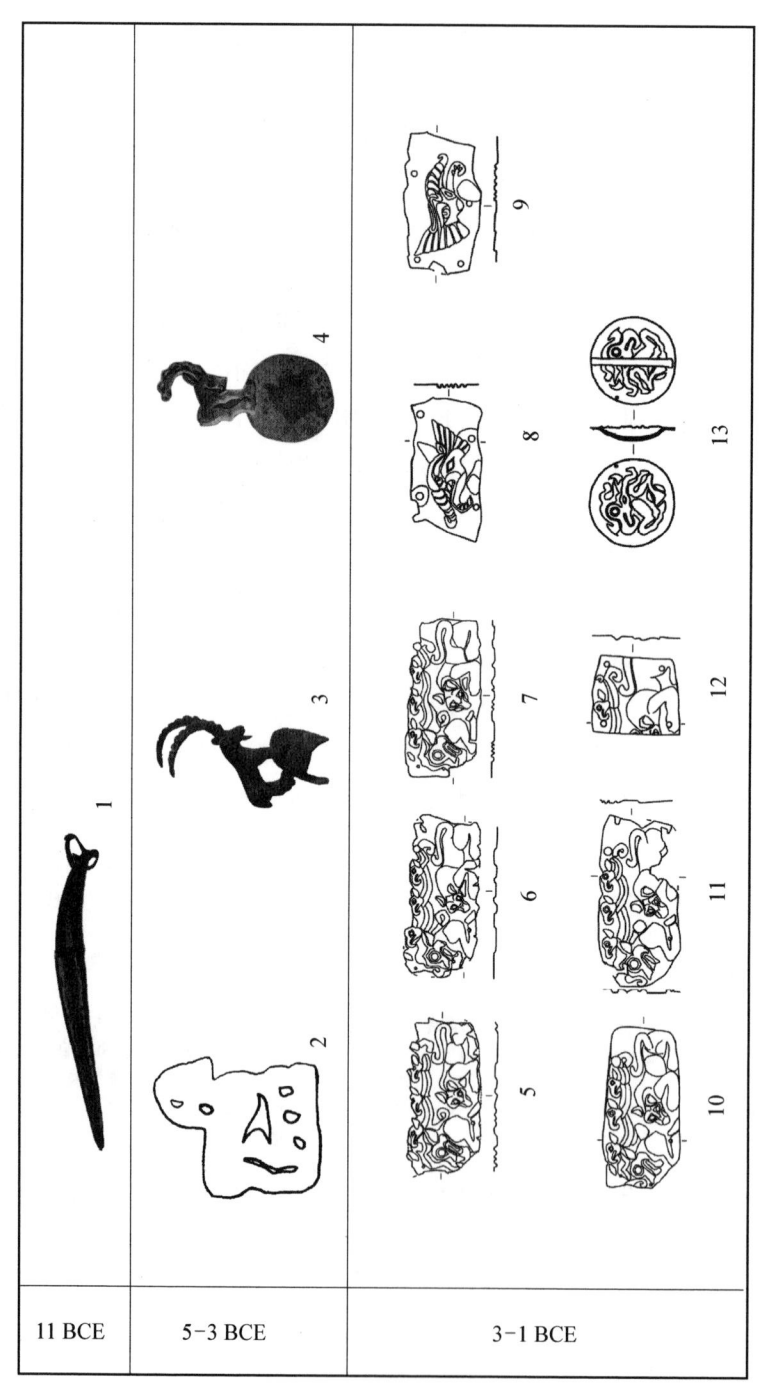

图 4.1-1 东部天山区动物装饰器物图

1. 鹿首铜刀（哈密花园乡采集） 2. 双羊纹铜饰牌（哈密寒气沟墓地） 3. 立羊铜管状饰（伊吾拜其尔墓地） 4. 立羊柄铜镜（伊吾苇子峡墓地） 5—9. 金饰牌 10—12. 银饰牌 13. 圆形银扣饰（5—13. 东黑沟遗址）

| 11 BCE | 5-3 BCE | 3-1 BCE |

M012：34 系长方形饰牌截后再用（图 4.1-1，10—12）。圆形银扣饰 2 枚。主体纹饰还是压模而成，图案为格里芬形象，鸟首、鹿角、马蹄足。背面有一桥形钮，左上方有一个小钻孔。直径 2.5 厘米、钮宽 0.2 厘米、高 0.3 厘米①（图 4.1-1，13）。

总体看来，周代以前，整个哈密地区只见一件动物装饰器物，即花园乡采集的鹿首铜刀，时代约在商代晚期，属于典型的中国北方系青铜器。从分布和形制分析，这件器物应该是直接由邻近的中国北方地带输入。

直到战国时期，才开始有墓葬中出土的动物装饰器物，属于焉不拉克文化晚期的寒气沟墓地出土 1 件双羊纹铜饰牌，反映了来自东边北方地带的影响；巴里坤草原伊吾县拜其尔墓地出土的铜管状饰和苇子峡墓地出土的铜镜，都有圆雕的北山羊形象，体现了与天山地区和境外七河地区的联系。

战国晚期至西汉前期，动物装饰器物只见于巴里坤草原的东黑沟遗址。出土的金银饰牌及扣饰的动物风格开始虚幻化，显示了与阿尔泰地区巴泽雷克文化的联系。

从上面的情况看，哈密地区发现的属于汉代以前的动物装饰器物并不多，而且也不存在有自身传统的动物装饰艺术。已有的发现除了东黑沟出土的饰牌外，大部分可能是直接由外地传入的。而笔者倾向认为东黑沟遗址的金银饰牌和扣饰是受外部艺术风格影响而在当地制造的，理由是东黑沟的虚幻动物装饰器物在其他地方并未找到形制完全一致者，在此地却有几乎完全相同的几件，从遗址状况与社会发展程度来说，这些器物是财富与身份的象征，可能有专门的机构为其制造。至于鹿首铜刀与双羊纹铜饰牌，在此地外能见到几乎一样的同类器物，可以看作是偶然流入或者是随人口零星迁徙带入。

第二节 中部天山区

整个中部天山区发现的动物装饰器物数量相对丰富，目前发表的资料共

---

① 新疆文物考古研究所、西北大学文化遗产与考古学研究中心：《新疆巴里坤县东黑沟遗址 2006—2007 年发掘简报》，《考古》2009 年第 1 期。

有67件①。

1. 昌吉地区，共5件。

野猪纹透雕圆铜牌1件，木垒县东城大队征集。整体形状似花瓣，上有五只野猪，围绕中心的卷曲雪豹形象。直径7.3厘米、厚0.3厘米。饰牌背面有三个圆形铆钉，钉脚高0.7厘米②（图4.2-1，1）。

雪豹首铜刀1件，呼图壁县石门子墓地M3出土。雪豹的鼻孔和眼睛均为圆形，耳部明显，后蹄翻转至头部下方。总长25.8厘米，刀首长3.8厘米、宽2.4厘米，刀身微弯，长22厘米、宽1.5厘米、厚0.5厘米（图4.2-1，2）。

兽首铁刀1件，呼图壁县石门子墓地M52出土。似为一鹰形格里芬头部，喙部微向下弯，鹰眼透雕成圆形，耳部为长圆形的凹陷。造型简单，有风格化倾向。总长17.3厘米，刀首铜质，长1.5厘米、宽2.4厘米，刀身铁质，弧背弧刃，长15.8厘米、宽1.4厘米、厚0.4厘米（图4.2-1，3）。

鹿形铜带钩饰1件，呼图壁县石门子墓地M6出土。透雕，仰首，鹿嘴向前，耳朵朝后，鹿角微残，线条流畅向后伸展，眼鼻处微透雕，前蹄后屈叠在前伸的后蹄之上，躯干和臀部以一道浅槽为界，尾巴短小。躯干背面有一蘑菇形钮。通体厚0.3厘米、总长8.3厘米、高6厘米③（图4.2-1，4）。

大角羊铜饰件1件，阜康市臭煤沟墓地M15出土。阳面形似卧着的大角羊，上有阴线刻胡须等，后部有阴线刻翅膀，在羊头后部及尾端各有一个长方形孔。长约5厘米、厚约2厘米④（图4.2-1，7）。

2. 乌鲁木齐地区，共28件。

管銎战斧1件，萨恩萨依墓地M14出土。合范浇铸。援为圆柱形，尖部呈四棱锥状，援尾为一浮雕立虎，双脚及眼耳以圆圈表示。圆銎孔，孔内残留木柄，顶部嵌铜片。銎管中部有一孔，内残留楔子。銎与援结合处装饰对

---

① 实际数目应该不止这个，因为洋海墓地出土的木桶只给出总数，并未列出有动物纹的详细数目，不过即便那些全是有动物装饰的，其实总数也并不大。
② 王炳华：《新疆东部发现的几批铜器》，《考古》1986年第10期。
③ 新疆文物考古研究所：《呼图壁县石门子墓地考古发掘简报》，《新疆文物》2013年第2期。
④ 新疆文物考古研究所：《阜康市臭煤沟墓地考古发掘简报》，《新疆文物》2012年第1期。

称的浮雕格里芬。长16.3厘米①（图4.2-1，5）。

卧马形金箔1件，柴窝堡古墓葬M1出土。伏卧状马形金箔。长5.6厘米、高2厘米②（图4.2-1，8）。

阿拉沟竖穴木椁墓出土26件，除兽面金饰片出土于M18外，其余全见于M30③。

方座承兽铜盘1件。出于M30西侧壁龛内，通高32厘米。下部为喇叭状器座，上部为方盘。盘边长29.6厘米、侧边高3.2厘米。方盘中央立二兽，似狮形，高8厘米、长10厘米。其制造方法是首先铸出立狮、方盘、器座等，而后焊接成一体（图4.2-1，16）。

对虎纹金箔带4件。在金箔上捶压出对虎踞伏的形象。虎口微张，前腿平伸，后腿翘起，尾卷曲，两端各有一小孔。出土时背面发现黑灰。标本M30∶5，长26.5厘米、宽3.5厘米，重27.75克（图4.2-1，17）。

狮形金箔1件。捶压出狮子形象，狮作跃起状，尾上穿一小孔。出土时尾及后腿部分已压裂成数片。长20.5厘米、高11厘米（图4.2-1，18）。

虎纹金牌8件。图案为一老虎形象，虎头微昂，前腿举至颌下，躯体卷曲成半圆，后腿翘起，通体构成圆形。虎头向左的有5件，向右的有3件，模压成型。在金牌内侧，出土时曾发现黑灰，原来似附于木质或皮质物品上。直径一般为5.5—6厘米、厚约1毫米，重15.72—21.25克（图4.2-1，19）。

兽面银牌5件。出土于M30北壁二层台上，模压花纹，幅边内折，残留黑灰痕迹，原来也似贴于器物上。可分两式：Ⅰ式近矩形，2件，脸部扁宽，竖耳，狭鼻，鼻下有长方孔，粗眉，小眼，颌下有须，标本M30∶2，高10厘米、宽8.6厘米、厚0.1厘米（图4.2-1，20）；Ⅱ式盾形，3件，饰牌中心为一石榴花形图案，中部有一梨状孔，孔洞下可见鼻孔、嘴、须等图

---

① 新疆文物考古研究所、乌鲁木齐市文物管理所：《新疆乌鲁木齐萨恩萨依墓地发掘简报》，《文物》2012年第5期。
② 新疆文物考古研究所：《1993年乌鲁木齐柴窝堡墓葬发掘报告》，《新疆文物》1998年第3期。
③ 新疆社会科学院考古研究所：《新疆阿拉沟竖穴木椁墓发掘简报》，《文物》1981年第1期。

案，侧边为垂幔，高9厘米、宽6—7.2厘米（图4.2-1，21）。

兽面金饰片7件，可分两式。Ⅰ式2件，近圆形，出土于木椁底部。标本M18：10，兽面特征为大耳、小眼、大鼻，中心有圆孔，宽2.6厘米、高2.7厘米（图4.2-1，22）；Ⅱ式5件，呈耳状，出于墓室底部。标本M18：12，在金箔上捶压出兽面形象，左右对称，合二为一，有眼、耳、鼻等，饰片周缘有四小孔，内侧有铜锈，高2.5厘米、宽1.6厘米（图4.2-1，23）。

3. 吐鲁番地区，共34件。

双马纹铜饰牌1件，吐鲁番艾丁湖古墓采集。正面铸成一对透雕状卧马，马背相连，头尾相衔，背面有三个环钮，位于三个角部。长5.2厘米、宽4厘米、厚0.3厘米①（图4.2-1，6）。

双鸟纹铜饰牌1件（M3：16），托克逊县鱼儿沟墓地出土。平面略呈长方形，背面有钮。饰牌中间有一乳钉，两侧各有一个模压鸟头。长5厘米、宽2.5厘米（图4.2-1，9）。

大角羊铜饰牌1件（M3：18），托克逊县鱼儿沟墓地出土。整体呈伏卧状大角羊形象，昂首，背有一钮。长4.6厘米、高4.2厘米②（图4.2-1，10）。

虎噬动物纹铜饰牌3件。正面透雕老虎造型，背面有三个环状钮，头端两个、尾端一个，布局呈三角形。鄯善县二塘沟墓地出土2件。M7：10，虎尾残缺，长8厘米、宽4.9厘米、厚0.3厘米（图4.2-1，11）；M7：17，虎耳、尾部及一钮残缺，虎胸腹部有一圆孔，残长7厘米、宽3.5厘米、厚0.2厘米③（图4.2-1，12）。吐鲁番艾丁湖潘坎采集1件。老虎睁目竖耳，张口叼着一只羊，长11.1厘米、宽5.3厘米、厚0.3厘米④（图4.2-1，13）。

包金卧虎铜牌2件，鄯善县苏贝希古墓群出土。主体是长方形卧虎铜牌，外围边框饰一周圆点纹，中间铸成透雕状的一只卧虎，右前腿高高扬

---

① 新疆维吾尔自治区博物馆、吐鲁番地区文管所：《新疆吐鲁番艾丁湖古墓葬》，《考古》1982年第4期。
② 新疆文物考古研究所：《托克逊县鱼儿沟遗址、墓地考古发掘报告》，《新疆文物》2011年第2期。
③ 新疆文物考古研究所：《鄯善县二塘沟墓地考古发掘简报》，《新疆文物》2012年第1期。
④ 柳洪亮：《吐鲁番艾丁湖潘坎出土的虎叼羊纹铜饰牌——试论鄂尔多斯式青铜器在西域的影响》，《新疆文物》1992年第2期。

起，回首张口，尾巴上翘，形象生动。铜牌背面有一桥形钮，原依附于其他物件。正面模压一层金箔，图样清晰如铜牌。金箔边缘包折至铜牌背面，发现时金箔与铜牌已被剥离开。长4.7厘米、宽3.5厘米、厚0.2厘米（图4.2-1，14）。

虎纹金箔1件，鄯善县苏贝希古墓群出土。圆形，直径4.1厘米，中间是一只站立的虎，尾巴上翘，回首长啸，观之如闻其声。金箔很薄，极易折损，其边缘有折痕，应该也是模压在一圆形虎纹铜牌上的[①]（图4.2-1，15）。

交河故城沟北墓地出土13件。

铜狼首形饰1件（M23:3），圆眼，露齿，双小耳，后端有两小圆孔。铸造。长4.5厘米、孔径0.8厘米（图4.2-1，24）。

银牛头饰1件（M16②竖穴墓道:4），残，弯角，大耳，扁嘴，一只角和一只眼已残，牛头下有镂孔支座。铸造。通高3.2厘米（图4.2-1，25）。

鹿形金饰1件（M16②北偏室:35），由两块鹿形金片接合在一起制成的有立体感的鹿形饰。鹿四足站立于金片之上（后足金片残），脖颈挺直，高耸的鹿角上焊以金点装饰，举目远视，身体修长，臀部肥硕。长3.8厘米、高3.3厘米（图4.2-1，26）。

驼形金饰片2件，形态相同。标本M01:15，双峰驼，卧姿，举目平视，形态安详。在驼的嘴、峰和腿部计有五个直径约0.1厘米的钉孔，饰片的一面残留有铜锈，打制。一件长2.6厘米、最高2.2厘米；另一件长2.8厘米、最高2.1厘米（图4.2-1，27）。

鹰纹金饰片4件，形状基本相同。标本M16②南偏室:12，仅突出鹰弯曲的大喙、圆眼睛和卷曲的羽毛。面凸内凹，凹面残留有铜锈。在嘴、顶及尾部有圆形钉孔。打制。长1.25厘米（图4.2-1，28）。

对鸟纹金饰片2件，形状相同。标本M16②南偏室:118，饰片呈长方形，有六道凹凸相间的波折纹连接两对角，在波折纹的两侧饰叶形纹，叶形纹中有相对仰首、长喙、卷翼的两对鸟。四角各有一个圆形钉孔。长2.3厘米、宽1.5厘米。另一件纹饰与此完全相同，略残，打制（图4.2-1，29）。

[①] 吐鲁番地区文管所：《新疆鄯善县苏巴什古墓群的新发现》，《考古》1988年第6期。

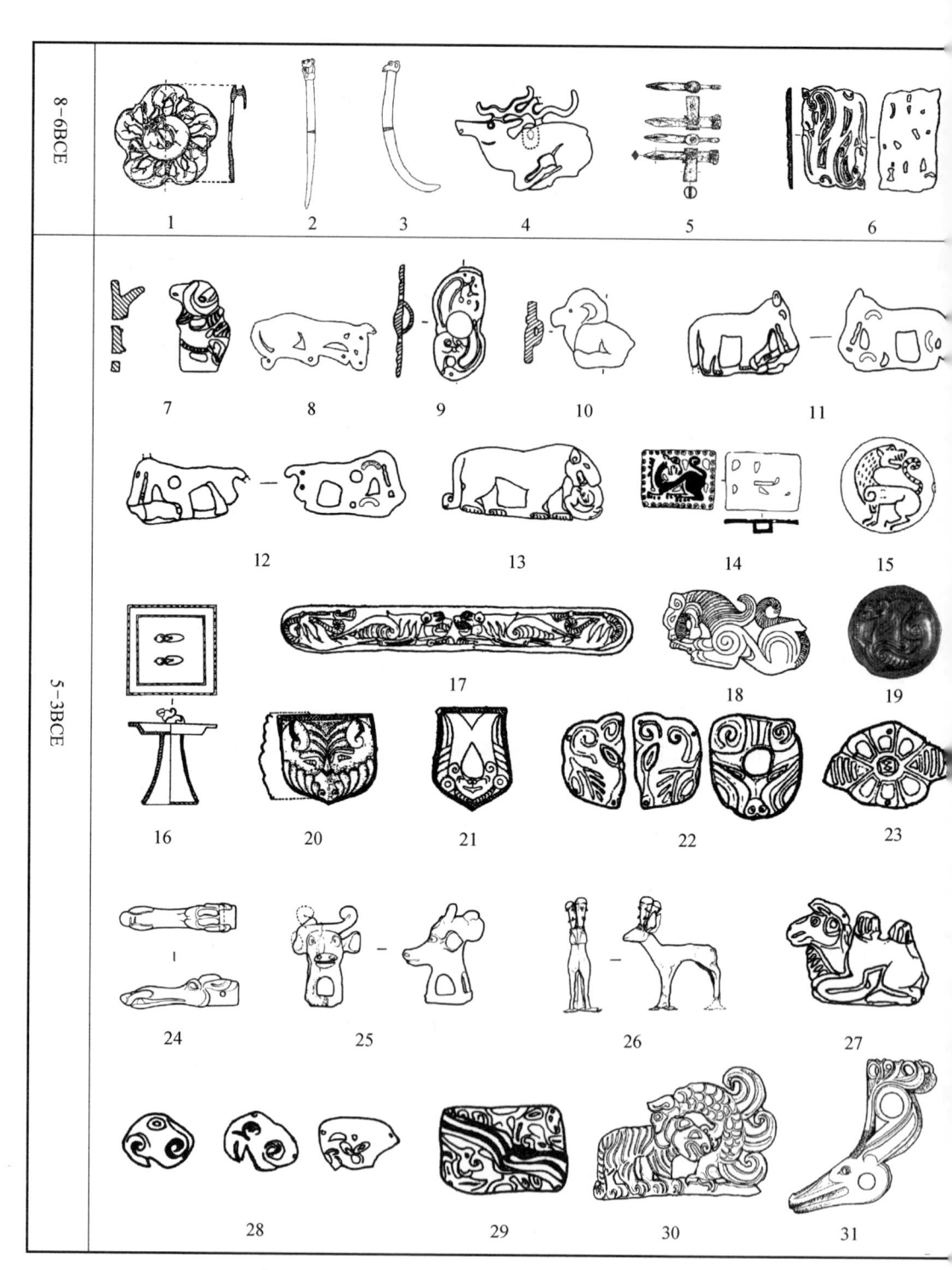

图 4.2-1　昌吉、乌鲁木齐和吐鲁番地区动物装饰器物图

鹰嘴怪兽搏虎金饰牌 1 件（M01mb：1），一只长鹰喙但全身布满圆形鳞甲、长有三个卷状脊鳍及鹰足的怪兽，飞跃而起，口咬虎背，正在搏斗。虎站立，俯首垂尾无抵抗状。在怪兽两脊鳍上分别有直径约 0.1 厘米的钉孔。打制。最长 8.4 厘米、最宽 5.7 厘米（图 4.2－1，30）。

骨鹿首雕 1 件（M28：41），器物形象地雕出鹿的脸部，并在鼻眼之间以凹状水滴纹和变形三角纹予以装饰。镂空雕刻出高耸的鹿角，其上刻划圆圈、Y 形、弧形三角和凸状方格纹。在下颌处透钻一直径约 0.9 厘米的圆形透孔。线条流畅，造型独特。通体长约 11 厘米[1]（图 4.2－1，31）。

鄯善洋海墓地简报展示 12 件，其中木器 10 件（含木桶 9 件、木盘 1 件）、陶器 2 件。

一号墓地共出土木桶 14 件，有的上面未见动物纹。用圆木掏挖而成，壁较薄，在一头刻一周内槽，装圆木板作底，沿上多有对称的双系。简报展示的有 2 件。

M160：3，外壁涂成黑色，带流，桶壁上有一道裂缝，有五对铜眼穿皮绳加固。外壁线刻六只动物，三只羊，还有三只（匹）似马。桶径 13 厘米、高 24.3 厘米（图 4.2－2，1）。

M23：4，口沿上双立耳，口沿外用植物种子粘贴连续的三角形纹饰，桶壁一周刻有九只奔跑的野山羊。桶径 15.6 厘米、高 17.5 厘米[2]（图 4.2－2，2）。

二号墓地木桶出土较多，圆木掏挖成直筒形，用木板制成的平底从下面安装。简报并未言明有多少是有动物纹装饰的，仅收录 6 件。

M273：5，口沿上有两个对称立耳，耳上有穿孔，通体饰彩，上下口沿饰连续三角纹，中间两排动物，线刻出轮廓后涂黑彩。上面一排两只狼、一只野山羊，下面一排三只野山羊。桶径 13.2 厘米、通高 16.4 厘米（图 4.2－2，3）。

---

[1] 交河故城保护修缮办公室：《交河故城——1993、1994 年度考古发掘报告》，东方出版社，1998 年。

[2] 新疆文物考古研究所、吐鲁番地区文物局：《鄯善县洋海一号墓地发掘简报》，《新疆文物》2004 年第 1 期。

M2204：2，以木铆钉固定。沿上有对称的两个立耳。桶体裂缝处留铜眼。桶身饰山羊和麋鹿各一只，前后相随，绕桶身一周，均线刻而成。口径15.2厘米、底径16.2厘米、通高21.8厘米（图4.2-2，4）。

M258：2，无立耳，有对称小穿孔。口底部雕刻出三角纹后相间抹黑彩，中间有两只羊、一只狗，其间有一长方形神秘图案，内填平行线。桶径13.2厘米、高18.2厘米（图4.2-2，5）。

M2056：5，双立耳，耳上有小穿孔。上、下沿部饰三角纹（火焰纹），中间彩绘虎一只（部分彩绘脱落而漫漶不清）。桶直径13.4厘米、通高22.5厘米（图4.2-2，6）。

M2040：1，已变形成椭圆形，有对应的两个系绳的小孔。上下沿饰连续三角纹，中间阴刻出动物纹，并施红、黄彩，表现了二狼因抢夺野山羊而争斗。桶径16.2厘米、高18.2厘米（图4.2-2，7）。

M2068：2，木桶残块，存不足四分之一。上、下部饰用阴阳相间的小三角组成的连续大三角纹，中间存鸟的前半部身体，鹰嘴鹄目，其上下有蔓须状和变体三角形吉祥图案。桶高22.4厘米、直径15.6厘米（图4.2-2，8）。

木盘1件。

M282：1，浅腹，敞口，平底，沿下有一穿孔，椭圆形口和底。底部阴刻老虎一只，充分利用器底的椭圆形，虎背和颈部弯曲，呈站立低头觅食状。口径长24厘米、宽20厘米，底径长16厘米、宽12厘米，高7.2厘米（图4.2-2，9）。

陶器2件。

陶豆1件，吐鲁番地区鄯善县洋海二号墓地M215出土。圆唇，浅腹，罐形，矮圈足，耳部作鋬，塑成绵羊头形。口部6.8厘米、通高7.6厘米（图4.2-2，10）。

陶钵1件，吐鲁番地区鄯善县洋海二号墓地M2019出土。方唇，敛口，在耳的部位塑出一公羊头把手，羊的双角都盘了两圈。口径14.2厘米、通高9.2厘米[①]（图4.2-2，11）。

---

① 新疆文物考古研究所、吐鲁番地区文物局：《鄯善县洋海二号墓地发掘简报》，《新疆文物》2004年第1期。

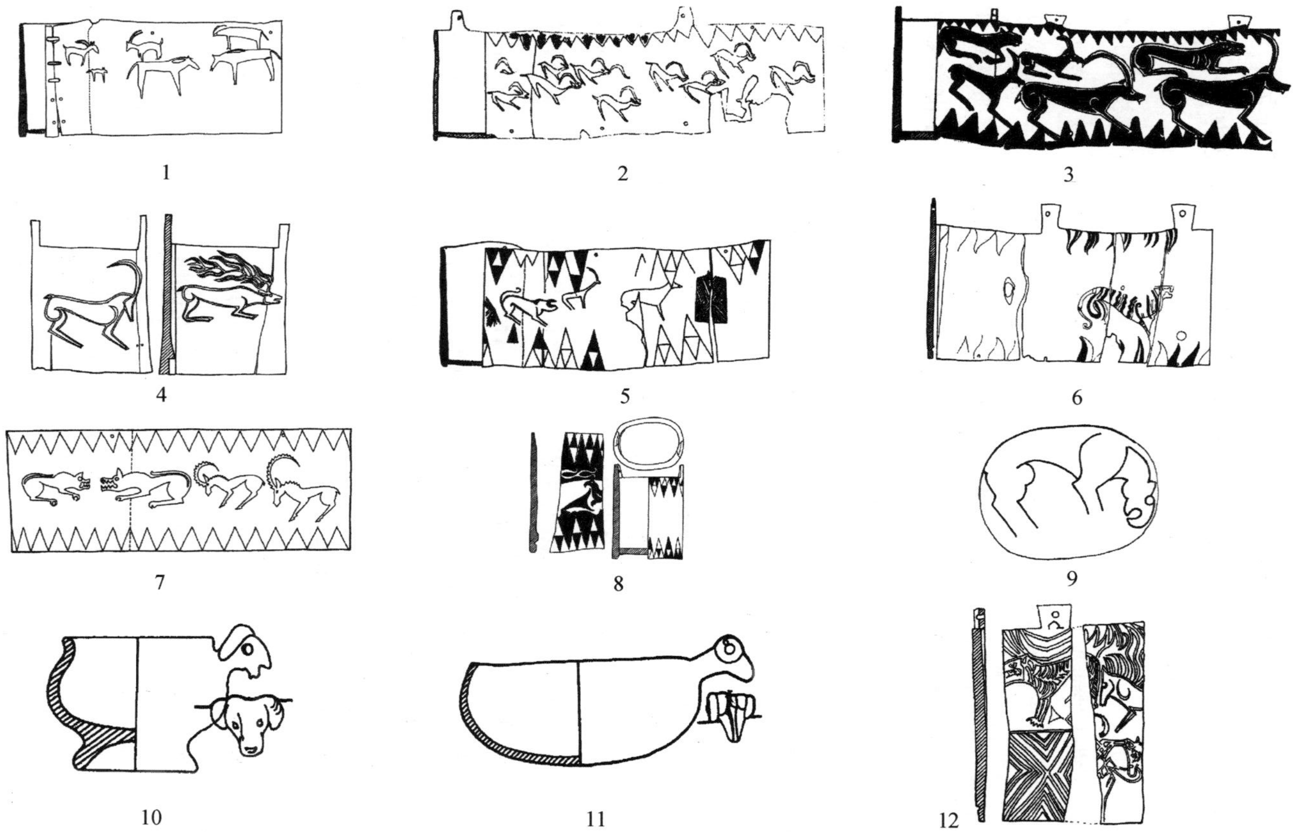

图 4.2-2 洋海墓地出土动物装饰器物

1—12. 洋海墓地（一号墓地 M160、M23，二号墓地 M273、M2204、M258、M2056、M2040、M2068、M282、M215、M2019，三号墓地 M320）

第四章 新疆地区青铜时代和早期铁器时代的动物纹装饰

三号墓地出有动物纹木桶片1件，此外还有一件木桶无动物纹。标本M320：3，两片合为一件圆木桶的三分之一，底缺失。桶口沿上有立耳，立耳上有穿孔。桶表面通体线刻动物和其他繁缛的图案，其中有老虎、马等，均不太完整。桶高18.5厘米[①]（图4.2-2，12）。

中部天山区发掘的早期铁器时代的墓葬比较多，主要集中于博格达山南北两侧的山前地带或山谷间，这些遗存基本都属于苏贝希文化。苏贝希文化是由陈戈先生首先命名的[②]，此后学者继续对其文化谱系与源流进行深入研究，并指出其年代大致在公元前2千纪末（相当于西周中晚期）至西汉早期之间[③]。但目前所发现的动物装饰器物主要集中在几个墓地，此外也有零星的采集品（图4.2-1）。

公元前5世纪之前，在这个地区发现的动物纹金属装饰物很少，大多以木器为主，主要集中于洋海墓地，木器上的动物主题除见于萨彦—阿尔泰地区的岩画外，也与阿尔然一号王冢出土的鹿石刻画内容相似，其中一些主题后来也见于巴泽雷克墓地。目前所见金属物只有昌吉与萨恩萨依墓地的几件器物。木垒采集的野猪透雕铜牌上的卷曲雪豹与野猪形象还出于图瓦阿尔然一号王冢，石门子墓地的鹿形铜带钩、兽首铁刀以及雪豹首铜刀主要与阿尔泰山早期游牧文化麦耶米尔期出土物相似，萨恩萨依墓地出土的管銎战斧援尾的虎纹造型与阿尔然二号王冢出土虎形金饰风格一致。

战国时期，上述地区的文化对该地的影响增强，并首次出现了具有中国北方风格的饰牌。其时活跃在哈萨克斯坦草原的是萨卡文化，伊犁地区是索墩布拉克文化，而阿尔泰地区则是巴泽雷克文化，这三个地区的文化因素向东、向南传播，甚至同一处墓地兼具两种文化因素。比如阿拉沟竖穴木椁墓

---

① 新疆文物考古研究所、吐鲁番地区文物局：《鄯善县洋海三号墓地发掘简报》，《新疆文物》2004年第1期。
② 陈戈：《新疆史前时期又一种考古学文化——苏贝希文化试析》，《苏秉琦与当代中国考古学》，科学出版社，2001年，第153—171页。
③ 陈戈：《苏贝希文化的源流及与其他文化的关系》，《西域研究》2002年第2期；韩建业：《新疆青铜时代—早期铁器时代文化的分期与谱系》，《新疆文物》2005年第3期；韩建业：《新疆的青铜时代和早期铁器时代文化》，文物出版社，2007年；邵会秋：《新疆苏贝希文化研究》，《边疆考古研究（第12辑）》，科学出版社，2012年；郭物：《新疆天山地区公元前一千纪的考古学文化研究》，中国社会科学研究生院博士学位论文，2005年，第65—77页；郭物：《新疆史前晚期社会的考古学研究》，上海古籍出版社，2012年，第57—100页。

的M30，既出有索墩布拉克文化或者萨卡文化的铜"祭台"，更出有作为鞍鞯坠饰的兽面银牌，其虎纹金箔带、狮形金箔、雪豹纹圆金牌上的动物后肢翻转180度的风格尽管是阿尔泰地区的典型特征，但就其形制而言，与哈萨克斯坦伊塞克金人冢出土者更为近似。M30墓葬规格很高，随葬品丰富，汇聚了周边地方的文化精品，除了上述动物纹器物外，还出有中原的漆器与丝绸。如此精美的器物在此出现，说明这种文化交流是由上层人物主导的，兽面银牌也很有可能是根据巴泽雷克墓地出土的木制品仿制而来①。此时巴泽雷克文化的影响也及于洋海墓地的几件木器。

战国晚期至西汉前期，来自东部的匈奴文化因素在新疆的影响力越来越强，整个欧亚草原东部与新疆的文化面貌渐渐趋同。交河故城墓地出土物的变化无疑就是这一历史性事件的注脚。

第三节 伊犁地区

整个伊犁地区发现的动物装饰器物数量不多，目前发表的仅有20件。

羊首柄折背铜刀1件，巩乃斯河上游查布哈河发现。连柄浑铸，柄部作羊头形，饰连续交叉纹和半环纹，柄与刀身呈折角。长23.3厘米②（图4.3-1，1）。

饰兽纹短剑1件，察布查尔县东南、伊犁河南岸海努克乡古城采集。剑柄饰竖棱纹，首和格各饰一只野兽（虎），形状相同，作伏卧状，眼、口、鼻及脚端、尾端都以圈点纹表示。剑身呈柳叶形，两刃附近各贯穿一道棱，中间剑脊微凸。长30厘米③（图4.3-1，2）。

金箔卧虎饰件1件，新源县坎苏乡境内采集。以模具把金箔压成卧虎状，

---

① M30墓室木椁底部，还有业已残破的明器木车一辆，有意思的是出土相似鞍鞯坠饰的巴泽雷克墓地M5也有木质马车出土，双方是否有关系尚未可知。见新疆社会科学院考古研究所：《新疆阿拉沟竖穴木椁墓发掘简报》，《文物》1981年第1期。

② 史树青：《新疆文物调查随笔》，《文物》1960年第6期；穆舜英主编：《中国新疆古代艺术》，新疆美术摄影出版社，1994年，第50页，图98。

③ 新疆维吾尔自治区文物事业管理局、新疆维吾尔自治区文物考古研究所、新疆维吾尔自治区博物馆等：《新疆文物古迹大观》，新疆美术摄影出版社，1999年，第366页。

虎首低垂，尾端后卷呈环形。高3.2厘米、长7.5厘米①（图4.3-1，3）。

狼头柄铜刀1件，尼勒克县塔尔科特北墓群M36出土。直背弧刃，柄身连铸，柄部较长，截面呈长方形，柄端浇铸出双面狼头形象。柄长9.5厘米、刃长7.4厘米②（图4.3-1，4）。

鸟首形铜饰件2件，石河子市南山红沟山谷采集。空心，铸造，喙呈钩状，丰厚有力，造型夸张，似鸷鸟喙，二目圆睁，目后各有一耳（或角），颈长约1.4厘米，中空而有近似长方形的三孔。高3.6厘米、直径1.3厘米③（图4.3-1，5）。

环形饰2件，均残，新源县七十一团一连渔场遗址出土。为空心管状对兽圆环，分为对虎（龙）环和对飞兽环。对虎环环体中空，内侧有一条开口，表面起凸棱纹，首端为浮雕的一对虎（龙），吻部相对，环径约35厘米、管径4.5厘米（图4.3-1，6）；对飞兽环，圆形凸棱纹铜圈饰相对的高浮雕有翼兽，直径42.5厘米（图4.3-1，7）。

方座承熊盘1件，同出于新源县七十一团一连渔场遗址。盘方形，宽沿，直壁，平底，盘中心和四角可能各铸有一动物，现只剩角上一熊，余皆残。方座亦残。盘长、宽各25.5厘米，通体残高4.1厘米④（图4.3-1，8）。

北山羊立铜像1件，新源县坎苏乡采集。为铸造的单体北山羊，大角延伸至颈后，角前缘有连续的波状凸棱纹，俯首，颌下有须，双耳直立，短尾下垂。伫立，四腿相连，可能之前附着于其他器物之上。高5.5厘米、长5.7厘米⑤（图4.3-1，9）。

立羊柄铜镜1件，特克斯县叶什克列克墓葬出土。圆形，带柄，柄顶站

---

① 新疆维吾尔自治区文物事业管理局、新疆维吾尔自治区文物考古研究所、新疆维吾尔自治区博物馆等：《新疆文物古迹大观》，新疆美术摄影出版社，1999年，第364页。
② 新疆文物考古研究所：《尼勒克县一级电站墓地考古发掘简报》，《新疆文物》2012年第2期。
③ 新疆文物考古研究所、石河子军垦博物馆：《石河子市文物普查简报》，《新疆文物》1998年第4期。
④ 巴依达吾列提、郭文清：《巩乃斯河南岸出土珍贵文物》，《新疆艺术》1984年第1期；新疆博物馆文物队：《新源县七一团一连渔场遗址》，《新疆文物》1987年第3期。王博：《新疆近十年发现的一些铜器》，《新疆文物》1987年第1期。
⑤ 新疆维吾尔自治区文物事业管理局、新疆维吾尔自治区文物考古研究所、新疆维吾尔自治区博物馆等：《新疆文物古迹大观》，新疆美术摄影出版社，1999年，第370页。

立一圆雕的北山羊，大而弯的双角，耳、目、双唇明显，短尾，肥硕的脑袋，健壮的四肢。背部有一小钮。镜面直径 10.6 厘米、厚 0.2 厘米、通长 17.5 厘米①（图 4.3-1，10）。

牛头饰 1 件，特克斯县铁里氏盖征集。红铜铸造。牛头作自然姿势前伸，利用体部作銎，额上及体侧各有一小孔。形象似水牛，造型简单。两长角上曲后伸，角体作四棱形。一对大眼鼓凸，两耳后张，鼻下刻一道浅线表示嘴。通长 8.8 厘米、銎深 6.8 厘米②（图 4.3-1，12）。

鹿首铜带饰 1 件，特克斯县采集。方形钮，钮上浮雕鹿首，角饰凸棱纹并弯曲成环状构成钮环，一耳直立于环内，扣舌残。通长 7 厘米、环直径 4.5 厘米③（图 4.3-1，13）。

鹿首铜饰 4 件，特克斯河流域巩留县采集。红铜铸造，空心。鹿首平视，两角直立，呈向两边弯曲的弧状，短耳。高 3.7 厘米④（图 4.3-1，14）。

骨剑鞘 1 件，尼勒克县加勒克斯卡茵特墓地 M6 出土。置于墓主人股骨间，只见一半，形似带柄短剑，柄部和端部有五个穿孔，一面有插刀槽，一面通体饰格里芬鸟首形象，雕工精美⑤（图 4.3-1，15）。

铜簪 2 件。尼勒克县加勒克斯卡茵特墓地 M6 出土 1 件，圆锥形，簪首饰一展翅飞状鸟，簪长 12 厘米⑥（图 4.3-1，16）；特克斯县一牧场墓葬出土 1 件，圆锥形，簪首饰一北山羊，四角攒立⑦（图 4.3-1，11）。

---

① 新疆文物考古研究所、伊犁州文物管理所：《特克斯县叶什克列克墓葬发掘简报》，《新疆文物》2005 年第 3 期。
② 王炳华：《特克斯县出土的古代铜器》，《文物》1962 年第 7—8 期合刊。新疆维吾尔自治区社会科学院考古研究所：《新疆古代民族文物》，文物出版社，1985 年，图 84。
③ 新疆维吾尔自治区文物事业管理局、新疆维吾尔自治区文物考古研究所、新疆维吾尔自治区博物馆等：《新疆文物古迹大观》，新疆美术摄影出版社，1999 年，第 375 页。
④ 新疆维吾尔自治区文物事业管理局、新疆维吾尔自治区文物考古研究所、新疆维吾尔自治区博物馆等：《新疆文物古迹大观》，新疆美术摄影出版社，1999 年，第 374 页。
⑤ 新疆文物考古研究所、西北大学文化遗产与考古研究中心、伊犁州哈萨克自治州文物局等：《新疆尼勒克县加勒克斯卡茵特墓地发掘简报》，《考古与文物》2011 年第 5 期。
⑥ 新疆文物考古研究所、西北大学文化遗产与考古研究中心、伊犁州哈萨克自治州文物局等：《新疆尼勒克县加勒克斯卡茵特墓地发掘简报》，《考古与文物》2011 年第 5 期。
⑦ 张玉忠：《伊犁河谷土墩墓的发现和研究》，《新疆文物》1989 年第 3 期；郭物：《新疆史前晚期社会的考古学研究》，上海古籍出版社，2012 年，第 239 页。

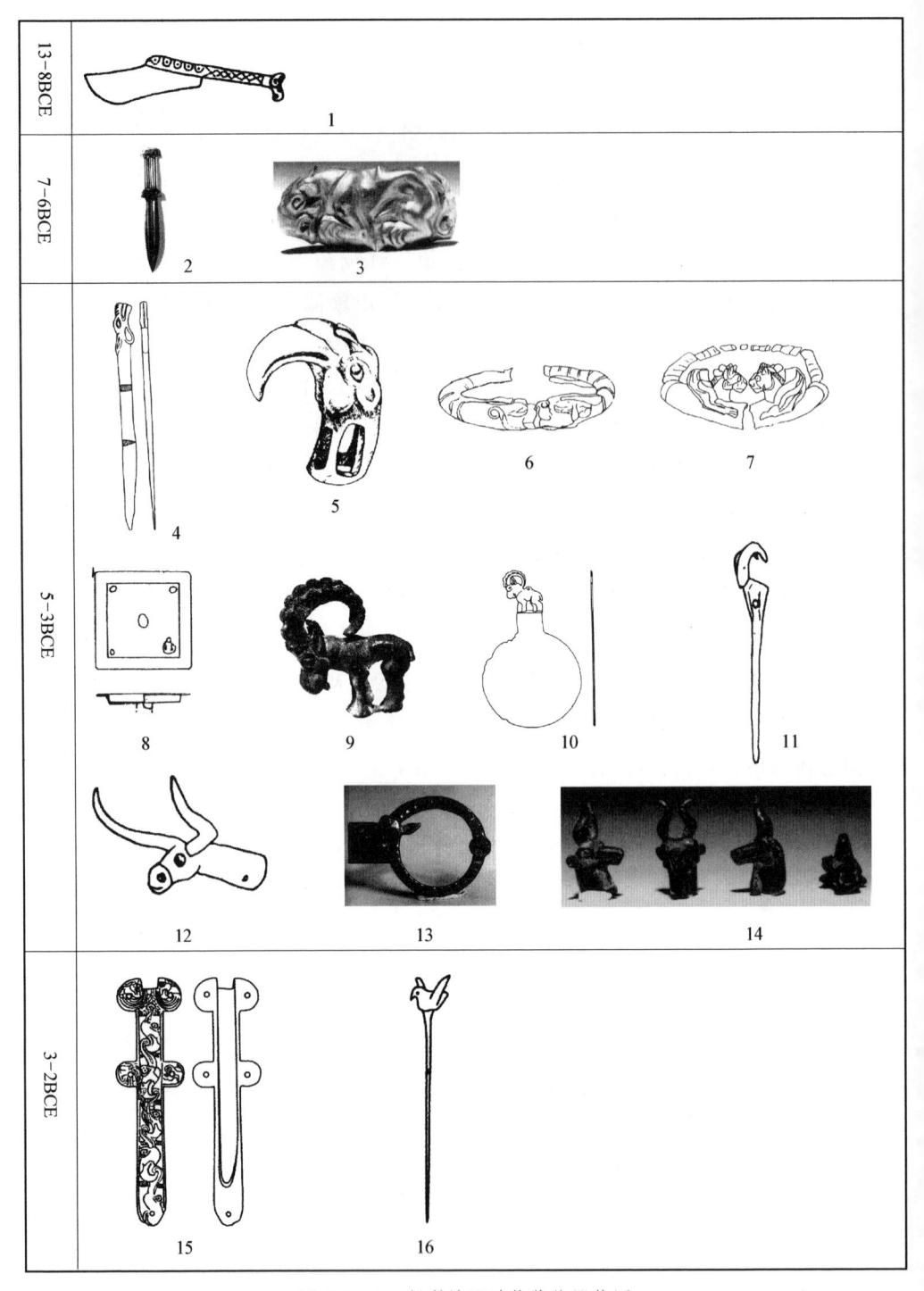

图 4.3－1 伊犁地区动物装饰器物图

1. 巩乃斯查布哈河采集 2. 察布查尔县采集 3. 新源县坎苏乡采集
4. 尼勒克县塔尔科特北墓群 5. 石河子市南山采集 6—8. 新源七十一团一连渔场遗址 9. 新源县坎苏乡采集
10. 特克斯县叶什克列克墓葬 11. 特克斯县一牧场墓葬 12. 特克斯县铁里氏盖征集
13. 特克斯县采集 14. 巩留县采集 15、16. 尼勒克县加勒克斯卡茵特墓地 M6

目前所见汉代以前伊犁地区出土或采集的动物装饰器物，多数集中在战国时期，即公元前5—前3世纪。战国以前的动物装饰器物只发现了3件，折背铜刀形制与卡拉苏克文化的同类物非常相似，可能是直接从卡拉苏克文化传布至此。饰兽纹短剑和金箔卧虎饰件，其动物风格则与阿尔泰山南麓的东塔勒德墓地和图瓦的阿尔然二号王冢相似，年代在公元前7—前6世纪，相当于中原的春秋时期。换言之春秋以前，伊犁地区的动物装饰艺术主要受北面的萨彦—阿尔泰地区以及南西伯利亚的影响，且这些零星采集的器物，直接由上述地区流入的可能性更大，而非仿制品。

到了战国时期，则受到以西的萨卡文化以及阿尔泰的巴泽雷克文化影响。这个时期，欧亚草原的游牧化加强，各地来往增多，人群流动增加，一地的文化因素往往能比较快地带到其他地方。结合当地原有文化传统和制作者的心理与审美，各地的游牧文化在带有共性的时候，也拥有自己的特色，比如伊犁地区出土的鹿首铜饰与鹿首铜带饰。即便其他一些器物的动物装饰是接受外地文化因素而产生，也并非简单复制。此外，这个时候，带有宗教祭祀功能的动物装饰器物开始出现。伊犁的承兽铜盘应是来自境外的萨卡人，反映了其时的仪式、意识形态以及宗教传统。萨卡人的这些技艺则是来自文明程度更高的波斯王朝，有些器物甚至就是在波斯境内制作完成的。在受波斯文化影响的同时，萨卡人也不忘把这些文化因子传播到阿尔泰地区，这在巴泽雷克墓地器物中有明显体现①，反过来，这也解释了巴泽雷克文化的影响能到达新疆西部的原因。

战国晚期至西汉前期，伊犁地区现已发现的属于这一时期的动物装饰器物仅有加勒克斯卡茵特墓地的骨剑鞘与铜簪。这类剑鞘通常被认为是大月氏遗存，阿富汗的黄金之丘出土了更为精美的同类剑鞘，或许反映了月氏西迁的历史。

第四节 阿勒泰地区

整个阿勒泰地区现已发现的动物装饰器物共有157件。

---

① Xin Wu, "Persian and Central Asian Elements in the Social Landscape of the Early Nomads at Pazyryk, Southern Siberia", *Social Orders and Social Landscapes*, Cambridge Scholars Publishing, 2007.

驼首铜刀1件，阿勒泰市阿拉哈克乡塔尔浪村出土。刀首铸有一浮雕的驼首，眼、耳、鼻轮廓清晰，残存部分可能只是刀把，平直。残长19.3厘米、宽1.4—2厘米①（图4.4-1）。

图4.4-1　阿勒泰塔尔浪村驼首铜刀

其余动物装饰器物全出于哈巴河县加依勒玛乡塔木齐村附近的东塔勒德墓地②，具体如下：

金箔饰带1件（ⅠM32:1）。残，其上压印变形格里芬羊首纹饰，羊嘴部呈钩形鸟喙状。长9.6厘米、宽1.4厘米（图4.4-2，1）。

错金铁泡1件（ⅠM32:5）。圆丘状，表面错金，呈两只动物，其一虎、其一鹿，虎张口逐鹿。径4厘米、高1.2厘米、顶部孔径0.9厘米（图4.4-2，2）。

金箔野猪饰件3件。标本ⅠM32:8-1，出土于墓底，以模具压印金箔而成野猪的侧面形象，吻部前伸，双脚直立，短尾后垂，眼、耳以圆圈纹代替。长2.2厘米、高1.2厘米（图4.4-2，3）。

金箔雪豹饰件130件。标本ⅡM3:2，出土于木棺内，雪豹蜷曲成近圆形，头尾靠近，爪子明显，尾端后卷呈一圆圈。可能以模具压印而成，既有左右之别，又有蜷曲程度的差异。长1.3厘米、宽1厘米（图4.4-2，4）。

金箔卧虎饰件10件。标本ⅡM3:3-1，出土于木棺内，以模具把金箔压成卧虎状，虎首昂起，尾与足平齐，尾端后卷呈一圆圈。长2.05厘米、宽

---

① 新疆维吾尔自治区文物事业管理局、新疆维吾尔自治区文物考古研究所、新疆维吾尔自治区博物馆等：《新疆文物古迹大观》，新疆美术摄影出版社，1999年，第337页。
② 新疆文物考古研究所：《哈巴河县东塔勒德墓地考古发掘简报》，《新疆文物》2013年第1期；新疆文物考古研究所：《新疆哈巴河东塔勒德墓地发掘简报》，《文物》2013年第3期。

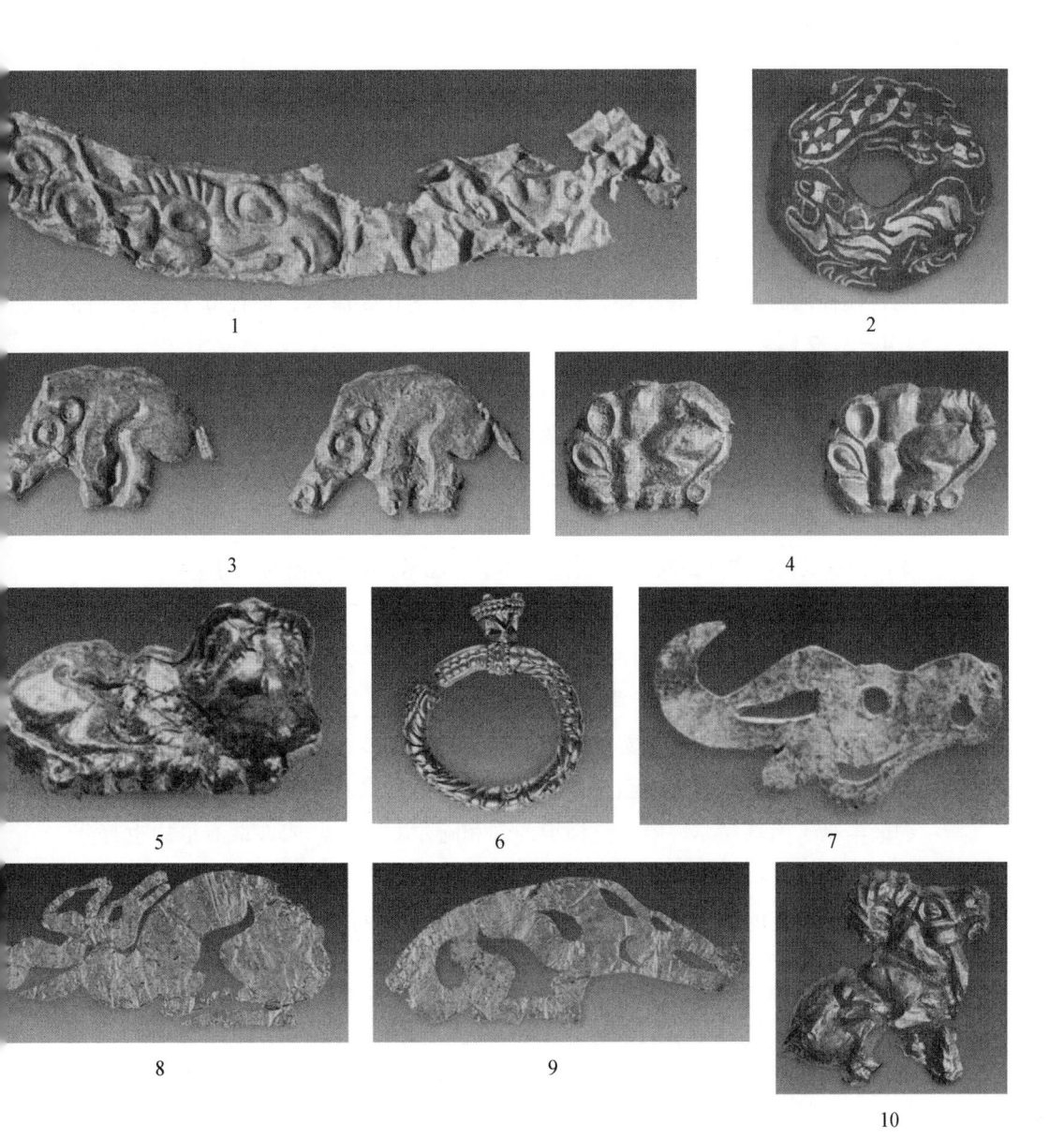

图 4.4-2　东塔勒德墓地出土动物纹装饰

1.2厘米、高0.65厘米（图4.4-2，5）。

金指环1件（ⅡM3∶10）。出土于墓葬人骨的盆骨附近，以较粗的金丝弯曲成环，并錾刻四只变形的羊，首尾相连，羊前后肢蜷缩在一起，角紧贴脊背。戒托焊接于环上，周缘焊有金珠，并以金丝做成波折三角，内嵌绿松石，多数已剥落。环径2.3厘米、丝径0.2厘米、戒托高0.3厘米、径0.6厘米（图4.4-2，6）。

金箔鹿首饰件5件。标本ⅡM3∶4，出土于木棺内，以金箔剪或錾刻成鹿首模样，后面焊接有小环。长1.8厘米、宽0.8厘米、环径0.1厘米（图4.4-2，7）。

金箔卧鹿饰件1件（ⅡM6∶1）。出土于墓底，以金箔剪或錾刻成卧鹿形象，引颈回望，四肢屈卧，前腿后伸几乎叠压于后腿之上，但并未相接。角部稍残，似为枝桠状。长8.8厘米、高4厘米（图4.4-2，8）。

金箔狼饰件1件（ⅡM6∶1-1）。出土于墓底，以金箔剪或錾刻成狼的形象，狼首低伏，吻部微向上，尾部残。长7.1厘米、高2.5厘米（图4.4-2，9）。

金箔羊饰件3件。标本ⅡM5∶2，以金箔剪刻压印成北山羊，前腿前伸，后腿呈蹲踞状，引颈向上，颌下有须，角后卷，其上有横棱。长3厘米、高2.4厘米（图4.4-2，10）。

总体看来，整个阿勒泰地区所发现的动物纹装饰器物除了一件出土情况未明的驼首铜刀外，其余全来自东塔勒德墓地。以骆驼为主题的动物装饰器物最早见于南乌拉尔、哈萨克斯坦西部和阿尔泰地区，或许咸海沿岸也有分布，年代主要集中于公元前6—前4世纪。其他地方的骆驼形动物装饰应是伴随着一波波的游牧化浪潮由这些地方流播出去的①。塔尔浪的这件铜刀，

---

① 骆驼纹饰早在出现于青铜器上之前就能在公元前两千纪早期的南乌拉尔Orenburg地区的Ushkatty找到实例，伊朗Tepe Sialk Ⅲ（约公元前3500—前3000年）的陶器上也出现了骆驼纹，Tepe Sialk（约公元前3000—前2500年）还出现了随葬的骆驼骨。全部参见Elena Korolkova，"Camel Imagery in Animal Style Art"，*The Golden Deer of Eurasia：Perspectives on the Steppe Nomads of the Ancient World*，The Metropolitan Museum of Art Symposia & Yale University Press，2000，pp. 196-207. 另外阿尔然二号王家出土金项圈上也有骆驼形象。中国境内对于驯养骆驼的最早记载是在《战国策》中，据记载公元前4世纪时的赵、燕、代国境内就有驯养的骆驼，而作为动物装饰的骆驼形象却大多到了匈奴时期以后。参见Emma Bunker，*Ancient Bronzes of the Eastern Eurasian Steppes*，1997，p. 254. 汉唐以后，中国以骆驼为题材的塑像、绘画越来越多，而且大多出现在不是骆驼主要生存地的内地。参见齐东方：《丝绸之路的象征符号——骆驼》，《故宫博物院院刊》2004年第6期。

动物风格具有巴泽雷克文化特征，骆驼的嘴略呈尖喙状，年代可能在公元前5—前3世纪。

东塔勒德墓地出土了金器800余件，均为装饰品，多以金箔制成，图案以动物为多，制作工艺较成熟，其数量与质量均为阿勒泰地区之冠①。墓葬内人骨测定年代主要集中在公元前9世纪末—公元前7世纪中叶，大致相当于中原的西周晚期至春秋时期②。墓地内出土的动物纹金饰，表现出与阿尔然二号王冢（公元前7—前6世纪）出土动物纹金饰的极大相似性，野猪、雪豹等金饰都可以在后者找到同类器物，错金铁泡的装饰方法也与阿尔然二号王冢出土的短剑相似。二者动物装饰风格都以写实为主，所表现的动物形象基本上全是现实中所能见者③。但是在器物的精美度上二者差距明显，显见这些器物更可能是当地生产而非舶来品。

第五节 环塔里木盆地区

整个环塔里木盆地区发现的动物装饰器物比较少，目前所知的有18件。

骨质羊形马镳1件，察吾呼一号墓地出土。一端雕成羊首形，尾端残。背部略弧，下部呈锯齿状，中部穿三圆孔。长8厘米、宽2.9厘米、厚1.1厘米（图4.5-1，1）。

鸟首形饰1件，察吾呼一号墓地出土。正面两端似鸟首，尖嘴，双圈暗纹似大腿，背面两端各有一蘑菇状钉钮。长6.3厘米、宽3.1厘米④（图4.5-1，2）。

铜铃1件（M5：9），察吾呼四号墓地出土。半球形，中空，顶端有直径0.8厘米的圆孔。凸面通体有铸出的浮雕式动物纹，似中亚草原常见的来

---

① 新疆文物考古研究所：《哈巴河县东塔勒德墓地考古发掘简报》，《新疆文物》2013年第1期；新疆文物考古研究所：《新疆哈巴河东塔勒德墓地发掘简报》，《文物》2013年第3期。
② 于建军、马健：《新疆哈巴河东塔勒德墓地初步研究》，《文物》2013年第3期。
③ 杨建华、张盟：《阿尔然大墓在欧亚草原早期铁器时代的作用——兼论中东部文化的分界》，《边疆考古研究（第12辑）》，科学出版社，2012年。
④ 中国社会科学院考古所新疆队、新疆巴音郭楞蒙古自治州文管所：《新疆和静县察吾呼沟口一号墓地》，《考古学报》1988年第1期。

自希腊神话的鹰头狮身兽。直径5.0厘米、高3.2厘米（图4.5-1，3）。

蜷狼纹铜镜2件，察吾呼四号墓地出土。微卷沿，圆形，一边有方座，背面铸出一狼，唇后翻，由数道刻划纹表示其背部，凸纹，桥形钮。厚0.4厘米、直径9厘米（图4.5-1，4）。

野猪柄铜刀1件，察吾呼四号墓地出土。柄端站立一只野猪，跐脚直立，有三孔，分别显示目和腿部轮廓，直背斜刃。柄宽1.4厘米、刃宽1.9厘米、通长12.1厘米①（图4.5-1，5）。

骨笄1件，轮台群巴克一号墓地IM7出土。细长，下端尖，上端圆雕一立羊，四足并拢，仰首，头已残缺。长15厘米、直径0.4厘米（图4.5-1，6）。

双马纹饰牌1件，轮台群巴克一号墓地IM27出土。体扁平，正面两端各雕一马头，反向连接呈"S"形，背面有一钮。长4.1厘米、厚0.3厘米②（图4.5-1，7）。

马形金饰牌1件，阿合奇县库兰萨日克墓地M5出土。金箔模压成型。背面内凹，正面凸起，局部镂空呈浅浮雕状。图案为一马形，马昂首竖耳，颈上鬃毛排列整齐，细长腰，双前蹄上扬作奔驰状，后体反转向上与鬃毛相连，尾翻卷至左前蹄。长5厘米、高4.5厘米（图4.5-1，8）。

鹰鹿金饰1件，阿合奇县库兰萨日克墓地M5出土。铸制。鹿呈站立状，通体浑圆，四足微内屈，引颈昂首，耳、角向后延伸。鹰立于鹿背上，俯首，竖耳，钩喙，双翅高展，无尾羽。鹰胸部与鹿角枝叉相连。长2.6厘米、高3厘米③（图4.5-1，9）。

木梳2件。梳柄多为小圆木棒，在镶齿一面凿刻长方形沟槽，梳齿并排镶嵌其中，齿根截面呈长方形或圆形，齿槽两端封口。标本85QZM5：1，扎滚鲁克五号墓葬出土，现存18齿。柄上锥刺两组动物纹样，第一组为头有盘曲状角的三只岩羊图案，另一组为头部中箭倒地的羚羊与一只龇牙咧嘴的

---

① 新疆文物考古研究所：《新疆察吾呼——大型氏族墓地发掘报告》，东方出版社，1999年。
② 中国社会科学院考古研究所新疆工作队、新疆巴音郭楞蒙古自治州文管所：《新疆轮台县群巴克墓葬第二、三次发掘简报》，《考古》1991年第8期。
③ 新疆文物考古研究所：《阿合奇县库兰萨日克墓地发掘简报》，《新疆文物》1995年第2期。

狼形象。柄长 10.7 厘米、径 1.2 厘米、厚 0.6 厘米①（图 4.5-1，10）。标本 96QZIM14：33，扎滚鲁克一号墓地出土，有 17 根齿。直柄，柄上刺刻鹿纹。高 5.2 厘米，宽 9.8 厘米，沟槽长 1.2 厘米、宽 0.4 厘米，柄径 1.2 厘米（图 4.5-1，11）。

木筒（桶）3 件，扎滚鲁克一号墓地出土。用整圆木刮挖雕刻，底单独制作组合而成。标本 M24：12，桶壁涂黑漆，刻有羊和鹿纹。底缺失。高 11.1 厘米、口长轴 8.1 厘米、短轴 6.5 厘米。标本 M17：4 和 M92：1 通体呈圆桶状，口沿上的两个系耳相对呈立状。前者木板底，木桶的下部侧缘钻有小孔，或以小木钉或以毛线绳固定底板，菱形系耳，缺失一耳，桶体有些裂纹，雕刻有条带、三角、"S"纹和鹿、骆驼等，高 23 厘米、口径 16 厘米（图 4.5-1，12）；后者动物皮蒙底，缺失但有残痕，"凸"字形系耳，桶体刻有鹿纹，鹿嘴呈喙状，角分枝后弯，高 11 厘米、口径 6.5—7.8 厘米（图 4.5-1，13）。

木盒 2 件，扎滚鲁克一号墓地出土。由盒体和盖组成，长方形，用圆木刮挖雕刻而成。标本 M64：29，盖缺失。盒两侧面和底部雕刻同样的变形狼羊纹，狼为单体，作双头双尾；羊置狼腹内，角细长，或为羚羊。高 5 厘米、长 13.5 厘米、宽 4.5 厘米（图 4.5-1，14）。标本 M24：13，子母口，盒盖侧壁平齐，可以直接盖在盒口上。盒的六个面（包括盖面）雕刻鸟首和鸟喙两种纹饰，鸟首居边，鸟喙居中。通高 4.5 厘米，长 18.5 厘米、宽 4.5 厘米，木盖长 7.2 厘米、宽 4.2 厘米②（图 4.5-1，15）。

木纺轮 1 件，且末县加瓦艾日克墓地出土。馒头形，中心有穿孔。正面圆鼓，底面边缘有一周弦纹，内刻变形的两个鸟纹。其中一鸟稍大，居中间主要位置，喙弯尖，双翼，摆尾；另一鸟偏于一边，刻画简单，尖喙，鼓目较大。底面直径 5.5 厘米、高 2.2 厘米③（图 4.5-1，16）。

---

① 新疆博物馆文物队：《且末县扎滚鲁克五座墓葬发掘报告》，《新疆文物》1998 年第 3 期。
② 新疆维吾尔自治区博物馆：《新疆且末扎滚鲁克一号墓地发掘报告》，《考古学报》2003 年第 1 期。
③ 中国社会科学院考古研究所新疆队、新疆巴音郭楞蒙古自治州文管所：《新疆且末县加瓦艾日克墓地的发掘》，《考古》1997 年第 9 期。

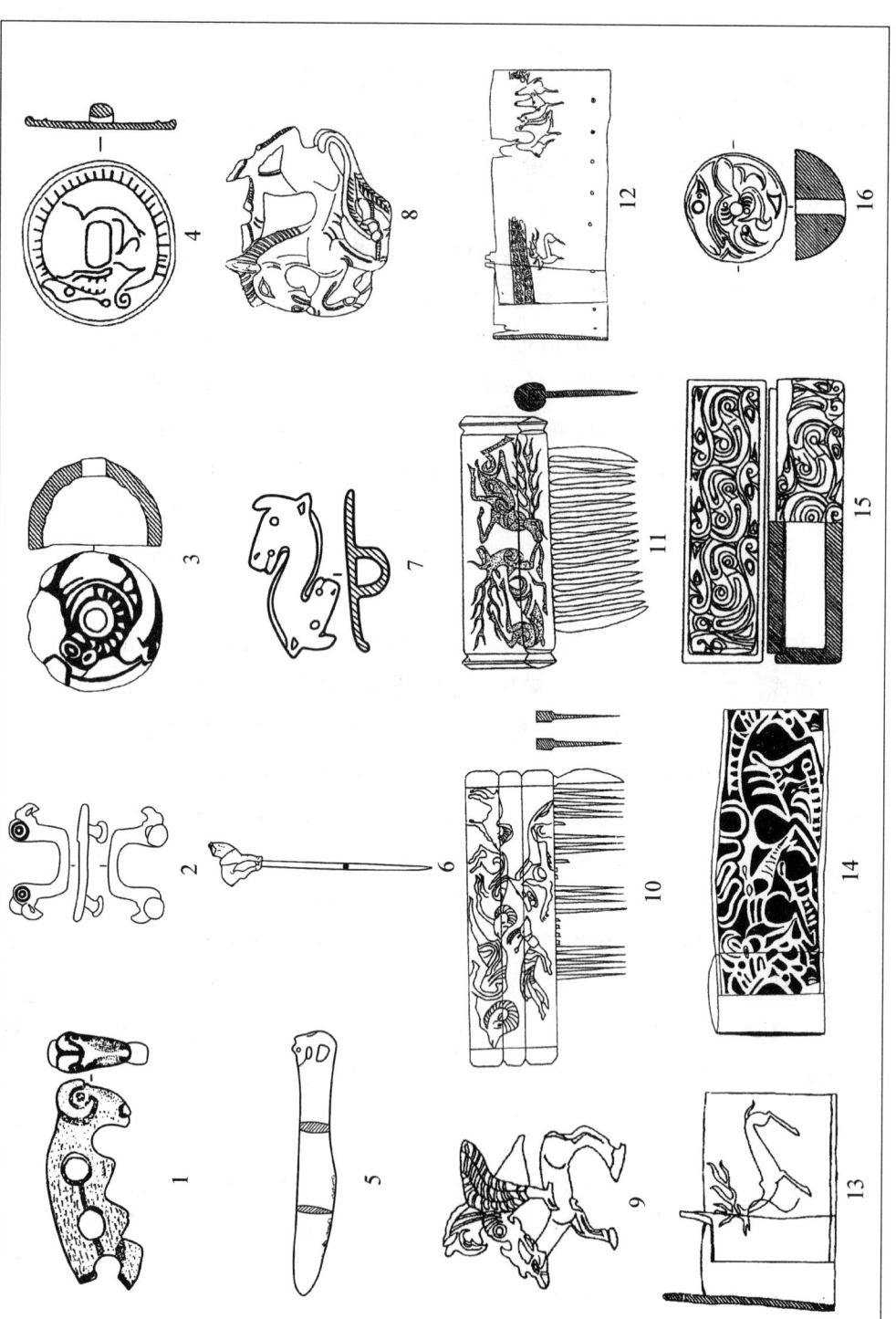

图 4.5-1 环塔里木盆地区动物装饰器物图

1,2. 察吾呼一号墓地 3—5. 察吾呼四号墓地 6,7. 群巴克一号墓地 8,9. 库兰萨日克墓地 10. 扎滚鲁克墓葬 M5 11—15. 扎滚鲁克一号墓地（M14：33、M17：4, M92：1, M64：29, M24：13） 16. 加瓦艾日克墓地 M3

环塔里木盆地区经过发掘的墓葬非常多,但是动物装饰器物却不常见。目前所知的动物装饰器物分布在察吾呼①、扎滚鲁克②和库兰萨日克③三类文化遗存中,各文化动物装饰的面貌也有相当差异。

察吾呼文化所出动物装饰器物,主要以小件的铜器、金器和骨器为主。公元前10—前5世纪,该地区的动物装饰风格受到了来自图瓦、阿尔泰及中亚草原的影响,并反过来影响了早期斯基泰文化的文化面貌。所发现的动物装饰器物,骨质马镳近乎写实,骨笄因为立兽头部残(但从外形上看似乎为立鹿)无法知晓其是否写实,双马纹饰牌虽然是两个马头相连,但仍可看出动物种类,野猪柄铜刀上的野猪纹,仅具轮廓,淡化了身体的细部特征。其余的器物装饰风格多做了艺术化的处理,或者夸大动物的身体特征(如察吾呼一号墓地的鸟首形饰),或者更进一步做虚幻化处理(如察吾呼四号墓地的铜铃与铜镜)。

到了公元前5—前3世纪,发现的金属类动物装饰器物目前只有库兰萨日克墓地收集的两件金器,动物风格揭示了与北面阿尔泰地区,具体来说是巴泽雷克文化的联系,然而动物纹本身与阿尔泰的仍有区别,可能做了本地化处理。其余的则为扎滚鲁克墓地与加瓦艾日克墓地的木器,这些木器具有显著的日用特征,动物形象具有动感,写实与虚幻化兼具,装饰风格与苏贝希文化洋海墓地、阿尔泰巴泽雷克墓地出土物相像,只是动物形象与种类并不完全重合,如缺少洋海墓地的野猪纹,木桶上也未见上下两边的正倒三角纹。这可能是考古发掘工作进行不够所致,但更可能表明了扎滚鲁克文化人群的自主选择与自我审美。

第六节 小　　结

从之前的分析看,新疆地区的动物装饰并不发达,而且没有自身特色的

---

① 新疆文物考古研究所:《新疆察吾呼——大型氏族墓地发掘报告》,东方出版社,1999年。
② 新疆维吾尔自治区博物馆:《新疆且末扎滚鲁克一号墓地发掘报告》,《考古学报》2003年第1期。
③ 新疆文物考古研究所:《阿合奇县库兰萨日克墓地发掘简报》,《新疆文物》1995年第2期。

动物装饰传统。目前与新疆邻近的中国北方、阿尔泰与图瓦以及中亚的七河流域等地区，都是欧亚草原地区动物装饰的重要分布区，出土有大量的动物装饰器物，新疆处在这几个地区的地理包围圈中，所发现的动物装饰器物在风格上来说与它们保持了相当的一致，有些器物甚至是直接由这些地区输入的（如哈密的鹿首铜刀与双羊纹饰牌、伊犁与乌鲁木齐阿拉沟 M30 的承兽铜盘等）。

总体看来，可以将新疆动物纹装饰的发展分为三个阶段。

第一阶段，初始期（年代大致为公元前 13—公元前 7 世纪）

这一时期新疆地区发现的动物装饰器物不多，时代最早的是哈密花园乡采集的鹿首铜刀以及伊犁采集的折背羊首刀。这两件器物，年代最早可以到公元前 13 世纪，而且更可能是直接由中国北方或者米努辛斯克盆地流播而来，此后也再无同类的器物发现。公元前 10 世纪，洋海墓地开始出现大量木器，这可视为新疆地区有明确出土单位的动物装饰器物之始。木器也是这个时期动物装饰器物的大宗，其他材质的动物装饰器物只有察吾呼墓地及群巴克一号墓地出土的几件。总的来说，这一时期动物装饰器物并不多，装饰风格与萨彦—阿尔泰地区比较接近，以写实为主，木器上的动物图案多为动态。

第二阶段，发展期（年代大致为公元前 7—公元前 5 世纪）

这一时期发现的动物装饰器物无论种类还是数量都大大增多。开始出现金器，陶质、木质动物装饰器物不见。哈巴河县东塔勒德墓地的金箔雪豹饰件和金箔羊饰件、乌鲁木齐萨恩萨依墓地的管銎战斧、伊犁采集的饰兽纹铜短剑及金箔卧虎饰件都有以圆圈纹表示动物尾部的风格，同类器物在图瓦阿尔然二号王冢大量出现；昌吉石门子墓地的动物装饰器物则与阿尔泰麦耶米尔期奇利克塔五号土丘冢出土铜器相似；艾丁湖采集的双马纹饰牌可能属于吐火罗人的双马神像，与黑海北岸斯基泰早期文化出土的双马纹饰牌相似。

总的来说，这一时期的动物装饰器物发现范围增大，金饰大量出现，绝大部分分布于东塔勒德墓地，墓葬等级高，以金作为表征身份与财富的媒介；动物图案仍以写实为主,制作方法上大量采用金箔压印法,以小件器物居多。

第三阶段,繁荣期(年代大致为公元前5—公元前3世纪)

  这一时期境外的萨卡文化、巴泽雷克文化以及中国北方的游牧民族文化发达,反映到新疆就是发现动物装饰器物的地域增多,种类进一步丰富,木质动物装饰器物重新出现。尽管没有出现前一阶段东塔勒德墓地那样大量器物聚集于一个墓地的情况,但是动物的风格更多了。巴泽雷克文化的因素强势向南发展,萨卡文化的因素则持续东进,中国北方文化因素西进,最后在乌鲁木齐吐鲁番地区出现了多种文化因素交融的局面。匈奴进入新疆后,动物装饰风格开始出现匈奴化特征,各地动物装饰风格开始趋同。

第五章　境外草原文化的动物纹装饰

欧亚草原地区是动物纹艺术最主要的分布区，从自然地理上它可以分为西部区、中部区和东部区，西部区包括东欧草原和乌拉尔地区；中部区包括乌拉尔山以东的哈萨克草原、萨彦—阿尔泰和天山地区；东部区指从萨彦—阿尔泰到大兴安岭的中国北方和蒙古高原地区（图 5.1）。在公元前 2 千纪，欧亚草原地区就已经出现了早期的动物纹装饰，其中塞伊玛—图尔宾诺遗存和卡拉苏克文化最具代表性。

塞伊玛—图尔宾诺遗存是欧亚草原青铜时代考古最重要的发现之一。从最早 1912 年塞伊玛墓地的发掘至今，很多学者对该类型遗存都提出过自己的见解。然而由于早先的发掘是非专业的，对墓地本身破坏严重，随葬品都失去了出土位置等详细信息，而后来的发现也多为零星采集，少有完整的墓地资料发表①，所以塞伊玛—图尔宾诺遗存虽然引起了许多学者的关注，但很长一段时间相关研究一直不能够深入。直到 20 世纪 80 年代末，俄罗斯学者切尔内赫对塞伊玛—图尔宾诺类型遗存进行了较为全面的总结和分析，提出了塞伊玛—图尔宾诺跨文化现象的概念②。塞伊玛—图尔宾诺遗存主要流行年代与安德罗诺沃文化共同体的繁荣期年代大致相当，绝对年代范围则可能在公元前 1800—前 1400 年之间，当然其形成的最初年代可能略早于这个

---

① Черных Е. Н., С. В. Кузъминых Памятных сеймиско-турбинского типа в Евразии // Эпох бронзы лесной полосы СССР. Москва: Наука, 1987. -С. 84 – 105.

② 1989 年以俄文出版，现译为中文，切尔内赫、库兹明内赫：《欧亚大陆北部的古代冶金：塞伊玛—图尔宾诺现象》，中华书局，2010 年；E. N. Chernykh, *Ancient metallurgy in the USSR*, Cambridge University Press, 1992, pp. 215 – 234.

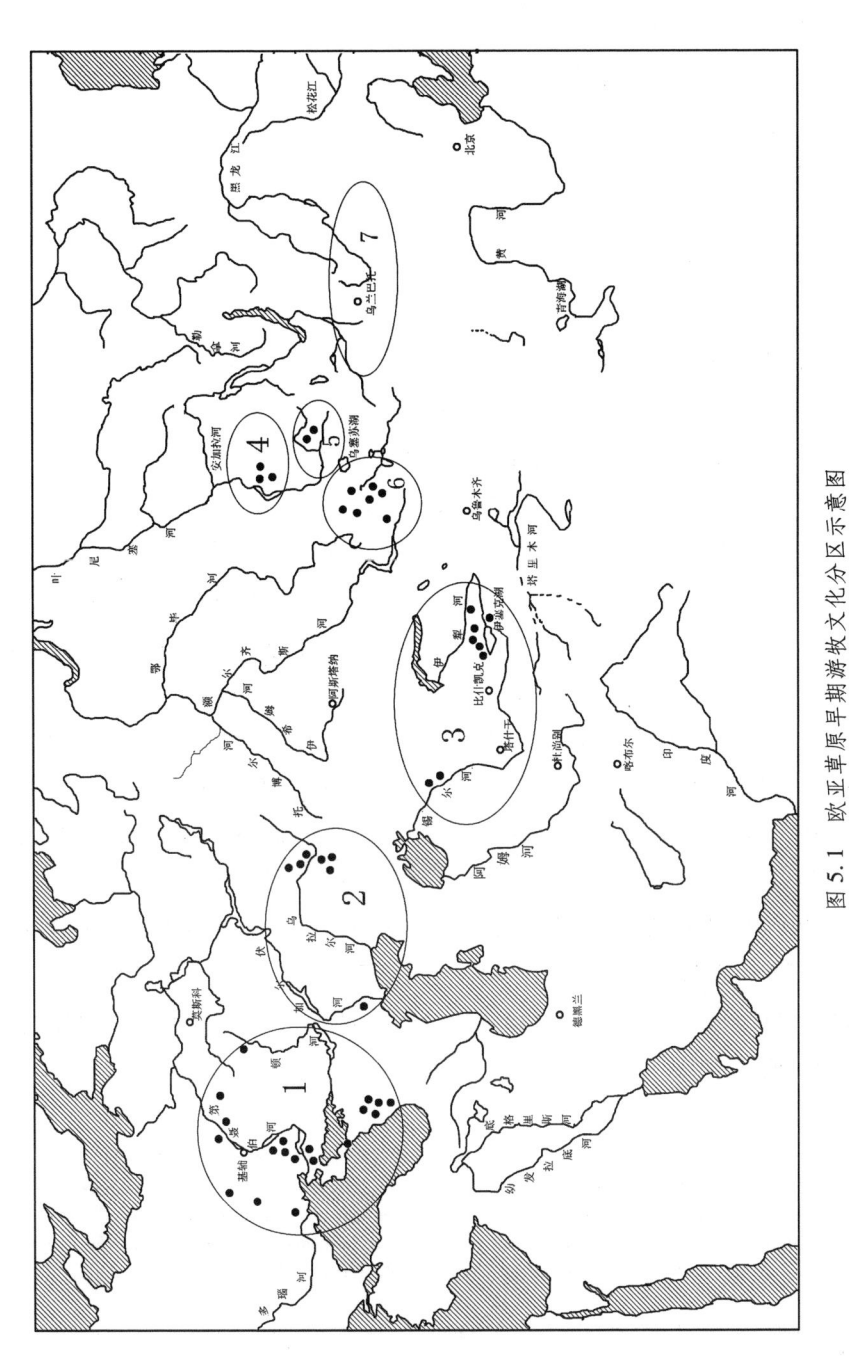

图 5.1 欧亚草原早期游牧文化分区示意图

1. 斯基泰文化 2. 萨夫罗马泰—萨尔马泰文化 3. 萨卡文化 4. 塔加尔文化 5. 图瓦早期游牧文化 6. 阿尔泰麦耶尔和巴泽雷克文化 7. 蒙古石板墓文化

第五章 境外草原文化的动物纹装饰

年代范围①。

塞伊玛—图尔宾诺最具特色的铜器主要有叉銎矛、空首斧、无柄或有柄的匕首和柄端装饰有动物纹的青铜刀等四种器物，这四种器物在所有铜器中所占的比例超过70%。其中青铜刀显示出了塞伊玛—图尔宾诺青铜制造技术的成熟，这种刀发现的数量不多，柄端往往装饰有马、羊等写实性的动物纹，其中以马为主，表现的都是站立的动物形象（图5.2，1—4），另外还发现1件马首形的权杖首（图5.2，5）。塞伊玛—图尔宾诺遗存中的每件动物造型青铜器都是独一无二的，具有很高的艺术价值，这些青铜器也是草原地区最早的动物纹装饰器物。

卡拉苏克文化是欧亚草原地区著名的一支晚期青铜文化，由于在中国北方地区和新疆地区青铜时代发现了数量较多的与该文化相似的遗存，因此卡拉苏克文化一直被国内学者关注。很多俄罗斯学者对卡拉苏克文化都进行了深入的研究②，卡拉苏克文化的年代争论较多，但目前普遍使用的分期是将该文化划分为卡拉苏克期和石峡期，卡拉苏克期的年代在公元前13世纪—公元前11世纪，而石峡期的年代范围大致在公元前10世纪—公元前8世纪③。

在卡拉苏克文化中有一定数量的兽首刀剑，大多是采集或征集品，而且刀剑柄首的动物造型稍显简单，以羊首为主（图5.2，6—10），另外还发现1件鹿首铜刀（图5.2，11）。在卡拉苏克文化的装饰品中未发现有动物纹装饰。

塞伊玛—图尔宾诺遗存和卡拉苏克文化的动物纹大都装饰在青铜工具武器上，但二者存在较大区别，塞伊玛—图尔宾诺遗存的动物纹种类主要是马，而且以整匹马站立为主；卡拉苏克文化的动物纹种类主要是羊，表现的是羊首的形象。

---

① 杨建华、邵会秋、潘玲：《欧亚草原东部的金属之路》，上海古籍出版社，2016年。
② Киселев С. В. Древняя история Южной Сибири. — Москва：Наук，1949；Вадецкая Э. Б. Археологические памятники в степях среднего Енисея. — Ленинград：Наука，1986；Sophie Legrand, "Karasuk Metallurgy: Technological Development and Regional Influence", *Metallurgy in the Ancient Eastern Eurasia from the Ural to the Yellow River*, Katheryn M. Linduff edited. New York，2004，pp. 139–156.
③ Вадецкая Э. Б. Археологические памятники в степях среднего Енисея. — Ленинград：Наука，1986.

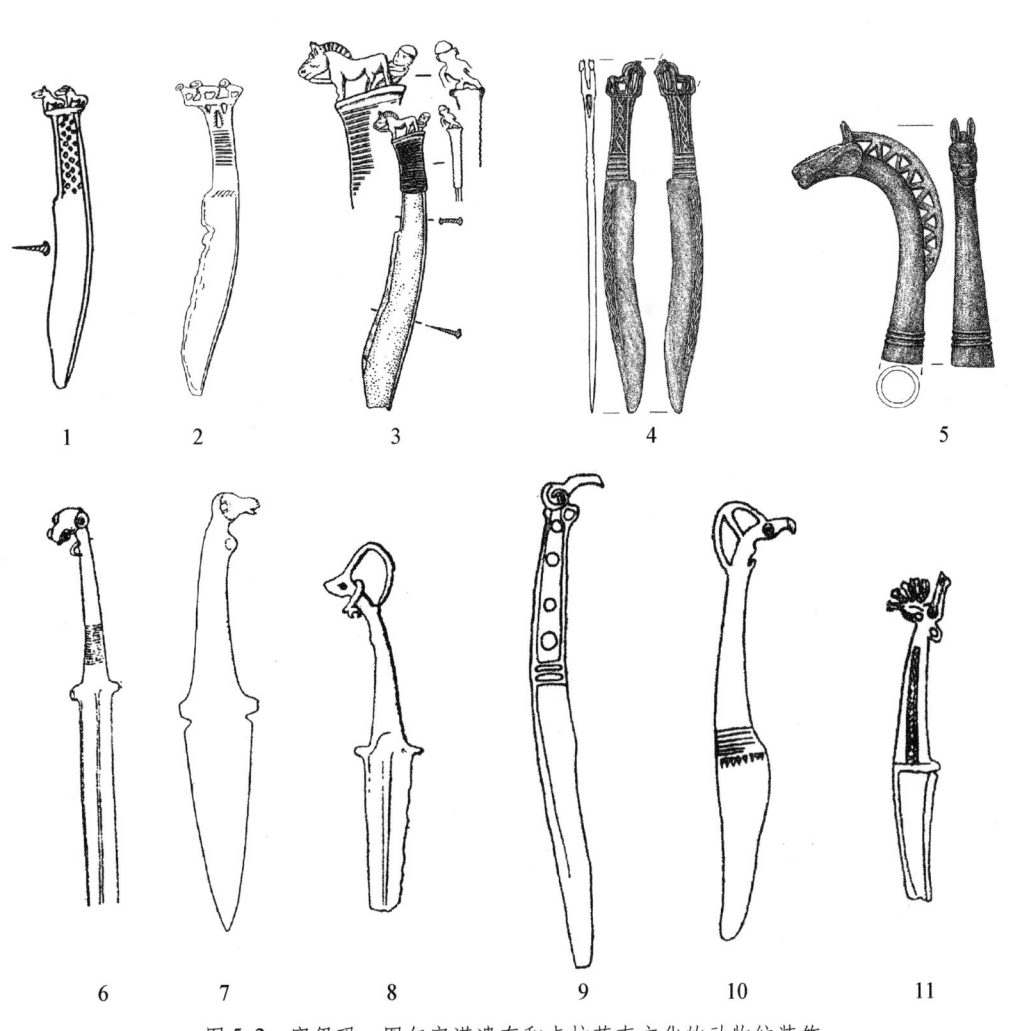

图 5.2 塞伊玛—图尔宾诺遗存和卡拉苏克文化的动物纹装饰

1—5. 塞伊玛—图尔宾诺遗存(1. 塞伊玛墓地,2. 图尔宾诺墓地,3. 罗斯托夫卡,4、5. 鄂木斯克窖藏) 6—11. 卡拉苏克文化(均出自米努辛斯克盆地)

总体看来，公元前 2 千纪欧亚草原地区已经出现了动物纹装饰，但并不十分发达，分布也相对有限，主要装饰在工具武器上，基本不见动物纹装饰饰件。

到了公元前 1 千纪的早期游牧时代，欧亚草原各地区之间的交流十分频繁，尤其是动物纹艺术的发展和传播范围更加广泛。已有一些研究成果涉及境外草原的部分动物纹装饰①，但缺乏对西部区和中部区各文化动物纹装饰特征的系统梳理和分析，而这种研究不仅有助于了解各地早期游牧文化的区域性特征，而且对于深入研究东部区核心区域——中国北方地区动物纹艺术的起源、发展和传播等问题有重要的参考意义②。因此本章笔者将重点梳理和分析公元前 1 千纪欧亚草原西部区和中部区早期铁器时代的动物纹装饰特征。

第一节　欧亚草原西部区的动物纹装饰

欧亚草原西部区主要包括东欧草原和乌拉尔地区，公元前 1 千纪，这个区域内主要有两支发达的早期游牧文化，它们是斯基泰文化和萨夫罗马泰文化。

一、斯基泰文化的动物纹装饰艺术

斯基泰人是欧亚草原早期游牧民族中最为著名的一支，而且在很长一段时间内"斯基泰"这个名称似乎成为早期游牧人群的代名词，也有人将早期游牧时代称为"斯基泰时代"。甚至到今天，仍然有人将欧亚草原其他地区的早期游牧文化也称为斯基泰文化，足以看出"斯基泰"超强的影响力。实际上"斯基泰"之所以会如此出名，主要有两方面的原因：一方面古代文献对它有较为翔实的记载，其中最著名的就是希腊历史学家希罗多德在《历

---

① 林沄：《论欧亚草原的卷曲动物纹》，《林沄学术文集（二）》，科学出版社，2008 年；林沄：《欧亚草原有角神兽牌饰研究》，《西域研究》2009 年第 3 期；杜正胜：《欧亚草原动物文饰与中国古代北方民族之考察》，《中研院史语所集刊》第六十四本第二分，1993 年。

② 蒙古地区与中国北方地区同属欧亚草原东部区，文化联系紧密，动物纹装饰风格相似，而且由于缺乏正式出土的动物纹装饰器物，因此本章将不单独对蒙古地区动物纹装饰进行归纳总结。

史》中对斯基泰的描述①。根据他的记载，斯基泰人最早居住在里海东岸，后来被其他的移民赶到了西方，在伏尔加河流域，他们将当地的金麦里人（Cimmerians）赶走，并追击他们一直越过高加索山进入了小亚细亚，由于米底亚王国（Media）的崛起，迫使斯基泰人回到了黑海北岸，在那里他们征服了落后的当地居民。而希罗多德时代黑海北岸地区就分布着众多的斯基泰人部落。公元前1世纪的另一位希腊历史学家狄奥多罗斯·西库路斯（Diodorus Siculus）通过对更早文献的分析，认为斯基泰人很早就居住在里海、亚速海、顿河和高加索之间。这些文献记载让黑海北岸的早期游牧遗存很快就被冠以"斯基泰"之名。另一方面是在黑海北岸和库班河流域发现的斯基泰时期高等级墓葬，这些墓葬不仅发现的年代早，而且数量多，随葬品非常丰富，出土了大量造型独特的金器和青铜器。这些发现很早就吸引了世界的目光，也让大家对斯基泰这个早期游牧人群印象深刻。

实际上斯基泰文化主要分布于黑海北岸和北高加索库班河流域，从1763年开始，在这些地区发掘了大量的高等级墓葬②，通过这些墓葬的随葬品我们可以对斯基泰人群的物质文化有比较清晰的认识。在斯基泰文化中发达的武器、马具和动物纹装饰是三个最重要的特征，其中尤其是动物纹风格艺术，在斯基泰文化中格外引人注目。虽然我们现在还无法考证这些动物装饰的特定含义，但可以想象作为早期游牧人群的代表，斯基泰人非常熟悉自然界中动物的习性，他们知道很多动物拥有人类不具备的力量、速度、视觉以及灵敏度，并相信这些特性会通过人们使用的武器、马具和装饰品等而转移到使用者身上。

斯基泰文化的动物纹装饰非常发达，所使用的动物题材种类也非常多，既有自然界存在的动物，也有多种动物合体的虚幻神兽，包括大量猫科动物、公鹿、野山羊、麋鹿、鸟、带翅膀的公羊以及格里芬等形象。这些动物艺术风格随着时代变迁而发生变化，根据不同特点可以将其大致划分为三个

---

① 希罗多德：《历史（英文）》，中国社会科学出版社，1999年，第242—310页。
② Boris Piotrovsky ect, *Scythian Art*, Phaidon Oxford, 1987.

阶段①：早期为公元前 7 世纪—公元前 6 世纪初；中期为公元前 6 世纪晚期—公元前 5 世纪；晚期为公元前 4 世纪—公元前 3 世纪初。

1. 早期(公元前 7 世纪—公元前 6 世纪初)

在斯基泰文化的早期阶段，动物纹装饰大致可以分为两类。第一类主要是斯基泰人群自身特色的艺术风格，所描绘的题材主要有蹲伏或卷曲的豹、平卧的鹿和山羊、大嘴的鸟或鸟头等。

写实性是早期斯基泰艺术中最典型的风格，但斯基泰的工匠们并没有完全照搬自然界的题材，而是加入夸张化和程式化的表现手法。在早期墓葬中有一些骨质的动物形马具，主要是一些马镳和节约等，所描绘的动物形象有公羊（图 5.1-1，2、3）、马（图 5.1-1，4）和卷曲的豹（图 5.1-1，1）。其中卷曲的豹的形象在早期斯基泰文化中应用比较普遍，通常动物的爪子和尾巴以圆圈和椭圆代替，在 Kelermes 墓地出土的铜镜中央（图 5.1-1，12）以及豹形护身符的蹄子和尾巴上（图 5.1-1，5）都有这种装饰。

豹和鹿的形象是斯基泰文化早期动物纹装饰最为常见的题材之一（图 5.1-1，8、9、11），而且很明显这两种动物形象在斯基泰人心目中的地位很高，因为斯基泰人随身佩戴的尺寸较大的护身符饰牌都是使用这两种动物。在 Kelermes 出土了 1 件豹形金饰牌，16.2×32.6 厘米，被人认为是当地酋长的护身符。这件饰牌整体上是豹形，圆眼，叶形耳，四蹄和尾巴上共有八个卷曲的豹形装饰（图 5.1-1，5），显示了极高的制作工艺。同样高超的技艺也体现在金鹿饰牌上（图 5.1-1，6、7）。在 Kostromskaya 出土 1 件较大的金鹿饰牌，19×31 厘米，整体呈蹲伏状，蹄子被某种大鸟的头所取代，眼睛中央和耳朵中原先应该有其他材料的镶嵌，圆圆的鼻孔，变形且夸张的鹿角（图 5.1-1，6）。这件器物无论尺寸和功能与 Kelermes 出土的豹形饰牌都很相似，但描绘的动物更加栩栩如生，制作工艺也更为成熟。类似造型的鹿还出现在 Kelermes 墓地出土的剑鞘（图 5.1-1，24）和方形的金牌上，出土的金牌非常有代表性，长 16.5 厘米、宽 9.7 厘米，上面有成排的鹿

---

① Jacobson, *The Art of the Scythians: The Interpenetration of Culture at the Edge of the Hellenic World*, New York, 1995.

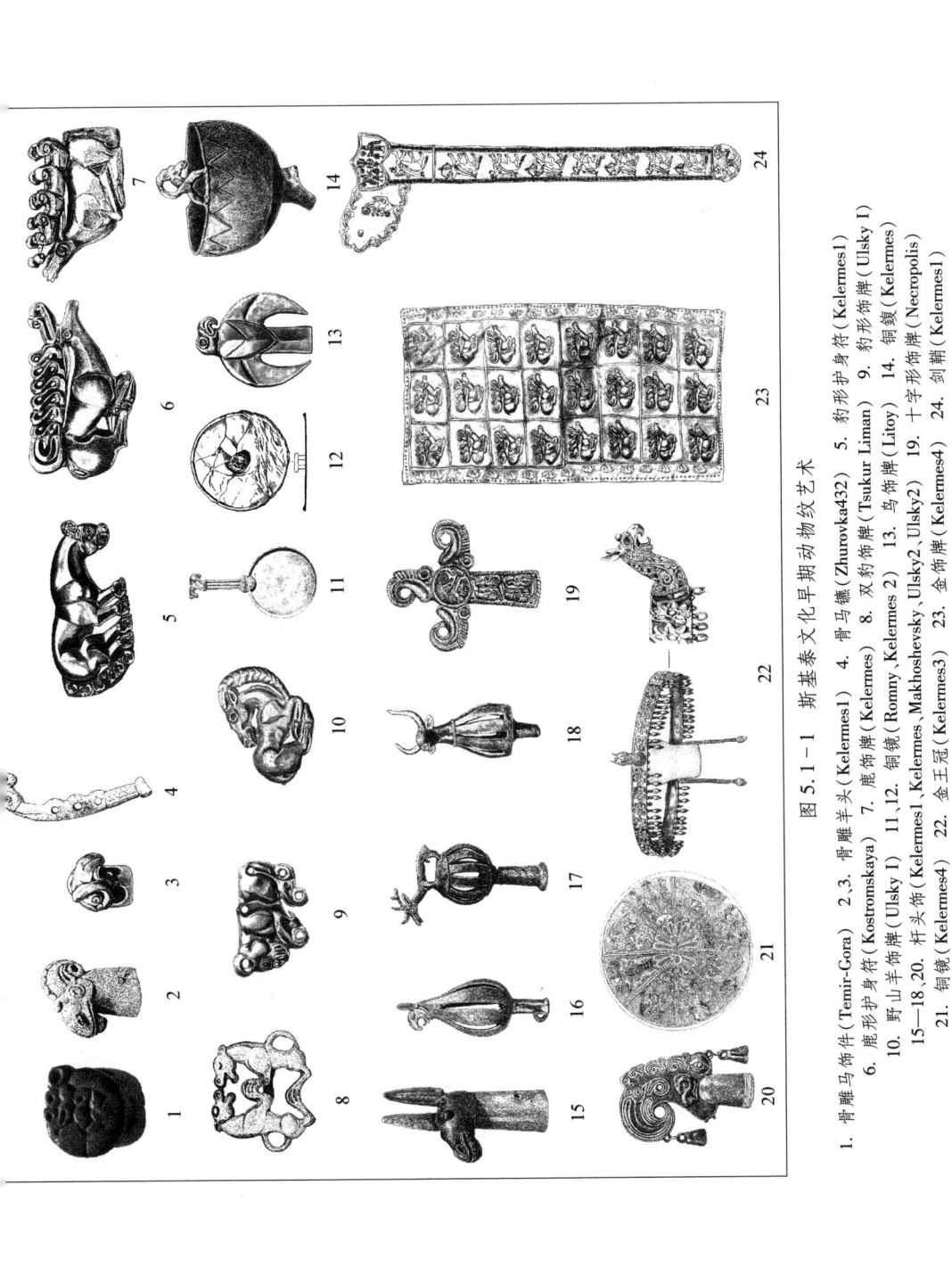

图 5.1-1 斯基泰文化早期动物纹艺术

1. 骨雕马饰件（Temir-Gora） 2、3. 骨雕羊头（Kelermes1） 4. 骨马镳（Zhurovka432） 5. 豹形护身符（Kelermes1）
6. 鹿形护身符（Kostromskaya） 7. 虎饰牌（Kelermes） 8. 双豹饰牌（Tsukur Liman） 9. 豹形饰牌（Ulsky I）
10. 野山羊饰牌（Ulsky I） 11、12. 铜镜（Romny Kelermes 2） 13. 鸟饰牌（Litoy） 14. 铜鎛（Kelermes）
15—18、20. 杆头饰（Kelermes1, Kelermes, Makhoshevsky, Ulsky2, Ulsky2） 19. 十字形饰牌（Necropolis）
21. 铜镜（Kelermes4） 22. 骨饰牌（Kelermes3） 23. 金饰牌（Kelermes4） 24. 剑鞘（Kelermes1）
（1—4 为骨质，11、12、14—21 为青铜，其余均为金质）

纹，共24只，金牌的长边两侧各装饰有一排豹纹（图5.1-1，23）。

公羊和鸟是斯基泰早期艺术中另外两种常见的题材，有的公羊呈蹲伏回首造型（图5.1-1，10、20），也有的站立在铜鍑上，成为其提手（图5.1-1，14）。鸟的造型非常独特，有整个鸟类的造型（图5.1-1，13），但更多的是鸟头的特写，强调大圆眼睛和带钩鸟喙（图5.1-1，19、20）。另外在斯基泰文化早期还出现了一些杆头饰，这些杆头饰上也装饰有不同的动物，这些动物包括鸟、马头、鹿、牛和格里芬（图5.1-1，15—18、20）等。

斯基泰文化早期第二类动物纹装饰是近东地区常见的装饰艺术题材，包括带翅膀的怪兽、牛和狮子合体、格里芬（图5.1-1，16、22）以及花和树等。

在Kelermes墓地曾出土过1件金碗，金碗内部装饰有成排的动物纹，包括成排的鸟、狼捕羊、狮子捕杀公鹿等形象，最下一层是公鹿、野猪和平卧的山羊，碗底还有花形浮雕。虽然公鹿属于斯基泰的元素，但是其他装饰风格以及构图都与典型的斯基泰艺术存在区别。从构图和纹饰看这件器物很可能出自近东工匠之手，尤其是亚述艺术。

同样属于亚述风格的器物还有1件金剑鞘，上面描绘有带翅膀的女神、花和树、格里芬、羊或公牛头狮身的怪兽、有牙齿的鱼，还有一只斯基泰风格的公鹿（图5.1-1，24）。这件器物整体上看属于近东的艺术风格，但很显然为了迎合斯基泰人，而加入了公鹿的形象。

最能体现斯基泰艺术和近东艺术结合的器物是出自Kelermes墓地的一件金镜。这件器物整体呈圆形，直径17厘米，镜身布满装饰图案。图案共分八个部分，每个部分都描绘有独立的场景，包含的内容也极其丰富，狮子、格里芬、公羊、豹、野猪、人、神和树等图案均出现在镜身上。很显然这个铜镜是一个多种艺术的综合体，近东艺术和斯基泰艺术被很好地整合到一起（图5.1-1，21）。

2. 中期(公元前6世纪晚期—公元前5世纪)

与早期相比，斯基泰文化中期的动物纹艺术发生很大的变化，这主要体现在动物主题的选择和制作的手法上。从公元前6世纪开始在黑海沿岸出现了一些希腊的殖民地，希腊人用彩陶花瓶、纺织品、装饰品、武器、美酒、橄榄油等来换取斯基泰人的羊毛、兽皮、奴隶等。正是从那时起希腊艺术对斯基泰文化的影响逐渐加大，西亚亚述艺术风格的因素则逐渐减少。而同时斯基泰动物艺术变得更加复杂，其装饰艺术也融入了部分萨夫罗马泰和波斯的文化因素。

这个阶段单个豹和公羊的题材变少了，而且与早期相比，线条略显粗糙（图 5.1-2，1）。出现了一些野猪的装饰，既有自然平卧的野猪形象（图 5.1-2，5），也有虚幻的带翅膀的野猪（图 5.1-2，6）。鹿仍然是较为广泛的装饰题材（图 5.1-2，2、4、9—11），但是形制也发生了较大改变，很多鹿角或身上长出鸟头（图 5.1-2，9—11）。鸟的形象也发生了变化，常见大圆眼、漩涡形喙的鸟头（图 5.1-2，2、3）。在这个阶段还出现了很多野兽捕食的场景，一般豹、鸟或格里芬是捕食者，鹿和羊则是被捕食的对象（图 5.1-2，12—14）。

另外在斯基泰的大墓中还出土许多希腊风格的饰牌，既有希腊神话中斯芬克斯（图 5.1-2，15）和森林之神西勒诺斯（图 5.1-2，17）的形象，也有武士和狮子头共存的两面神（图 5.1-2，16），还有鸟尾且带翅膀的狮子形象以及公牛头（图 5.1-2，18）。

这个时期除了希腊和斯基泰自身的艺术风格外，还融入了其他文化的因素。在 Kulakovsky 出土了一件狼饰牌，在狼的肩部有一只回首的山羊，公鹿头和风格化的鹰头也出现在狼的肩部、臀部、尾巴和爪子上（图 5.1-2，7），这件器物显示出斯基泰艺术传统，同时也具有萨夫罗马泰的风格。在七兄弟墓葬中还出土了金质的角状杯，上面装饰羊头形象（图 5.1-2，8），角状杯在斯基泰文化中比较少见，而类似的器物在波斯的阿契美尼德王朝则流行。

3. 晚期（公元前 4 世纪—公元前 3 世纪初）

公元前 4 世纪斯基泰文化达到了巅峰状态，与周邻文化的交流也更加密切。这个时期动物纹装饰中希腊文化的影响最为重要，很多早期和中期的题材逐渐消失，取而代之的是希腊化的主题。器物上开始表现神、英雄和宗教场景（图 5.1-3，7、10、11），装饰的功能增加，而象征意义减少。豹基本上被狮子取代，鹰被格里芬取代（图 5.1-3，5、8、9），马和野猪、鹿一样

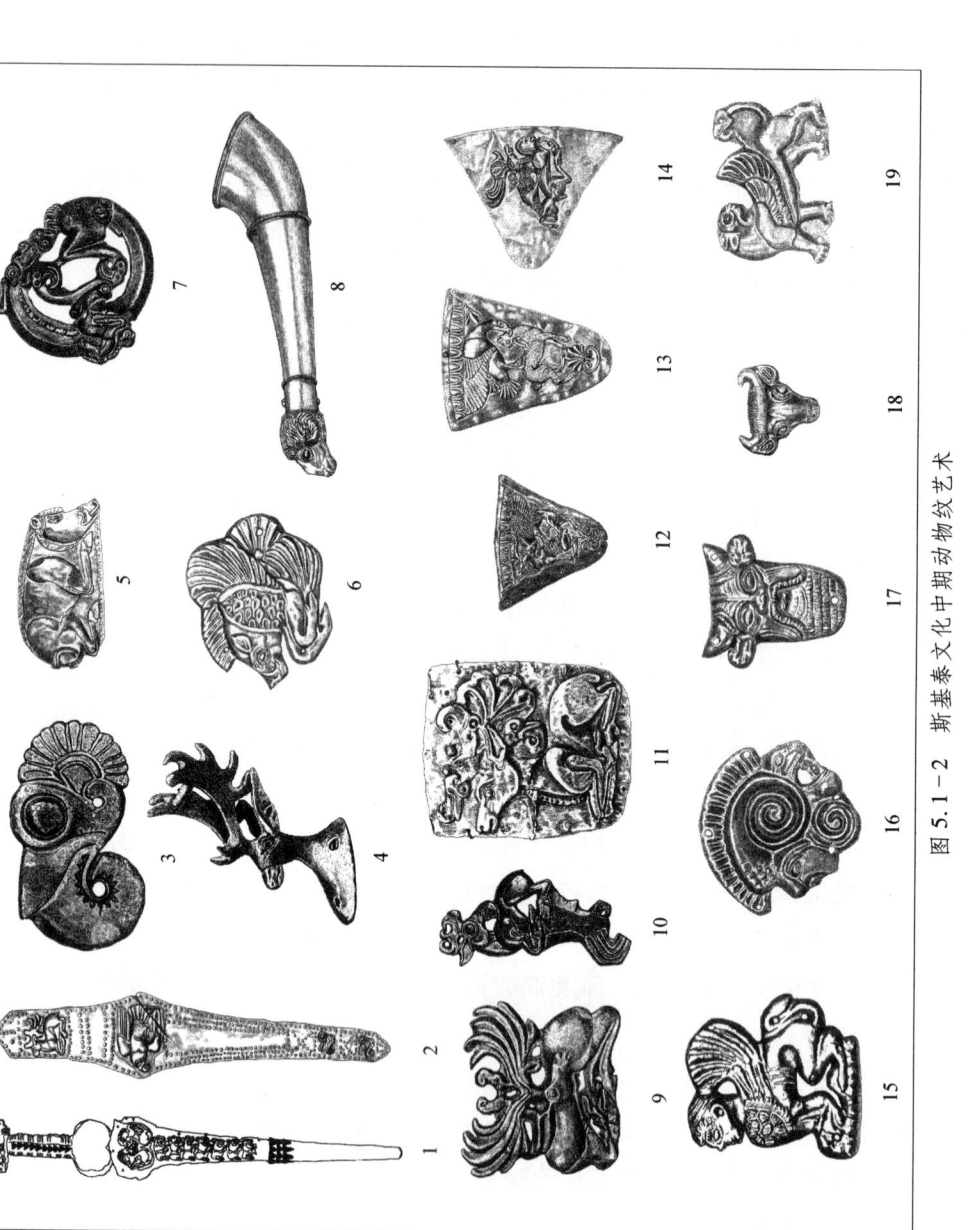

图 5.1-2 斯基泰文化中期动物纹艺术

1. 剑鞘(Shumeyko) 2. 当卢(Zhurovka401) 3. 鸟形饰件(Seven Brothers 2) 4. 鹿形饰件(Seven Brothers 2) 5、6. 野猪饰牌(Aleksandrovka) 7. 狼饰牌(Kulakovsky) 8. 角状杯(Seven Brothers 4) 9、10. 鹿饰牌(Seven Brothers 4、Zhurovka G) 11. 木碗装饰(Ak-Mechet) 12—14. 角杯上金饰件(Seven Brothers 4) 15—18. 衣服上金饰件(Seven Brothers 2) 19. 金饰牌(Nymphacum 17) (2—4、7、9、10为青铜,其余均为金质)

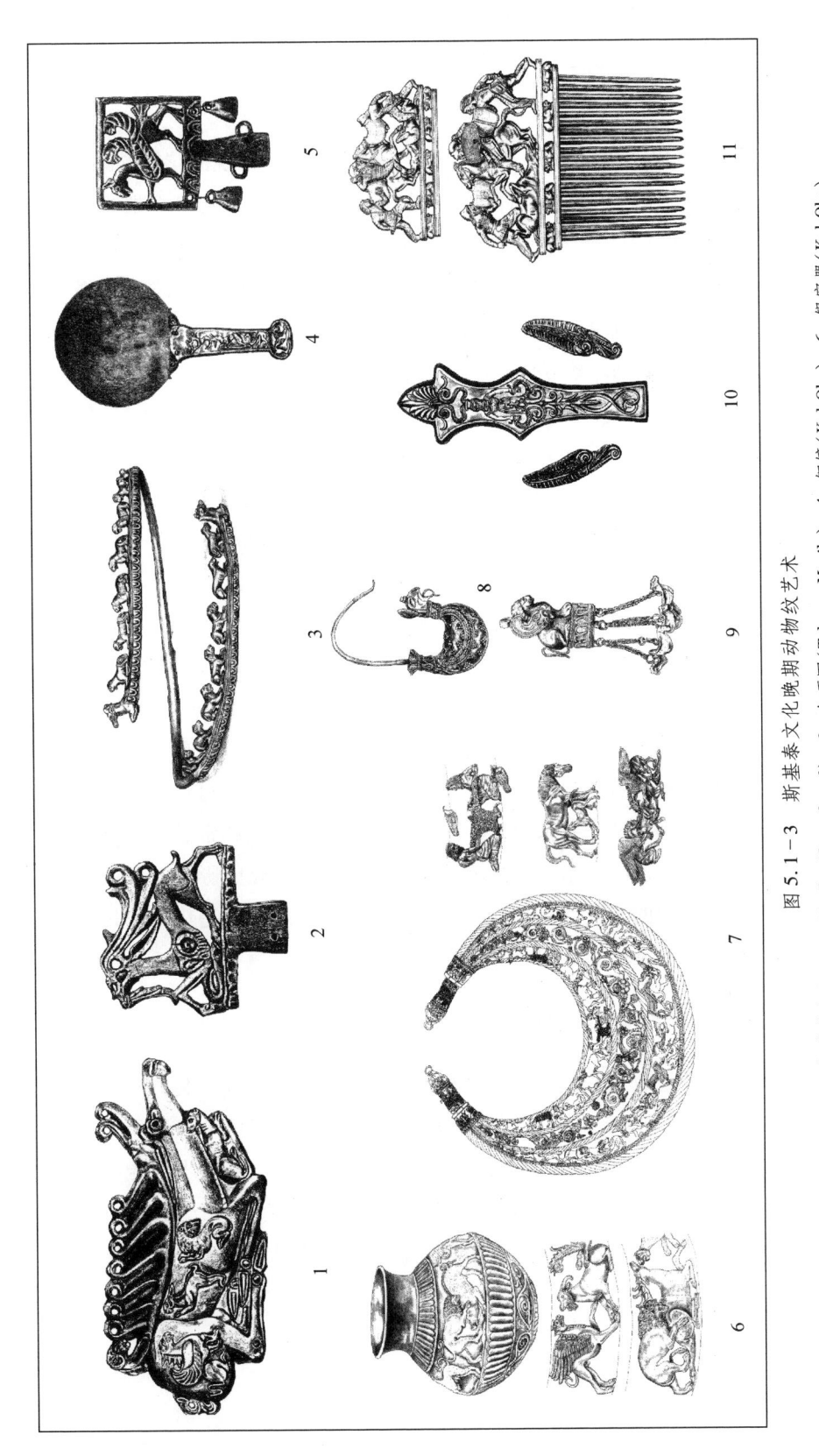

图 5.1-3 斯基泰文化晚期动物纹艺术

1. 护身符(Kul oba) 2、5. 杆头饰(Chmyreva Mogila、Alexandropol) 3. 金项圈(Tolstaya Mogila) 4. 铜镜(Kul Oba) 6. 银容器(Kul Oba) 7. 金胸饰(Tolstaya Mogila) 8. 船形耳坠(Dort Oba2) 9. 吊坠(Deyev) 10. 马面饰(Bolshaya Tsimbalka) 11. 金梳(Solokha) (2 和 5 为青铜,4 为金和铜,6 为银,其余均为金)

成为被捕食的对象（图5.1-3,6），而且还出现了互相缠绕的花的形象。在Tolstaya Mogila大墓中出土了1件艺术价值极高的金胸饰，这件金器直径有30.6厘米，两只口中衔环的狮子头作为连接部，整个胸饰上雕刻着三层图案，最上一层是斯基泰人日常生活的场景，包括制衣和挤奶等，大都与家畜有关；中间一层是互相缠绕的花朵的图案；而最下一层则是野兽捕食的场景，有狮子噬鹿、格里芬食马，还有狗、蝗虫等动物的形象（图5.1-3,7）。

虽然希腊的因素在斯基泰文化晚期动物纹装饰中的地位非常重要，但斯基泰人还是保留了部分自身特色的装饰艺术，例如蹲伏的鹿的形象，整体造型与之前斯基泰文化常见的鹿形象非常一致，不同的是鹿身上多了格里芬和狮子等动物的图案（图5.1-3,1）。鹿的形象还见于Chmyreva Mogila墓葬出土的1件杆头饰，但是这只鹿造型非常虚幻，下巴好像还有山羊的胡子（图5.1-3,2）。还有1件金柄铜镜，柄部装饰有鹿和格里芬的形象，但是线条非常粗糙（图5.1-3,4）。另外这个时期还出现了很多螺旋形的金项饰，上面往往装饰有豹的形象，但已经不如之前那么写实了（图5.1-3,3）。

以上分别介绍了斯基泰文化动物纹艺术不同时代的特征，总体看来，斯基泰文化拥有具有自身特色的动物纹装饰，尤其是在早期，写实的豹、鹿和羊等动物是其最为典型的装饰题材。而古代近东亚述文化和希腊文化对斯基泰文化装饰艺术的影响非常大，在早期主要是受近东文化的影响，而随着黑海北岸希腊殖民地的出现，斯基泰艺术逐渐出现了希腊化的趋势，尤其是到了晚期，希腊艺术风格的器物应用得非常广泛。

二、萨夫罗马泰动物纹装饰艺术

萨夫罗马泰文化（Sauromatian）大约与黑海北岸的斯基泰文化同时，该名称最早见于希腊历史学家希罗多德（Herodotus）（公元前484—前430年）的著作中，在《历史》一书中希罗多德记述了斯基泰的东部邻居萨夫罗马泰部落分布在顿河以东，距离亚速海（Azov）北部有15天路程的地方[①]。一般认为该文化的年代在公元前7世纪末—公元前4世纪，在公元前4世纪以后，融入萨

[①] 希罗多德：《历史（英文）》，中国社会科学出版社，1999年。

尔马泰文化中，因此也被称为萨尔马泰文化的萨夫罗马泰阶段。

对该文化的研究始于19世纪，当时主要是对一些墓葬的发掘，20世纪初，开始对各类遗存进行系统的发掘和研究①。考古工作主要集中在伏尔加河下游和南乌拉尔草原地带，但早期的发掘者将这些遗存归入斯基泰文化，认为这些是斯基泰人群的移民留下的②。而后来的多数学者根据研究，发现这些遗存真正的主人应该是希罗多德笔下的萨夫罗马泰人。从目前的发现看，萨夫罗马泰文化主要分布在北高加索和里海北岸的顿河、伏尔加河以及乌拉尔河流域。

萨夫罗马泰文化的年代范围，大约从公元前6世纪初—公元前4世纪，公元前4世纪之后就融入早期萨尔马泰文化中。这个年代划分是建立在对该文化遗存进行系统分析和研究的基础上，最早在20世纪中叶就已经确立③，而且得到了后来大多数学者的认同。但是对文化内部的分期，至今仍缺乏系统的研究。

萨夫罗马泰文化的经济与斯基泰很相似，都是以游牧为基础的，这在文献中有明确的记载④，而在考古发现中这一点也表现得十分明显。该文化的分布区内缺乏定居的聚落，墓葬中有大量的羊、马殉牲，工具武器、马具和装饰品等随葬品丰富，缺乏农业工具，这一切都说明萨夫罗马泰文化已经进入游牧时代。

但相对于斯基泰文化来说，萨夫罗马泰文化的考古发现要少得多，尤其是高等级大墓发掘的数量比较少。在大部分墓葬中武器和马具异常发达。根据希罗多德的记载，萨夫罗马泰部落的女人，与男人一样着装、骑马、狩猎和参加战争，甚至不杀死一个敌人是不可以结婚的。在考古发现中很多女性墓葬也随葬武器和马具，这种现象在其他文化中都比较少见。虽然武器和马具在萨夫罗马泰文化中占据着主导地位，但动物纹装饰艺术仍然是其重要的

---

① 中国大百科全书总编辑委员会《考古学》编辑委员会：《中国大百科全书·考古学》，中国大百科全书出版社，1986年。

② Grakov: Kurgan in the Environs of the Nezhinsky Settlement of the Orenburg District According to Excavation in 1927. Work of the Section of the Russian Association of the Scientific Investigative Institutes of Social Sciences 4, Mosco, 1928.

③ Grakov. B. N, "Survival of the Sarmatian（俄文）", 转引自 *Nomads of The Eurasian Steppes in the Early Iron Age*, Berkeley, CA, 1995.

④ 希罗多德：《历史（英文）》，中国社会科学出版社，1999年。

文化特征。

萨夫罗马泰文化的动物纹装饰主要表现在容器、马具和小件的装饰品上。以下笔者以资料最为丰富的 Pilippovka 墓地为例，来介绍萨夫罗马泰文化的动物纹装饰艺术。

Pilippovka 墓地位于俄罗斯南乌拉尔奥伦堡市西约 100 公里的乌拉尔河与伊列克河交汇处，整个墓地共包括 25 个土丘冢，墓地整体年代大约在公元前 5 世纪末—公元前 4 世纪初。这个墓地在 20 世纪 50 年代就已经被发现，1986—1990 年间共发掘墓葬 17 座。虽然部分墓葬被盗掘，但残存的随葬品也非常丰富，其中动物装饰艺术在该墓地表现得非常引人注目[①]。

在这些动物纹装饰中，鹿是最为重要的一种动物题材，墓葬中出土的很多器物上都装饰有这种动物。这些鹿的造型各有不同，有的鹿站立（图 5.1-4，3、5、6），也有的呈蹲伏状（图 5.1-4，4），最有特色的是突出了鹿头和鹿角。M1 出土了 26 件站立的公鹿形象器物，木质，外面包裹金或银箔。整个鹿各部分的比例严重失调，耳朵和鹿角被夸张地放大，而腿则变得短而粗（图 5.1-4，1、2）。

除了鹿之外，大角羊、格里芬、狼和骆驼也是非常重要的动物题材。M1 出土了 20 件形制一致的大角羊形象的饰牌，四肢折卧，头部抬起，羊身上和脚下都有圆涡纹装饰（图 5.1-4，8）。还有一种两只公羊相背合铸的饰件，被认为属于波斯阿契美尼德王朝文化风格（图 5.1-4，7）。同样为阿契美尼德王朝风格的还有一些金银容器，上面的装饰也大都为公羊形象（图 5.1-4，30、31）。格里芬造型的器物数量和种类都比较多，不过出土的大都为头部特写（图 5.1-4，9—11），有的格里芬金饰件上还镶嵌宝石（图 5.1-4，12、13），不仅出现单体格里芬饰件，还有格里芬和骆驼等动物相结合的怪兽形象出现（图 5.1-4，14、23）。狼和骆驼是另外两种出现频率较高的动物题材，尤其是狼，既有站立的全身形象（图 5.1-4，15、16），也有的仅刻画出狼头（图 5.1-4，17、18）。动物装饰中的骆驼形象均为中亚的双峰骆驼（图 5.1-4，21—23）。

---

① Joan Aruz, etc. *The Golden Deer of Eurasia*, The Metropolitan Museum of Art, New York, 2000.

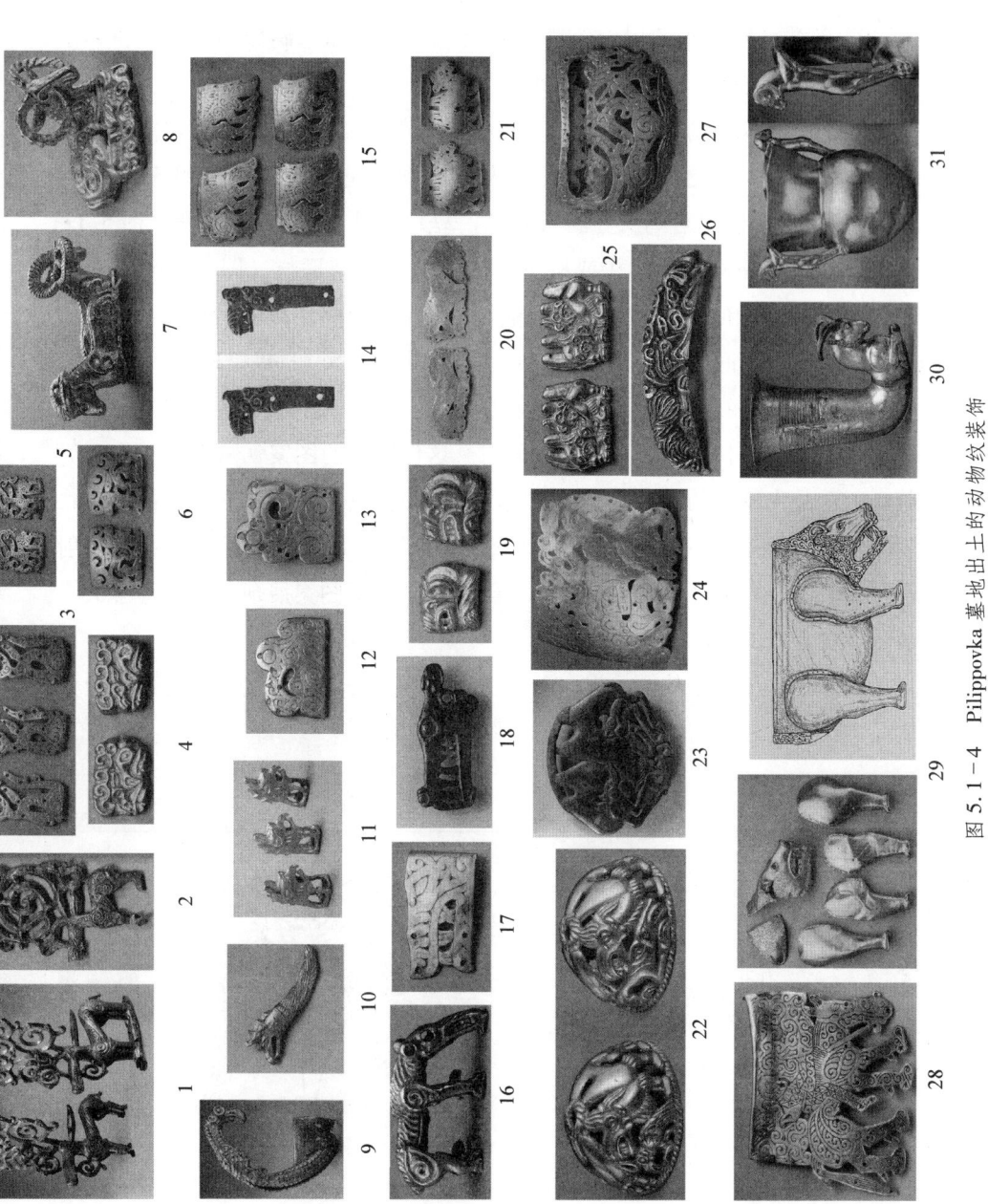

图 5.1-4 Pilippovka 墓地出土的动物纹装饰
18 出自 M3，其余均出自 M1（1、2、29 为金和木，14、18、23 为青铜，30 为银，其余均为金）

此外，该墓地中还有一定数量的狮子（图5.1-4，19）和豹（图5.1-4，20）等猫科动物形象的金饰牌。还出土1件金和木制成的容器，整体造型表现为熊的形象（图5.1-4，29）。

除了上述单体动物装饰外，Pilippovka墓地还出土了一些动物搏斗和不同动物结合的神兽题材。有的表现猫科动物口里咬着鹿头（图5.1-4，26），有的狼嘴里衔着鸟头（图5.1-4，27）或者是猫科动物噬鹿（图5.1-4，24），还有骆驼身体熊头或格里芬头的怪兽互搏题材（图5.1-4，23、25）。在墓地出土的1件帽形金饰件上表现出一只骆驼跟随另外一只骆驼的场景，在它们之间还有一只狼和一只鸟的形象（图5.1-4，22）。

在Pilippovka墓地中很少有人与动物共存的装饰题材，但在M1出土的1件木容器的金饰件上却展示了这种题材。这件器物的图案（图5.1-4，28）整体上看是人骑马的场景，马长尾巴，身上和背景处都装饰有S形螺旋纹；骑士头发短而直，裤子和束腰的外衣上都有锯齿纹装饰，手里正在拉弓射箭，身后还背着另外一副弓。工匠可能想通过这幅图案展现萨夫罗马泰武士战争或者狩猎的形象。

实际上除了发达的金、银和青铜制品外，萨夫罗马泰文化的兽牙和骨角制品中也有比较丰富的动物纹装饰（图5.1-5）。

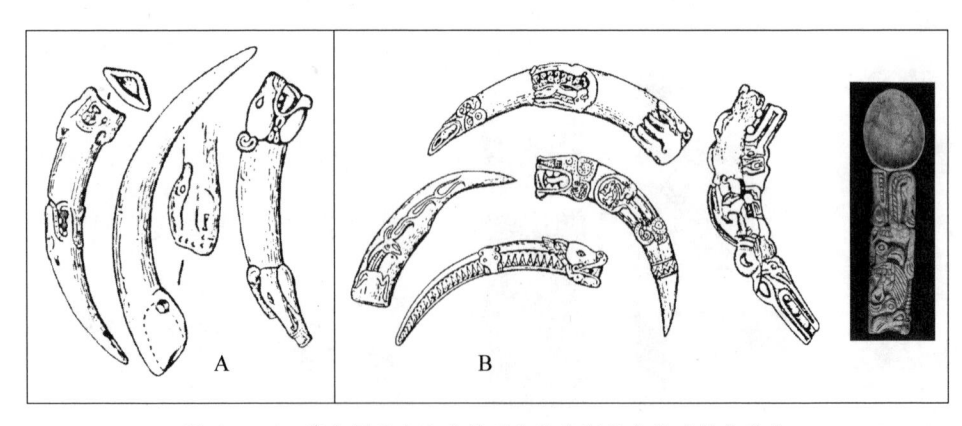

图5.1-5 萨夫罗马泰文化兽牙和骨角制品上的动物纹装饰
A. 兽牙制品 B. 骨角制品

另外在一些萨夫罗马泰文化的女性墓葬中还经常出土一种石质容器，一般被认为是一种具有特殊功用的祭祀用品，或称之为"祭台"。有些祭台上有动物装饰，或其足部雕刻成动物形，或在其器身装饰动物形象（图5.1-6）。

图5.1-6 萨夫罗马泰文化祭台上的动物纹装饰

三、小结

公元前1千纪欧亚草原气候波动、战争和游牧化经济等因素导致的人群流动大大加速了草原上的文化融合，并在草原风格的动物纹上留下了鲜明的印记。欧亚草原西部区的动物纹最早流行于公元前7世纪，其中斯基泰文化动物纹可以分为三个阶段。

第一阶段年代为公元前7世纪—公元前6世纪初，动物纹装饰大致可以分为两类。第一类主要是斯基泰人群自身特色的艺术风格，所描绘的题材主要有蹲伏或卷曲的豹、平卧的鹿和山羊、大嘴的鸟或鸟头等；第二类动物纹装饰是近东地区常见的装饰艺术题材，包括带翅膀的怪兽、牛和狮子合体、格里芬以及花和树等。

第二阶段年代为公元前6世纪晚期—公元前5世纪，动物纹装饰艺术发生了很大的变化，单个豹和公羊的题材变少了。希腊艺术对斯基泰文化的影响逐渐加大，出土许多希腊风格的饰牌，西亚亚述艺术风格的因素则逐渐减少。同时斯基泰动物艺术变得更加复杂，其装饰艺术也融入了部分萨夫罗马泰和波斯的文化因素。

第三阶段年代为公元前4世纪—公元前3世纪初,在公元前4世纪,斯基泰文化达到了巅峰状态,与周邻文化的交流也更加密切。这个时期动物纹装饰中希腊文化的影响最为重要,很多早期和中期的题材逐渐消失,取而代之的是希腊化的主题,器物上开始表现神、英雄和宗教场景。

萨夫罗马泰文化中动物纹装饰的出现年代要晚于斯基泰文化,但也非常丰富。该文化在发展的过程中,不断受到东西方的双面影响,这种多文化的影响也体现在动物纹装饰上,但即使如此我们也可以看到萨夫罗马泰文化动物纹装饰的自身特色。与它的西邻斯基泰文化相比,萨夫罗马泰文化动物纹突出的是静态的画面,即使是野兽猎食争斗题材,也缺乏真正激烈的争斗场面。而且这个文化的工匠很显然并没有把注意力放在刻画动物的自然特性上,动物纹给人感觉不够细腻,也不突出写实性风格,而是加入了许多工匠们想象的成分。

对于欧亚草原西部区动物纹装饰的来源问题,前苏联和俄罗斯学者一直十分关注,针对这个问题展开了大量的讨论。早期争论观点主要集中在近东起源、中亚起源还是希腊起源上,然而学者们无法取得一致的见解。

要探寻欧亚草原西部区动物纹的来源,应该关注更早的遗存,即黑海北岸地区的前斯基泰文化和早期斯基泰文化。相关的研究成果很多,其中乔治·科萨克(Georg Kossack)[1]和卡尔·杰特迈尔(Karl Jettmar)[2]的研究为我们提供了基本的发展脉络。在上述研究成果基础上,结合近年来发表的一些前斯基泰遗存资料[3],可以将前斯基泰遗存和早期斯基泰遗存大致划分为以下三个阶段。

第一阶段:公元前8世纪以前,以新切尔卡斯克遗存(Novocherkassk)为代表,这个阶段的资料主要以武器和马具为主,还包括少量的装饰品。

武器主要由剑、矛和镞构成。剑既有青铜的,也有铁质的,通常较长,柄首流行蘑菇形(图5.1-7,2),有的格部两端下垂(图5.1-7,1)。镞

---

[1] Georg Kossack, "On the Origins of the Scytho‐Iranian Animal Style", *Towards Translating the Past*, ed. Bernhard Hansel etc. Berlin, 1998, pp.39-96.
[2] Karl Jettmar, *Crossing-dating in Central Asia*, Harvard university, Mass, 1969.
[3] *Махортых С. В.* Киммерийцы северного причерноморья. -Киев:Шлях, 2005.

的形制较为统一,主要是有銎双翼镞(图5.1-7,5、6)。另外在这一时期遗存中还发现铁矛(图5.1-7,3)和镂空的青铜剑鞘(图5.1-7,4)。

马具主要有马镳和马衔两种,往往成套出土,其中外环为双环的马衔(图5.1-7,7—11)和三孔勺形镳(图5.1-7,12—17)最具特色。

动物纹装饰风格在这个阶段并不发达,在一些金质和骨质的装饰品中(图5.1-7,18—25),螺旋纹、同心圆、蘑菇形和四方形等几何纹占有主导地位,金花形饰是这个阶段最具特色的装饰品之一(图5.1-7,26、27)。

第二阶段：公元前8世纪末—公元前7世纪初,这一组遗存的典型单位有第聂伯河西部的雷赞诺夫卡(Ryzanovka)二号古冢和扎博京(Zhabotin)二号古冢等。

这个时期武器基本和上一阶段相似,流行长剑(图5.1-7,28),镞也主要是有銎双翼镞(图5.1-7,29—33),部分镞尾部有额外的凸出(图5.1-7,31、33)。

马具非常发达,虽然主要仍然是马镳和马衔,但是形制多样。马衔既有延续上一阶段的外环为双环的形制(图5.1-7,34、35),也有外环为大圆环(图5.1-7,38)和马镫形(图5.1-7,36、37、39)等形制。马镳既有青铜也有骨质的,均为三孔,多数马镳的两端有蘑菇形的帽(图5.1-7,40—44),也有一些马镳头部有骨雕的动物形(图5.1-7,45、46)。

这个阶段的动物纹虽然仍然不发达,但已经出现了比较写实的动物纹,这些动物雕刻在骨器上,主要是野生动物,尤其是麋鹿和食肉鸟类,它们往往身体某部分互相折叠(图5.1-7,47—49)。另外头部雕刻有动物形的骨马镳是黑海北岸同类器中最早的。

第三阶段：公元前7世纪中叶—公元前7世纪末,这个阶段已经是典型的斯基泰文化时期,代表遗存是克列尔梅斯墓地一号古冢和二号古冢。这一时期在延续前阶段器物的基础上,还出现了一些新的器物。

武器主要有短剑、矛、铜盔和镞等,其中剑格为心形的短剑(图5.1-7,50)、前脸顶部有弧尖的头盔(图5.1-7,56)以及三翼有銎铜镞(图5.1-7,54、55)都是这个时期新出现的器物。

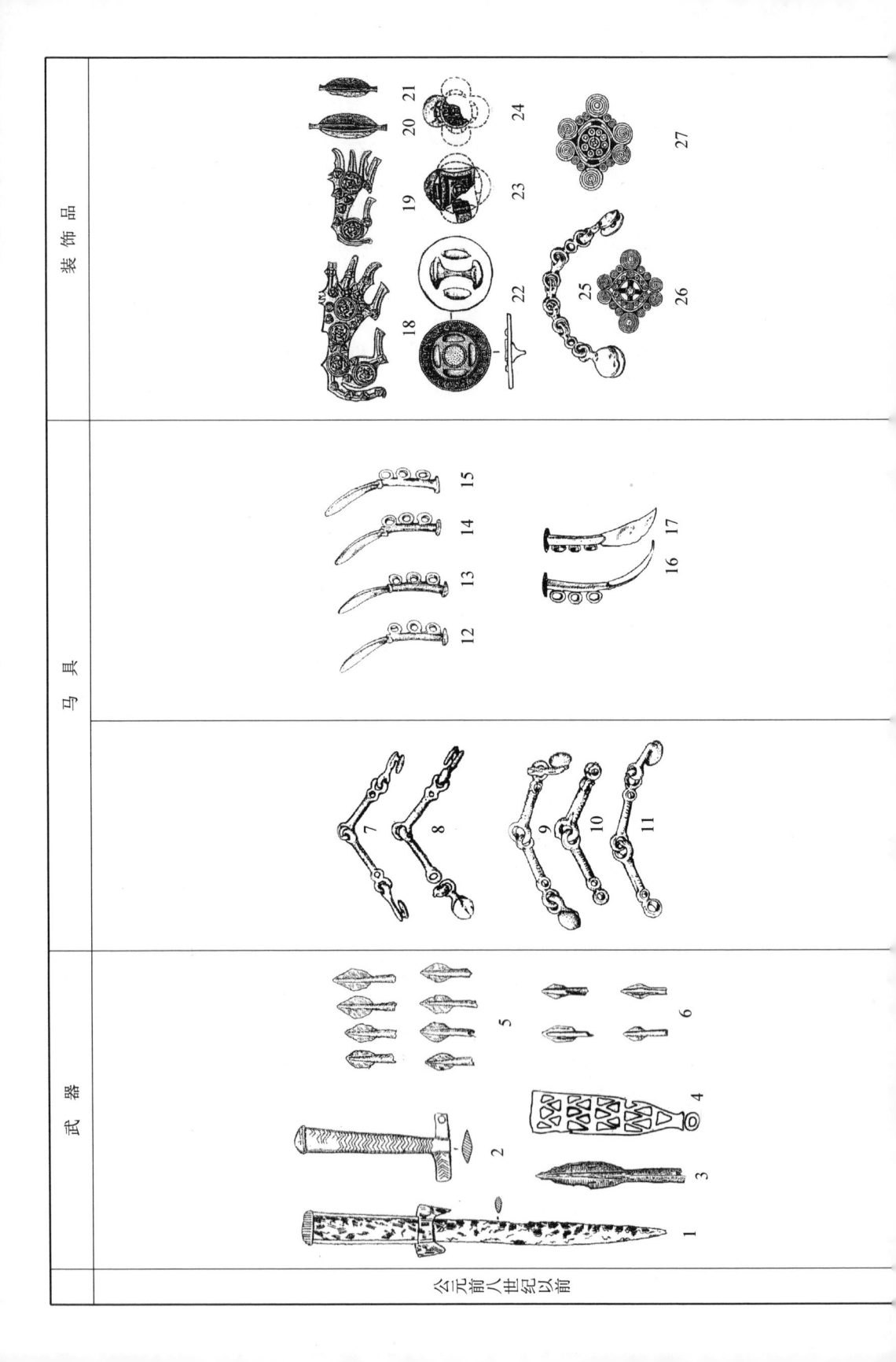

装饰品	马具		武器
18, 19, 20, 21, 22, 23, 24, 25, 26, 27	12, 13, 14, 15, 16, 17	7, 8, 9, 10, 11	1, 2, 3, 4, 5, 6

公元前八世纪以前

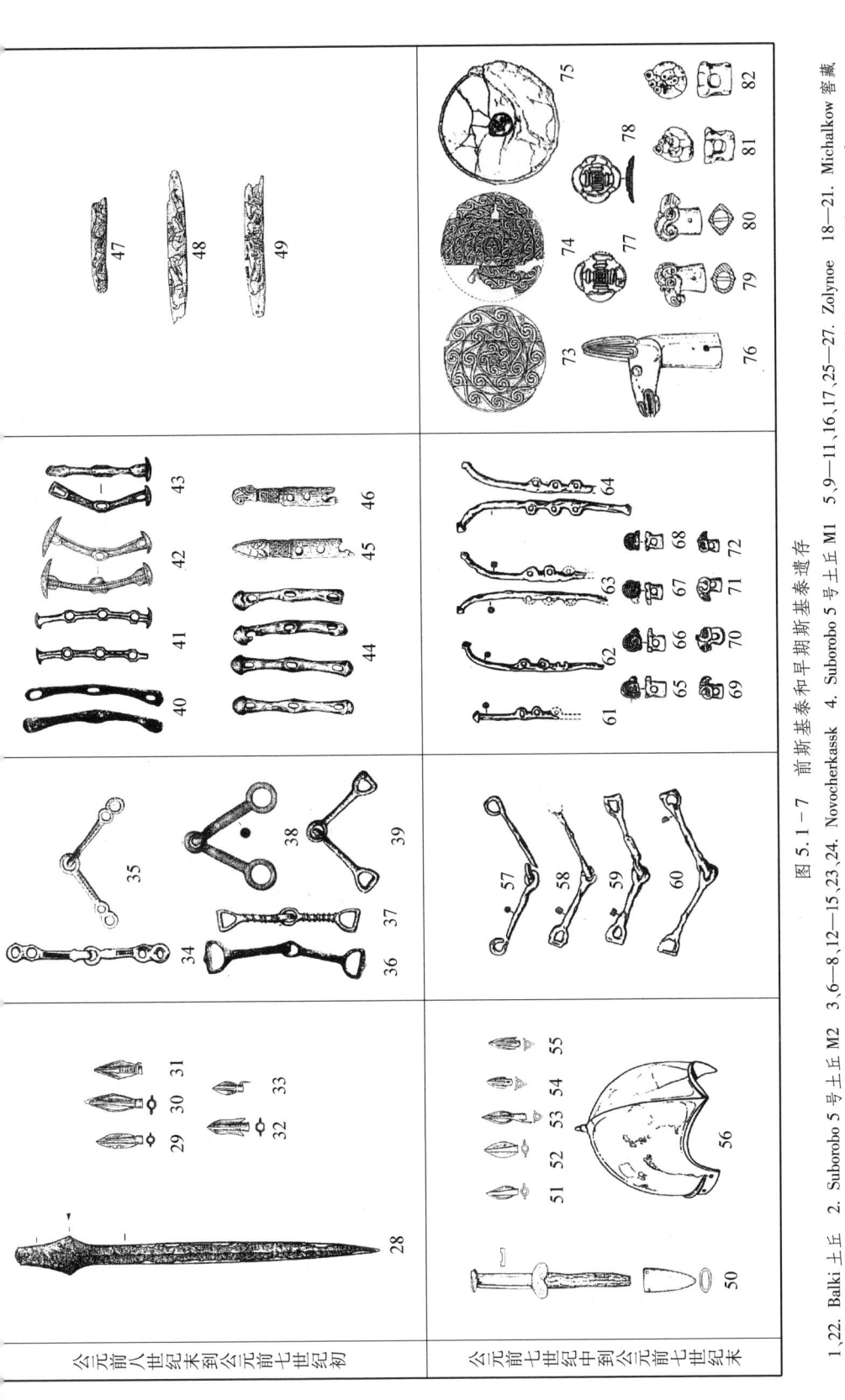

图 5.1-7 前斯基泰和早期斯基泰遗存

1,22. Balki 土丘 2. Suborobo 5 号土丘 M2 3,6—8,12—15,23,24. Novocherkassk 4. Suborobo 5 号土丘 M1 5,9—11,16,17,25—27. Zolynoe 18—21. Michalkow 窖藏 28,38,44. Slobodzei 三号土丘 M3 29—33,37,41. Malaya Tsimbalka 34. Ryzanovka2 号土丘 35,39,45—49. Zhabotin 二号土丘 36,40. Cheriogorovka 42,43. Kamyshevkaha 50—55. Ryzanovka5 号土丘 56,74—82. KelermesM2 57—73. KelermesM1
(3,57—64 为铁,18—22,73,74 为金,23—25,27,28,44—49,65—72,79—82 为骨角,其余为青铜)

马具已经基本不见青铜制造的，马衔和马镳均为铁质，马衔外环呈马镫形（图5.1-7，58—60）和钩形（图5.1-7，57），马镳则主要是内侧为三环，两端有凸出的圆帽（图5.1-7，61—64）。在这个时期发现有大量雕刻成动物形的骨节约（图5.1-7，65—72）。

这个时期装饰风格比较杂乱，除了之前就已经非常流行的螺旋纹和十字形几何纹装饰（图5.1-7，73、74、77、78）外，动物纹风格也开始广泛流行，涉及的动物种类也增多，包括猫科动物、大角山羊、鸟和马等，其中比较有特色的是卷曲动物纹饰件（图5.1-7，75、81、82）和动物形骨节约以及长耳圆雕的马头形器（图5.1-7，76）。这里的卷曲动物纹整体略呈三角形，动物四肢与身体衔接不够流畅，所描绘的动物种类尚不明确。动物形骨节约是这个时期黑海北岸等地非常流行的器物，发现的数量很多，往往雕刻成羊头和鸟头等形状（图5.1-7，65—72、79、80）。

综合来看，前斯基泰和早期斯基泰文化的发展过程，有以下特点。

首先，三个阶段的武器、马具和装饰风格有较为明显的变化。第一阶段的武器中还保留有卡拉苏克时代流行的菌首剑柄；马具造型非常具有特色，但较为复杂，流行双外环马衔和勺形三孔马镳；装饰风格中没有出现真正意义上的动物纹艺术，而是以几何纹和花形装饰为主。第二阶段武器中流行长剑，马具中虽然还存在少量前一阶段流行的双外环马衔，但开始出现一些与近东和希腊文化因素不同的器物，如外环为大圆环的马衔和两头为菌首的三孔马镳等，这表明该地区人群引进了其他新的文化因素，而且相较于前一阶段马具有简约化的趋势。第三阶段，武器中出现了新的种类（如铜盔）；马具的形制趋于统一（马镫形外环马衔和内侧为三环马镳），而且有逐渐简化的趋势，这很可能是马的使用更加普及，马具的需求进一步增加的结果；除了继续流行几何装饰外，动物纹装饰在种类和数量上都大大增加了，典型的斯基泰三要素已经完全形成。

其次，从装饰风格看，希腊和近东等地农业文明文化因素的影响一直贯穿于前斯基泰和早期斯基泰文化的发展过程中。希腊特色的几何图案装饰和近东地区的人物、花卉装饰在这些文化的装饰风格中都占有非常重要的地位，尤其是第一阶段装饰风格几乎全部受上述两个地区的影响，而后来斯基泰文化发达阶段大量流行的狮子和公牛形象装饰也都是古代近东地区亚述和巴比伦的风格。另外，铁器在这些文化中出现的时间非常早，这也可以看作是近东地区的早期冶铁术影响所致。第二阶段出现了动物纹，主要是雕刻在骨器上互相折叠的麋鹿和鸟以及头部雕刻成鸟形的骨马镳等，但没有形成自身的特色装饰，这一阶段也是前斯基泰与早期斯基泰的过渡时期。

从上面的分析看，欧亚草原西部区装饰风格的产生和发展，一直受到希腊和近东地区农业文化的影响，早期近东因素影响较大，之后希腊文化的影响逐渐增强。但值得注意的是典型的写实性的草原动物纹是突然出现于公元前8世纪末—公元前7世纪初，并从公元前7世纪中叶—公元前7世纪末开始流行起来的，而这时期欧亚草原中部区已经出现了写实性的动物纹装饰，再结合关于斯基泰来源的记载，笔者推测黑海北岸地区的草原动物纹最早很可能源自东部草原地区，正如G.科萨克所提出的"西北伊朗和黑海北岸的动物纹遗存可能拥有同一个源，而这个源或许应该在里海东部中亚草原地带寻找"[①]。

第二节　欧亚草原中部区的动物纹装饰

欧亚草原中部区在公元前1千纪与东部区和西部区各早期游牧文化都存在非常紧密的联系，是欧亚草原的核心区域，也是中国北方地区与西部草原地区联系的主要区域[②]。欧亚草原中部区主要早期游牧文化包括米努辛斯克盆地的塔加尔文化、图瓦地区的早期游牧文化、阿尔泰地区的麦耶米尔和巴泽雷克文化以及哈萨克草原和天山地区的萨卡文化。

一、米努辛斯克盆地塔加尔文化的动物纹装饰

塔加尔文化是米努辛斯克盆地著名的早期游牧文化，该类遗存很早就已

---

① Georg Kossack, "On the Origins of the Scytho-Iranian Animal Style", *Towards Translating the Past*, ed. Bernhard Hansel etc. Berlin, 1998, pp.39–96.
② 杨建华、邵会秋：《匈奴联盟与丝绸之路的孕育过程——青铜时代和早期铁器时代中国北方与欧亚草原的文化交往》，《吉林大学社会科学学报》2015年第1期。

经被发现，但最早归纳研究该类遗存的是前苏联学者 C. A. 捷普劳霍夫，他在 20 世纪 20 年代将这类遗存归入"米努辛斯克坟丘文化"，而塔加尔文化的命名是由后来的 C. B. 吉谢列夫根据他发掘的塔加尔岛的巨冢提出的①。塔加尔文化的遗存数量巨大，主要集中在俄罗斯叶尼塞河中游的米努辛斯克盆地，包括克拉斯诺亚尔斯克南部、克麦罗沃州和托木斯克州的部分地区。

很多学者对塔加尔文化墓地遗存进行过分期研究②，其中最有影响力的观点是前苏联学者 M. P. 格里亚兹诺夫提出的四期说，他将各期都以典型的墓地命名：巴伊诺沃期（Bainovo）（公元前 7—公元前 6 世纪）、波德戈尔诺沃期（Podgornovo）（公元前 6—公元前 5 世纪）、萨拉加什期（Saragash）（公元前 4—公元前 3 世纪）和捷西期（Tes'）（公元前 2—公元前 1 世纪）③。近年来有学者又根据碳十四数据的结论将四期的年代进行了调整：巴伊诺沃期（Bainovo）（公元前 10 世纪末—公元前 8 世纪）、波德戈尔诺沃期（Podgornovo）（公元前 8—公元前 6 世纪）、萨拉加什期（Saragash）（公元前 6—公元前 3 世纪）和捷西期（Tes'）（公元前 2—公元 1 世纪）④。

动物纹装饰在塔加尔文化中表现得非常突出，其中大角羊题材最为常见。大角羊因公羊的弯曲大角而得名，以草和灌木为食，善于攀爬陡峭的山岩，群居为主，通常不能驯化，西伯利亚地区是这种山羊最重要的分布区之一。塔加尔文化的游牧人群在日常生活中随时都可以接触到这种动物，对大角羊的喜爱程度非常深，这种题材的动物纹装饰在容器、武器、工具和装饰品等各种器物上都有所体现。

在塔加尔文化中有一类小盔形器或秘帽的顶端多装饰有四肢并拢站立的大角羊形象，这些大角羊均呈站立状，羊角发达向后弯曲，羊头有的平视、有的仰视，羊身有的瘦长、有的肥硕，羊的眼睛均用多重圆圈来表示，羊尾非常短（图 5.2-1，5—7）。与之共出的往往是一类带銎孔的工具，在其顶

---

① 中国大百科全书总编辑委员会《考古学》编辑委员会：《中国大百科全书·考古学》，中国大百科全书出版社，1986 年，第 510 页。
② 吉谢列夫：《南西伯利亚古代史（中译本）》，新疆社会科学院民族研究所，1981 年。
③ Mikhail P. Gryaznov, *The Ancient Civilization of Southern Siberia*, Cowles Book Company, New York, 1969.
④ Nikolay Bokovenko, "The Emergence of the Tagar Culture", *Antiquity* 80（2006）.

图 5.2-1 塔加尔文化大角羊装饰

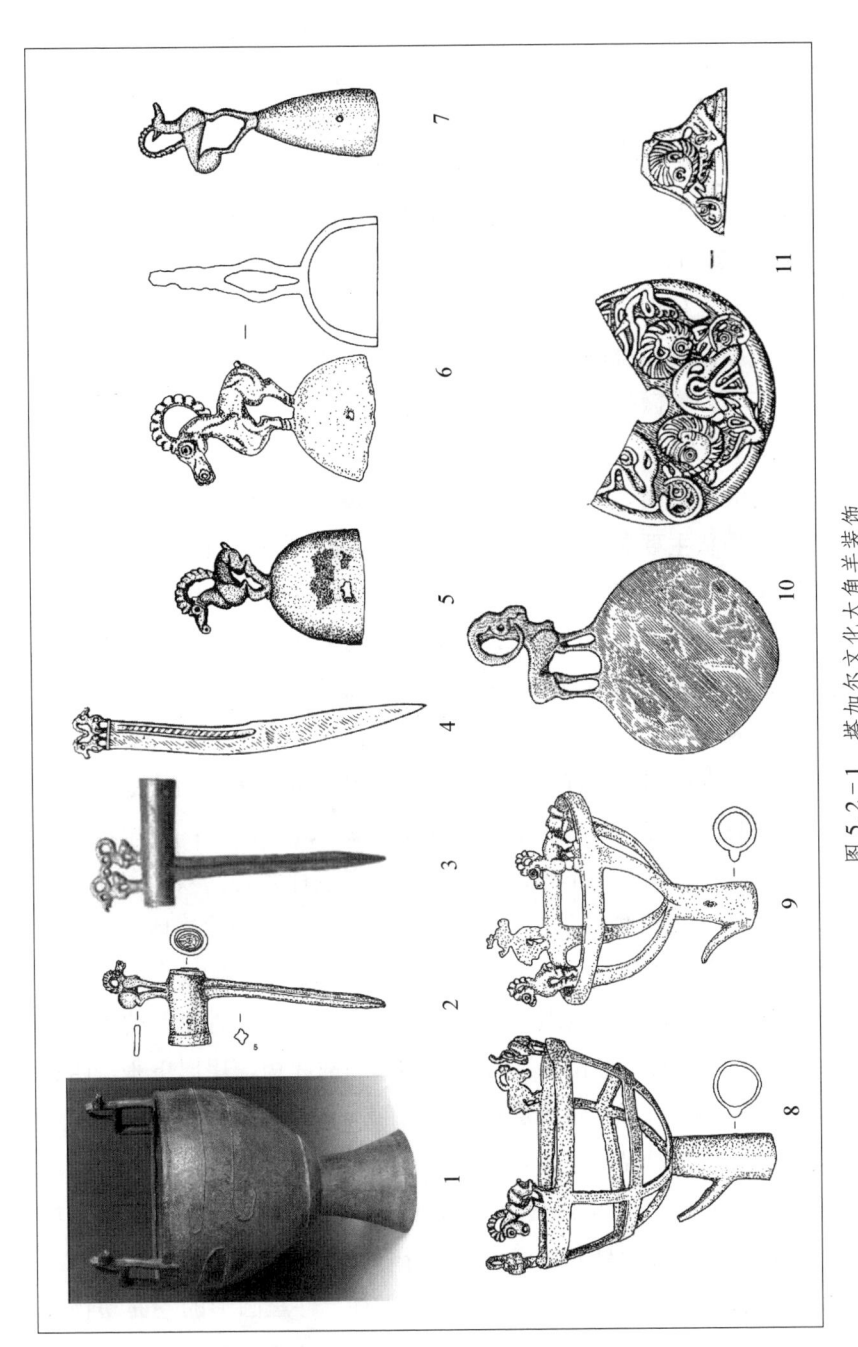

1. 克里斯诺亚尔斯克 2、5—9. Belyj Jar I 别拉亚加一号墓地 3. Barsuchikha I, Bolshoi 丘 M2
4. Увеличено 10. Горанзых 11. 米努辛斯克盆地

端的边缘连续装饰有若干个大角羊，羊头部平视，吻部略长，羊角向后卷曲，羊身肥硕（图5.2-1，8、9）。除了这两种器物外，在刀首和管銎斧上也往往装饰有单个或者两个大角羊形象，两只大角羊既有相背排列（图5.2-1，4），也有前后排列（图5.2-1，3），眼睛一般用空心圆圈表示，四肢站立（图5.2-1，2—4）。此外，这种大角羊也出现在铜鍫（图5.2-1，1）和铜镜（图5.2-1，10）把手上。

以上基本都是立体的大角羊装饰，在塔加尔文化中还有一定数量的浮雕装饰。在一件残损的圆形饰牌表面可以看出装饰有两个大角羊的头部，羊的面部特征非常写实，嘴微张，用半圆弧带表示眼睛，羊角向后卷曲呈大半个圆（图5.2-1，11）。

其他的动物纹数量明显要少于大角羊，而且通常不同动物装饰在特定的器物上。例如，野猪主要装饰在刀剑和战斧上（图5.2-2，12—14）。鹿多见于青铜饰牌上，这类形象的遗物较多，但是形制较简单，绝大多数的鹿纹，都是卧伏状的姿态，鹿角较发达，鹿的头部或平视或仰视（图5.2-2，9—11）。而马的形象主要在饰牌和器物柄首，一般为站立，比较瘦长，马头部向下俯视，前后肢分立，尾巴下垂（图5.2-2，6—8）。还有一类就是鸟形象的装饰，除了少量的小饰件外，这种题材基本都装饰在刀剑或战斧等工具武器上，都主要突出鸟头和鸟喙的形状（图5.2-2，4、5）；在短剑柄首上往往装饰有两只鸟头相对的形象，这种短剑我们也称之为"双鸟回首剑"（图5.2-2，1—3），而这种铜剑在欧亚草原广泛分布，中国北方地区也有大量发现，但塔加尔文化的双鸟回首剑非常写实，属于这种铜剑的早期形制。

塔加尔文化中猛兽形象类题材的器物是比较少的。有一件呈卧伏状的狼形象铜雕，狼的吻部较长，嘴微张，露出两排锋利的牙齿，尾巴下垂，四肢跪伏（图5.2-2，16）。有一件卧虎形象，前肢跪伏，后肢向后侧卧趴，尾巴上翘略有卷曲，虎首表现得有些夸张，整体虎身显得很健硕（图5.2-2，15）。还有一种是表现食肉类动物噬咬食草类动物的形象，有一件虎噬大角羊的铜雕，大张的虎口有一只大角羊头，虎身强壮，四肢短小粗壮，尾巴下垂，尾尖部又略向上卷曲（图5.2-2，17）。还有一件呈圆形的卷曲动物纹饰牌，从此动物所表现的特征来看，应当是雪豹，这件器物与阿尔然一号王

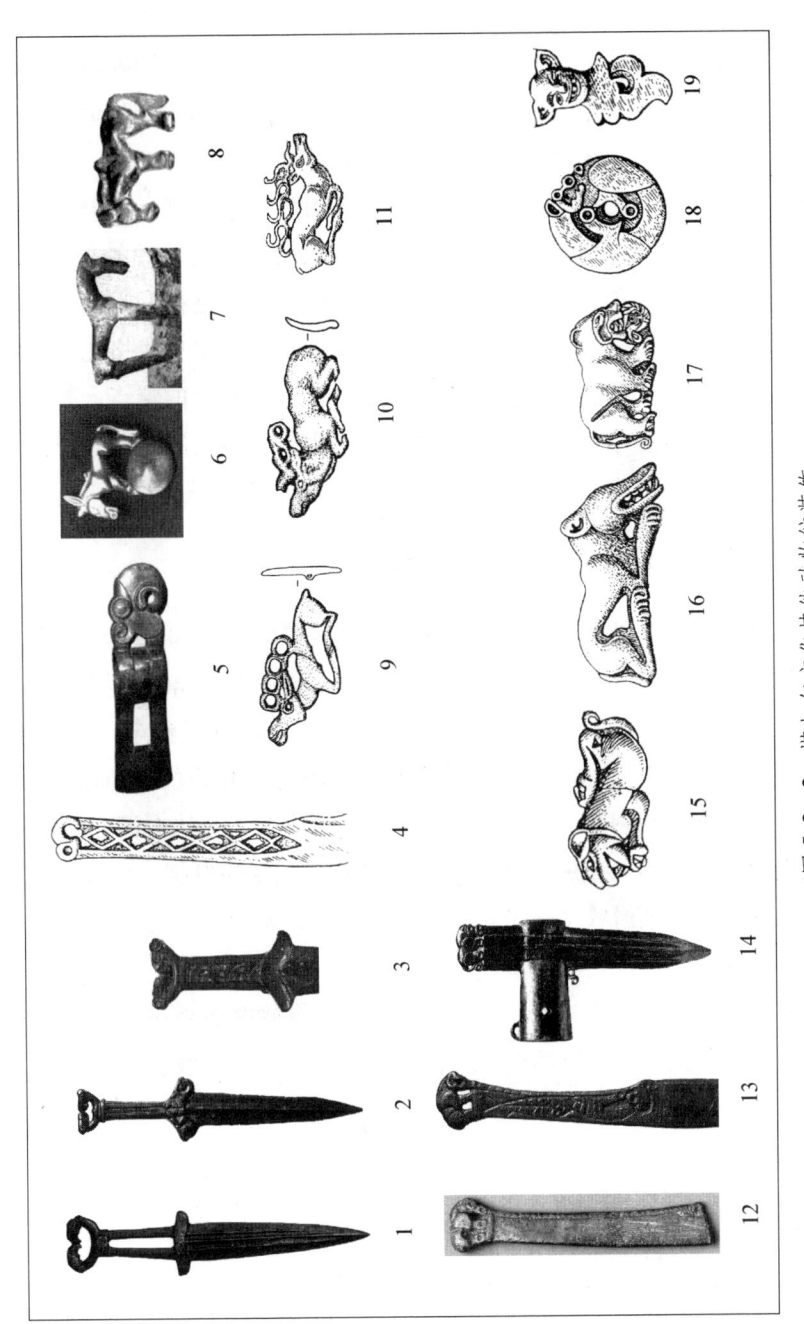

图 5.2-2 塔加尔文化其他动物纹装饰

1—4、6、11、12、14、15、17、19. 米努辛斯克盆地 5. Iudina 7. Tigrizskoe 8. Dal'ni mound1, M1
9、10. 别拉亚加一号墓地 13. Корякова 16. Ачинский округ 18. Бейское

第五章 境外草原文化的动物纹装饰

235

冢出土的同类器很相似，但写实性不如那件饰牌（图5.2-2，18）。

神兽题材在塔加尔文化动物纹装饰中极为少见，可以说这种题材并不是塔加尔人群所喜爱的。但有一件比较特殊的器物，其上半部分是一个人面兽耳的形象，人的面部特征表现得非常夸张，牙齿外露，两眼不对称，鼻子和眉毛很逼真；下半部分为一个呈花朵形的铜片（图5.2-2，19）。

总体看来，塔加尔文化动物纹非常写实。早期艺术中尤为写实地表达动物面孔特点，主要是山羊、野猪和鸟的形象，其中大角羊题材最为常见。晚期动物种类逐渐增加，铸造技术也更加成熟，晚期动物纹出现风格化、简单化的特征。塔加尔文化的动物纹艺术呈现出多样性和纯朴性的特点，多是利用当地所见的动物进行单体的动物形象描绘，缺少奇巧精致的形象，野兽争斗的场面及神兽题材非常少见。

二、图瓦地区早期游牧文化的动物纹装饰

图瓦地区位于叶尼塞河上游，具体来说主要是指萨彦岭和唐努乌拉山之间的广阔地区，这一地区面积近20万平方公里，今主要归属于俄罗斯图瓦共和国。这一地区早期游牧文化的发现和研究最早始于19世纪末，当时A.V.阿德里诺沃对图瓦地区进行了调查，并收集了部分坟丘内的随葬器物[①]。但早期的发现和研究相对薄弱，直到20世纪中叶才有人开始对图瓦地区的早期游牧遗存进行较为系统的研究，而图瓦阿尔然王冢的发掘（1971—1974年）使得该地区的早期游牧文化受到了广泛的关注。从目前的发现看，这一时期的遗存分布较为广泛，基本覆盖了整个图瓦地区。很多俄罗斯学者对这个地区的早期游牧文化遗存进行过分期[②]，国内也有研究成果对此进行总结分析，并结合阿尔然二号王冢的资料，将这个地区的早期游牧文化划分为二

---

① Nikolai A. Bokovenko, "History of Studies and the Main Problems in the Archaeology of the South Siberia During the Scythian Period", *Nomads of the Eurasian Steppes in the Early Iron Age*, Zinat Press, Berkeley, CA, 1995, pp. 255–261.

② Nikolai A. Bokovenko, "History of Studies and the Main Problems in the Archaeology of the South Siberia During the Scythian Period", *Nomads of the Eurasian Steppes in the Early Iron Age*, Zinat Press, Berkeley, CA, 1995.

期五段①。但鉴于目前的资料限制，分为五段可能还不是很成熟。根据图瓦地区目前发表的资料，结合周边地区同时期的文化特征，可将这个地区的早期游牧文化分为早、中、晚三期：早期以阿尔然一号王冢为代表，年代在公元前9—前8世纪；中期以阿尔然二号王冢为代表，年代在公元前8—前6世纪；晚期以萨格里—巴兹Ⅱ号墓地（Sagly-Bazi Ⅱ）为代表，年代在公元前5—前3世纪②。

早期阿尔然一号王冢时期发现的动物纹器物数量少③，但个个造型优美，有一件直径17厘米的写实卷曲动物纹器物非常著名，这件器物被认为是目前此类卷曲动物纹中最早的一件，塑造的是一只雪豹的形象，姿态优美，工艺精良（图5.2-3，1）。同样有较高艺术价值的还有多件站立在杆头饰上的立兽，为写实的山羊造型，蹄部的描绘是用双道笔画表示（图5.2-3，2—5）。此外，野猪形象的装饰也见于阿尔然一号王冢中，装饰在短剑上，最典型的特征是吻部长、腿长，身体较为瘦长，应当是雄性野猪，双腿自然下垂，也给人一种非常懒散的感觉（图5.2-3，6）。

在一号王冢发掘过程中还发现雕刻有鹿形象和工具武器的鹿石（图5.2-3，7），鹿石遗存种类很多，分布也非常广泛，已有学者进行过详细的论述④。阿尔然一号王冢出土的鹿石中鹿的形象很显然属于接近自然鹿形象的萨彦—阿尔泰类型⑤，这种鹿石主要流行在卡拉苏克时期，但与典型的卡拉苏克时期鹿石的鹿形象差异明显，而鹿石上野猪觅食的形象与短剑柄首野猪形象非常相似，因此笔者判断阿尔然一号王冢中的这件鹿石年代可能稍早，与王冢建造时期或大致同时。

中期阿尔然二号王冢时期动物纹种类有所增加，主要出现在一些金饰件

---

① 马健：《公元前8—前3世纪的萨彦—阿尔泰——早期铁器时代欧亚东部草原文化交流》，《欧亚学刊（第八辑）》，中华书局，2008年，第38—84页。
② 杨建华、包曙光：《俄罗斯图瓦和阿尔泰地区的早期游牧文化》，《西域研究》2014年第2期。
③ Gryaznov, M.P., *Arzhan: Tsarskii Kurgan Ranneskifskovo Vremeni* (*Arzhan: The Tsar Kurgan of the EarlyScythian Time*). Leningrad. 1980.
④ 潘玲：《论鹿石的年代及相关问题》，《考古学报》2008年第3期。
⑤ 沃尔科夫：《蒙古鹿石》，中国人民大学出版社，2007年。

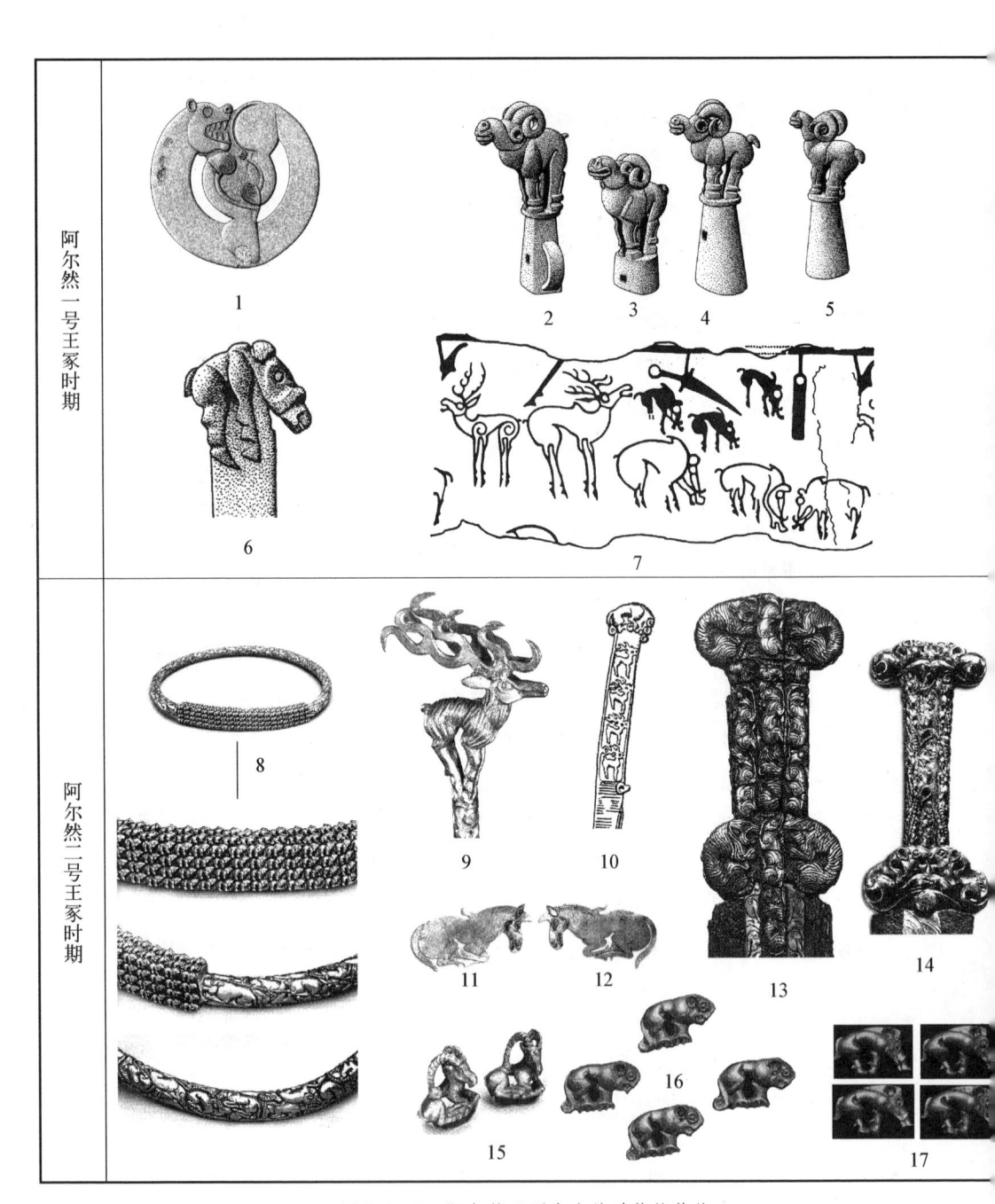

图 5.2-3 阿尔然王冢出土的动物纹装饰

1—7. 阿尔然一号王冢　8、9、11—17. 阿尔然二号王冢　10. 图瓦征集

上①。其中有一件重达1.5千克的精美金项圈，项圈上满满地装饰了成排的动物纹（图5.2-3，8）。此外，还有蹲踞的马和羊的金饰牌（图5.2-3，11、12、15）、站立的金鹿（图5.2-3，9）以及数量巨大的猫科动物（图5.2-3，16）和野猪（图5.2-3，17）等单体动物饰件。装饰在墓主人披肩上的2500片左右的豹形金饰片，尺寸仅为1.1×1.21厘米（图5.2-4）。野猪造型保留原有的特征，也应当是雄性野猪，只是更加规整，器型也明显变小，尺寸为1.2×2.1—1.6×2.4厘米，数量有上百件之多（图5.2-5），应当是镶嵌在器物上的装饰。需要指出的是，阿尔然一号与二号冢众多的动物纹，都是实际生活中能够见到的动物，没有斯基泰文化中常见的格里芬或神兽动物，这反映了早期的动物装饰的特点。在二号王冢中还出了2件金柄短剑，猫科动物成对地装饰在短剑的剑首与剑格上，剑身和剑柄上都装饰有繁冗的动物纹（图5.2-3，13、14）。

另外在图瓦地区还曾出土一件早期的铜刀②，刀柄上浮雕有成排的鹿纹，柄首则是卧兽的形象（图5.2-3，10）。柄部饰成排动物纹的铜刀等类似的器物在蒙古也有发现。

图瓦地区晚期文化的动物纹艺术也非常发达，以写实性的描绘手法为主。动物形象中长角山羊最多，多为站立的单个山羊（图5.2-6，5、6、9、10、11），也有少量蹲踞山羊（图5.2-6，12）和对立的双山羊形象（图5.2-6，8）。其次为鹿和马，在木盒上装饰较多，马和鹿经常同时出现，有的还有猎手的形象，这些图案应该是描绘当时狩猎的场景（图5.2-6，1—4）；除了木盒上的图案外，还发现有长方形单体马饰牌（图5.2-6，14）和单体回首鹿纹饰牌（图5.2-6，13）以及鹿头的形象（图5.2-6，21、22）。此外还有单体鸟饰牌（图5.2-6，15—18）、双鸟回首形象（图5.2-6，20）等。

除了食草动物外，晚期还有一部分猛兽咬杀食草动物的群体动物形象装

---

① Von Konstantin V. Cugunov, *Der Skythen Zeitliche Fursten Kurgan Arzan 2 in Tuva*, Verlag Philipp Von Zabern·Mainz, Berlin, 2010.

② М. Г. Мошкова, *Степная полоса Азиатской части СССР в скифо-сарматское время*. Москва, 1992.（М. Г. 马什克娃：《斯基泰萨尔马特时期苏联亚洲部分的草原地带》，莫斯科，1992年。）

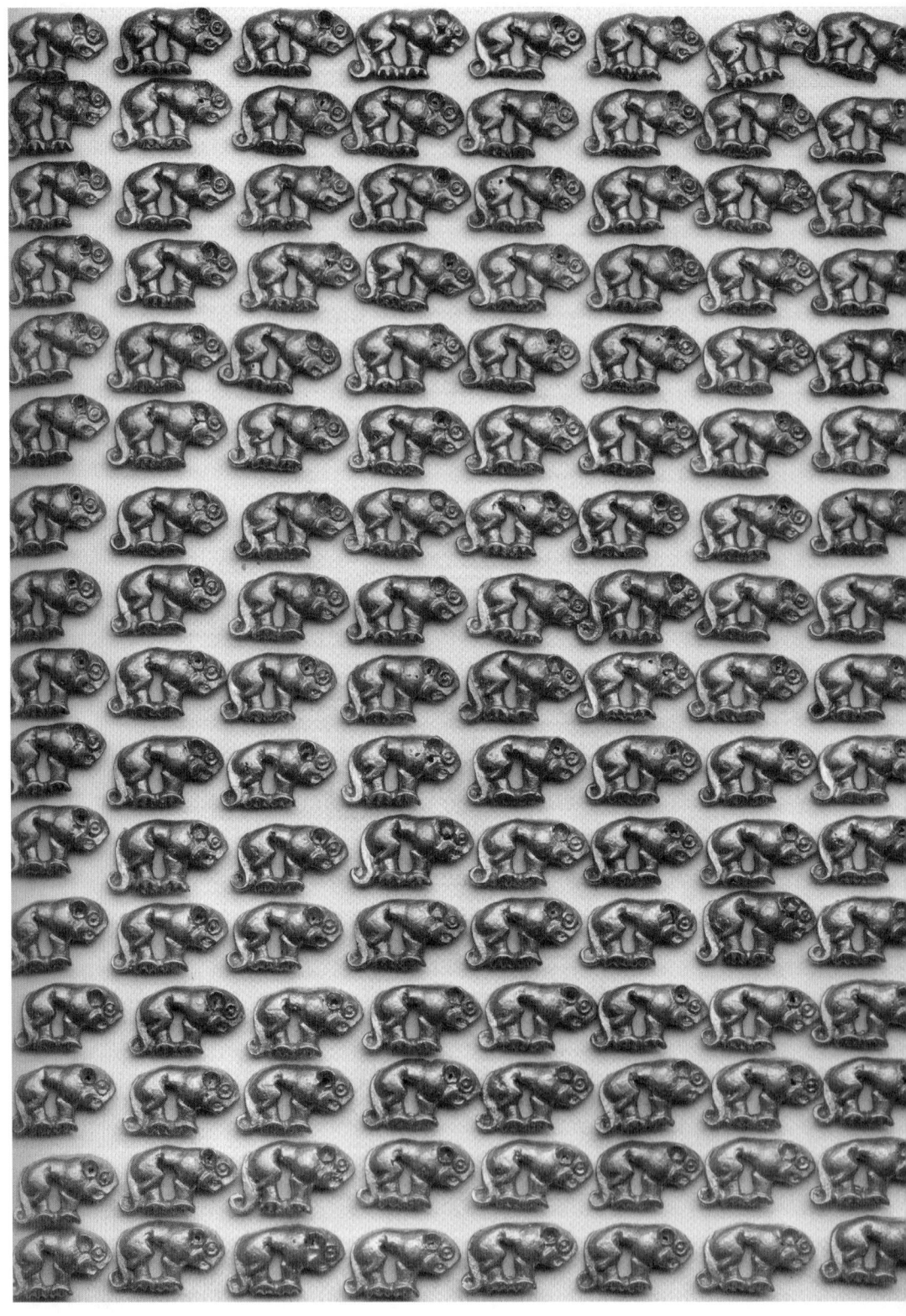

图 5.2-4 阿尔然二号王冢出土的豹形饰件

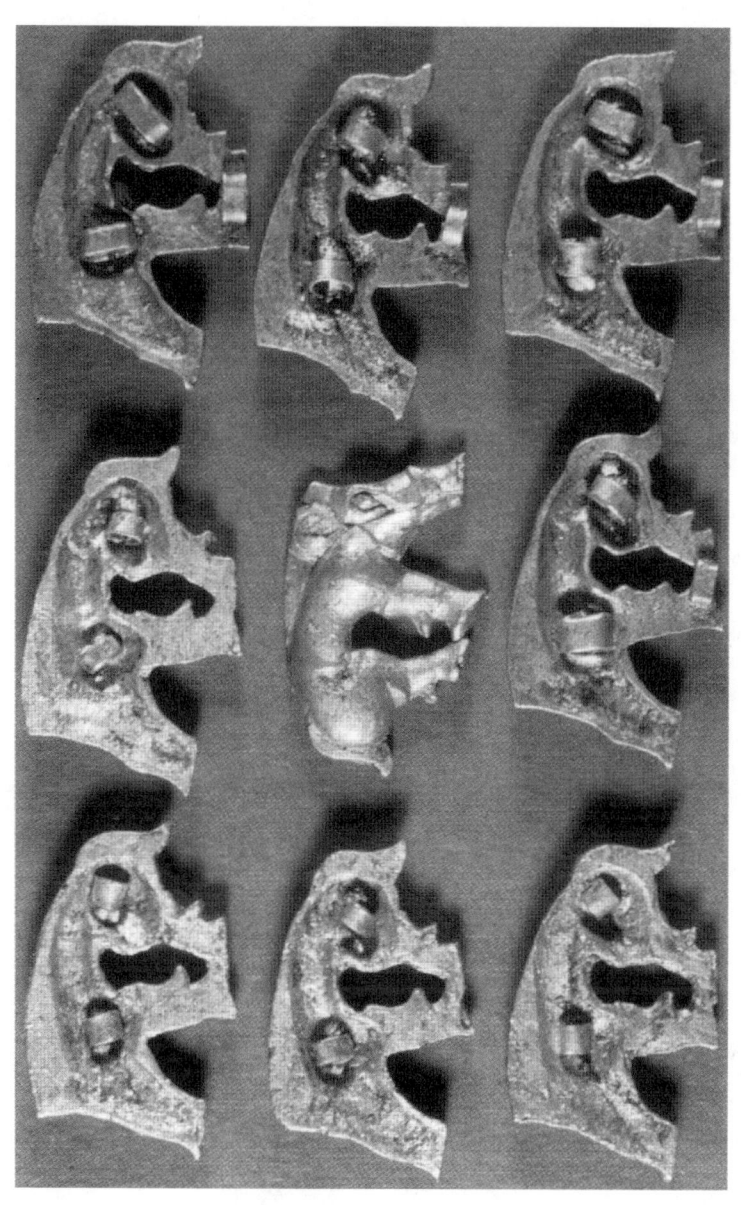

图 5.2-5 阿尔然二号王冢出土的野猪形饰件

第五章 境外草原文化的动物纹装饰

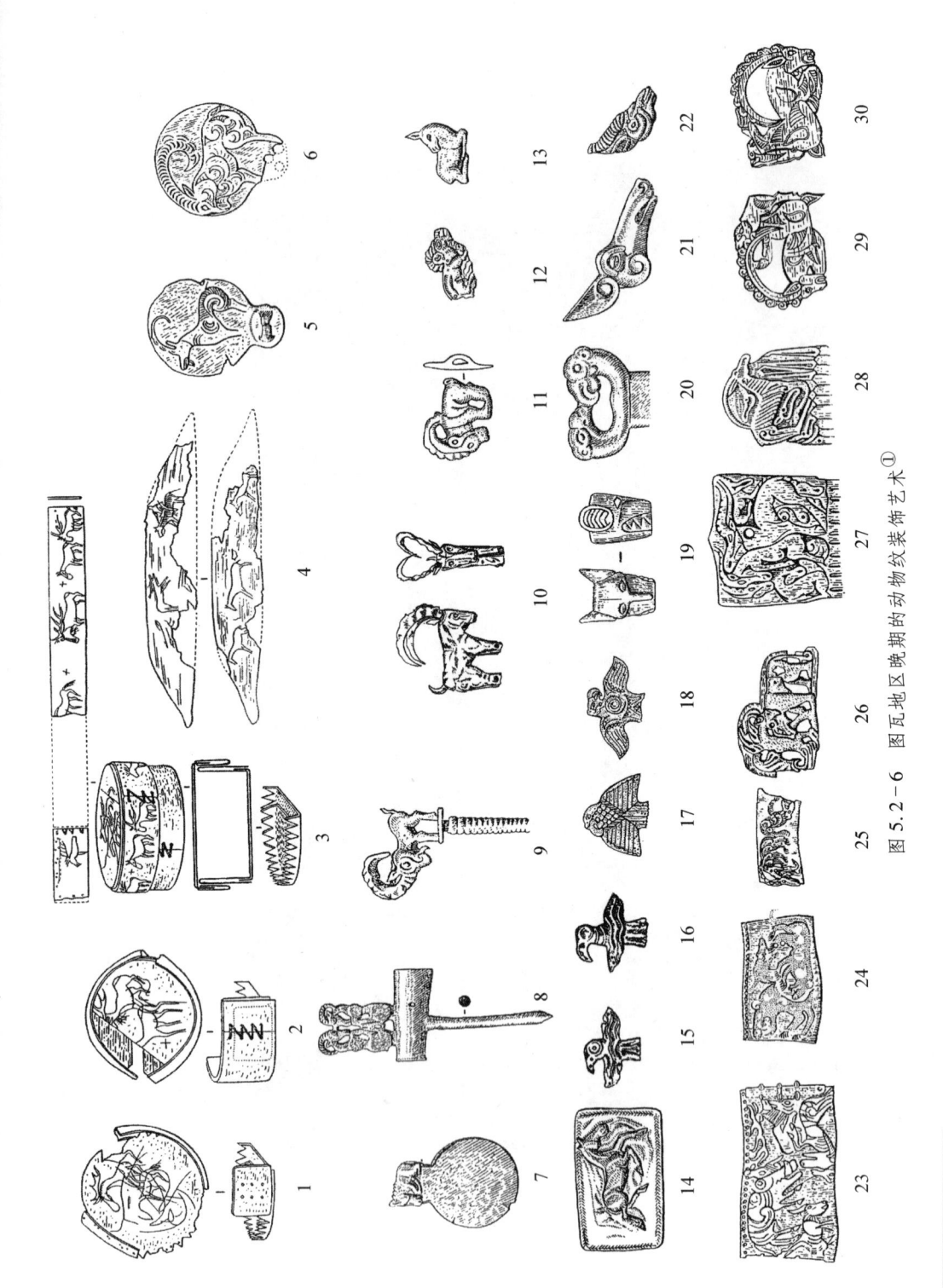

图 5.2-6　图瓦地区晚期的动物纹饰装饰艺术①

饰，这种动物纹装饰有的在骨片上（图5.2－6，23—25），也有的在青铜饰牌（图5.2－6，26、29、30）以及骨梳（图5.2－6，27、28）上。

总体看来，图瓦地区虽然不同时期动物纹装饰有不同的特征，但其动物纹艺术存在较强的连续性。山羊、野猪、豹和鹿等动物一直是主要的装饰题材，从早期到晚期动物纹装饰的写实性都非常强，到晚期动物纹装饰中也出现了一些野兽搏杀或捕食的多体动物纹装饰，但基本都是自然界中常见的动物，不见超自然的神兽形象。从整个欧亚草原来看，图瓦地区动物纹装饰出现的时间非常早，尤其在阿尔然一号王家时期出土的卷曲雪豹饰件和双腿自然下垂的野猪形象短剑，在草原地区发现的同类器中都是最早的。

三、阿尔泰地区早期游牧文化的动物纹装饰

阿尔泰地区主要是指俄罗斯南西伯利亚阿尔泰山系及其邻近地区，该地区东邻蒙古，南接哈萨克斯坦和中国新疆阿勒泰地区，今属于俄罗斯阿尔泰共和国。这一地区拥有丰富的金、银、铜、锡等矿产资源，因此阿尔泰山也被称为"金山"。阿尔泰地区的气候和环境非常适合游牧经济，这里分布着大量的早期游牧人群墓葬遗存。很多俄罗斯考古学者对这些遗存进行了系统的研究，大部分学者将阿尔泰地区的早期游牧文化划分为早、中、晚三期：早期，公元前8世纪—公元前6世纪；中期，公元前5世纪—公元前3世纪；晚期，公元前2世纪—公元1世纪。也有的学者以典型墓地遗存命名这三个阶段，早期为麦耶米尔文化（Maiemir），中期为巴泽雷克文化（Pazyryk），晚期为辛宾斯克文化（Shibinsk）[1]。近年来有学者依据巴泽雷克文化图雅赫塔（Tuekta）墓地出土的材料和所测碳十四数据将巴泽雷克文化的上限提到了公元前6世纪[2]。在这里笔者采用这个年代结果，并主要介绍前两个阶段的动物纹装饰。

---

[1] 引自 Nikolai A. Bokovenko, "History of Studies and the Main Problems in the Archaeology of the South Siberia During the Scythian Period", *Nomads of the Eurasian Steppes in the Early Iron Age*, Zinat Press, Berkeley, CA, 1995, pp. 255–261.

[2] J. P. Mallory, etc. "The Date of Pazyrak", *Ancient Interactions: East and West in Eurasia*, Edited by Katie Boyle etc. University of Cambridge, 2002, pp. 199–212.

1. 麦耶米尔文化（公元前8世纪—公元前6世纪）

阿尔泰地区发现的这一时期的遗存数量较少，基本都为墓葬遗存和一些征集品。墓葬中死者往往被埋葬在地表上，上面覆盖着石头；也有的墓葬尸体埋葬在一个浅坑中，周围有石头围成的圆形栅栏。

从出土的器物特征上看，麦耶米尔遗存在很大程度上继承了卡拉苏克文化的因素。动物纹装饰在这个阶段的应用并不是非常广泛，尤其是在稍早时期大多数器物上并没有体现出动物纹装饰艺术，但仍然可以在一些青铜器和金器上看到动物纹装饰。

这些动物纹主要装饰在铜戈、铜刀、铜镜和其他一些装饰品上，所表达的动物形象大多简单朴素，也都是自然界中较为常见的动物，包括鸟、鹿、羊、野猪、马、雪豹、鱼等（图5.2-7）。有的仅刻画出动物头，在战斧和铜刀柄上比较常见；也有表现动物整体形象的造型，主要是在铜镜和一些饰件上。

在乌斯特—布赫塔尔玛墓地（Ust-Bukhtarma）曾出土过1件圆形铜镜①，可以看作是这个时期青铜铸造和动物纹装饰艺术水平的重要体现。铜镜直径13.5厘米，中央有一个凸起的钮，铜镜表面饰有五只站立的鹿和一只羊，所有动物线条简单，蹄尖着地，但整体显得非常生动写实（图5.2-7，6）。这件铜镜上踮脚尖的鹿纹与阿尔然一号王冢中鹿石上的鹿纹极为相似（图5.2-3，7），可视为同一时代的器物。

在公元前6世纪麦耶米尔的晚期，动物纹装饰风格发生了一些改变，这种改变在齐列克塔墓地（Chilikta）中表现得非常明显②。这个墓地位于阿尔泰山西南麓，今属哈萨克斯坦。在齐列克塔墓地的5号土丘冢中发现了一些动物纹装饰的金器，与之前的器物不同，这里出土的卷曲动物纹虽然仍然是雪豹的形象，且也装饰有圆圈纹，但整体已经相当简化，之前站立的鹿变成了蹲踞的鹿。另外在一些器物的制作工艺和表现手法上也发生了变化，这里出土的

---

① A.A.提什金、H.H.谢列金：《金属镜——阿尔泰古代和中世纪的资料》，文物出版社，2012年，图五，1。

② Joan Aruz, etc. *The Golden Deer of Eurasia*, The Metropolitan Museum of Art, New York, 2000.

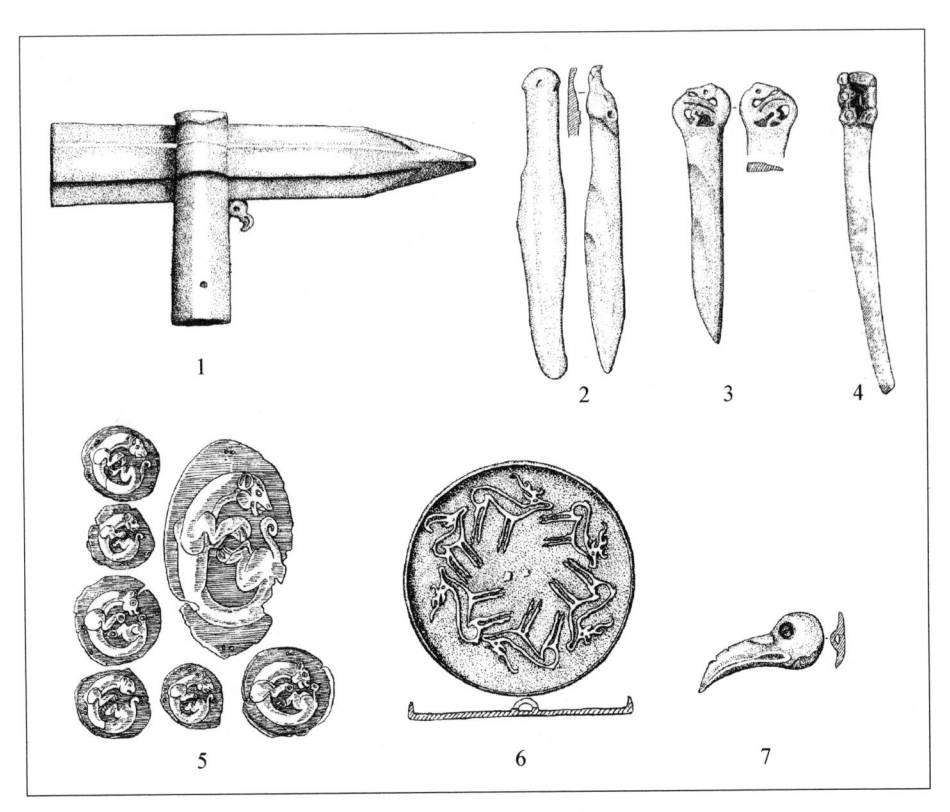

图 5.2-7 麦耶米尔时期的墓葬随葬品
1. 铜戈 2—4. 铜刀 5. 金饰件 6. 铜镜 7. 金鸟头饰件

金鹿和金鱼上出现镶嵌绿松石工艺（图 5.2-8）。

从整体上看，麦耶米尔时期的动物纹装饰简单写实，这种风格仍然与卡拉苏克时代的写实性装饰艺术相联系，但已经开始大量使用动物主题的装饰艺术。鹿纹和卷曲雪豹纹装饰与图瓦阿尔然一号王冢时期的风格非常相似，基本体现了早期游牧人群贴近自然的意识。但到了稍晚阶段装饰风格发生了一定的改变，可以看作是外来文化的影响所致。

2. 巴泽雷克文化（公元前 6 世纪—公元前 3 世纪）

巴泽雷克文化时期阿尔泰地区的早期游牧文化进入了前所未有的繁荣阶段，目前发掘的属于这一时期的墓葬不仅数量多，规格等级也很高，随葬品

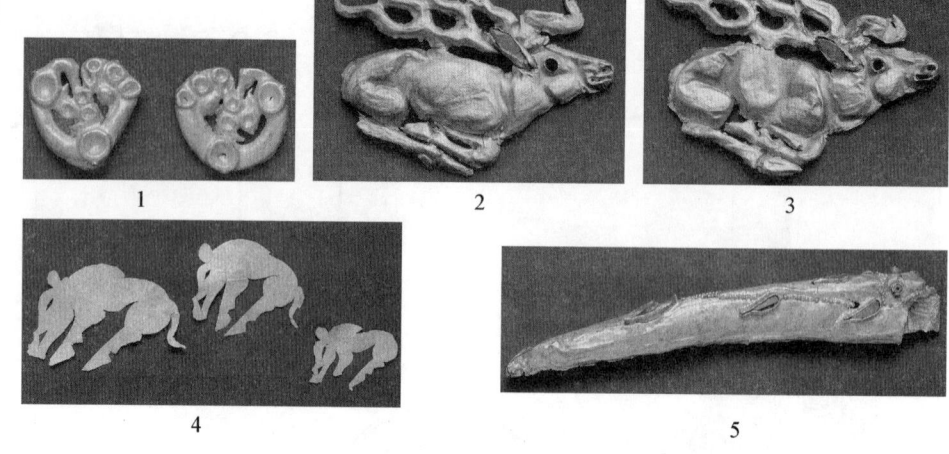

图 5.2-8　哈萨克斯坦齐列克塔墓地 5 号土丘冢出土的金饰件
1. 卷曲猫科动物　2、3. 金鹿　4. 野猪　5. 鱼

非常丰富①。这个文化的墓葬大多埋葬于西伯利亚冻土层下，因此墓葬中的随葬品保存非常完好，尤其是一些木器、皮革、骨器和丝织品等有机质，甚至墓主人的纹身都清晰可见，而这些有机质是巴泽雷克文化动物纹装饰的主要载体。

巴泽雷克文化的动物纹装饰非常广泛，其艺术也格外引人注目。出现在马具及其装饰品上的动物纹数量最多，包括马鞍、马衔、马镳以及其他马饰件（图 5.2-9）。

其次就是墓主人的衣帽装饰、墓葬中的挂毯以及棺木。巴泽雷克文化毡帽形状大都比较接近，整体呈仙鹤形，在毡帽上镶嵌有山羊、鹿和鸟等形象（图 5.2-10，1—3）。有学者认为这种仙鹤形象在巴泽雷克艺术中占据着重要地位，可能是巴泽雷克人群的种族象征或族徽②。但在有的墓葬中墓主人

---

① Sergei I. Rudenko, *Fronzen Tombs of Siberia*, University of California Press, Los Angeles, 1970; Н. В. Полосьмак, *Всадники Укока*, ИНФОЛИО-пресс издательство, Новосибирск, 2001; Soren Stark、Karen S. Rubinson、Nomads and networks, *The Ancient Art and Culture of Kazakhstan*, Princeton University Press, 2012.

② D. V. Cheremisin, "On the Semantics of Animal Style Ornithomorphic Images in Pazyryk Ritual Artifacts", *Archaeology Ethnology & Anthropology of Eurasia* 37/1 (2009), pp. 85-94.

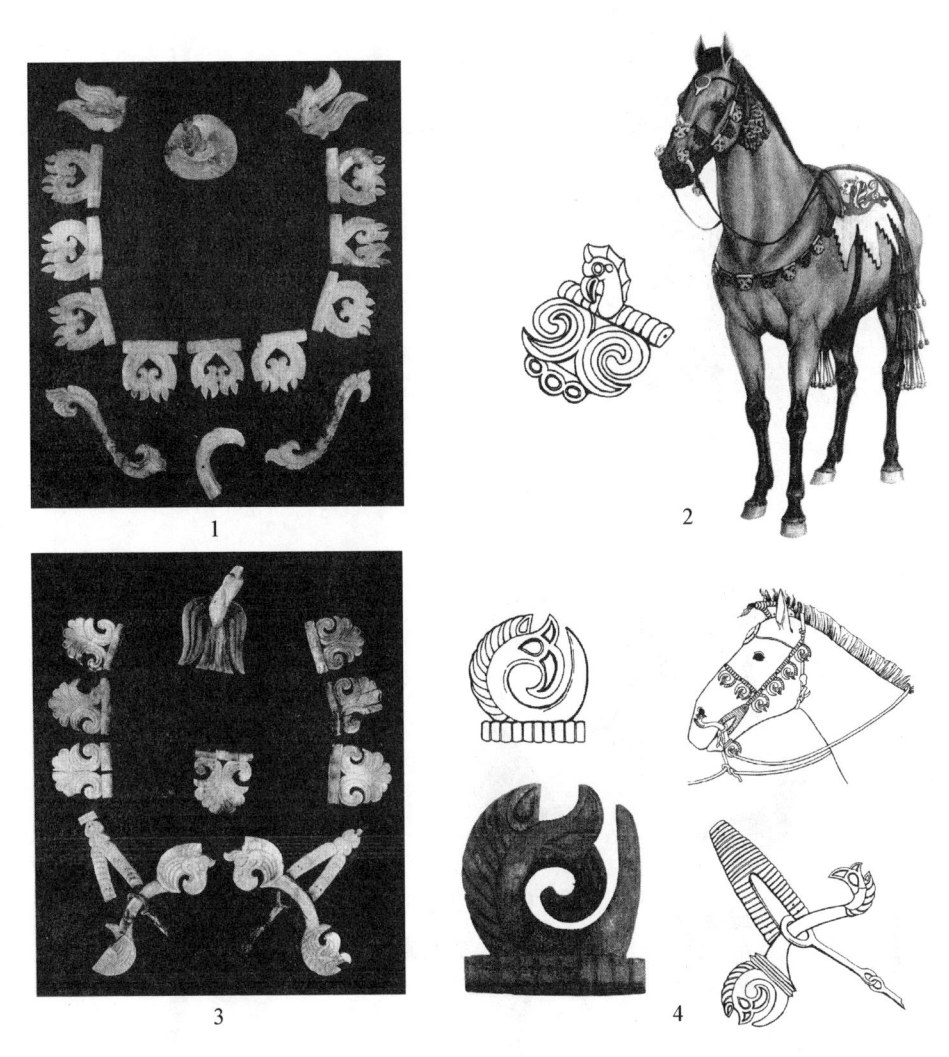

图 5.2-9 格里芬装饰马具及复原图
1. 阿克—阿拉哈(Ak-Alakh)一号墓地 M1　2—4. 阿克—阿拉哈三号墓地 M1

图 5.2-10 巴泽雷克文化帽饰和头饰
1. 阿克—阿拉哈一号墓地 M1　2. 阿克—阿拉哈一号墓地 M1
3. 维尔赫—卡德津（Verkh-Kaldzhin）二号墓地 M3　4. 阿克—阿拉哈三号墓地 M1

没有戴帽子，取而代之的是高高的头饰。阿克—阿拉哈三号墓地 M1 墓主人是位年轻的女性，其头饰非常有特色，实际上是剃除头发使用马毛接发，在假发底部是一个两层结构的"毡帽"，里面有黑色柔韧物质，有利于与头皮的固定接触，较高的头饰里面放置着一根棍子，帮助头饰保持竖立状态；头饰上有山羊、麋鹿和 15 个类似天鹅的鸟类图形装饰，十分精致（图 5.2 - 10，4）。

动物纹装饰的另外一种常见载体就是墓主人的皮肤，巴泽雷克文化人群有纹身的习俗，由于冻土层的保护，纹身得以保存下来。在这些纹身上有大量的动物纹形象（图 5.2 - 11），尤其是巴泽雷克墓地 M2，墓主人不仅双臂上布满了各种神兽的纹身，后背、胸前以及下肢也都有动物纹身（图 5.2 - 11，1），令人叹为观止。

巴泽雷克文化动物纹种类比较丰富，但大体可以划分为三大类。第一类就是格里芬形象。格里芬虽然是希腊神话中鹰头狮身有翅的神兽，但在巴泽雷克文化的动物纹中占有非常重要的地位。这些格里芬主要装饰在马具上（图 5.2 - 9），不仅数量多，而且造型多样，既有单个格里芬的形象，也有格里芬相对或并排的造型（图 5.2 - 12，1—11）。另外一些为格里芬争斗（图 5.2 - 12，14）以及格里芬捕食食草动物的场景，这些场景包括格里芬食鹿（图 5.2 - 12，12）、格里芬食鹅（图 5.2 - 12，13）、格里芬噬羊（图 5.2 - 12，16）等。在巴泽雷克墓地一号墓葬的马鞍上装饰有格里芬踏鹿的形象，这只格里芬回首展翅，双脚踏在身材高大的麋鹿上，描绘的画面极其生动形象。我们可以看出巴泽雷克文化人群对格里芬可谓情有独钟。

第二类常见的题材是其他超自然的神兽形象。所描绘的也都是自然界不存在的动物，有的为兽身鸟首，有的是兽身鸟足，多为不同动物造型组合而成（图 5.2 - 13）。例如图雅赫塔一号冢出土的皮革制成的神兽形象，整体上呈现的是一只站立的老虎，但头上有鹿角（图 5.2 - 13，3）。在巴泽雷克神兽题材中有一种表现手法是将尾巴的尖部描绘成三角形（图 5.2 - 13，1、2），还有一种表现手法是将动物头上的角描绘成成排类似鸟头的形象，这在巴泽雷克 2 号墓葬中的格里芬噬鹿木雕上非常明显（图 5.2 - 13，4），纹身的神兽上也有类似装饰（图 5.2 - 13，7）。巴泽雷克墓地 5 号墓葬出土了

百兽率舞

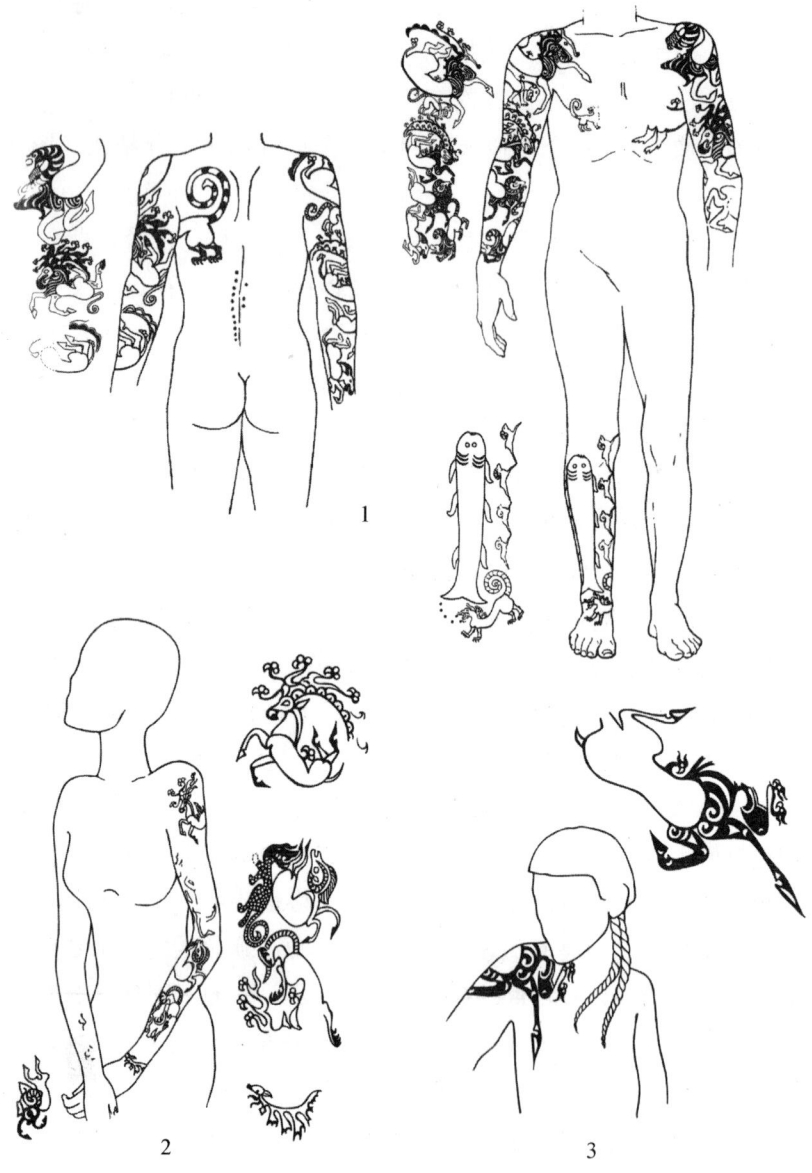

图 5.2-11 巴泽雷克文化墓葬主人的纹身图案
1. 巴泽雷克 M2 2. 阿克—阿拉哈三号墓地 M1 3. Verkh-Kaldzhin2 号墓地 M3

图 5.2-12 格里芬的形象

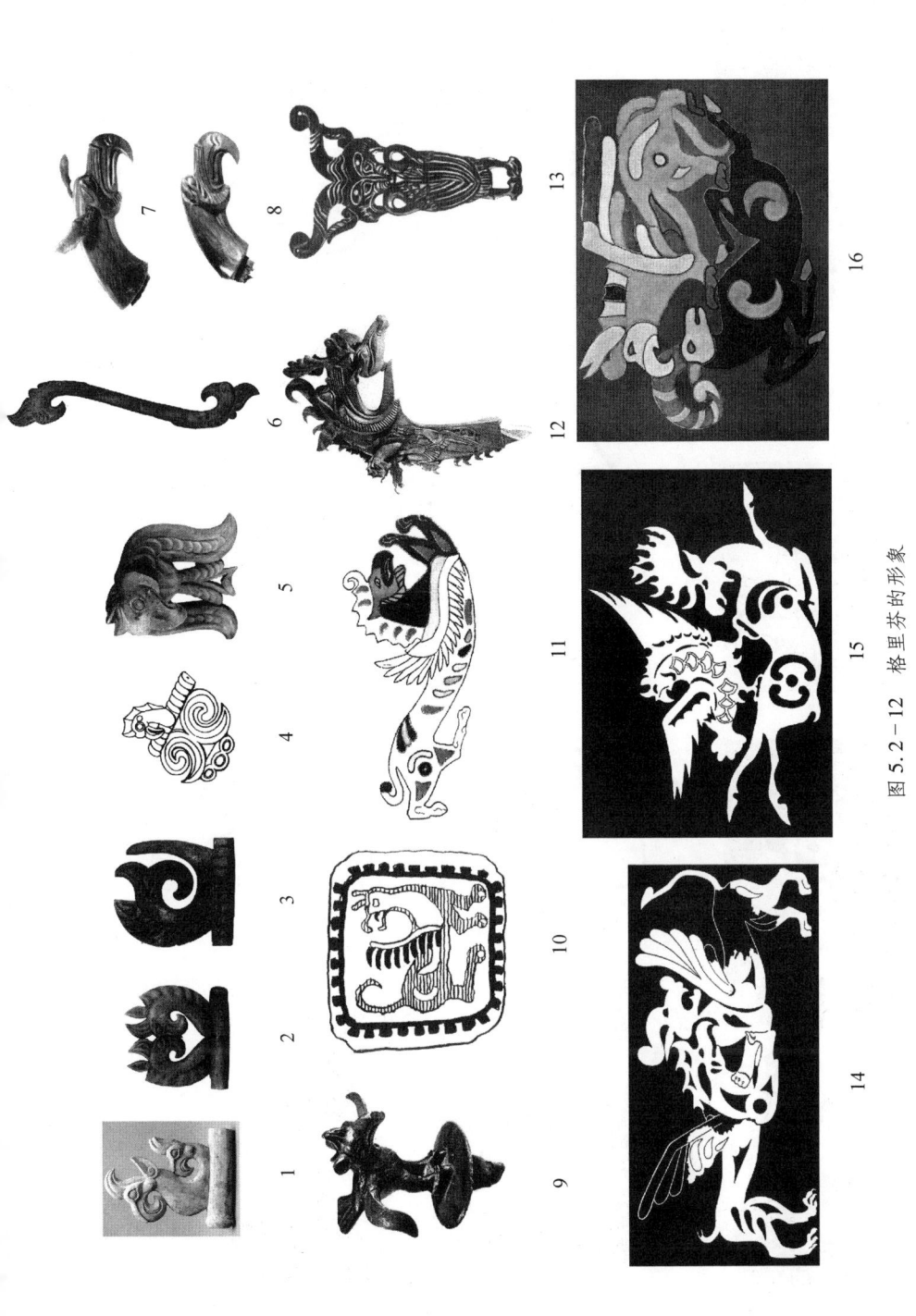

1. 图瓦赫塔 M1　2,5,6. 阿克—阿拉哈一号墓地 M1　3,4. 阿克—阿拉哈一号墓地 M3　7,8,11—13. 巴泽雷克 M2
9,14—16. 巴泽雷克 M1　10. 巴泽雷克 M5

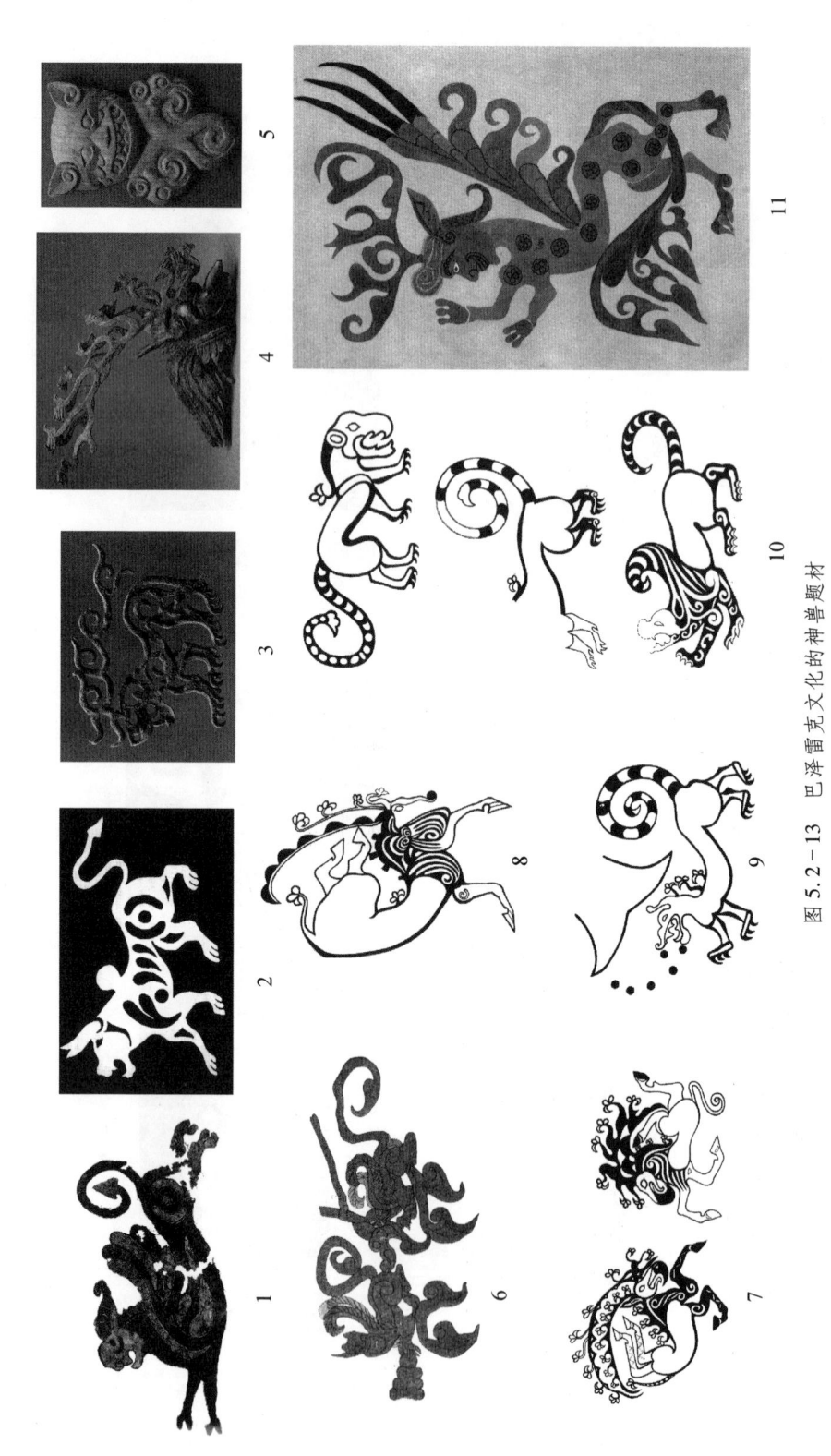

图 5.2-13 巴泽雷克文化的神兽题材

1. 阿克—阿拉哈三号墓地 M1　2. 巴泽雷克 M1　3,5. 图雅赫塔一号冢　4,7-10. 巴泽雷克 M2　6. 巴泽雷克 M4　11. 巴泽雷克 M5

1件描绘神兽的彩色毛毡制品，人首兽身，下肢站立，头上有鹿角，长耳，还有展开的翅膀和长长的尾巴，将鸟、兽、人三者结合在一起，可算是将神兽题材表现得淋漓尽致。另外在图雅赫塔墓地还出土1件木雕的神兽形象，突出龇牙的面部，这种形象与古代美索不达米亚神话中的神兽洪巴巴（Humbaba）有些相似。

巴泽雷克时期第三类动物纹是自然界常见的动物造型。这些动物的种类很多，包括羊（图5.2-14，1、8、10）、鹿（图5.2-14，5—7、9、11、12）、虎（图5.2-14，14—16）、狮（图5.2-14，2）、公鸡（图5.2-14，3、4）、天鹅（图5.2-14，13）和鸟（图5.2-14，17）等。尤其是羊、鹿、虎和鸟的形象非常普遍，造型也多样，既有单个动物头部的形象，也有表现整个动物的形象，还有动物排列在一起的形象，如排鹿（图5.2-14，12）和排虎（图5.2-14，14—16）纹等。巴泽雷克墓地出土的毛毡制成的天鹅饰品（图5.2-14，13）和丝织品上的花鸟纹（图5.2-14，17）形象都非常具有特色，其中天鹅造型优美生动，表现出当时工匠高超的技艺。

除了上述的自然动物题材外，还有大量展现动物攻击捕食的画面，整个动物都呈现出来，往往轮廓以彩色描绘，具有极高的艺术价值，主要有虎噬羊（图5.2-14，18、21）、虎噬鹿（图5.2-14，19、20、22）以及双狮食羊（图5.2-14，23）等场景。在巴泽雷克墓地M2的棺木上描绘着成排行走的四只老虎，其中第一只老虎正在捕食脚下的鹿（图5.2-14，14）；同样的造型图案出现在巴沙勒德墓地（Bashadar）M2中出土的1件木饰牌上，不同的是这件木牌上的每只老虎都在捕食，而且被捕食的动物既有鹿也有羊（图5.2-14，15）。从两个图案的对比来看，巴泽雷克墓地棺木上的图案很明显是一个半成品，很可能由于某种原因当时的工匠还没有时间完成整个图案的构图就仓促埋葬了。

以上是巴泽雷克文化动物装饰的主要题材。巴泽雷克人群在表现这些动物纹时往往使用一种非常特别的表现手法，笔者暂称之为"翻转动物纹"。这种表现手法的主要特征是动物后半身极其夸张地扭曲反转，在第二种和第三种题材的动物纹装饰中都大量出现（图5.2-12，16；图5.2-13，7、8；图5.2-14，14、15、18；图5.2-15）。巴泽雷克M1出土的马鞍上描绘着

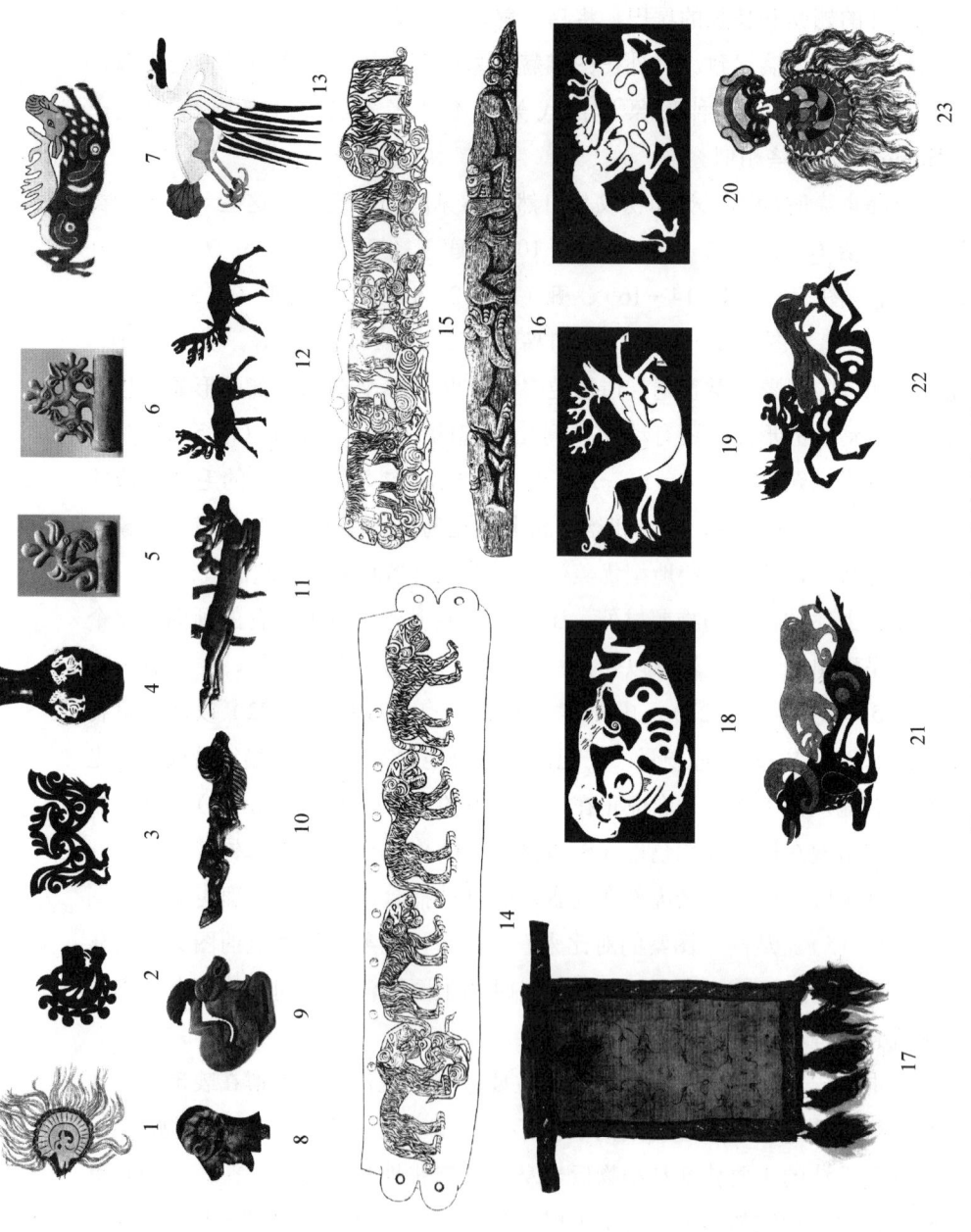

图 5.2-14 巴泽雷克文化写实性动物形象

1—3、10、11、18—20、23. 巴泽雷克 M1　4、7、12、14、21、22. 巴泽雷克 M2　5、6. 图雅赫塔一号冢　8. 阿克—阿拉哈墓地

图 5.2-15 翻转动物纹
1. 巴泽雷克 M1   2. 俄罗斯冬宫博物馆彼得大帝藏品（出自西西伯利亚或阿尔泰）

相对的两只格里芬噬鹿的形象，色彩鲜艳，被捕食的鹿后肢翻转 180 度，是比较典型的翻转动物纹形象（图 5.2-15，1）。另外在俄罗斯冬宫博物馆彼得大帝藏品中也有件翻转动物纹的金饰牌，展现的是虎噬马的形象，可谓翻转动物纹器物中的精品（图 5.2-15，2）。

总体看来，巴泽雷克文化的动物纹装饰艺术极其发达，木器、皮革、骨器和丝织品以及人体等有机质是动物纹装饰的主要载体。流行超自然的动物纹题材，包括格里芬和其他各种神兽装饰，而自然界常见的动物纹比例相对较小，有羊、鹿、鸟、虎和天鹅等，也有一些描绘动物攻击捕食的装饰，这些都显示出阿尔泰地区早期游牧人群对自然的敬畏和崇拜，各种材质的载体、形象生动的动物形象也体现出当时工匠高超的技艺。其中后肢翻转的动物纹在巴泽雷克文化中非常有特色，这种动物纹分布范围比较广泛，在中国北方和欧亚草原的其他早期游牧文化中也有发现，但其应用程度都无法与巴泽雷克文化相比，所属年代也都没有太早的。

四、萨卡文化的动物纹装饰

公元前 1 千纪的早期铁器时代，在里海东部的中亚草原地带生活着多支游牧部落，这些早期游牧人群就是塞人，又被称为"塞克"，《汉书》中称之为"塞种"。实际上这一分布区内各地区文化面貌存在较大差别，这里笔者将这些文化暂称为萨卡文化（Saka）。

与黑海北部的斯基泰人不同，古代文献中对于里海东部地区这些早期游牧人群缺乏详细的记载，而且很多相关信息比较零散，其可信性也大打折扣，因此目前关于萨卡文化研究的主要资料来源于考古发掘。但由于分布地域广大，各地区都存在自身的特色，这些差别主要体现在葬俗、随葬品和人种特征等方面。从目前的发现看，根据分布地域的差异至少可以划分为哈萨克斯坦中部和东部、天山七河、费尔干纳和帕米尔以及咸海周围地区等类型。萨卡文化跨越的时间较长，繁荣期的绝对年代在公元前 750—公元 100 年之间①。

在各地发现的萨卡文化遗存中都存在动物装饰艺术，但出土器物存在很大差别，动物装饰器物的丰富程度也大为不同。在萨卡遗存中资料最为丰富的就是位于天山七河地区的伊塞克古冢。

伊塞克古冢位于伊塞克湖边，墓群大约有 40 座古墓。其中的一座墓死者穿着华丽的盛装携带武器躺在木板上，仰身直肢，头朝西，金饰衣服、鞋子和头饰都被保留下来。墓主人年龄为 16—18 岁，是具有蒙古人特点的欧罗巴人。发掘者 K. A. 阿基舍夫（K. A. Akishev）将墓葬的年代定为公元前 5—前 4 世纪②，近来有学者依据随葬品的比对认为其年代在公元前 3—前 2 世纪③。

---

① Mark E. Hall, "Towards an Absolute Chronology for the Iron Age of Inner Asia", *Antiquity* 71 (1997), pp. 863 - 874.

② Akishev K. A., *Issyk Mound: The Art of Saka in Kazakhstan*, Moscow, Iskusstvo Publishers, 1978; 阿基舍夫著, 吴妍春译：《伊塞克古墓哈萨克斯坦的塞克艺术》，《新疆文物》1995 年第 2 期，第 90—115 页。

③ Claudia Chang edit, *Of Gold and Grass: Nomads of Kazakhstan*, Published by the Foundation of International Arts & Education CA, 2006.

这座墓葬出土了大量的动物饰件，主要是二维浮雕的金箔与银箔。动物造型中的猫科动物和大角羊代表了捕食者与被捕食者。出土的饰物大多是金银锻打和铸造的饰牌，装饰在墓主人的帽饰与服饰上，仅衣服上就有4 000多件金箔以及饰牌和珠宝装饰，最终的效果是使人成为金质的雕塑（图5.2-16，1）。随葬品中有165件金质动物纹饰件，描绘的图案种类也非常丰富：带鸟头形角的鹿（图5.2-16，3）、奔腾的马（图5.2-16，7）、后肢翻转的鹿和马（图5.2-16，5、6）以及有翼有角的神马等。神马向后弯曲的角与向上卷曲的翼形成两个相对的卷曲纹（图5.2-16，8）；雪豹向上跃起，回首，身上饰纵向条纹与横断的节段纹，脚下踏着锯齿状的山峰（图5.2-16，4）；还有立体的山羊形象（图5.2-16，11）和神兽形象（图5.2-16，9、10）。其中雪豹形象的动物纹装饰数量最多。另外古冢中还出土了1件镶金的铁剑，剑柄首装饰着双鸟回首的金片，剑脊部的金片上装饰有成排的动物纹（图5.2-16，2）。双鸟回首剑是中国北方和南西伯利亚地区较为常见的一种短剑，除了伊塞克古冢外，在哈萨克斯坦地区还征集过多件双鸟回首剑，大部分都收藏在地方博物馆中①。这些双鸟回首剑多数都是蝶翅形剑格（图5.2-17，1—4），只有一件无明显剑格（图5.2-17，5）。

除了伊塞克古冢外，天山七河地区还发现一些其他的动物装饰艺术器物。这一地区出土了一些非常特殊的器物——铜盘，这是一种具有某种祭祀功能的器物②，在一些铜盘上装饰着许多动物装饰，既有成排的羊、马和豹形象（图5.2-18，1—3），也有骆驼形象（图5.2-18，4）。天山七河地区还出土一种三足铜鍑，有的铜鍑的三个足部都装饰着立体的山羊形象（图5.2-18，5），这也是该地区非常有特色的一种器物。在七河地区还发现了一件与伊塞克古冢相似的银质的带翅膀的北山羊饰件，与伊塞克古冢不同的是，这件器物的两只动物是并肩排列，而不是相背（图5.2-18，8）。另外，在这个地区还出土了一些北山羊（图5.2-18，7）和鹿（图5.2-18，

---

① Soren Stark、Karen S. Rubinson, *Nomads and Networks: The Ancient Art and Culture of Kazakhstan*, Princeton University Press, 2012; Grigore Arbore Popescu, *L'UOMO D'ORO*, Electa, 1998（德文）.

② 邵会秋:《新疆发现的早期铜盘研究》,《新疆文物》2008年第3—4期合刊.

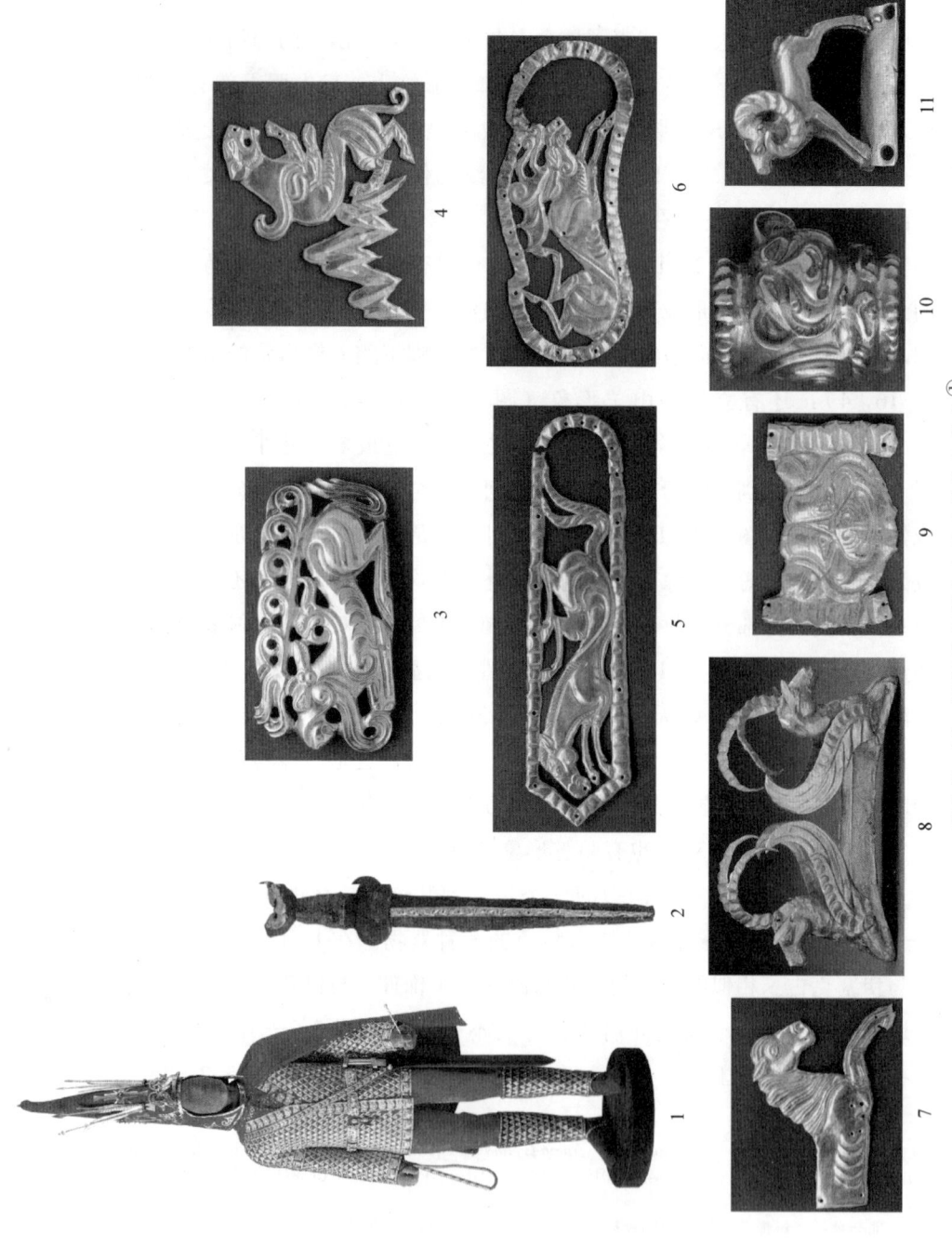

图 5.2-16 伊塞克墓出土的动物装饰器物①

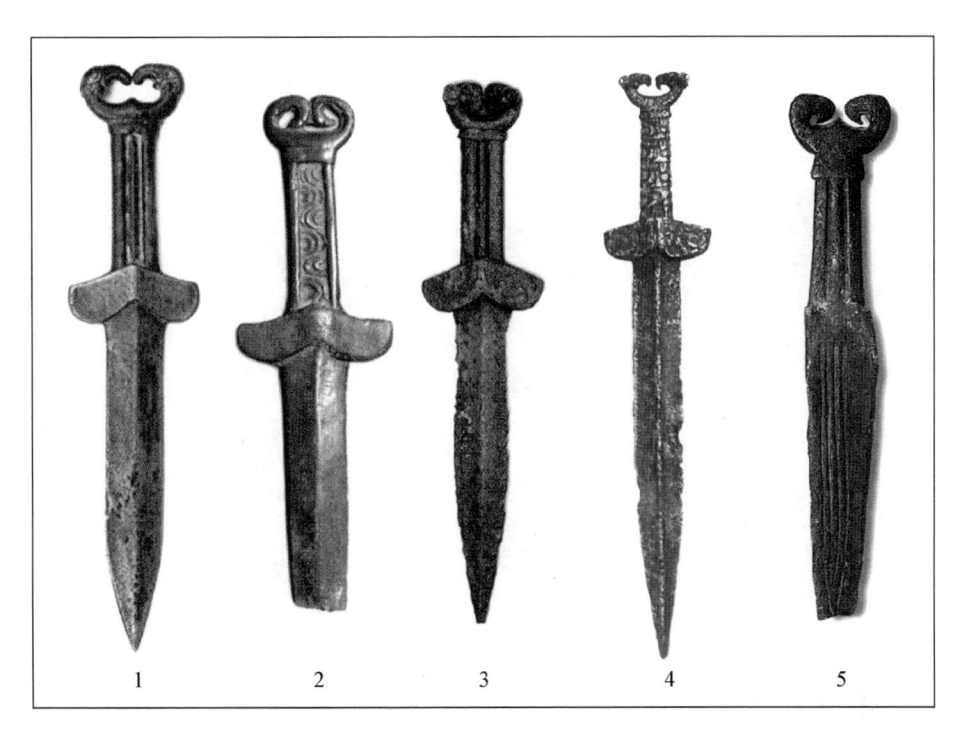

图 5.2-17　萨卡文化中的其他双鸟回首剑
（均出自哈萨克斯坦）

9、10）形象的金饰件。还有一对非常有特色的北山羊青铜杆头饰，这对器物细节铸造得非常细致，显示了极高的工艺水平（图 5.2-18，6）。

帕米尔地区的动物纹主要装饰在饰牌上。这些饰牌一种背钮为圆孔形（图 5.2-19，1、3），一种背钮为扣钉状（图 5.2-19，5、8）。而动物纹表现的方式主要分为两种，一种为伫立的熊和羊形象，一种为蹲踞鹿形象，除了饰牌外，在一把铜柄铁剑的剑柄上也装饰有蹲踞的鹿（图 5.2-19，9）。但总体看来这些动物纹装饰种类较少，而且都比较抽象，线条也很简单，缺乏对细部的描绘。

哈萨克斯坦中部和东部地区的动物纹装饰主要集中在公元前7—前5世纪，而且装饰有动物纹的器物数量比较多。在哈萨克斯坦东部地区以平面风格浮雕和锻打的金箔为主，其中卷曲动物纹尤为突出，主要是一些猫科动物

百兽率舞

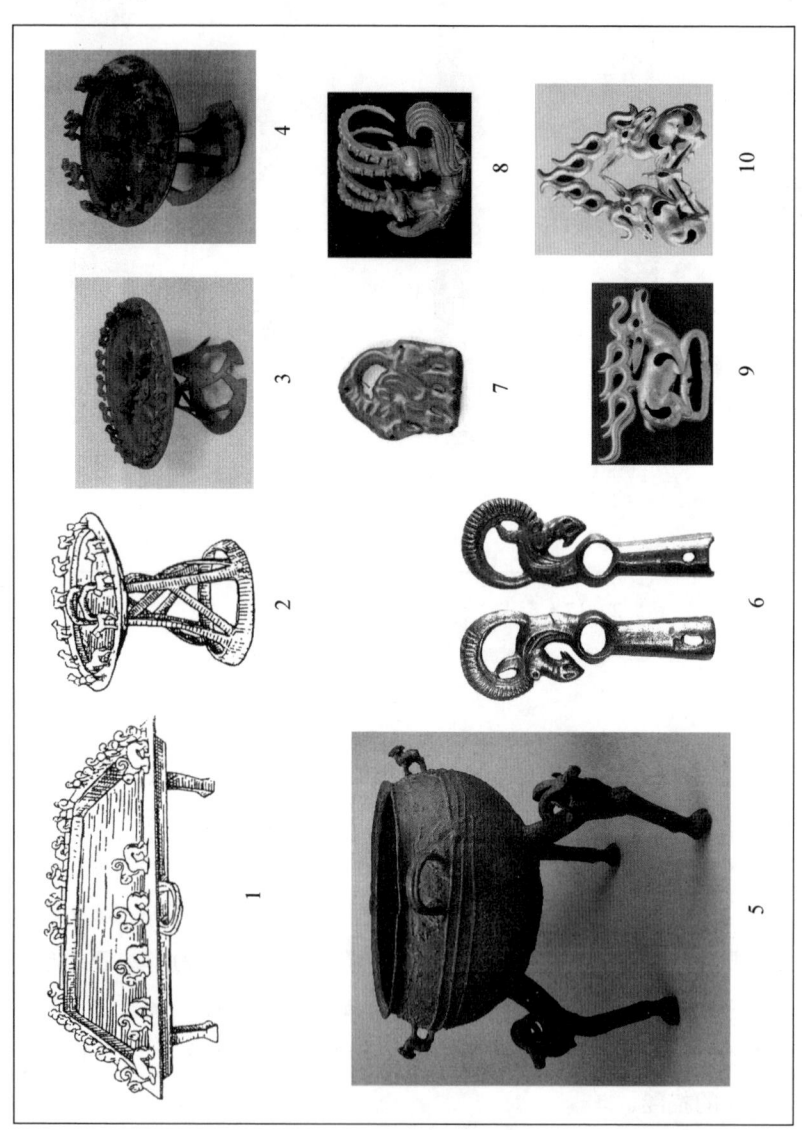

图 5.2-18 天山七河地区其他动物纹装饰

(1、2 引自 M. Г. Мошкова，*Степная полоса Азиатской части СССР в скифо-сарматское время*. Москва, 1992, 图 27；3—10 引自 Grigore Arbore Popescu, *L'UOMO D'ORO*, Electa, Milano Elemond, 1998.）

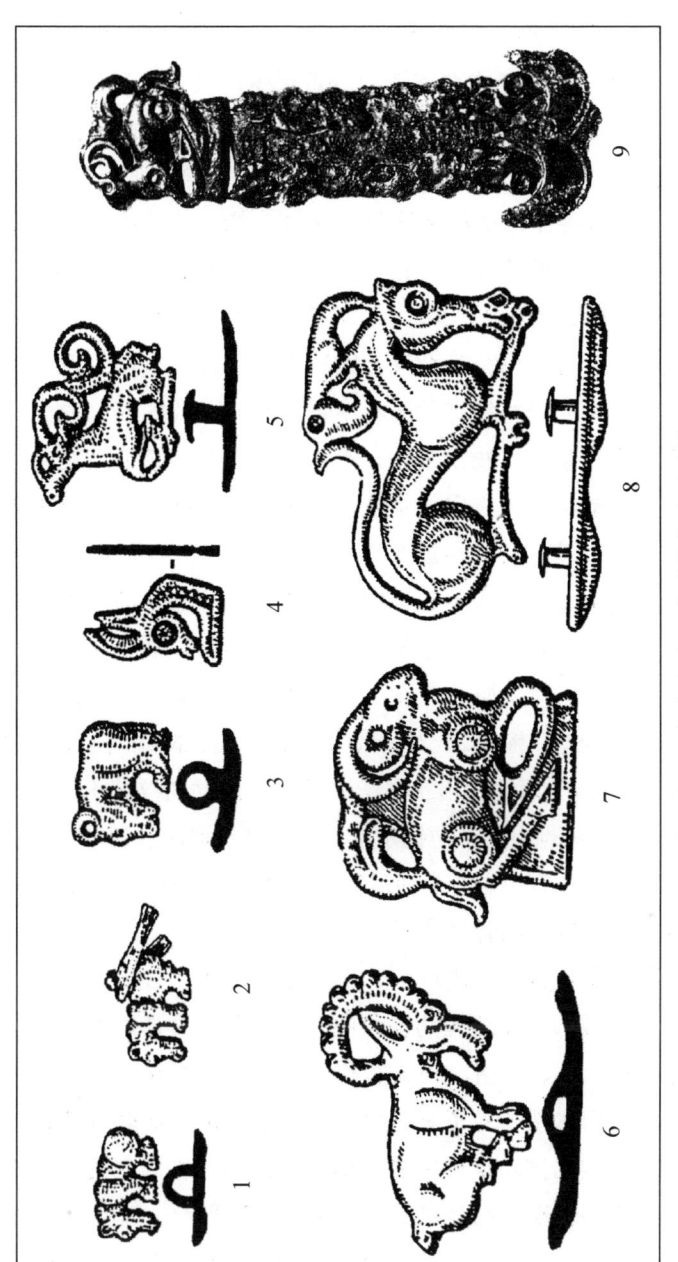

图 5.2-19 帕米尔地区的动物装饰艺术①

① 引自 Nomads of the Eurasian Steppes in the Early Iron Age, 图 102—104。

第五章 境外草原文化的动物纹装饰

形象，部分动物四肢以圈点代替（图5.2-20，12—14）；除了卷曲动物外还有鱼（图5.2-20，15）、鹿（图5.2-20，10、11）、鸟（图5.2-20，8）和野猪（图5.2-20，9）；立体动物造型数量很少，仅装饰在祭器铜盘上，呈现出的是多个立体猫科动物的形象（图5.2-20，7）。哈萨克斯坦中部的动物纹装饰分为立体和平面两种，立体的造型只有山羊，属于北山羊风格（图5.2-20，1），这种立体动物装饰是一种杆头饰，从功能上看归属于车马器类；平面风格所反映的动物种类较多，有鸟（图5.2-20，3、4）、麋鹿（图5.2-20，5）、熊（图5.2-20，6）和猫科动物（图5.2-20，2）的形象，平面饰牌从风格上也可以分为两种，即透雕和浮雕，早期的青铜和骨质的饰件大部分为透雕，而金箔锻打的猫科动物则为浮雕风格。

咸海周边地区也发现有动物纹装饰，锡尔河下游早期萨卡文化动物纹艺术就十分发达，这里动物装饰表现的手法也很多样，包括卷曲动物形象（图5.2-21，1、2）、站立动物形象（图5.2-21，4）、蹲踞动物形象（图5.2-21，7、8、10、12）和其他一些单独描绘的动物头像。反映的动物种类包括羚羊（图5.2-21，7、8）、马（图5.2-21，3、10）、鹿（图5.2-21，4）、骆驼（图5.2-21，5）、野猪（图5.2-21，6）、鸟（图5.2-21，9）和猫科动物以及一些神兽（图5.2-21，1、2、11、12）。阿姆河下游地区萨卡尔—查加（Sakar-Chaga）墓地中出土了一些反映当地动物纹艺术的器物（图5.2-21，13—16），这里也出土了与锡尔河下游形制相似的卷曲动物纹青铜饰牌（图5.2-21，13），还有中心有卷曲动物纹的铜扣，以及神兽青铜饰牌（图5.2-21，16）和雕刻动物纹的骨管（图5.2-21，15）。

总体看来，萨卡文化分布范围广大，出土资料虽然比较零散，但各地都有较为发达的动物纹装饰。在这些动物纹中，雪豹和山羊是最主要的两种动物装饰题材，还有鹿、鸟、野猪、马、熊和鱼等动物。表现形式中卷曲动物纹非常常见，但是与阿尔然一号王冢时期相比，动物形象比较抽象，另外双鸟回首短剑也占有一定比例。早期主要以单体平面动物纹饰件为主，形制包括卷曲、站立和蹲踞，表现的都是自然界常见的动物题材。晚期出现了神兽题材和后肢翻转动物纹，但萨卡文化中野兽捕食和搏斗动物纹装饰比较少见。此外，天山七河地区装饰有立体动物的铜盘和三足铜鍑非常有特色。

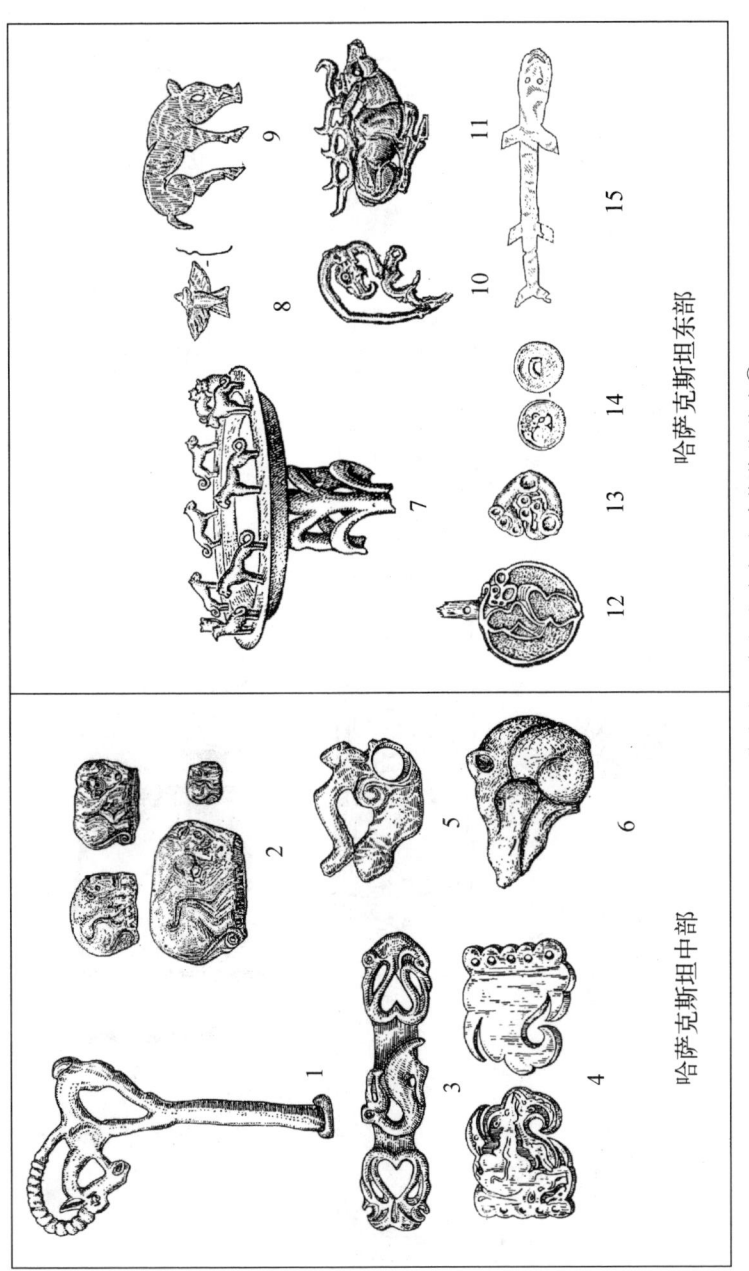

图 5.2-20 哈萨克斯坦中部和东部的动物装饰艺术①

① 引自 *Nomads of the Eurasian Steppes in the Early Iron Age*, 图 12—17、图 40—43。

第五章 境外草原文化的动物纹装饰

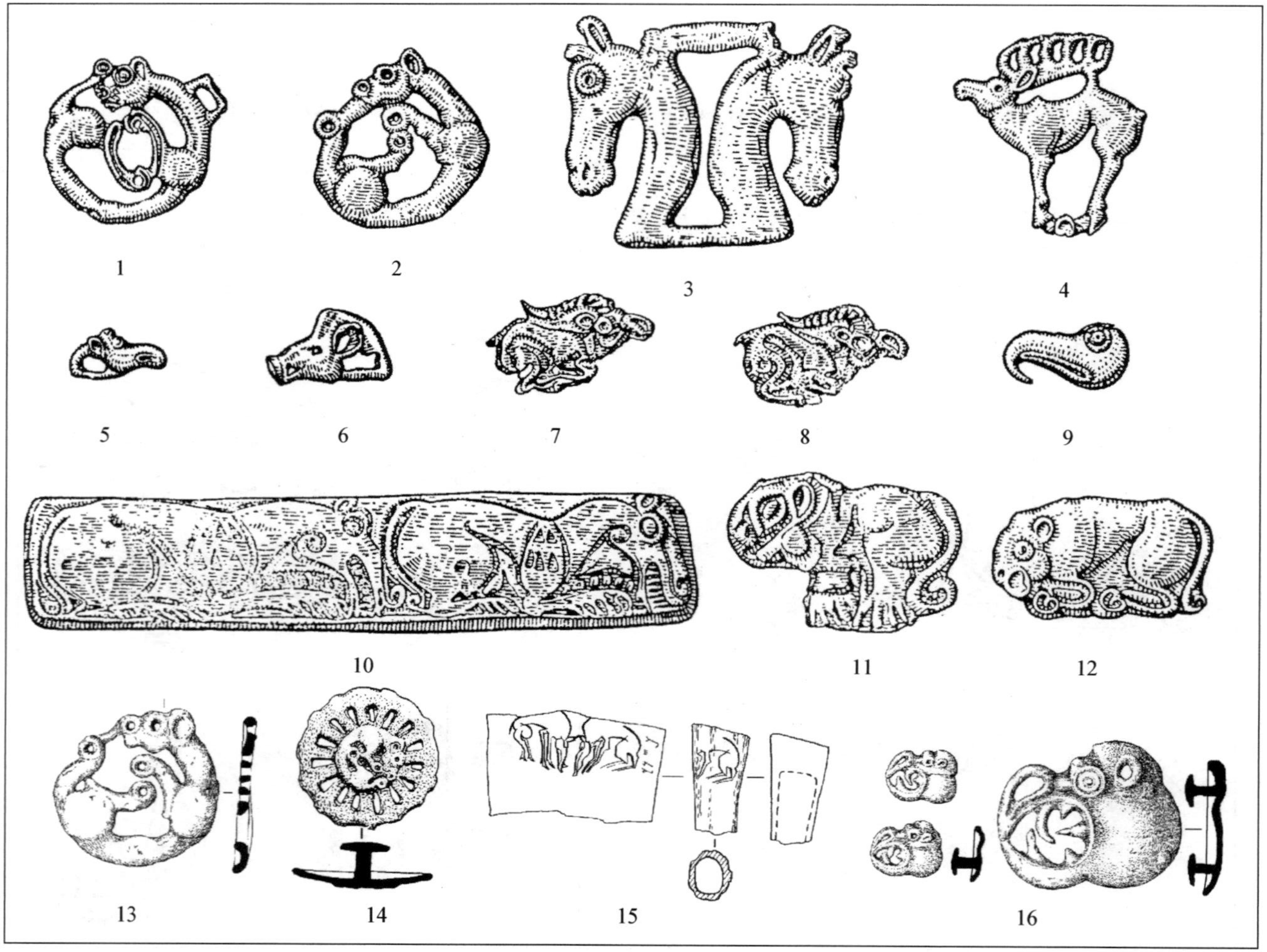

图 5.2-21 咸海周边地区的动物装饰艺术

五、小结

欧亚草原中部区早期游牧文化的动物纹最早始自公元前9世纪，于公元前5世纪—前4世纪达到繁荣阶段，随着铁器的广泛应用而逐渐衰落。通过以上的分析，我们可以看出整个欧亚草原中部区早期游牧文化的动物纹装饰大致可以分为三个阶段。

第一阶段，公元前9—前7世纪，动物纹装饰只出现在米努辛斯克盆地和萨彦—阿尔泰地区，主要包括塔加尔文化的早期、阿尔然一号王冢时期和麦耶米尔文化。这个时期动物纹非常简朴写实，题材都是自然界常见的野生动物，体现了早期游牧人群贴近自然的意识，主要动物包括山羊、野猪、雪豹和鹿等。米努辛斯克盆地塔加尔文化以大角羊装饰最为丰富，少见雪豹纹饰，这可能与其盆地的地理环境相关。而西萨彦岭的阿尔然一号王冢时期和阿尔泰地区的麦耶米尔文化中雪豹、山羊、鹿和野猪都比较流行，其中阿尔然一号王冢时期出土的卷曲雪豹饰件和双腿自然下垂的野猪形象短剑，在草原地区发现的同类器中都是最早的。这个时期的风格与青铜时代末期卡拉苏克文化刀剑上的写实性装饰艺术存在一定联系，卡拉苏克时期鹿石上的动物装饰也可以看作是早期铁器时代萨彦—阿尔泰地区动物装饰艺术的先驱①。

第二阶段，公元前7—前6世纪，这个时期基本是在前一阶段的动物纹装饰基础上发展的，但这个时期动物纹装饰分布范围扩大，除了米努辛斯克盆地和萨彦—阿尔泰地区之外，在哈萨克草原、天山七河以及帕米尔高原等地的萨卡文化中也广泛流行。装饰仍以单体动物纹为主，表现的也都是自然界常见的野生动物题材，动物种类有所增加，雪豹和山羊仍是最主要的动物，此外还有鹿、鸟、野猪、马、熊和鱼等动物。卷曲动物纹非常常见，但是与前一阶段相比，动物形象比较抽象，部分动物四肢以圈点代替。这个时期金质的动物纹饰件比重增加，主要以图瓦阿尔然二号王冢和哈萨克斯坦齐列克塔墓地为代表，此外在新疆哈巴河东塔勒德墓地也出土许多类似的金质

---

① Franz Hančar, "The Eurasian Animal Style and the Altai Complex", *Artibus Asiae*, Vol. 15, No. 1/2 (1952), pp. 171–194.

动物纹饰件①。

第三阶段，公元前5—前3世纪。最北部的米努辛斯克盆地塔加尔文化的铸造技术更加成熟，动物纹出现风格化、简单化的特征，但基本上还是延续了之前的动物纹装饰风格，仍然利用当地所见的动物进行单体的动物形象描绘，野兽争斗场面和神兽题材非常少见。图瓦地区与米努辛斯克盆地情况相近，也不见超自然的神兽，但不同的是出现了一些野兽搏杀或捕食的多体动物纹装饰。从公元前5世纪前后开始，阿尔泰的巴泽雷克文化和以伊塞克古冢为代表的天山七河地区的萨卡文化与前两个阶段动物纹装饰的差异非常明显，前一阶段自然界常见的动物题材比重变小，出现了许多新的因素。在巴泽雷克文化中流行超自然的动物题材，包括大量的格里芬和其他各种神兽装饰，还有一些描绘动物攻击捕食的装饰，其中后肢翻转的动物纹在巴泽雷克文化中非常有特色。以伊塞克古冢为代表的萨卡文化中也出现神兽题材和后肢翻转动物纹，而且，在天山七河地区出土装饰有自身特色的立体动物的铜盘和三足铜鍑。

如果从整个阿尔泰地区来看，麦耶米尔时期和巴泽雷克时期的动物纹艺术缺乏直接密切的联系，巴泽雷克文化的大量动物题材很明显不是直接来源于麦耶米尔文化，这说明巴泽雷克文化的动物纹艺术突然爆发很可能与外部的文化因素相关，而阿尔泰地区早期游牧文化的繁荣期——巴泽雷克文化时期出现的一些新的因素，很明显受到了外来因素的影响。有人认为在公元前6世纪来自小亚细亚地区的游牧民族到达了这里，带来了一系列新的文化因素②。吴欣博士曾将巴泽雷克文化和阿契美尼德王朝波斯文化进行了细致的比较，揭示了巴泽雷克文化与波斯阿契美尼德王朝之间的密切联系，她认为巴泽雷克文化不仅很多器物是从波斯文化中直接输入的，而且还吸收了阿契美尼德时期的波斯艺术风格因素，萨卡文化是二者联系的中介③。

---

① 新疆文物考古研究所：《新疆哈巴河东塔勒德墓地发掘简报》，《文物》2013年第3期。
② Leonid Marsadolov, "The Cimmerian Tradition of the Gordion Tumuli Found in the Altai Barrows", *Kurgans, Ritual Sites, and Settlements Eurasian Bronze and Iron Age*, BAR International Series 890, 2000, pp. 247–258.
③ Xin Wu, "Persian and Central Asian Elements in the Social Landscape of the Early Nomads at Pazyryk, Southern Siberia", *Social Orders and Social Landscapes*, Cambridge Scholars Publishing, 2007.

从上面的分析看，整个欧亚草原中部区的动物纹装饰存在两个不同的发展传播方向。从公元前9—前6世纪，起源于米努辛斯克盆地和萨彦—阿尔泰地区的写实性早期动物纹装饰，向南部哈萨克斯坦和七河等地传播。而大约从公元前5世纪开始，随着阿契美尼德王朝的强大，起源于南部波斯文化的超自然神兽和野兽搏斗等题材动物纹装饰艺术经萨卡文化向北传播，在阿尔泰的巴泽雷克文化中达到巅峰。这个文化不仅直接引入和吸收了波斯文化的器物和因素，还创造了具有自身特色的动物纹装饰艺术，而更北部的图瓦和米努辛斯克盆地受其影响较小。至于其原因尚不明确，但很可能与阿尔泰地区的自然环境有关，因为这个地区拥有丰富的各种矿产资源，这或许是阿契美尼德波斯文化与其保持密切联系的重要原因，而随着波斯王朝的衰落，阿尔泰巴泽雷克文化也随之消亡。

第六章　中国北方地区商周时期动物纹装饰综合研究

前几章讨论了中国北方地区动物纹的分类、分期和分区情况，也梳理了欧亚草原中部区和西部区各文化以及新疆地区动物纹的特征，本章对北方地区几种主要动物纹的起源和发展、北方动物纹与中原和草原地区的关系以及动物纹装饰的功能和意义等问题进行深入的讨论。

第一节　中国北方地区几种主要动物纹的起源和发展

从前文的分析看，中国北方地区商周时期动物纹装饰十分丰富，各种动物装饰题材种类很多，其中一些动物主题深受北方人群的喜爱，不仅分布范围广，流行时间长，而且造型也多变。类似的造型也见于境外草原地区，这些动物纹装饰对于研究北方地区人群的文化特征和对外文化交流都具有十分重要的意义。本节将选取其中有特色的虎纹、鹿纹、马纹、羊纹，虎噬食草动物、动物互搏以及神兽题材和后肢翻转动物纹等几种动物题材进行讨论。

一、虎纹装饰

虎是一种大型的猫科动物，被称为百兽之王，主要生活在山林中，在东亚地区有广泛的分布。古代人群尤其是北方山地居民生活中与虎常有接触，因此虎在中国古代文化艺术中非常突出，虎纹也是中国北方地区最重要的动物纹之一。目前，已有人从艺术史的角度对部分虎纹装饰进行专门的研究①，也有学者对虎纹装饰的文化内涵进行讨论②。

目前北方地区发现的最早的虎纹装饰是出自内蒙古鄂尔多斯市朱开沟墓地的1件铜戈，年代属于早商时期，这件铜戈内部的一个侧面铸有虎头形图案，图案的上、下和后侧饰有连珠纹（图6.1-1，1）。铜戈是中原文化典型的长柄武器，在商代很多铜戈的内部都装饰有纹饰，以夔纹和兽面纹为主③。朱开沟墓地的这件铜戈图案形制与商文化的兽面纹和夔纹相似，这种装饰风格可以看作是受到中原文化影响而出现的，但很明显北方人群已经开始选择具有自身特色的装饰动物。除了铜戈的虎纹装饰外，在晚商时期的晋陕高原区还出土了虎纹装饰的铜匕和铜勺，陕西延川用斗出土铜匕装饰伫立状虎，虎前一人跪坐（图6.1-1，2），清涧解家沟出土的铜勺上装饰有虎追鹿形象（图6.1-1，3）。这些装饰都十分具有特色，但这两种器物在中原文化中比较常见，在北方地区也主要出现在与中原邻近的晋陕高原区，因此笔者推测北方地区工具武器上最早的虎纹装饰的出现和流行可能与中原文化的影响有关，这种影响可能体现在冶金技术和部分装饰风格上，但很明显北方人群在装饰动物形象上已经有自身的选择。

西周时期北方地区典型的青铜器遗存并不发达，而且虎纹装饰非常少见。北方地区真正意义上的虎纹饰件出现在西周晚期至春秋早期，这个时期虎纹已经成为成熟的装饰题材出现在各种器物上，其中以燕山北麓区的夏家店上层文化最为集中。这些虎纹装饰与商代的虎纹装饰差别较为明显，但与甘肃宁县宇村墓地可能存在联系。宇村墓地位于泾河上游盆地，年代在西周晚期④，这个墓地中出土了3件虎饰牌（图6.1-1，25、26）和1件立体铜虎饰件（图6.1-1，20），此外还出土了花格剑和青铜双耳罐等非中原式青铜器。宝鸡青铜器博物院展出有两张图片，一张是虎形饰，1980年出自宝鸡扶风的周原，长约10厘米，年代为西周中期；另一

---

① 杜志东：《北方草原虎纹青铜纹饰研究》，中央民族大学硕士学位论文，2011年。
② 张景明：《北方游牧民族虎纹装饰与文化内涵》，《中国古代社会与思想文化研究论集（第三辑）》，黑龙江人民出版社，2008年。
③ 井中伟：《早期中国青铜戈·戟研究》，科学出版社，2011年，第26页，图1-3、图1-4。
④ 许俊臣、刘得祯：《甘肃宁县宇村出土西周青铜器》，《考古》1985年第4期。

张是虎尊，1926年出土于宝鸡斗鸡台遗址，长75.9厘米，现藏美国华盛顿弗利尔美术馆，年代为西周晚期。所以虎饰牌和虎形器可以早到西周中期，而且出自周文化的中心地区，只是对虎的偏爱在后来的华夏诸侯中没有流行开来①。

但在燕山北麓区的夏家店上层文化中虎纹迅速流行起来，不仅数量多，种类也很丰富。在刀剑柄部有虎首装饰（图6.1-1，4）、立虎装饰（图6.1-1，5、8）和双卧虎装饰（6.1-1，6、7）；衔镳上也有虎形卷曲动物纹（图6.1-1，11）和卧虎的装饰（图6.1-1，12）；还有一些虎形饰件，包括双虎首饰件（图6.1-1，19）、单虎形饰件（图6.1-1，21）、双虎形饰件（图6.1-1，17、18）和卷曲动物纹虎饰件（图6.1-1，21—24）。

这个时期有两种虎纹装饰非常有特点，一种是虎形卷曲动物纹饰牌。卷曲动物纹的装饰风格在夏家店上层文化中也很有特点，主要表现的是卷曲的虎或豹等猫科动物的形象，多为单独的饰牌，也出现在剑柄和马衔上。类似的装饰风格在欧亚草原地区也有非常广泛的分布，但是与欧亚草原流行的躯体瘦长的雪豹形象不同，夏家店上层文化中的卷曲动物纹往往是正视或侧视的虎的形象，爪和尾端有环形，前后腿上都有同心圆纹②。另外一种是单虎纹和双虎纹饰件，虎较为写实，虎身上有明显的短线纹装饰，均为蹲卧，流行头部正视，且爪与尾端往往用圆环或圆涡纹表示。

春秋中期以后，虽然燕山北麓区的夏家店上层文化迅速消亡，但虎纹装饰得到了继续发展，燕山南麓区和岱海地区是虎纹分布最为发达的两个地区。燕山南麓区兴起的玉皇庙文化继承了夏家店上层文化的很多因素：第一，虎纹装饰的种类与夏家店上层文化相似，都装饰在短剑（图6.1-1，9、10）、马镳（图6.1-1，13—15）和装饰品（图6.1-1，28—44）上；第二，虎形卷曲动物纹饰牌仍然流行（图6.1-1，28—31），只是这个时期卷曲动物的种类更加丰富；第三，单体虎纹饰牌非常流行，而且明显是在上一阶段基础上发展起来的，虎呈蹲踞状，仍较为写实，但虎身无明显装饰，仅以浅浮雕表现肌肉（图6.1-1，38—41），还有一些更简化的单体虎纹饰牌

---

① 杨建华、邵会秋、潘玲：《欧亚草原东部的金属之路》，上海古籍出版社，2016年。
② 林沄：《论欧亚草原的卷曲动物纹》，《林沄学术文集（二）》，科学出版社，2008年。

（图 6.1-1，42—44）。

岱海地区虎纹出现的年代稍晚，但年代比较集中，主要在春秋晚期和战国早期。这个时期单体虎纹饰牌已经变成半蹲踞或站立式，数量变少，而且整体变胖（图 6.1-1，45—47），出现了单个的虎首装饰（图 6.1-1，33、34）、虎形的带钩（图 6.1-1，35、36）和装饰多个虎纹的带扣（图 6.1-1，37）。

战国中期开始，虎纹装饰发生了很大变化。一是分布地域，燕山北麓区、燕山南麓区和岱海地区已经基本不见，这一时期虎纹装饰基本都出自鄂尔多斯高原区和甘宁区；第二，工具武器和车马器上的虎纹装饰非常少，仅在西沟畔墓地发现有银虎头节约（图 6.1-1，16），绝大部分虎纹都出现在装饰品上；第三，虎纹装饰的质地发生了很大的改变，大部分为金银器。这个时期以单体和双虎纹饰牌为主，与上一阶段不同的是，这些饰牌多以金银箔片剪切成虎形，虎作行走状，嘴大张，尾向上卷起，虎身和颈部錾刻出线纹（图 6.1-1，53—61），还有部分虎纹饰牌四周有长方形边框（图 6.1-1，56）。除了虎纹饰牌外，还有少量的金虎头饰件（图 6.1-1，48）、虎形带钩（图 6.1-1，49）、虎纹带扣（图 6.1-1，50）和带环（图 6.1-1，51），另外，清水刘坪墓地还出土了 1 件金银项饰，半环形，内侧边缘上卷，正面錾刻有两组相对的虎和牦牛图案，牛在前虎在后，展现了虎捕食的场景（图 6.1-1，52）。

以上笔者分析了中国北方地区虎纹装饰的发展情况，此外还有一类虎噬食草动物饰件，这种饰件最早出现于燕山北麓区的夏家店上层文化中，流行时间和范围都非常广，在北方地区有明显的发展演变序列，笔者将在下节中专门讨论这种饰件。

境外草原地区也存在许多的虎纹装饰，其中以欧亚草原中部区阿尔泰的巴泽雷克文化最为著名，但巴泽雷克文化中基本不见单体虎纹饰牌，这个文化的虎纹装饰分两种，一种是皮革或毛毡上虎咬噬鹿或者羊的图案（图 6.1-3，4—7），另外一种是成排的虎纹（图 6.1-3，1—3）。这里的虎纹的共同特征是虎都变得瘦长、束腰，而且有的通体饰紧密有力的斑条纹，这些特点与中国北方地区战国中晚期的虎纹装饰相似，年代也大致相当。其中只

分类 时代	武器工具	车马器	装饰品及其他
商时期	1 2 3		
西周晚期至春秋早期	4 5 6 7 8	11 12	17 18 19 20 21 22 23 24 25 26 27

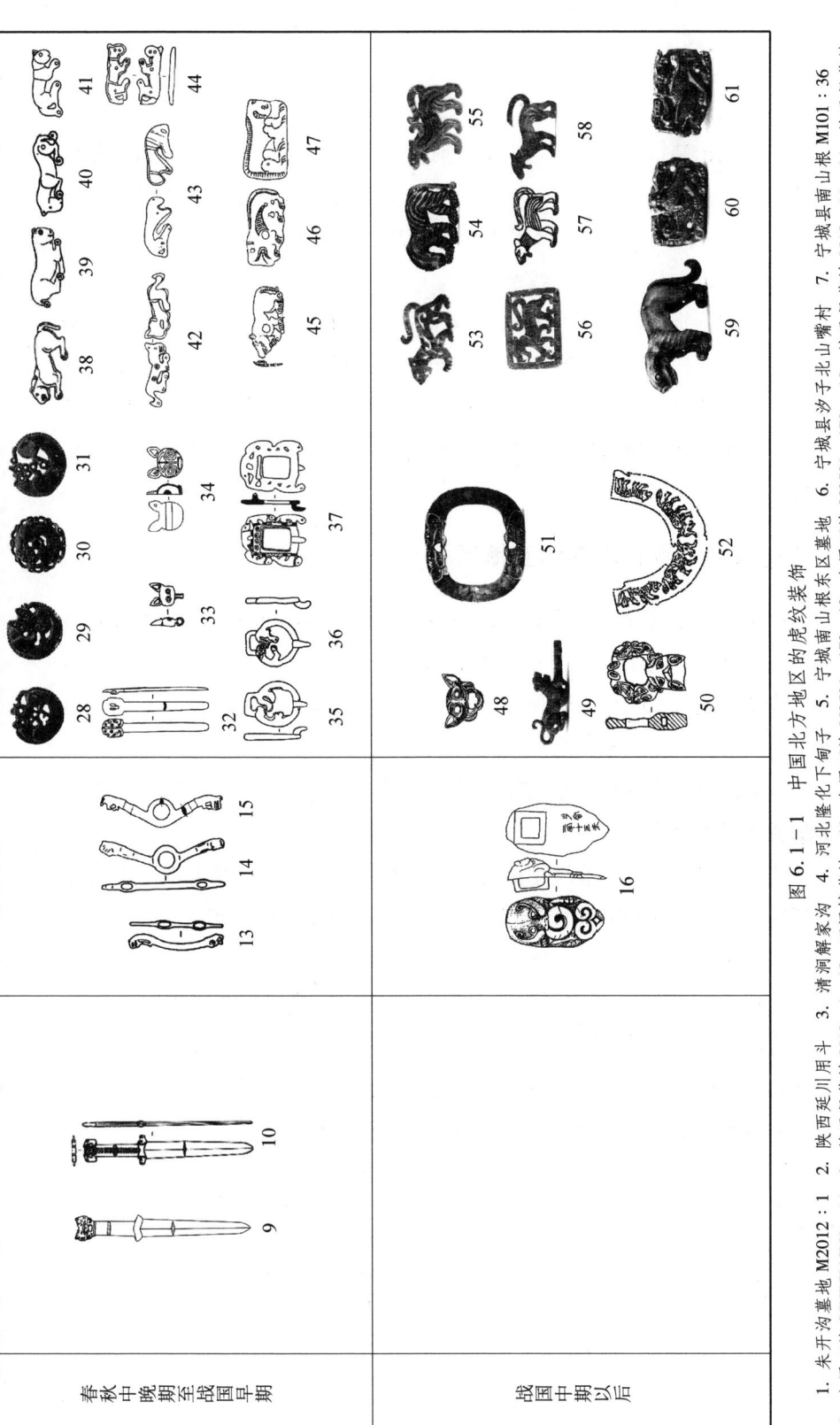

图 6.1-1 中国北方地区的虎纹装饰

1. 未开沟墓地 M2012∶1 2. 陕西延川用斗 3. 清涧解家沟 4. 河北隆化下旬子 5. 宁城南山根末区墓地 6. 宁城县汐子北山嘴村 7. 宁城县南山根 M101∶36 8. 小黑石沟 85NDXAIM2∶14 9. 甘子堡墓地 M12∶1 10. 西梁洼墓地 11. 小黑石沟 M8501∶173 12. 小黑石沟 M8501∶172 13. 甘子堡墓地 M18∶11 14. 甘子堡墓地 15. 玉皇庙墓地 YYM156∶15-1 16. 西沟畔墓地 17. 小黑石沟 85NDXAIM2∶24 18. 小黑石沟 M8501∶168 20、25、26. 宁县宇村 21-23. 宁城小黑石沟 24. 康保 27. 小黑石沟 M8501∶157 28-31. 鄂尔多斯青铜器博物馆藏 32、41-44. 玉皇庙墓地 33. 玉皇庙墓地 M159∶1 34. 新店子墓地 M43∶11 35. 宁城小黑石沟 M13 36. 玉皇庙墓地 M261∶10 37. 柴涝岗墓地 38. 隆化转山墓地 39. 来平苘子沟 40. 宣化小白阳墓地 45-47. 毛庆沟墓地 48、50. 阿鲁柴登 49、52、57、58. 清水刘坪 51、54、59. 神木纳林高兔 53、55、56、60、61. 马家塬墓地

春秋中晚期至战国早期

战国中期以后

有一件在木片上装饰的排虎纹，上面没有斑条纹（图 6.1-3，1），可能年代要早些，但不会早于战国时期。欧亚草原中部区的单体虎纹装饰发现于伊塞克古冢①（图 6.1-3，10），年代也相当于战国中晚期。而草原西部区则主要流行豹纹装饰，基本不见虎纹装饰。

从上面的分析看，中国北方地区是虎纹装饰的重要起源地，虽然虎纹装饰最早出现于商代，但并没有迅速流行起来，直到西周晚期至春秋早期才逐渐流行，而且随着时间的推移，不断向西传播，从燕山北麓区到燕山南麓区，再到岱海地区，最后分布到鄂尔多斯高原区和甘宁区，并在这个时期传到了境外的草原地区。

二、虎噬食草动物纹和动物互搏题材

在中国北方地区除了单体虎纹外，还流行群体动物纹饰牌，其中数量最多的是虎噬食草动物纹，有人对此类主题进行过论述②。本书中收集的发表资料初步统计超过 155 件，这种题材的动物纹有完整的发展序列，是北方地区非常有特色的动物纹装饰之一。

北方地区表现虎吞噬食草动物情景的饰件，主要是虎噬羊或鹿，依据具体形制变化可划分为六式。

Ⅰ式，虎噬羊，虎与羊尺寸相差较小，整体呈三角形，共 1 件。出自燕山北麓区小黑石沟 M8501∶170③，上端为昂立状虎身，饰重环纹，扑向半躺状的羊（图 6.1-2，1）。这件虎噬羊饰件是目前北方地区发现的最早的一件，年代在西周晚期至春秋早期，虽然与之后流行的同类饰牌形制差异较大，但这也说明在这种饰牌出现的最早期，并没有形成固定的形制。

Ⅱ式，虎噬羊或鹿，虎为蹲踞，所占比例较大，而被噬动物尺寸很小，整体较为抽象，前后肢屈曲前伸，眼部、肱骨头、股骨头等关节饰圆圈纹，

---

① Claudia Chang edit, *Of Gold and Grass*: *Nomads of Kazakhstan*, Published by the Foundation of International Arts & Education CA, 2006, p.112（图 39）; Akishev K. A., *Issyk Mound*: *The Art of Saka in Kazakhstan*, Moscow, 1978.
② 吴立国：《北方系青铜器虎噬动物纹饰研究》，西北师范大学硕士学位论文，2015 年。
③ 内蒙古自治区文物考古研究所、宁城县辽中京博物馆：《小黑石沟——夏家店上层文化遗址发掘报告》，科学出版社，2009 年，第 289 页，图二三一，13。

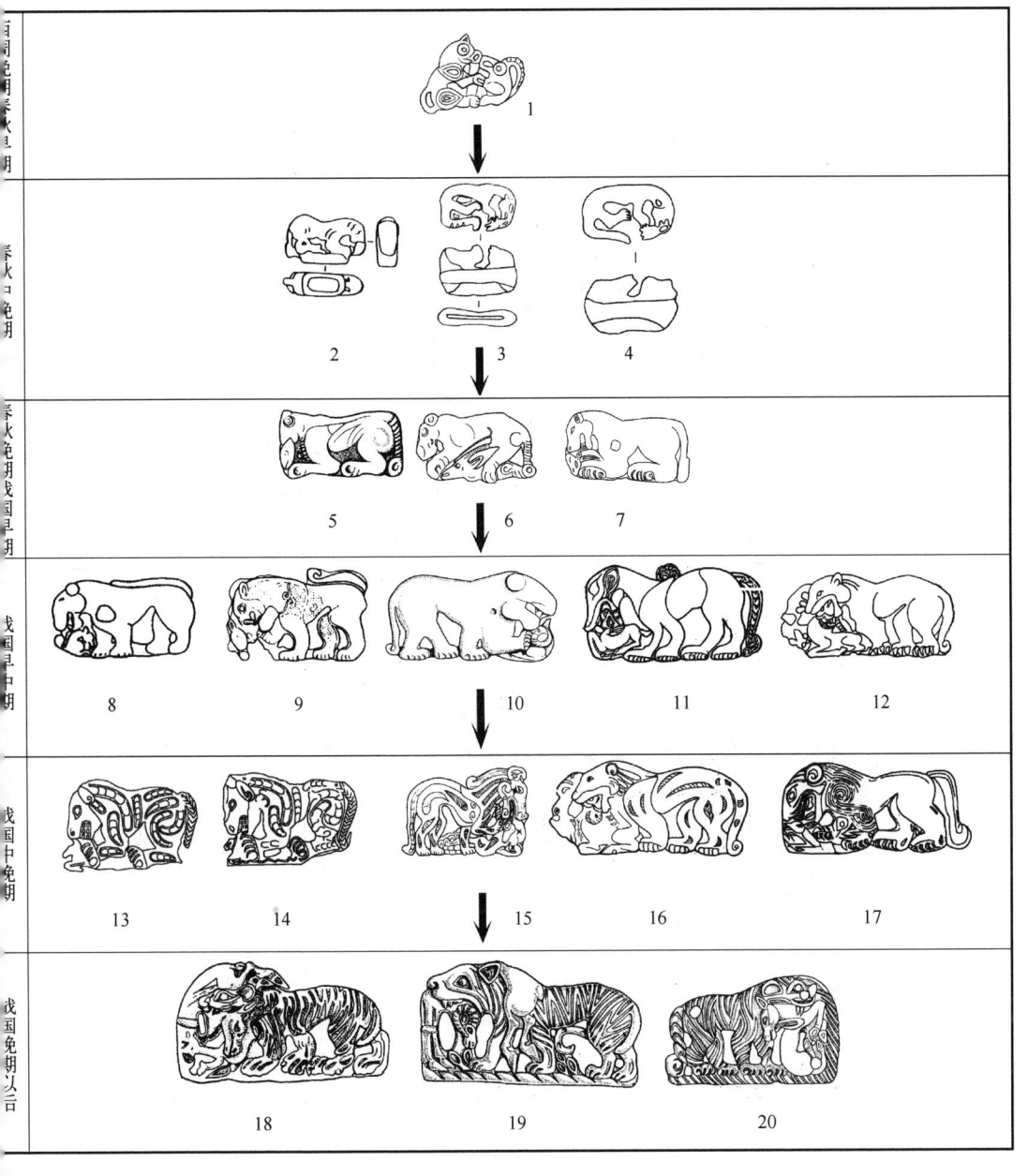

图 6.1-2　虎噬羊或鹿饰件

1. 宁城小黑石沟 M8501　2、3. 军都山玉皇庙墓地　4. 西梁圪墓地　5. 范家窑子墓葬　6. 崞县窑子墓地 12：2-2
7. 小双古城墓地 M11：2　8. 马庄墓地　9. 彭阳县古城村　10. 内蒙古博物院藏　11. 彭阳县新集乡
12. 庆阳吴家沟圈　13、14. 清水刘坪　15. 彭阳张街村　16. 西吉县陈阳川村　17. 石灰沟墓地
18. 杨郎蒋河　19.《内蒙古·长城地带》收录　20. 崞县窑子采集

共 116 件（图 6.1-2，2—4）。均出自燕山南麓区的玉皇庙文化中，年代大约在春秋中期至春秋晚期。Ⅱ式饰牌与Ⅰ式饰牌似乎存在一定的联系，二者分布区域毗邻，虎身上都装饰有圆圈纹。从这个阶段开始虎噬羊或鹿饰件的整体造型已经固定下来，后来的同类饰牌都是在它的基础上发展起来的。

Ⅲ式，主要是虎噬羊，虎仍为蹲踞，前后肢均屈曲前伸，爪呈圆环状，被噬动物所占比例仍较小，但虎整体变胖，虎头、虎尾和四肢上有明显的装饰，图案比Ⅱ式要写实，共 12 件（图 6.1-2，5—7）。均出自岱海地区，从形制上看与Ⅱ式饰牌存在明显的演变关系，而且体现了从东向西传播发展的特点。

Ⅳ式，虎噬羊，虎为伫立状，虎身基本为素面，与Ⅲ式相比，被噬的羊所占比例开始增大，共 6 件（图 6.1-2，8—12）。主要出自甘宁区和鄂尔多斯高原区，年代在战国早中期，说明这个时期这种饰牌继续向西传播。

Ⅴ式，虎噬羊或鹿，虎多为伫立，与Ⅳ式相比，被噬动物比例进一步增大，虎身有明显的阴线纹或斑条纹，共 16 件（图 6.1-2，13—17）。分布地域主要集中在鄂尔多斯高原区和甘宁区，年代在战国中晚期。

Ⅵ式，被噬动物比例进一步增大，虎均为伫立，虎身饰有密集的斑条纹，饰件整体呈"P"形，共 4 件（图 6.1-2，18—20）。分布地域主要集中在鄂尔多斯高原区和甘宁区，年代在战国晚期以后，下限可至秦汉时期。

以上笔者将北方地区的虎噬食草动物纹饰牌划分了前后发展的六式，从上面的分析看，这种饰牌可能最早出现在燕山北麓区的夏家店上层文化中，即年代为西周晚期至春秋早期的Ⅰ式；之后向西南传播到燕山南麓区的玉皇庙文化，年代大约在春秋中晚期，而且在玉皇庙文化中形成了较为固定的整体造型Ⅱ式；春秋晚期至战国早期，继续向西传到了内蒙古的岱海地区，形制也发生了一定的改变，出现了Ⅲ式；从战国中期开始这种饰牌向西传到了鄂尔多斯高原区和甘宁区，并在这里继续发展，Ⅳ式、Ⅴ式和Ⅵ式都是这两个地区的典型饰牌。

在新疆地区和境外草原地区也存在许多虎噬食草动物饰牌，新疆艾丁湖和塔加尔文化出土的虎噬羊饰件（图 6.1-3，8、9），形制上与北方地区的Ⅳ式相似，年代也大致相当。交河沟北墓地、阿尔泰和图瓦地区出土的饰牌

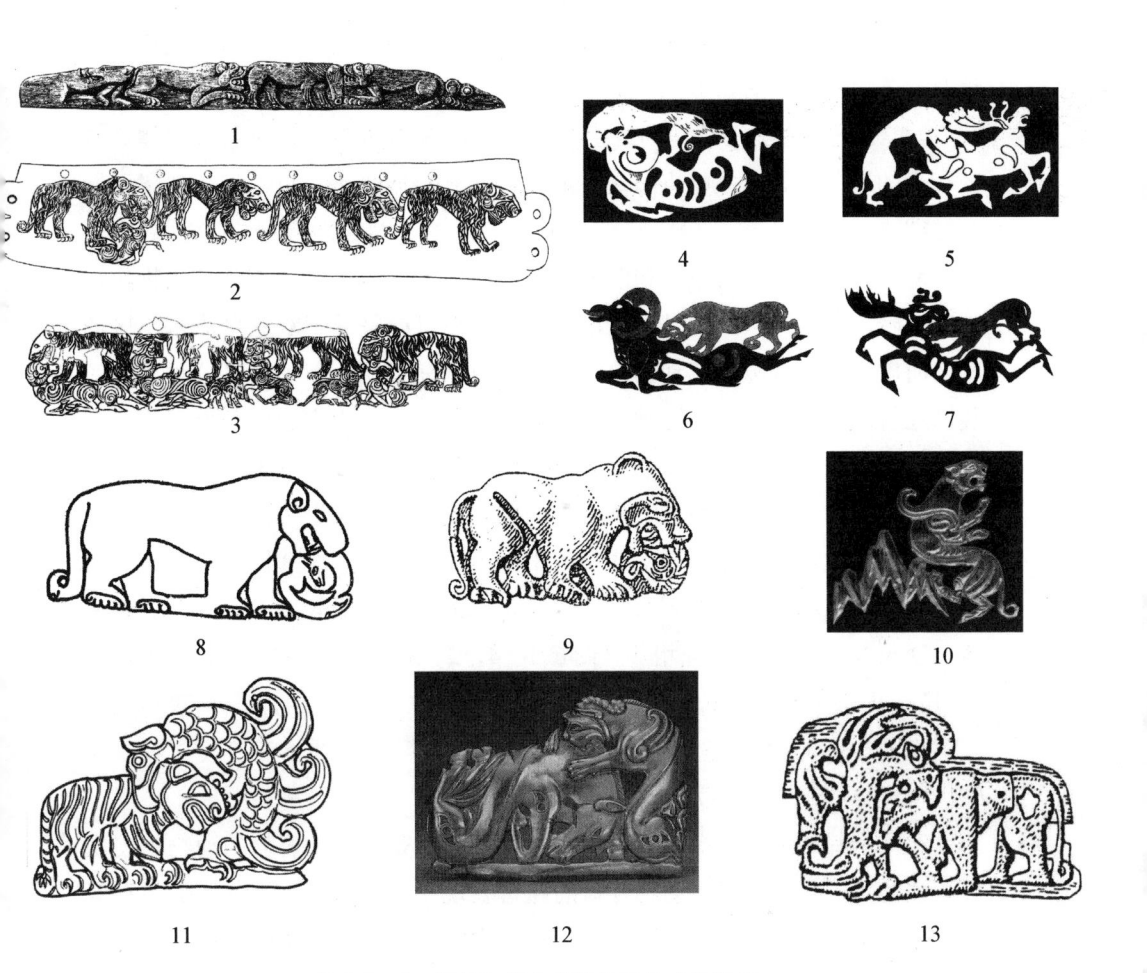

图6.1-3 新疆和境外草原地区的虎纹装饰

1—7. 巴泽雷克文化(1. Ak-Alakh M1　2. Bashadar M2
3、6、7. Pazyryk M2　4、5. Pazyryk M1)
8. 新疆艾丁湖　9. 塔加尔文化　10. 伊塞克古冢
11. 交河沟北墓地　12. 传阿尔泰出土　13. 图瓦地区

整体呈"P"形（图6.1-3，11—13），与北方地区的Ⅵ式形制相似，年代在战国晚期以后。出土虎纹数量最多的是阿尔泰地区的巴泽雷克文化，虎咬噬鹿或者羊的纹饰非常多，但不见金属饰牌，而是流行皮革或毛毡上装饰虎咬噬鹿、羊的图案（图6.1-3，4—7）或者是成排的虎吞噬羊纹（图6.1-3，2、3）。这里的虎噬食草动物纹更加写实，虎都变得瘦长、束腰，通体饰紧密有力的斑条纹。这些特点与北方地区Ⅴ式和Ⅵ式饰牌接近，年代也属于同一时期。

从上面的分析看，新疆和欧亚草原中部区的各文化中虎噬食草动物纹形制都较晚，均不早于战国时期，这些动物纹很可能是受到欧亚草原东部区的影响而出现的。虎噬食草动物纹装饰种类及演变说明东亚地区是这种动物纹装饰题材的重要起源地，这种题材从燕山北麓区和燕山南麓区开始，逐渐向西传布到整个北方青铜文化的分布区以及新疆和欧亚草原中部区。

北方群体动物纹中另外一种常见的题材是动物互搏造型，这种题材的动物纹无论时代还是分布地域都非常集中，流行时代主要在战国中晚期，分布地域在甘宁区和鄂尔多斯高原区。具体表现的动物种类较多，主要有虎狼相斗（图6.1-4，1）、龙虎相斗（图6.1-4，2、3、10）、虎猪咬斗（图6.1-4，4）、虎牛争斗（图6.1-4，5）、双猪相斗（图6.1-4，7）、双鸟相斗（图6.1-4，8）、鸟蛇相斗（图6.1-4，9）等纹饰以及三兽咬斗纹（图6.1-4，6），这些饰件大部分为金质饰牌，出土于高等级墓葬中。

这些饰牌与之前的虎噬食草动物饰牌不同的是，处于弱势的动物表现出了顽强的反抗精神。这种动物互搏的题材表现出了草原世界生与死的生存竞争现象，是游牧生活的真实写照。这种动物纹题材出现的年代很晚，但造型上与虎噬食草动物纹存在很大的相似性，笔者推测可能是受其影响而在战国中晚期产生的一种新题材动物纹。

三、鹿纹装饰

鹿是一种大型的野生食草动物，也是古代人们经常追逐捕猎的对象，古代人群可以食其肉、寝其皮、用其骨，因此对于古人尤其是草原人群来说是非常重要的野生动物。而鹿纹装饰从古至今都是欧亚草原最常见的动物装饰

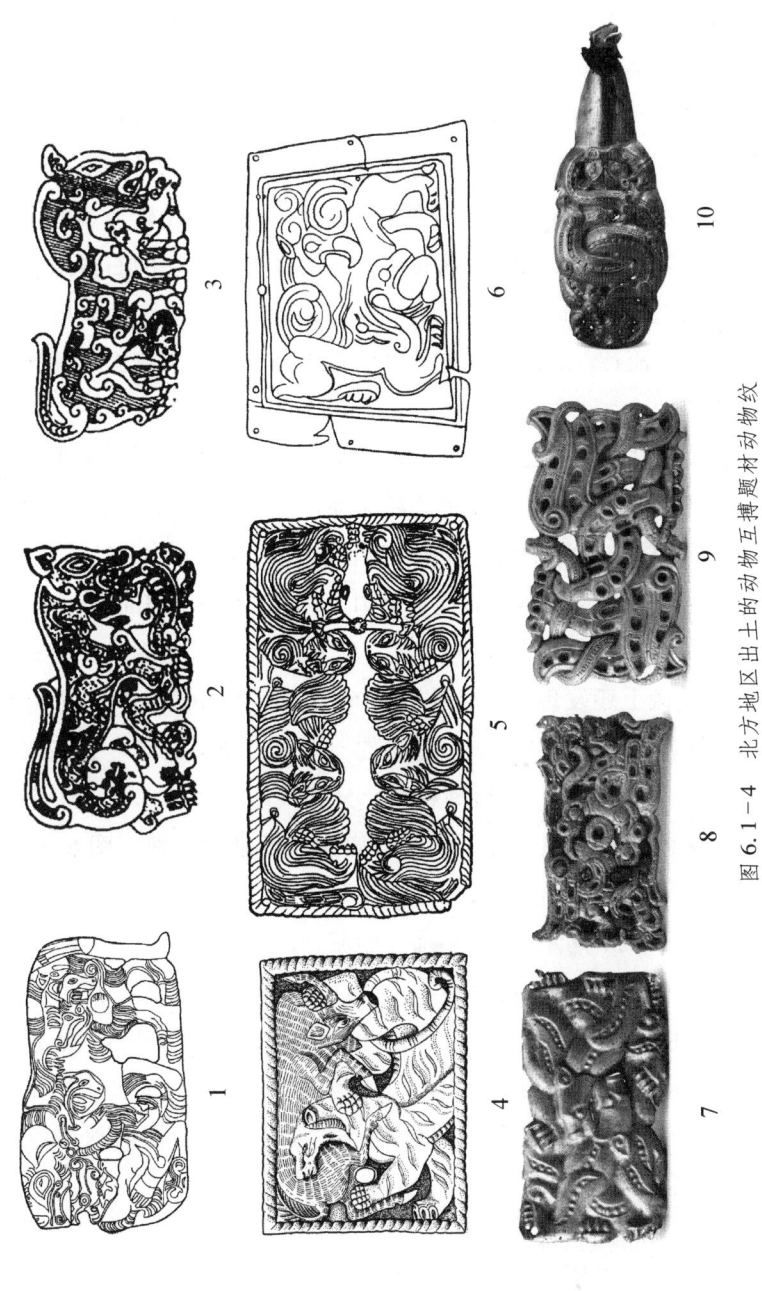

图 6.1-4 北方地区出土的动物互搏题材动物纹

1. 碾房渠 2. 庆阳塔头村 3. 庆阳征集 4、6. 西沟畔墓地 M2 5. 阿鲁柴登 7—10. 马家塬墓地

第六章 中国北方地区商周时期动物纹装饰综合研究

题材之一，中国北方地区商周时期也有大量的鹿纹装饰。

北方地区最早的鹿纹装饰出现在晚商时期的工具上，数量较少，一件是鄂尔多斯博物馆的征集品铜刀，刀柄为鹿首（图6.1-5，2）；另一件是晋陕高原区陕西清涧解家沟出土的铜勺，柄上装饰圆雕的虎追鹿形象（图6.1-5，3）。鄂尔多斯博物馆征集的鹿首铜刀在整个北方地区非常少见，由于没有具体的出土位置和共存器物，无法进一步评述。铜勺是比较典型的中原系统的器物，在北方地区发现较少，而且属于与中原关系密切的石楼组合青铜器①。因此最早的鹿纹装饰的出现可能与中原文化有关，但这种风格在后来的北方地区并没有流行，鹿纹在北方地区的真正流行开始于燕山北麓区的夏家店上层文化。

在夏家店上层文化中容器、工具武器、车马器和装饰品等各类器物上都有鹿纹装饰，其中最常见的是成排的鹿纹装饰。宁城小黑石沟M8501出土的1件铜壶上装饰有成排的蹲踞状鹿纹和蹲踞回首鹿纹（图6.1-5，1）；在青铜短剑的柄部也流行鹿纹，小黑石沟M8501：39和92NDXAIIM5：1出土的铜剑柄上均有纵向排列的三只大角鹿纹，鹿首朝向剑锋（图6.1-5，4、5）；此外，在马镳上还发现鹿首装饰（图6.1-5，9、10）。另一个重要的特点是这个时期新出现了鹿形饰牌，最早的一件出自龙头山遗址Ⅱ祭坑，年代在西周早期②，鹿作卧状，前后蹄相叠，分叉式鹿角（图6.1-5，13）。在西周晚期至春秋早期，还发现了表现双鹿交媾场景的饰牌（图6.1-5，12）和圆环内立有鹿形动物纹的饰件（图6.1-5，11）。

虽然在西周至春秋早期，鹿纹装饰开始流行，但分布范围非常集中，主要在燕山北麓区，北方其他地区都少有发现。从春秋中期开始，燕山北麓区的夏家店上层文化迅速衰落，鹿纹装饰也开始在整个北方地区广泛分布。在春秋中期至战国早期，鹿纹装饰最为发达的是燕山南麓区的玉皇庙文化，整个玉皇庙文化出土了大量的鹿纹装饰器物，主要是鹿纹装饰铜剑和鹿纹饰

---

① 杨建华：《商周时期中国北方冶金区的形成——商周时期北方青铜器的比较研究》，《公元前2千纪的晋陕高原与燕山南北》，科学出版社，2008年。
② 齐晓光：《内蒙古克什克腾旗龙头山遗址发掘的主要收获》，《内蒙古东部区考古学文化研究文集》，海洋出版社，1991年。

件，铜剑上的鹿纹与夏家店上层文化铜剑上纵向排列的鹿纹相似，可能是延续了燕山北麓区的特征（图6.1-5，6、7）。还有1件铜剑为《鄂尔多斯式青铜器》征集品，剑柄装饰有镂空的动物图案，图案为两只对卧的鹿，前肢前屈，后肢翻转朝上，组成双环形图案（图6.1-5，8）。鹿纹饰件数量最多，初步统计近千件，鹿均为蹲踞，前后蹄相叠，鹿角分为两种，一种是连环成多个圆圈状的鹿角（图6.1-5，21—24），另外一种为分叉式鹿角（图6.1-5，18、19、26、27）。在岱海地区和河西走廊地区还出土一种形制特殊的竖向长方形边框的鹿纹饰牌，饰牌框内为四只回首鹿纹，上下两层，每层各两只（图6.1-5，15—17）。此外，各地还出土上一阶段就已经出现的圆环内立鹿纹饰件（图6.1-5，14）和双鹿交媾场景饰牌（图6.1-5，20）。

战国中期以后，北方地区鹿纹装饰发生了很大的变化，工具武器、车马器上基本不见鹿纹装饰，鹿纹的分布范围除了河西走廊的沙井文化外，主要集中在鄂尔多斯高原区和甘宁区。这个时期发达的鹿纹装饰主要有两种，一种是立体的动物装饰，既有伫立式的鹿形象（图6.1-5，27—31），也有蹲踞式的鹿形象（图6.1-5，32—35）；另外一种是伫立的平面鹿纹饰件，均为大鹿角分叉向后伸展与尾部相接（图6.1-5，37、38）。除了这些之外，在西沟畔墓地还出土对称金鹿纹饰牌1件①，整体呈长方形，框内有鹿形图案，四肢内屈，头上枝状角直至尾部（图6.1-5，36）。

以上是对北方地区鹿纹发展演变的总结，鹿作为食草动物，还出现在虎噬食草动物纹中，这一类动物纹笔者在上文中已经有专门的分析，在此不再赘述。

在境外草原地区鹿纹装饰分布也十分广泛，尤其是在欧亚草原西部区的斯基泰文化和萨夫罗马泰文化中鹿纹都是最重要的食草动物纹装饰②，但是这两个文化的鹿纹大都流行在公元前7世纪之后，而且各有特色。斯基泰文化的鹿纹整体呈蹲伏状，鹿身较为丰满，圆圆的鼻孔，鹿角往往挤压变形且

---

① 伊克昭盟文物工作站、内蒙古文物工作队：《西沟畔匈奴墓》，《文物》1980年第7期。
② Joan Aruz etc., *The Golden Deer of Eurasia: Perspectives on the Steppe Nomads of the Ancient World*, The Metropolitan Museum of Art, New York, 2000.

分类\时代	容器	工具武器	车马器	装饰品及其他
商代晚期		2, 3		
西周至春秋早期	1	4, 5	9, 10	11, 12, 13

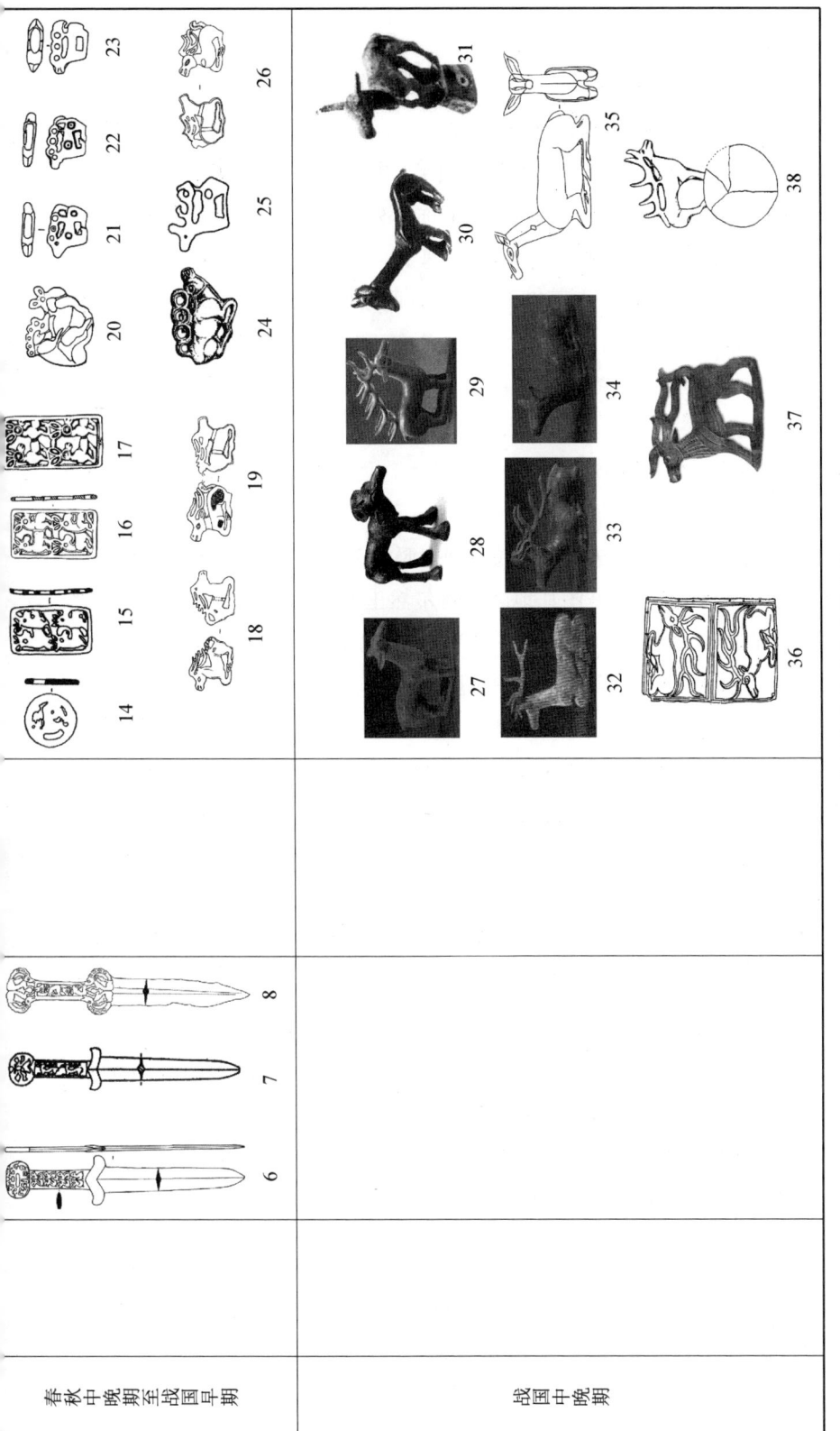

图 6.1-5 中国北方地区的鹿纹装饰

1. 宁城小黑石沟 M8501 2. 鄂尔多斯博物馆藏 3. 清涧解家沟 4. 小黑石沟 92NDXAIIM5∶1 6. 玉皇庙墓地 YYM174∶2 7. 宣化小白阳墓地 M37∶1 8.《鄂尔多斯式青铜器》著录 9,10. 宁城小黑石沟 M8061 11. 小黑石沟 99ZJ∶2 12. 小黑石沟 M8501∶171 13. 尤头山遗址 14. 西沟墓地 M146∶5 15,16. 西岗墓地 17. 小双古城墓地 18,19,21—24. 玉皇庙墓地 20. 于家庄 25. 小白阳墓地 M32∶7 26. 葫芦沟墓地 27,29,33,34. 速机沟墓地 28. 瓦尔吐沟 30. 鄂尔多斯青铜器 31. 甘肃永登榆树沟 32. 阿鲁柴登大墓地 35. 玉隆太墓地 36. 西沟畔墓地 37. 马家源墓地 M5∶26 38. 呼鲁斯太墓地

夸张，部分蹄子被某种大鸟的头所取代（图6.1-6，2、3），到中期很多鹿角或身上长出鸟头（图5.1-2，9—11），晚期鹿身上还出现格里芬和狮子等动物的图案（图6.1-6，4）；除了饰牌外，类似造型的鹿纹还出现在剑鞘（图5.1-1，24）和1件方形的金牌上，这件金牌非常有代表性，长16.5厘米、宽9.7厘米，上面有8排24只鹿纹（图6.1-6，1）。萨夫罗马泰文化鹿纹造型非常常见，鹿的造型各有不同，有的鹿站立（图5.1-4，3、5、6），也有的呈蹲伏状（图5.1-4，4）；最有特色的是突出了鹿头和鹿角的站立公鹿形象器物，木质，外面包裹金或银箔，整只鹿各部分的比例严重失调，耳朵和鹿角被夸张地放大，而腿则变得短而粗（图6.1-6，5—7）。

除了斯基泰文化和萨夫罗马泰文化外，欧亚草原中部区的各文化中也都有鹿纹装饰，年代较早的是图瓦地区的阿尔然王冢时期，均为站立的公鹿形象，鹿的脚尖着地（图6.1-6，10）。在乌斯特—布赫塔尔玛（Ust-Bukhtarma）墓地曾出土过一件圆形铜镜①，铜镜表面饰有五只站立的鹿和一只羊，所有动物线条简单，蹄尖着地，但整体显得非常生动写实（图6.1-6，12）。这件铜镜上踮脚尖的鹿纹与阿尔然一号王冢中鹿石上的鹿纹极为相似（图5.2-3，7），年代大约在公元前9—前8世纪。另外在阿尔然二号王冢时期的1件刀柄上还出现了成排的鹿纹装饰，但是与中国北方地区不同的是，这里的成排鹿纹是纵向排列的（图6.1-6，11）。塔加尔文化中的鹿纹多见于青铜饰牌，绝大多数都是卧伏状的姿态，鹿角较发达，鹿的头部或平视或仰视（图6.1-6，8、9）。阿尔泰地区在公元前6世纪麦耶米尔晚期出现了蹲踞的金鹿形象，比较写实，而到巴泽雷克文化时期，鹿纹虽然仍然较为写实，但风格发生了很大变化，很多是展现鹿低头行走的形象（图6.1-6，13），还有一些被虎咬噬的形象（图5.2-14，19、20、22）。中亚的萨卡文化鹿纹风格则非常复杂，既有像麦耶米尔晚期的写实的蹲踞鹿纹（图6.1-6，15），也有斯基泰流行的鹿角变形呈鸟头形的鹿纹（图6.1-6，17），还有伫立的鹿纹（图6.1-6，16）。

---

① A. A. 提什金、H. H. 谢列金：《金属镜——阿尔泰古代和中世纪的资料》，文物出版社，2012年，图五，1。

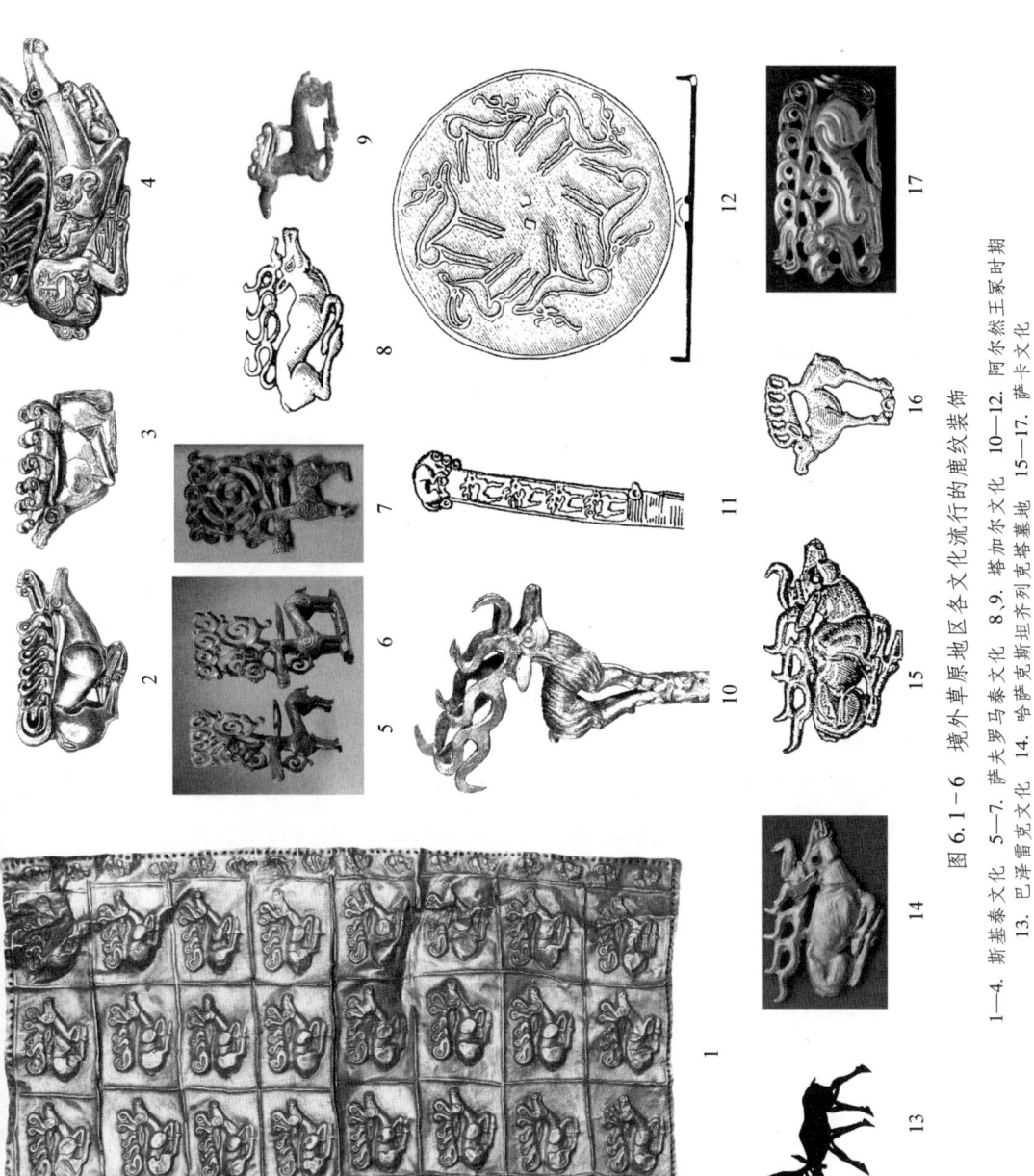

图 6.1—6 境外草原地区各文化流行的鹿纹装饰

1—4. 斯基泰文化 5—7. 萨夫罗马泰文化 8,9. 塔加尔文化 10—12. 阿尔然王冢时期
13. 巴泽雷克文化 14. 哈萨克斯坦齐列克塔墓地 15—17. 萨卡文化

从上面的分析看，境外草原地区鹿纹装饰虽然分布非常普遍，但大多数地区都有自己的装饰风格，萨卡文化鹿纹装饰风格比较复杂，可能受到不同文化因素的影响。但草原地区的这些鹿纹装饰与中国北方地区的鹿纹装饰差异较大，而且从中国北方地区鹿纹的发展情况看，最早是出现在与中原邻近的地区，然后从燕山北麓区开始向西发展，因此中国北方地区鹿纹，最初的来源和发展过程很少受到西部草原的影响，这里的鹿纹发展具有自身特色。

四、马纹装饰

马是草原游牧人群最不可或缺的因素，在游牧经济中马不仅可以提供肉食和乳制品，而且在放牧、狩猎过程中都发挥着十分重要的作用，马还是最重要的骑乘工具，其快速的移动性对于古代战争意义重大，它们通常被牧民视为忠诚的朋友和伴侣，在古代有时甚至是财富、社会身份地位的象征①。目前中国境内最早的家马出自新疆呼斯塔遗址，年代大约距今3600年，在中国北方和中原地区出现时间都较晚，在夏至早商时期，并没有发现明确的养马的证据。大约相当于晚商时期才出现关于马的遗存，最早的马纹装饰也出现在这一时期。

晚商时期发现的马纹装饰数量并不多，青海湟中县共和乡前营村出土的1件管銎斧上装饰有立体的双马纹②，马比较抽象，马身瘦长，其中一马残（图6.1-7,1），这件管銎斧属于卡约文化。另一件是1974年鄂尔多斯地区征集的马首镳，椭圆形勺，柄端铸马首，张口竖耳（图6.1-7,2）③。还有2件立体马形饰件，出自甘泉闫家村④，实心圆雕，通体素面，形制相同，其一两只前腿及右侧后腿蹄部残缺，呈站立状，体型健硕，鬃毛短直，长尾下垂（图6.1-7,3）。在同时期灵石旌介商墓M1∶35铜簋底部也装饰

---

① 王明珂：《游牧者的抉择——面对汉帝国的北亚游牧部族》，广西师范大学出版社，2008年。
② 李汉才：《青海湟中县发现古代双马铜钺和铜镜》，《文物》1992年第2期。
③ 中国内蒙古文物考古研究所、韩国高句丽研究财团：《内蒙古中南部的鄂尔多斯青铜器和文化》，韩国高句丽研究财团，2006年，第143页，图47。
④ 王永刚、崔风光、李延丽：《陕西甘泉县出土晚商青铜器》，《考古与文物》2007年第3期。

有类似的马形象[1]，表明这种马形象并不是偶然出现的。但即使如此，晚商时期北方各地发现的马纹风格并不一致，管銎斧上的马纹比较抽象，勺形马首镳的马首比较写实，但是表现的仅是马首，最写实的立体马饰件和马纹装饰出自晋陕高原区的石楼类型青铜器和灵石旌介商墓中，而这两种遗存是与中原文化关系十分密切的人群所留下的。

西周早中期北方地区发现的马纹装饰数量也很少，但是种类和风格比较统一，都是在工具武器的柄部装饰马首，燕山北麓区朝阳地区采集2件装饰有马首的觿形器（图6.1-7，10），燕山南麓区北京昌平白浮西周墓中出土柄部装饰马首的短剑（图6.1-7，11）。虽然这一时期发现的马纹数量少，但装饰器物种类和装饰风格基本一致。

北方地区马纹装饰大量出现于西周晚期至春秋早期燕山北麓区的夏家店上层文化中，在容器、工具武器和装饰品中都存在马纹装饰。宁城南山根M101出土1件双联罐，盖上和腹部外侧都有立马形装饰（图2.1-1，7）。这个时期刀剑柄部的马纹装饰较多，主要有三种，第一种与西周早中期一样，刀剑柄首装饰马首（图6.1-7，12），但铜刀柄部出现了相对马首（图6.1-7，9）；第二种柄首为立马造型（图6.1-7，8）；第三种柄部装饰排列的马纹形象，既有伫立的马形象（图6.1-7，4、6、7），也有蹲踞的马形象（图6.1-7，5）。装饰品中马纹形象也比较多，既有大量的单体马形饰件（图6.1-7，16、17），也有四马首形象的饰牌（图6.1-7，15）。另外在夏家店上层文化中还发现骑马追动物形象的铜环（图6.1-7，13）和驾马车狩猎场景的刻纹骨板（图6.1-7，14），说明在这一时期马不仅已经用来驾车，而且已经用于骑乘，马对于社会的作用已经非常重要，人们也非常喜爱在艺术中广泛使用马纹装饰。

春秋中期至战国早期，北方地区马纹装饰的使用更加广泛，其中燕山南麓区的玉皇庙文化最为发达，铜剑、马镳和装饰品上都有马纹装饰。玉皇庙文化动物纹装饰直刃青铜短剑非常发达，但马纹装饰短剑数量不多，YYM145∶2剑首镂刻上下左右对称的四匹奔马纹（图6.1-7，18）；马镳上

---

① 山西省考古研究所：《灵石旌介商墓》，科学出版社，2006年，第30页，图29。

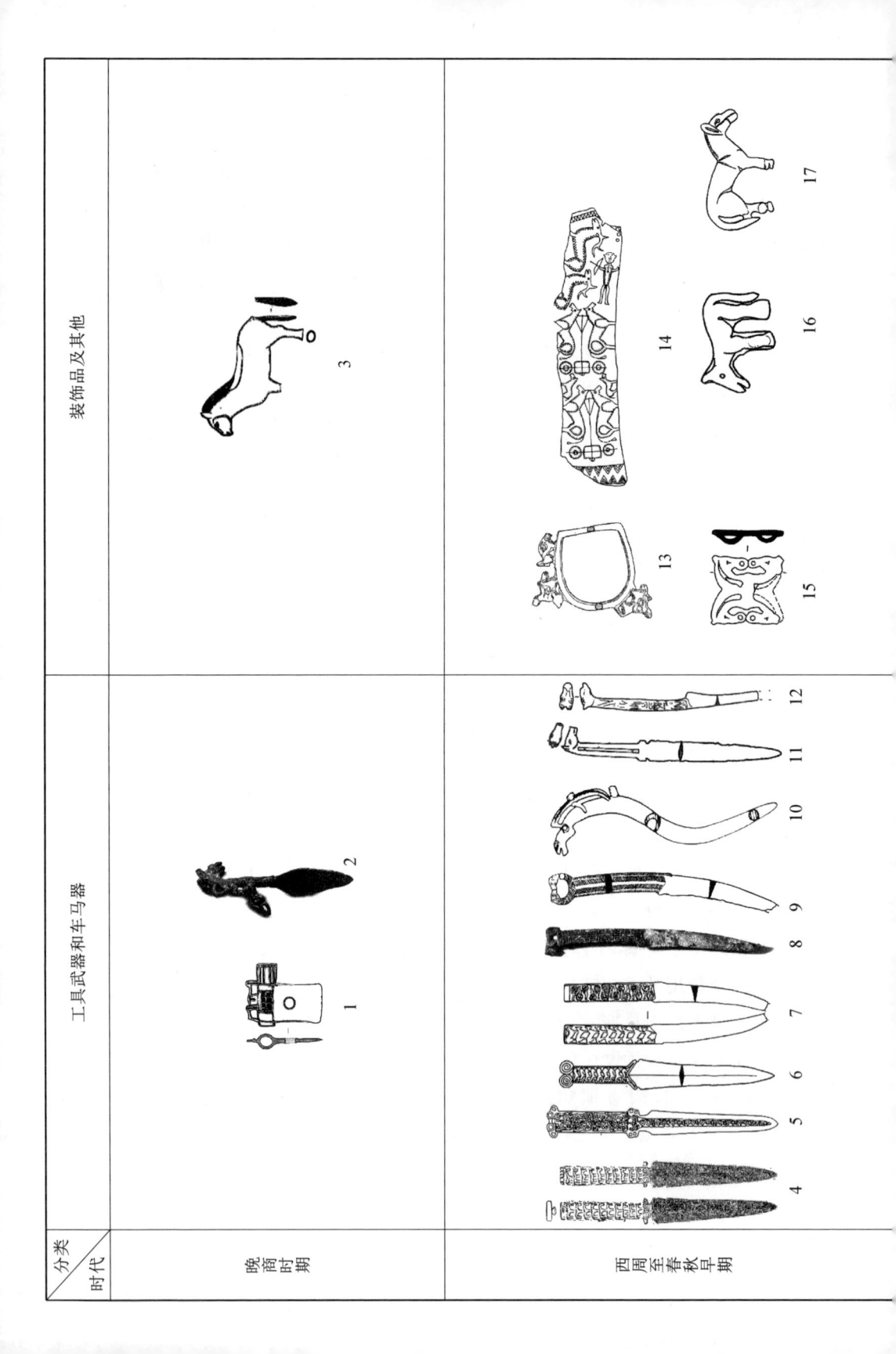

分类	装饰品及其他	工具武器和车马器
时代		
晚商时期	3	1　2
西周至春秋早期	13　14　15　16　17	4　5　6　7　8　9　10　11　12

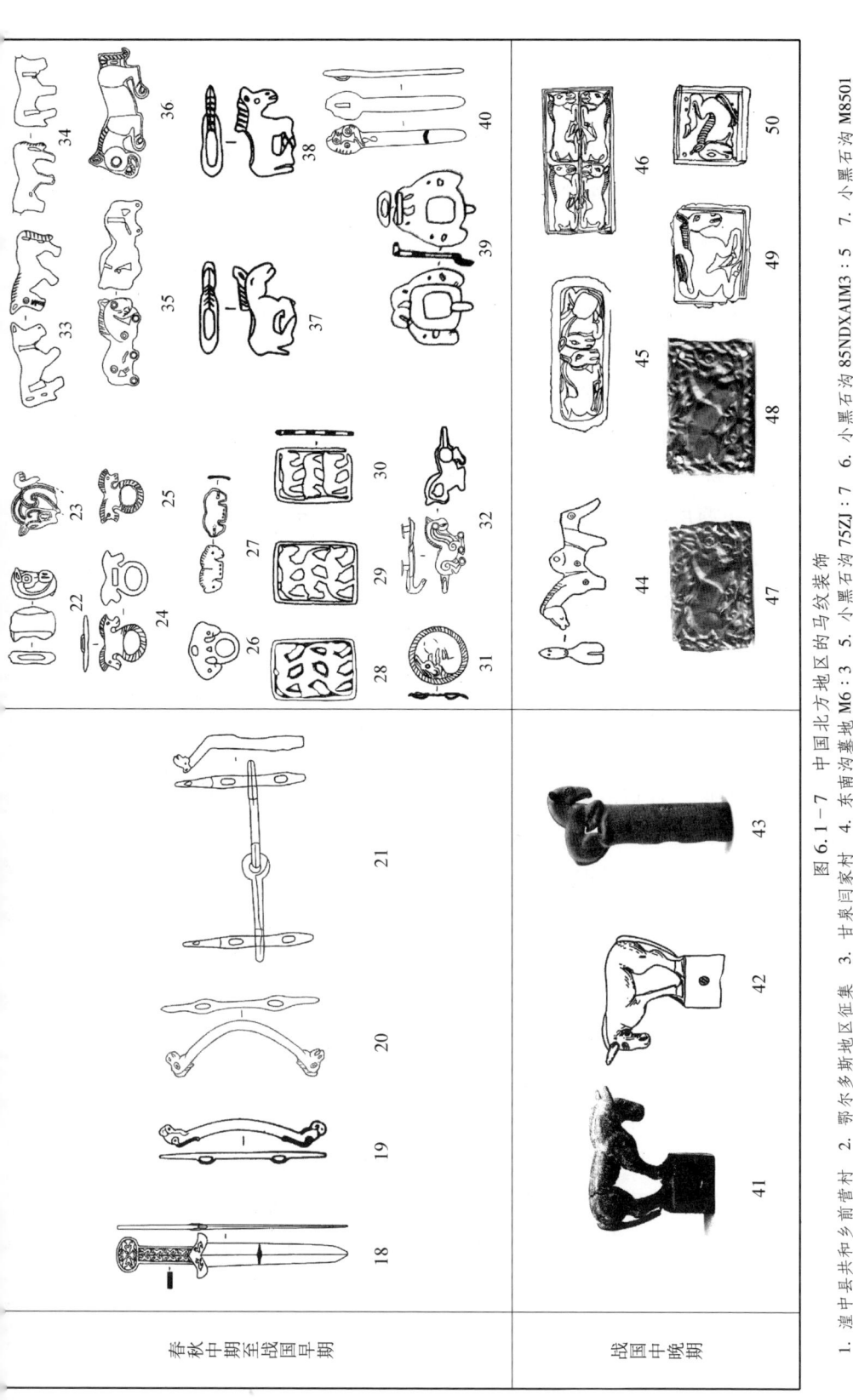

图 6.1-7 中国北方地区的马纹装饰

1. 漥中县共和乡前营村 2. 鄂尔多斯地区征集 3. 甘泉阎家沟 4. 东南沟墓地 M6:3 5. 小黑石沟 75ZJ:7 6. 小黑石沟 85NDXAIM3:5 7. 南山根 M102 8. 宁城征集 9. 小黑石沟 M8501:85 10. 朝阳地区采集 11. 昌平白浮墓地 M3:2 12. 敖汉旗热水汤 13. 南山根 M102 14. 玉皇庙墓地 15. 小黑石沟 92NDXAIM1:1 16,17. 小黑石沟 85NDXAIM3:18. 玉皇庙墓地 YYM145:2 19. 甘子堡墓地 M5:8 20. 涞源苏家沟 21,24,25,32—35,37,38,40. 玉皇庙墓地 22. 玉皇庙墓地 YYM32 23. 于家庄墓地 YYM78:1 41,42. 玉隆大墓地 43. 桃红巴拉墓地 M5:7 29,30. 西岗墓地 31. 玉皇庙墓地 M36:5 36. 龙庆峡别墅区墓地 39. 柴涛岗墓地 YYM78:1 41,42. 玉隆大墓地 43. 桃红巴拉墓地 44. 固原西郑郭庄村 45,46,49,50. 西沟畔墓地 47,48. 马家塬墓地

春秋中期至战国早期

战国中晚期

主要装饰马首的形象（图6.1-7，19—21）；马纹饰牌数量最多，目前已经发现近2 000件，主要分为站立的马形象（图6.1-7，33、34）、前蹄叠于后蹄俯卧的马形象（图6.1-7，37、38）和四肢均向前屈俯卧的马形象（图6.1-7，35、36）。此外，还有单马首（图6.1-7，22、23）、双马首（图6.1-7，24、25）、回首马纹（图6.1-7，40）、卷曲马纹（图6.1-7，31）饰件以及马形带钩（图6.1-7，32），马纹饰件种类非常繁多。另外，在河西走廊的沙井文化中也发现有双马首饰件（图6.1-7，26、27）和马纹装饰的带扣（图6.1-7，39）以及三马纹的长方形饰牌（图6.1-7，29、30），这种饰牌有长方形边框，内有三层伫马纹，中间一层与上下两层马头方向相反，在鄂尔多斯高原区也有发现（图6.1-7，28）。总体看来，这个时期，马纹分布范围较为广泛，而且马纹饰件非常发达，种类和数量极其丰富。

战国中期以后，马纹装饰分布相对集中，主要出现于鄂尔多斯高原区和甘宁区两地。装饰风格主要有三种，第一种是立体的杆头饰，均出自鄂尔多斯高原区，马低头下视，耳前伸，马鬃工整，尾下垂（图6.1-7，41、42）；第二种是立体马饰件，均出自固原西郊，马作伫立状，嘴、眼、鬃均可见，背似有鞍（图6.1-7，44）；第三种是带边框的马纹饰牌，大多为金饰牌，长方形边框，边框内多是俯卧的单马、双马或对称的四马形象（图6.1-7，45—50）。其中立体的马形杆头饰是这个时期新出现的一种装饰风格，装饰的动物除了马之外还有鹿和羊等，类似的风格最早见于米努辛斯克盆地的塔加尔文化中（图5.2-1，5—7），或许是受其影响而出现的。

以上笔者对北方地区的马纹装饰进行了总结，北方地区最早的马纹装饰出现于晚商时期，这个时期各地的马纹装饰数量不多，而且风格也不统一，其中晋陕高原区的马纹装饰出自与中原文化关系密切的人群中。西周早中期马纹数量也较少，但风格相对统一，都是在工具武器柄部装饰马首，这个时期马可能主要是用来驾乘的，北方地区马作为骑乘工具的证据最早出现于西周晚期至春秋早期的燕山北麓区，这里的夏家店上层文化中有丰富的马纹装饰。春秋中期至战国早期，北方地区马纹装饰的使用更加广泛，尤其是马纹饰件数量和种类都达到了顶峰。战国中期以后，马纹装饰分布相对集中，题材种类也较少，其中立体马形杆头饰的装饰风格可能与境外的塔加尔文化有关。

　　马纹在新疆和境外的草原地区都有发现，但与鹿和羊等其他食草动物纹相比，各个文化中的马纹相对较少，与马在游牧文化中的地位并不相称，这一点说明马纹并不是草原游牧人群最为看重的装饰题材。但境外地区马纹出现非常早，公元前2千纪的森林草原地带，动物纹还没有广泛流行，塞伊玛—图尔宾诺遗存中就已经出现了成熟的马纹装饰。对于塞伊玛—图尔宾诺遗存的年代目前存在争论，早期的研究者认为塞伊玛—图尔宾诺遗存的主要流行年代在公元前16—公元前15世纪，形成的时间可能在公元前17世纪，并指出这类遗存从传布到消失不超过200年①；新公布的碳十四数据将其年代定在公元前22—公元前18或17世纪之间②。根据新近的研究，其绝对年代范围则可能在公元前1800—公元前1400年之间③。但无论如何，塞伊玛—图尔宾诺的马纹装饰都是草原地区年代最早的。这种马纹都出现在铜刀的柄首，均为伫立式（图6.1-8，1、2），其中有1件还展现了人拉缰绳的形象（图6.1-8，3），表明这里的马毫无疑问是家养的。遗憾的是，之后草原地区的马纹并没有直接延续塞伊玛—图尔宾诺的马纹装饰风格。因此，从目前的情况看，虽然中国的马可能来自西部草原，但没有任何证据表明马纹装饰也来源于西部草原。最有可能是中国北方人群创造了自己的马纹装饰艺术，并在后期的发展过程中接受了来自境外草原的影响。

---

　　① 切尔内赫、库兹明内赫：《欧亚大陆北部的古代冶金：塞伊玛—图尔宾诺现象》，中华书局，2010年，第190—194页。
　　② Chernykh Evgenii, "Ancient Metallurgy of Northeast Asia: From the Ural to the Saiano-Altai", *Metallurgy in the Ancient Eastern Eurasia From the Ural to the Yellow River*, Katheryn M. Linduff edited. New York, 2004, pp. 25-30；切尔内赫：《欧亚大陆草原带畜牧文化的形成过程》，《欧亚大陆北部的古代冶金：塞伊玛—图尔宾诺现象》附文一，中华书局，2010年，第251—268页。
　　③ 杨建华、邵会秋、潘玲：《欧亚草原东部的金属之路》，上海古籍出版社，2016年，第83—85页。

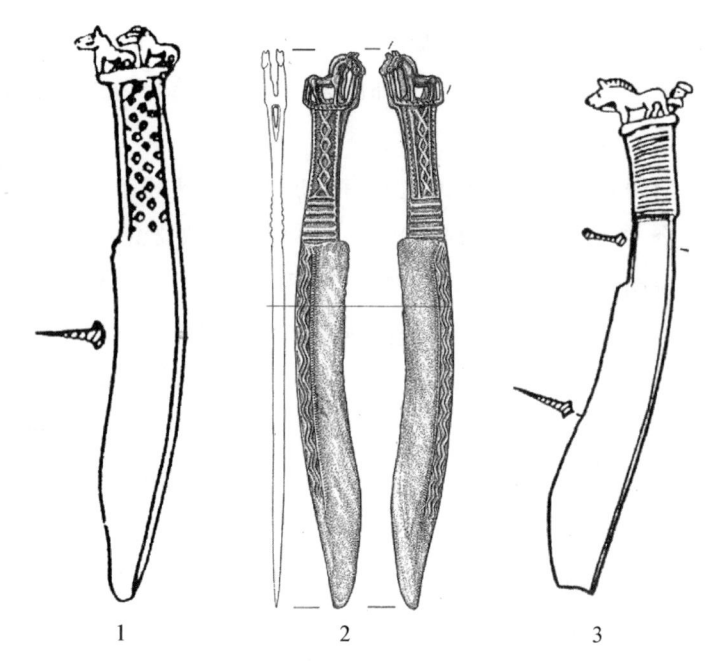

图 6.1-8 塞伊玛—图尔宾诺遗存中的马纹装饰
1. 塞伊玛墓地　2. 鄂木斯克窖藏　3. 罗斯托夫卡墓地

五、羊纹装饰

羊是古代人群最常见的一种食草动物，羊的品种较多，因此在各种环境中都能够找到适宜于本土的羊种。在西亚地区羊很早就被驯化了，然后向欧亚各地传播[①]。羊的产乳量高，繁殖率也很高，可以在遭受重大损失后迅速恢复牲畜的数量，这对气候恶劣地区的游牧人群来说非常重要，因此羊是草原畜牧经济中最重要的牲畜之一。除了被驯化的羊外，自然界中还有大量的野山羊，这些都是北方人群艺术中重要的装饰题材。

中国北方地区最早的羊纹装饰出现于河西走廊地区和燕山南麓区，目前只发现 2 件，年代相当于中原的早商时期。河西走廊地区火烧沟墓地出土 1

---

① 杨建华：《两河流域：从农业村落走向城邦国家》，科学出版社，2014 年，第 65—70 页。

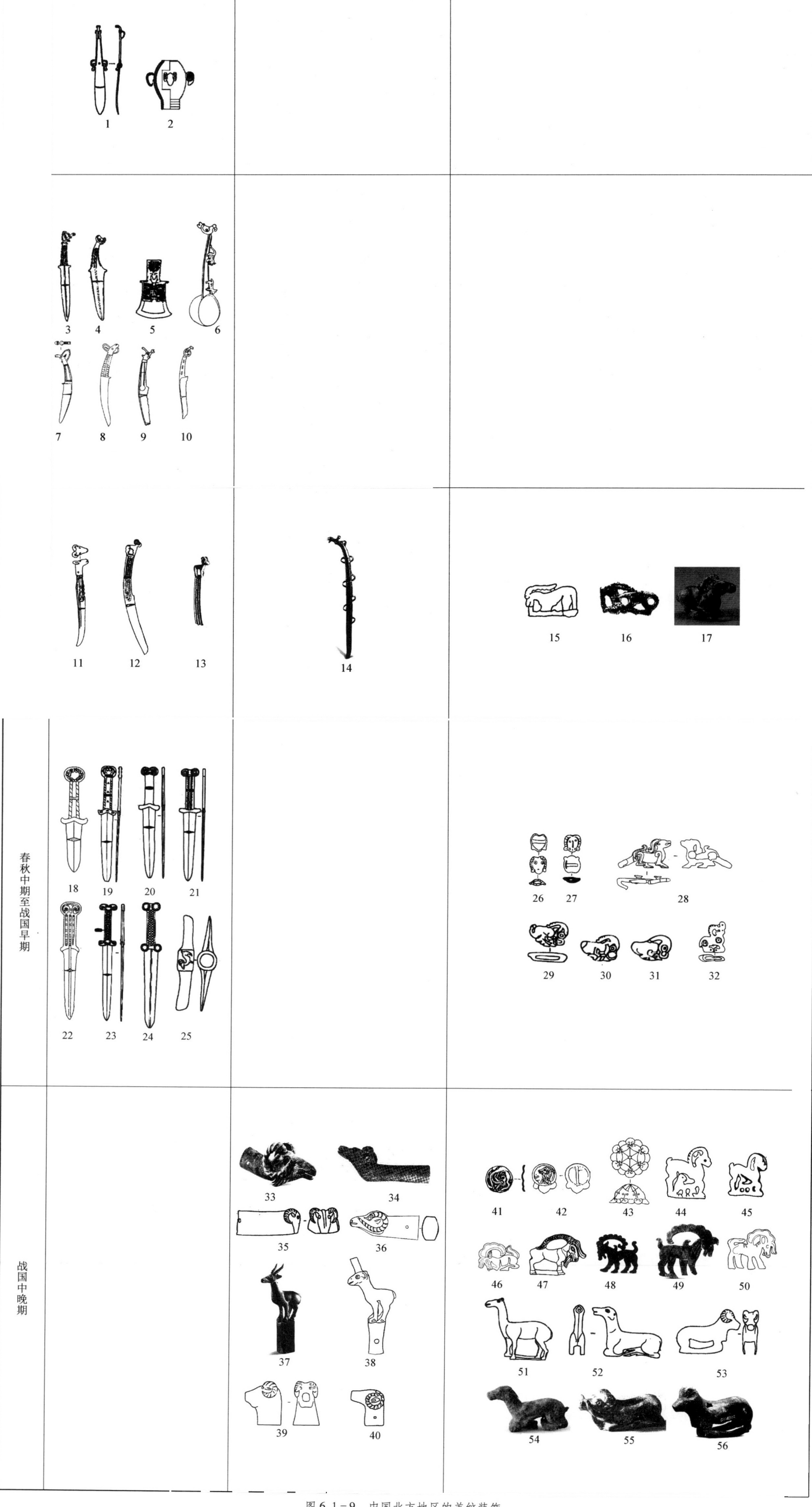

图 6.1-9 中国北方地区的羊纹装饰

1. 藁城台西遗址 2. 甘肃火烧沟墓地 3. 张北遗址 4、7. 青龙抄道沟 5. 甘泉同家沟 6. 清涧解家沟 8. 绥德墕头村 9. 建平二十家子 10. 灵石旌介 11. 敖汉旗大哈巴齐拉 M1 12. 北京市征集 13. 鄂尔多斯 58.3.153 14. 鄂尔多斯蓿亥树湾征集 15. 南山根 M101∶65 16. 南山根 M101∶66 17. 宁城小城子郎苏台 18. 玉皇庙 YYM175∶2 19. 玉皇庙 YYM156∶2 20. 玉皇庙 YYM151∶2 21. 玉皇庙 YYM179∶2 22. 小白阳 M30∶13 23. 玉皇庙 YYM250∶7 24. 葫芦沟 YHM10∶2 25. 庆阳镇原县庙梁村 26. 龙庆峡别墅区 M36∶19 27. 玉皇庙 YYM300∶13 28. 玉皇庙 YYM229∶2 29—31. 玉皇庙 YYM227∶11 32. 玉皇庙 YYM13∶17 33. 准格尔旗玉隆太 34. 内蒙古速机沟 35. 马庄 IIIM4 36. 石灰沟墓地 37. 玉隆太 2245∶1 38. 玉隆太 2265∶1 39. 马庄 IIIM4 40. 店洼村 41. 阿鲁柴登墓地 42. 纳林高兔墓葬 43. 石灰沟墓地 44. 崔汗山地区 45.《内蒙古·长城地带》收录 46、49、50. 清水刘坪 47. 彭阳县张街村 48. 马庄墓地 51. 甘肃秦安县千户公社 52. 固原撒门村 M1 53、56. 马庄墓地 54. 马家塬墓地 M9∶1 55. 瓦尔吐沟墓地

件四羊首权杖首，外形极似一细颈的小壶，中空，器物下端位置饰四道凹弦纹，腹中部偏下对称地铸有四个盘角的羊头（图6.1-9，2）。这件四羊首权杖首属于四坝文化，该文化与境外草原地区联系非常紧密①，而且权杖首这种具有特殊功能的器具不是华夏文明固有的文化特质，应属外来因素②，因此笔者推测四羊首权杖首可能源自西方草原地区。另外一件为燕山以南藁城台西遗址出土的羊首铜匕，这件铜匕器身呈柳叶形，两侧各饰一半环状钮，钮上各系一环，柄作羊首形（图6.1-9，1）。藁城台西遗址属于商文化的北方类型，该遗址出土了一定数量具有北方文化特色的青铜器，这件羊首匕柄作羊首形，以食草动物作为兽首装饰，很可能是商周北方青铜器兽首的创作源头③。台西遗址地处中原商文化和北方长城地带之间，这种非商因素突显出它在北方系青铜器兴起中的重要作用。从以上分析看，早商时期属于动物纹装饰的萌芽阶段，北方地区并没有形成具有自身特色的动物纹装饰风格，所有的动物纹装饰都与北方之外的草原或南部商文化关系密切。

晚商时期，羊首装饰较为发达，但基本都装饰在工具武器上，数量最多的是刀剑柄首的羊首装饰（图6.1-9，3、4、7—10），这些刀剑均为弯柄，具有明显的时代特征。羊首装饰是这个时代北方地区最流行的动物纹装饰，除了刀剑外，在铜勺的柄部（图6.1-9，6）和铜钺（图6.1-9，5）上也都有羊首装饰，而这些器物大多出自与中原文化邻近的燕山南麓区和晋陕高原区，这种羊首装饰很可能是在藁城台西铜匕羊首装饰的基础上发展起来的（图6.1-10）。

西周至春秋早期，羊首装饰依然存在，主要出现在刀柄上（图6.1-9，11）和马镳首部（图6.1-9，14），但数量大大减少，逐渐被新出现的一种立羊装饰所取代。西周晚期至春秋早期刀柄上开始装饰完整的立羊形象（图6.1-9，12、13），此外这个时期还新出现了羊形饰牌（图6.1-9，15、16）和立体羊形饰件（图6.1-9，17），表明羊纹已经在装饰品中广泛流行。

---

① 杨建华、邵会秋：《中国早期铜器的起源》，《西域研究》2012年第3期。
② 李水城：《权杖头：古丝绸之路早期文化交流的重要见证》，《中国社会科学院古代文明研究中心通讯》第4期，2002年。
③ 杨建华、邵会秋、潘玲：《欧亚草原东部的金属之路》，上海古籍出版社，2016年，第137页。

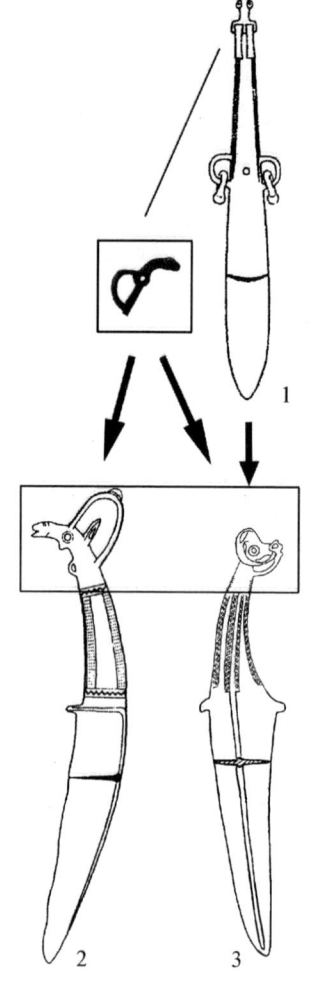

图 6.1-10　晚商时期羊首来源示意图
1. 藁城台西　2. 绥德墕头村　3. 青龙抄道沟

　　春秋中期至战国早期，羊纹装饰主要集中出自燕山南麓区的玉皇庙文化。这个时期的羊纹装饰分为两类，一类是铜剑柄部饰羊角形或对羊的形象，数量非常多，但大多比较抽象（图6.1-9，18—24）；另一类是羊形饰牌，数量也非常多，羊均为蹲踞状，有的昂首引颈，吻部向上，羊角弯转成半圆形（图6.1-9，32），有的垂首，前肢直立，后肢斜前屈（图6.1-9，

29—31)。此外，玉皇庙文化中还出土有羊首形饰件（图6.1-9，26、27）和羊形带钩（图6.1-9，28）。甘肃庆阳镇原县庙渠村墓葬还出土了1件有銎战斧①，銎两面铸有凸起的大角羊纹饰，已有的研究认为，这件战斧年代属于战国早期②，从羊纹风格上看，这件战斧上的羊纹装饰与这个时期其他羊纹差异非常明显，而与下个时期的羊纹装饰有相似之处，因此这件鹤嘴斧可能比这个时期的其他羊纹年代要晚。整体看来，春秋中期至战国早期，羊纹基本上继承了前一阶段燕山北麓区的部分装饰风格，但同时也发展出自身特点。

战国中期以后，羊纹装饰风格发生了较大变化，分布中心也由燕山南北转向了鄂尔多斯高原区、甘宁区以及河西走廊地区。这时期一个重要的特点就是立体羊纹装饰非常发达，一种是车饰，包括立体的羊首杆头饰（图6.1-9，39、40）、羊形杆头饰（图6.1-9，37、38）和羊首车辕饰（图6.1-9，33—36）；另一种是立体的羊形饰件，既有伫立式的（图6.1-9，51），也有蹲踞式的（图6.1-9，52—56）。另外一个特点是流行北山羊造型的平面饰牌，大多数为金箔或银箔剪成北山羊形，整体呈伫立或行走状，羊角上卷至背部（图6.1-9，47—50），也有部分为蹲踞式的北山羊饰件（图6.1-9，46）。除了这两种最流行的羊纹装饰外，还有蜷缩成圆形的羊纹装饰（图6.1-9，41、42）、表现六羊聚首的圆盘形饰件（图6.1-9，43）以及表现羔羊哺乳场景的饰牌（图6.1-9，44、45）。

总体看来，中国北方地区羊纹装饰出现较早，早商时期已经出现了最早的羊首装饰，但早商时期的羊首装饰来源不同，其中藁城台西的羊首匕可能是晚商时期北方地区流行的羊首装饰工具武器的创作源头。西周至春秋早期羊首装饰继续流行，但新出现了立羊装饰和羊形饰牌。春秋中期至战国早期，羊纹主要集中在燕山南麓区的玉皇庙文化中，主要流行蹲踞的羊形饰牌和与羊角装饰相关的铜剑。战国中期以后，羊纹装饰发生了较大变化，新出现了立体的羊首或羊形车饰以及立体的羊形饰件，北山羊造型的平面饰牌也开始大量流行。

---

① 刘得祯、许俊臣：《甘肃庆阳春秋战国墓葬的清理》，《考古》1988年第5期，图八，5。
② 张文立：《"鹤嘴斧"的类型、年代与起源》，《边疆考古研究（第2辑）》，科学出版社，2003年。

新疆地区和境外草原地区早期铁器时代羊纹装饰也非常流行，但都是在公元前1千纪之后，因此笔者认为中国北方羊纹装饰最早并不是起源于其他地区，而是兴起于中原商文化和北方之间的地区。但在羊纹的发展过程中存在一定的外来影响，从北方地区的情况看，这种外来影响主要表现为两种风格的羊纹装饰。

第一种是立体杆头饰和羊形饰件，这种立体羊形装饰是米努辛斯克盆地非常具有特色的一类动物装饰艺术。这种装饰在很多器物上都有体现，其中在柲帽这类器物上最为常见，一般在其顶端多装饰有四肢并拢站立的大角羊形象，整体显得瘦长，这些大角羊均呈站立状，羊角发达向后弯曲，羊的眼睛均用多重圆圈来表示，而羊尾非常短（图6.1-11，1—4）。与之共存的还有一类数量非常多的带銎孔的工具，在其顶端的边缘连续装饰有若干个大角羊，羊头部平视，吻部略长，羊角向后卷曲，羊身肥硕（图6.1-11，5、6）。此外，这类独立的羊形象在鹤嘴斧（图6.1-11，7）、剑柄、刀柄以及铜镜的柄部均有发现，而且在米努辛斯克盆地的早期铁器时代一直都流行。这种风格在中国北方地区出现的时间较晚，相当于战国中晚期，境外蒙古地区也有这种风格的动物饰件①，其年代也应在战国以后。米努辛斯克盆地出土的这种立羊装饰不仅数量多、年代早，流传也非常广。更早的立兽装饰还出现在与米努辛斯克毗邻的图瓦阿尔然一号王冢中（图5.2-3，2—5），因此笔者推测中国北方地区的这种装饰风格很可能是从米努辛斯克盆地和图瓦等地传来的。

第二种是平面的北山羊饰件。这种饰件在北方地区主要流行于战国中期以后，在甘宁区的马家塬墓地和清水刘坪墓地数量最多（图6.1-9，48、49）。与这种北山羊金银箔饰件形象和风格最为接近的居然是阿尔泰山最南部阿克—阿拉哈墓地出土的毛毡②和拜勒尔墓地出土的马鞍上的北山羊装饰③（图

---

① Collections of the Purevjiav Erdenechuluun, *The Sword of Heaven*: *Culture of Bronze Artifacts of the Bronze Age and Hunnu Empire*, Ulaanbaatar, 2011.

② Полосъмак Н. В. Стерегущие золото грифы. Российская Академия наука. - Новосибирск, 1994.

③ Samashev, Zainolla S. "Culture of the Nomadic Elite of Kazakhstan's Altai Region（Based on Materials from the Berel Necropolis）", *Of Gold and Grass*: *Nomads of Kazakhstan*, Foundation for Arts and Education, 2006, pp.35-44.

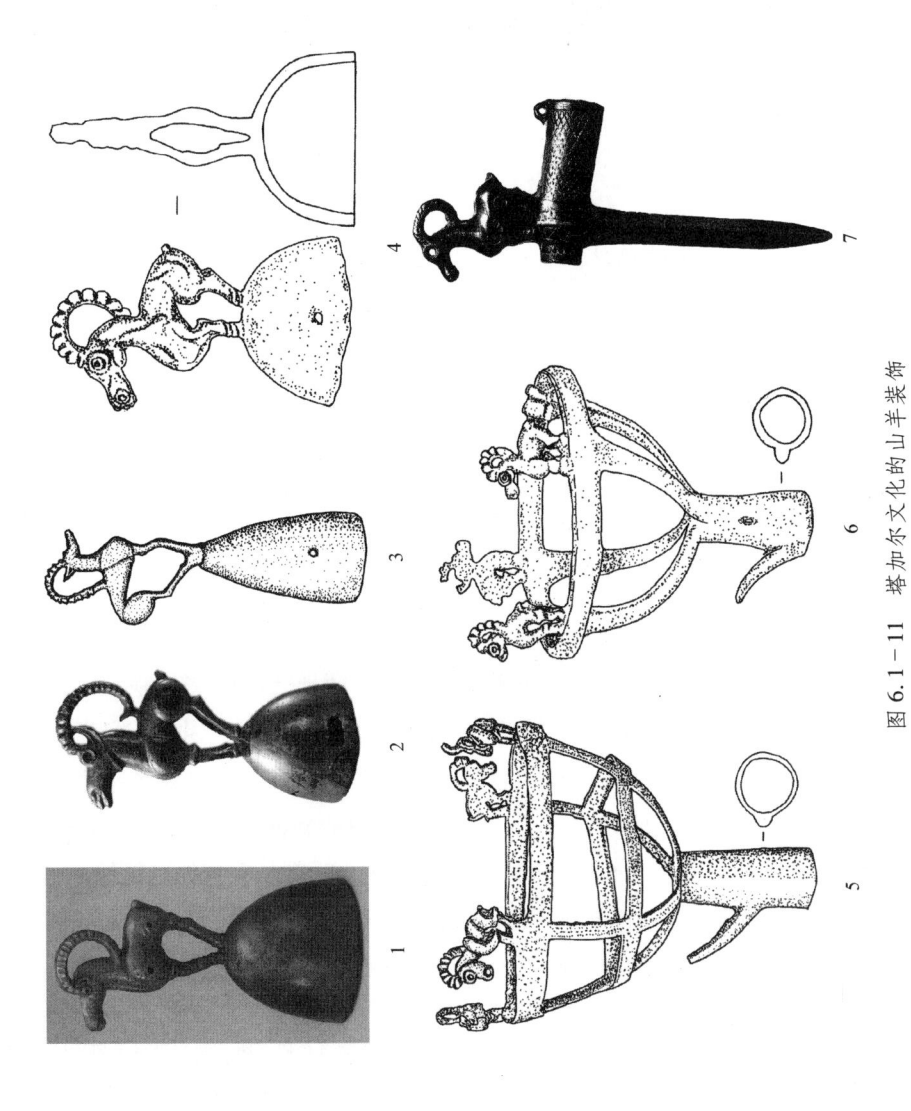

图 6.1–11 塔加尔文化的山羊装饰

1、2. 克里斯诺亚尔斯克 3—6. 别拉亚加一号墓地

第六章 中国北方地区商周时期动物纹装饰综合研究

图 6.1-12　新疆和境外草原的北山羊装饰
1. 伊塞克古冢　2. 伊犁新源　3. 哈密拜其尔
4. 阿尔泰阿克—阿拉哈墓地　5. 阿尔泰拜勒尔墓地(Berel)

6.1-12，4、5)，二者如此相似让笔者不得不思考两地之间的文化联系。北山羊装饰是天山七河地区最具特色的装饰（图6.1-12，1），因此，阿克—阿拉哈墓地和北方甘宁区的这种动物装饰很可能都是受天山七河地区文化的影响。在这中间也有一些联系的证据，在天山北麓的新源县（图6.1-12，2）①、伊犁特克斯县叶什克列克墓葬（青铜镜）②、哈密（采集的青铜镜）③以及伊吾县拜其尔墓地④（图6.1-12，3）都出土有类似形制的北山羊形象装饰。对于从七河到甘宁地区的联系已有学者进行过专门的讨论，这种联系

---

① 新疆维吾尔自治区文物事业管理局、新疆维吾尔自治区文物考古研究所、新疆维吾尔自治区博物馆等：《新疆文物古迹大观》，新疆美术摄影出版社，1999年。
② 新疆文物考古研究所、伊犁州文物管理所：《特克斯县叶什克列克墓葬发掘简报》，《新疆文物》2005年第3期。
③ 《哈密文物志》编纂组：《哈密文物志》，新疆人民出版社，1993年，封面1。
④ 托乎提·吐拉洪：《新疆伊吾县拜其尔墓地进行抢救性考古发掘》，《中国文物报》2005年2月4日第1版。

标志着新疆天山通道的开启,也是后来丝绸之路开通的重要基础①。

综合以上分析,笔者认为中国北方地区的羊纹装饰兴起于中原商文化和北方之间的地区,并在此基础上发展出具有自身特色的羊纹装饰,在战国中晚期受到境外草原地区的影响,出现来自米努辛斯克盆地的立体羊形饰和来自天山七河的平面北山羊饰件。

六、鸟纹装饰

这里所指的鸟纹泛指飞禽装饰,包括的种类较多,通常都表现出鸟喙,有时也会表现出翅膀。这类装饰是中国北方地区一种重要的动物纹装饰题材。

从目前的材料看,北方地区鸟纹装饰出现的年代较晚,在商时期并未发现。西周中期的燕山南麓区昌平白浮墓葬中出土了 2 件鸟首形装饰的刀剑,柄首均为鹰头(图 6.1-13,1、2),另外在鄂尔多斯地区也征集 1 件类似形制的铜刀(图 6.1-13,3)。昌平白浮墓葬的文化属性目前还存在争议,有人认为它属于燕文化中的商遗民②,也有人认为它同与中原文化关系密切的北方土著张家园上层文化有关③,但无论如何,这两种观点都认为白浮墓葬与中原文化关系密切,同时也出现很多非中原的文化因素。所以鸟纹装饰最早出现于西周时期,最典型的是工具武器上的鸟首装饰。

西周晚期和春秋早期,鸟纹装饰在燕山北麓区得到快速发展,在工具武器和容器上都流行成排的鸟纹装饰(图 6.1-13,4—8),之前的单鸟首装饰已经基本不见,但小黑石沟 75ZJ 出土了 1 件精美的铜剑,剑首部为鸟首相向的双鸟纹,鸟目与鸟耳为镂孔,双鸟耳部左右凸出(图 6.1-13,7)。除了成排的鸟形装饰外,还出现了鸟形坠饰和展现多个鸟首形的饰件(图 6.1-13,13),鸟形坠饰表现的是展翅飞翔的鸟形象,鸟身有明显装饰,翅膀及尾部饰有斜线及网格纹,头部偏向一侧,双脚后伸(图 6.1-

---

① 杨建华:《张家川墓葬草原因素寻踪——天山通道的开启》,《西域研究》2010 年第 4 期。
② 杨建华:《燕山南北商周之际青铜器遗存的分群研究》,《考古学报》2002 年第 2 期。
③ 乌恩岳斯图:《北方草原考古学文化研究——青铜时代至早期铁器时代》,科学出版社,2007 年,第 252—276 页。

分类\时代	容器和工具武器	车马器	装饰品及其他
西周早中期	1, 2, 3		
西周晚期至春秋早期	4, 5, 6, 7, 8, 9	10	11, 12, 13, 14, 15

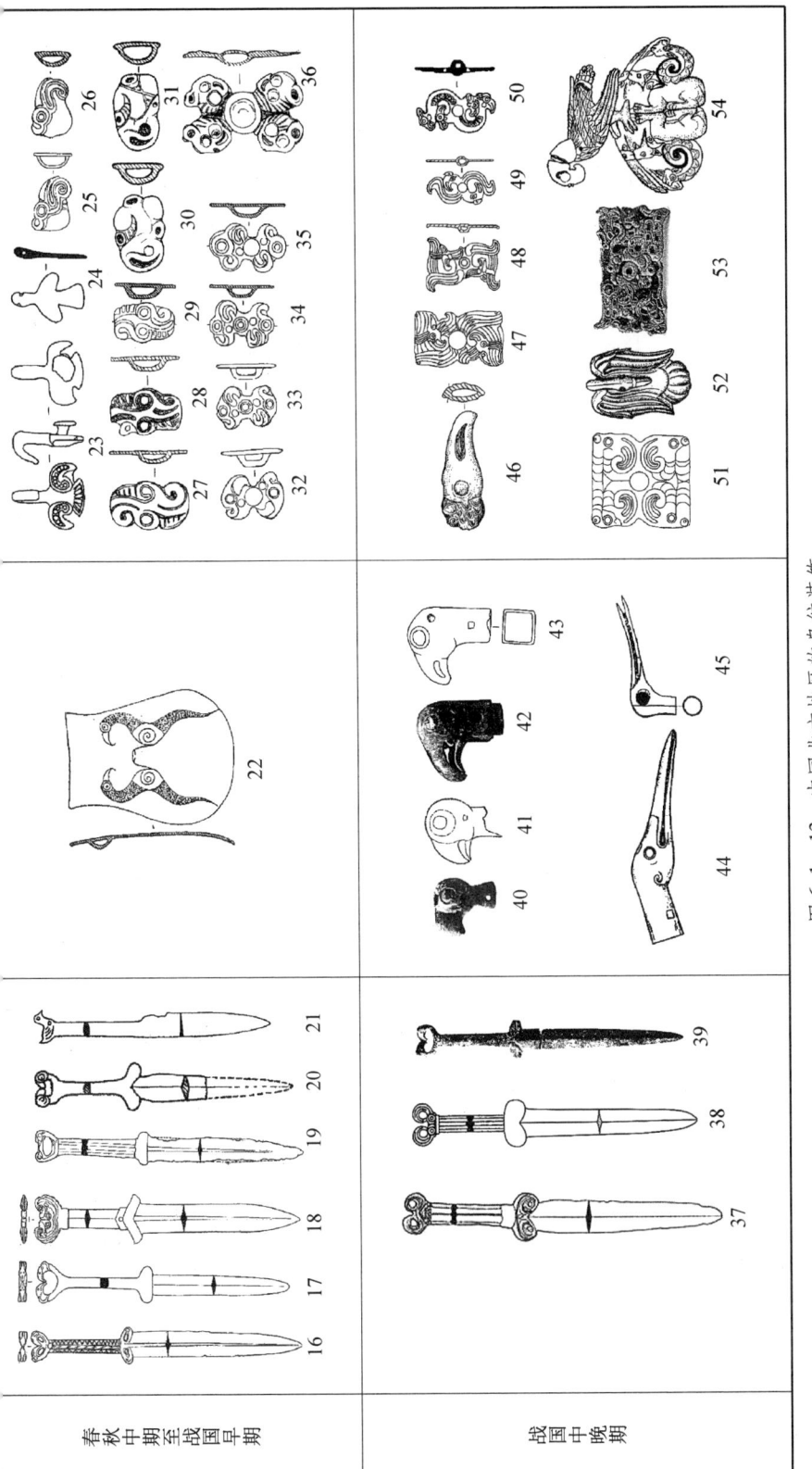

图 6.1-13 中国北方地区的鸟纹表饰

1. 昌平白浮 M3：22-1　2. 昌平白浮 M2：40　3. 鄂尔多斯 E·116　4. 小黑石沟 M8501　5. 小黑石沟 M9601　6. 天巨泉 M7301：4　7. 小黑石沟75ZJ：7
8. 建平采集　9. 鄂尔多斯 E·137　10. 小黑石沟 M9601　11. 宁城南山根 M4　12. 小黑石沟 M9601　13. 85NDXAIM3：18　14. 大通县黄家寨墓地
15. 喀源县巴燕峡　16,18,19,27,28,30,31,36. 毛庆沟墓地　17. 杭锦旗公苏濠 M1：5　20. 宁夏中宁　21. 甘宁县青铜短剑墓 M2：6
22. 中宁县青铜短剑墓 M2：6　23. 玉皇庙墓地 YYM229：2　24. 玉皇庙墓地　25,26,29,34,35. 彭阳王大户墓地 M1　44. 速机沟墓地　37. 神木老龙池　38. 北辛堡墓地　39. 马庄墓地
40. 永登榆树沟墓地　41,42. 杨郎王大户墓地 M1　43. 彭阳王大户墓地 M1　44. 速机沟墓地　45. 西沟畔墓地 M2：72　46. 西沟畔墓地　47-49. 清水刘坪墓地
50. 宁县平子乡袁家村　51. 清水刘坪乡袁家村　52. 西沟畔墓地　53. 马家源墓地　54. 阿鲁柴登墓地

春秋中期至战国早期

战国中晚期

13、11、12），此外还有鸟形的节约（图6.1－13，10）。在北方其他地区这一时期鸟纹装饰较少，鄂尔多斯地区征集了1件成排的鸟纹装饰铜刀，但与燕山北麓区相比，鸟纹比较抽象（图6.1－13，9）；青海东北部的卡约文化中流行一种鸟形杖首，这是当地十分具有特色的鸟纹装饰（图6.1－13，14、15）。

与其他动物纹不一样的是，春秋中期至战国早期燕山南麓区中鸟纹装饰的数量很少，这与玉皇庙文化其他发达的动物纹相比形成了巨大的反差，目前这里仅发现刀柄上的鸟形装饰（图6.1－13，21）、鸟形带钩（图6.1－13，23）和坠饰（图6.1－13，24），这表明燕山南麓区的玉皇庙文化人群并不热衷于鸟纹装饰。这一时期鸟纹装饰最发达的是岱海地区，流行各种形制的鸟首饰件，既有单鸟首饰件（图6.1－13，25、26、30、31），也有双鸟首饰件（图6.1－13，27—29、32—35），还有四鸟首饰件（图6.1－13，36），其中双鸟首均上下相对，上下嘴部均朝向中间。这个时期的另一个特点是开始出现双鸟回首剑，这种铜剑柄首饰双鸟（或双鹰）回首的图案，主要分布于甘宁区、鄂尔多斯高原区和岱海地区。另外，在宁夏中宁县青铜短剑墓还出土了1件当卢①，正面饰一对鹰的图案（图6.1－13，22）。总体看来这个时期，岱海地区鸟纹装饰最为发达，流行各种鸟首形饰件，出现了双鸟回首剑。

战国中晚期，双鸟回首剑继续流行，但鸟首变得抽象（图6.1－13，37—39），分布范围向东到达了冀北地区，同时北方地区鸟纹装饰出现了一些新的特征。第一，流行鹰首和鹤首的杆头饰（图6.1－13，40—45）；第二，出现立体鸟形饰（图6.1－13，54）、展翅的鹤形饰件（图6.1－13，52）以及双鸟相斗（图6.1－13，53）和鸟蛇相斗（图6.1－4，9）纹的金饰牌；第三，鸟首装饰仍然非常流行，但双鸟首饰件中鸟首上下相对，鸟喙方向均向外（图6.1－13，48—50），还出现了方形或长方形的鸟首饰件（图6.1－13，47、51）。

以上梳理了北方地区鸟纹装饰的发展情况，北方地区鸟纹装饰出现的年

---

① 宁夏回族自治区博物馆考古队：《宁夏中宁县青铜短剑墓清理简报》，《考古》1987年第9期。

代较晚，西周早中期在刀剑的柄首流行鸟首装饰。西周晚期至春秋早期，鸟纹装饰主要分布于燕山北麓区，流行成排的鸟纹和鸟形坠饰，在青海东北部的卡约文化中则流行具有自身特色的鸟形权杖首。春秋中期至战国早期，鸟纹装饰最发达的是岱海地区，流行各种形制的鸟首装饰，同时甘宁区、鄂尔多斯高原区和岱海地区都广泛流行双鸟回首剑。到战国中晚期，双鸟回首剑继续流行，但鸟首变得较为抽象，鸟首饰件仍然流行，但形制发生一些改变，开始流行鹰首和鹤首的杆头饰、立体鸟形饰和双鸟相斗及鸟蛇相斗纹的饰牌。

境外地区的鸟纹装饰也比较发达，尤其是在斯基泰文化和巴泽雷克文化中都流行一种鸟首的格里芬造型。境外草原地区的鸟纹装饰与北方地区早期的鸟纹差异较大，二者可能不存在直接的渊源关系；但中国北方地区春秋中晚期以后流行的两种鸟纹装饰可能与境外草原地区存在联系。

第一种是双鸟回首剑，这类短剑在中国北方地区和境外草原地区都是非常重要的一类青铜武器。在中国北方文化带形成的早、中、晚三期，双鸟回首剑的分布范围存在不同，在早期，只有最西边的甘宁区有双鸟回首剑；在中期，甘宁区、鄂尔多斯高原区和岱海地区都开始流行双鸟回首剑；在中期结束的时候，这种剑传到了东段的燕山南麓区①。将欧亚草原的这种剑与中国北方的进行比较会发现，这种剑越向东或者年代越晚装饰越简化（图6.1-14）。从目前的发现看，双鸟回首剑在北方草原分布得很广，欧洲与西伯利亚交界的乌拉尔地区②、南西伯利亚③及米努辛斯克盆地、北部的克拉斯诺亚尔斯克和蒙古都有发现④，而且数量从西向东呈递减之势。在哈萨克斯坦和南西伯利亚发现的双鸟回首剑最为精致，剑柄和剑格上都有精美的纹饰，代表了这种剑最发达的时期。因此我国北方的双鸟回首剑只是这种剑分布的东南端，应是受其影响的结果。

---

① 杨建华：《春秋战国时期中国北方文化带的形成》，文物出版社，2004年。

② Исмагилов Р. Б. Приуральские акинаки с навершием в виде ушастого грифона и хищного // Российская археология. -1980. -№1.

③ Minns E. H., *Scythians and Greeks*, Cambridge University Press, 1919. 转自杜正胜：《欧亚草原动物文饰与中国古代北方民族之考察》，《中研院史语所集刊》第六十四本第二分，1993年。

④ Jeannine Davis-Kimball, *Nomads of the Eurasian Steppes in the Early Iron Age*, Zinat Press, Berkeley, CA, 1995.

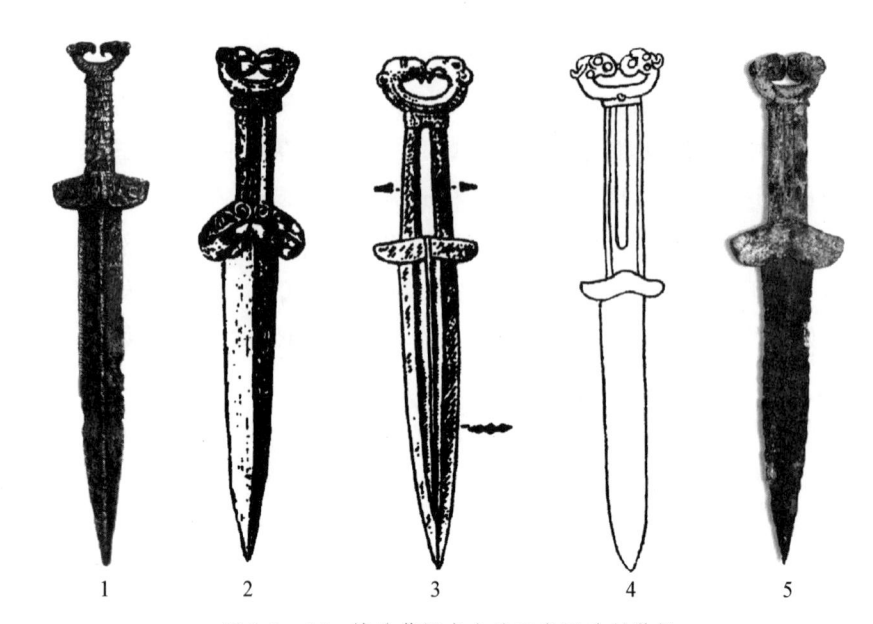

图 6.1-14 境外草原出土的双鸟回首剑举例
1、5. 哈萨克斯坦 2. 南西伯利亚 3. 塔加尔文化 4. 乌兰固木

第二种是展翅造型的鸟饰件，中国北方地区主要见于鄂尔多斯高原区，年代在战国晚期（图6.1-15，5、6），类似风格也见于阿鲁柴登出土的立体金鸟饰件（图6.1-15，4）。而在阿尔泰地区的巴泽雷克文化中也有形制相似的鸟形饰件，造型上往往是低头、张翅、展尾，既有天鹅形的，也有格里芬形的（图6.1-15，1、2）。在彼得大帝的宝藏中也有一件类似造型的格里芬金饰牌，不同的是这件展翅的格里芬正抓着一只山羊（图6.1-15，3）。这种风格的鸟饰件在北方出现的时间比较晚，明显晚于阿尔泰巴泽雷克文化的同类器，虽然我们还无法确定这种风格器物的最早起源地，但从目前的情况看，中国北方的这种展翅的鸟形装饰很可能受到阿尔泰地区的影响。

因此，总体看来，中国北方地区鸟纹装饰有自身的发展脉络，但在发展过程中受到了境外草原，尤其是欧亚草原中部区巴泽雷克和塔加尔等文化的影响。

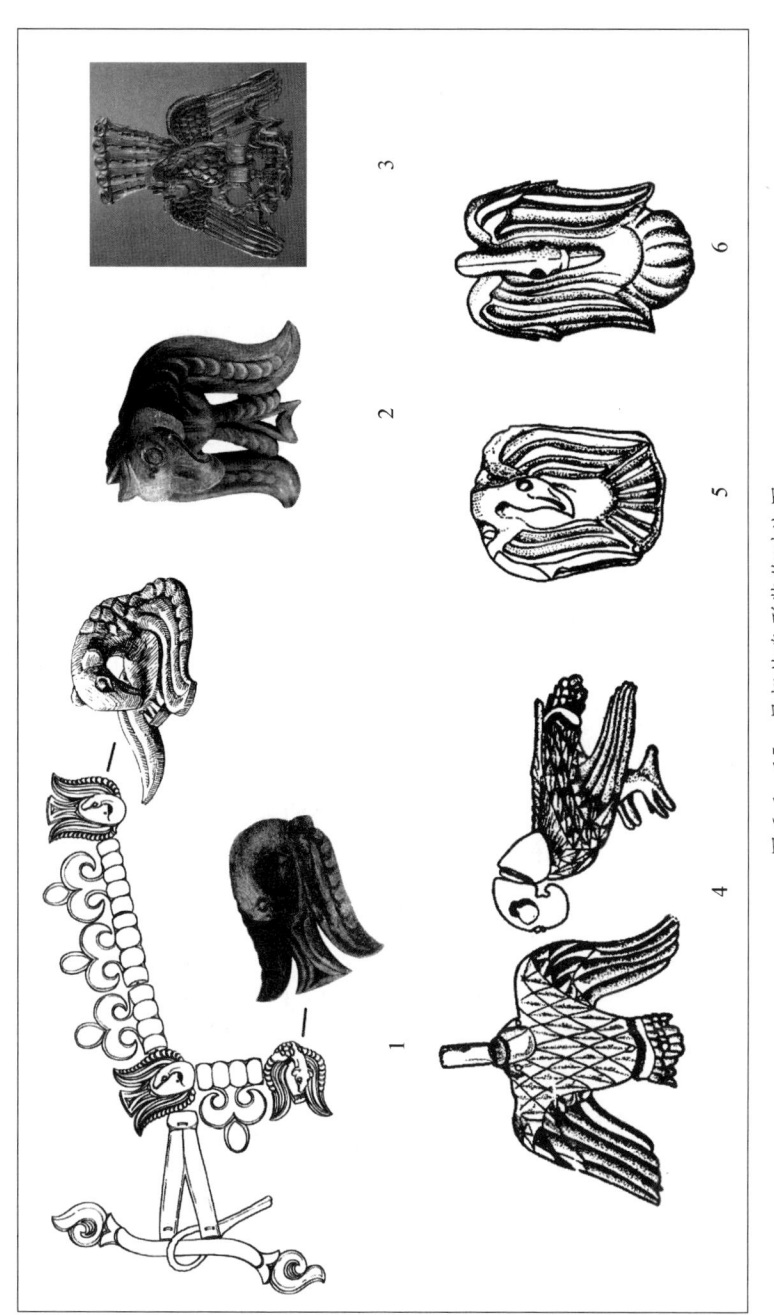

图 6.1-15 展翅的鸟形装饰对比图
1、2. 阿尔泰阿克—阿拉哈 3. 彼得大帝宝藏 4. 阿鲁柴登 5、6. 西沟畔

七、神兽题材和后肢翻转动物纹

本书所指的神兽就是现实生活中并不存在的生物，往往集中了两种或多种动物特征，有人称之为幻想动物纹或怪异动物纹①；林沄先生认为使用者对这一题材有崇拜和敬畏之情，因此称之为神兽题材②。

中国北方地区神兽题材饰件虽然数量不多，但种类相对比较丰富。主要有以下几种：第一种是鸟喙兽身，头上往往有长长的鹿角，部分鹿角上还装饰有鸟头，以神木纳林高兔鹿形神兽为代表③，金质，鹰喙兽身，头生双角如鹿，角分四叉，叉端各有一个浮雕的鸟头（图6.1-16，1、2、4、5）；第二种是兽身头上有角，而且角上有成排的鸟头，这种题材也被称为有角神兽④，以阿鲁柴登出土金饰件为代表⑤，黄金铸成，正面为虎形图案，虎头上有角，角上有并排的八个鸟头（图6.1-16，3、12、13）；第三种是有翼神兽，固原博物馆藏1件⑥，飞行状有翼马图案，马背与腹部饰六个鸟头（图6.1-16，6）；第四种是兽首蛇身，王大户墓地出土1件⑦（图6.1-16，7）；第五种是龙形神兽，清水刘坪墓地出土2件⑧，龙回首张望，杏眼，嘴微张，身体盘曲（图6.1-16，8）。北方地区这些神兽题材的动物纹装饰，大都出现在战国中晚期，尤其是战国晚期以后，时间都非常晚，而且除了龙纹装饰外，在中国北方和中原地区都找不到更早的来源。

境外草原地区很多文化中都有神兽题材，西方传统的格里芬就是典型的神兽题材。在草原地区各文化中神兽题材最为丰富的是欧亚草原中部区的巴泽雷克文化。巴泽雷克文化神兽题材种类特别多，有的为兽身鸟首，有的是兽身鸟足，多为不同动物造型组合而成（图5.2-13）。例如在图雅赫塔一号

---

① 乌恩：《略论怪异动物纹样及相关问题》，《故宫博物院院刊》1994年第3期。
② 林沄：《欧亚草原有角神兽牌饰研究》，《西域研究》2009年第3期。
③ 戴应新、孙嘉祥：《陕西神木县出土匈奴文物》，《文物》1983年第12期。
④ 林沄：《欧亚草原有角神兽牌饰研究》，《西域研究》2009年第3期。
⑤ 田广金、郭素新：《内蒙古阿鲁柴登发现的匈奴遗物》，《考古》1980年第4期。
⑥ 宁夏固原博物馆：《固原文物精品图集（上册）》，宁夏人民出版社，第102页。
⑦ 宁夏文物考古研究所、彭阳县文物管理所：《王大户与九龙山——北方青铜文化墓地》，文物出版社，2016年。
⑧ 甘肃省文物考古研究所、清水县博物馆：《清水刘坪》，文物出版社，2014年，图123、124。

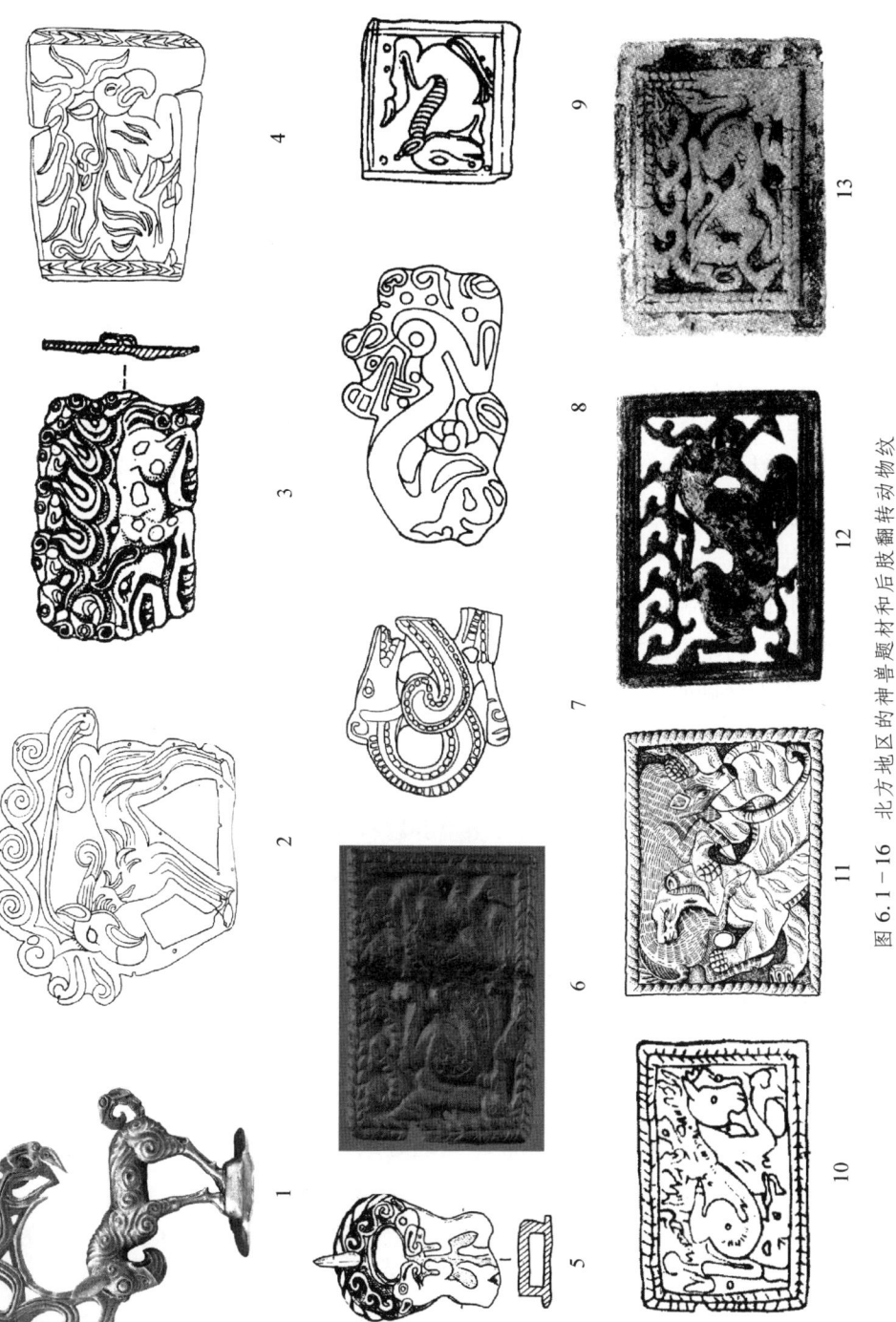

图 6.1—16 北方地区的神兽题材和后肢翻转动物纹

1. 神木纳林高兔 2.4.5.9.11. 西沟畔墓地 3. 阿鲁柴登 6. 固原博物馆藏 7. 王大户墓地
8. 清水刘坪 10. 固原红庄 12. 鄂尔多斯博物馆藏 13. 西安北康

冢出土的皮革制成的神兽，整体上呈现的是一只站立的老虎，但头上有鹿角（图5.2-13,3）。在巴泽雷克神兽题材中有一种表现手法是将尾巴的尖部描绘成三角形（图5.2-13,1、2）；还有一种表现手法是将动物头上的角描绘成成排类似鸟头的形象，这在巴泽雷克2号墓葬中的格里芬噬鹿木雕上非常明显（图5.2-13,4），纹身上的神兽也有类似装饰（图5.2-13,7）。巴泽雷克墓地5号墓葬出土了一件描绘神兽的彩色毛毡制品，人首兽身，下肢站立，头上有鹿角，长耳，有展开的翅膀和长长的尾巴，将鸟、兽、人三者结合在一起，可算是将神兽题材表现得淋漓尽致。这些神兽流行的年代要早于中国北方地区，而且中国北方地区流行的前三种长角鸟喙兽身题材、有角神兽题材和有翼神兽题材在巴泽雷克文化中都可以找到原型。

新疆地区发现的有角神兽题材比较少，在巴里坤的东黑沟墓地出土了多件金银饰牌（图4.1-1,5—12），虽然细部并不是很清晰，但基本属于猛兽咬噬有角蹄足神兽的饰牌，不过猛兽的身体占据了很大的画面。虽然其构图较为特殊，与中国北方的同类图案有较大差别，但这种神兽上装饰鸟头的风格可能存在共同的来源。

综合以上的分析，笔者推测中国北方和新疆地区大部分神兽题材的流行可能与阿尔泰地区的巴泽雷克文化有关，但这并不代表这些神兽题材都最早起源于巴泽雷克文化。有翼神兽和格里芬题材都属于西方的传统，在斯基泰文化第一阶段就已经比较流行，斯基泰的鹿纹流行扭曲夸张的角（图6.1-17,1、4），与后来鹿角上成排的鸟头形制非常相似，而且这种鹿纹蹄部已经做成鸟喙状，因此很可能是这种题材的原型。实际上在斯基泰第一阶段的一件杆头饰上就已经出现了成排的鸟头装饰，只不过这些成排的鸟头是出现在一只大鸟的头上（图6.1-17,3），而在斯基泰文化第二阶段鹿角也开始出现成排的鸟头装饰（图6.1-17,2）。因此笔者推测巴泽雷克文化的部分怪兽题材存在更早的西方传统，但中国北方地区类似风格的动物纹装饰可能是直接来自阿尔泰的巴泽雷克文化。

北方地区另外一种特殊的动物纹装饰就是翻转动物纹，主要是指动物的后肢和前身的角度反转180度的一种动物纹艺术，自然界中的动物是无法展现这一姿势的。翻转动物纹在中国北方地区出土的数量不多，但形制各异，

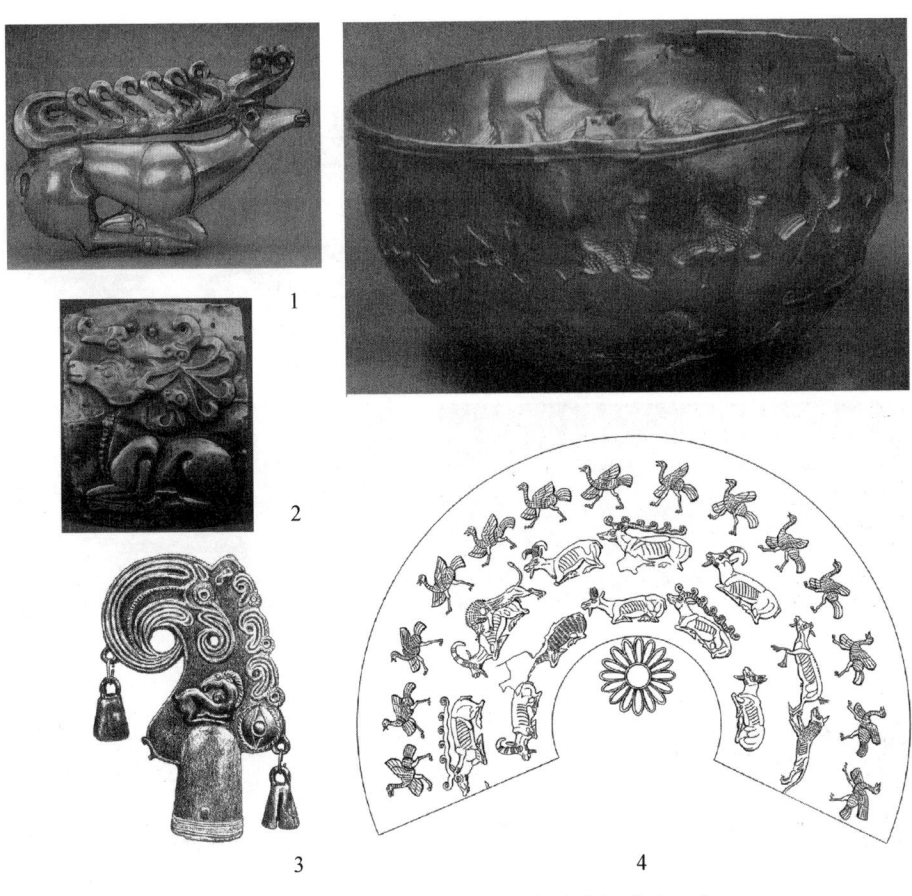

图 6.1-17 斯基泰文化中与有角神兽相关的题材

多装饰在带边框的长方形饰牌上,有翻转的单马饰牌(图 6.1-16,9、10),也有虎猪咬斗纹金饰件,其中虎的后肢翻转(图 6.1-16,11),还有有角神兽后肢翻转的饰牌(图 6.1-16,12、13),北方地区这些饰件的年代大都在战国晚期以后。

翻转动物纹在境外草原地区分布更为广泛,在七河的伊塞克古冢(图 6.1-18,5、6)、塔加尔文化(图 6.1-18,7)以及阿尔泰的巴泽雷克文化(图 6.1-18,1—4)中都有发现,其中以巴泽雷克文化最为发达,而且年代也最早。在彼得大帝宝藏中有一件精美饰牌,其中被噬的马就是非常典型

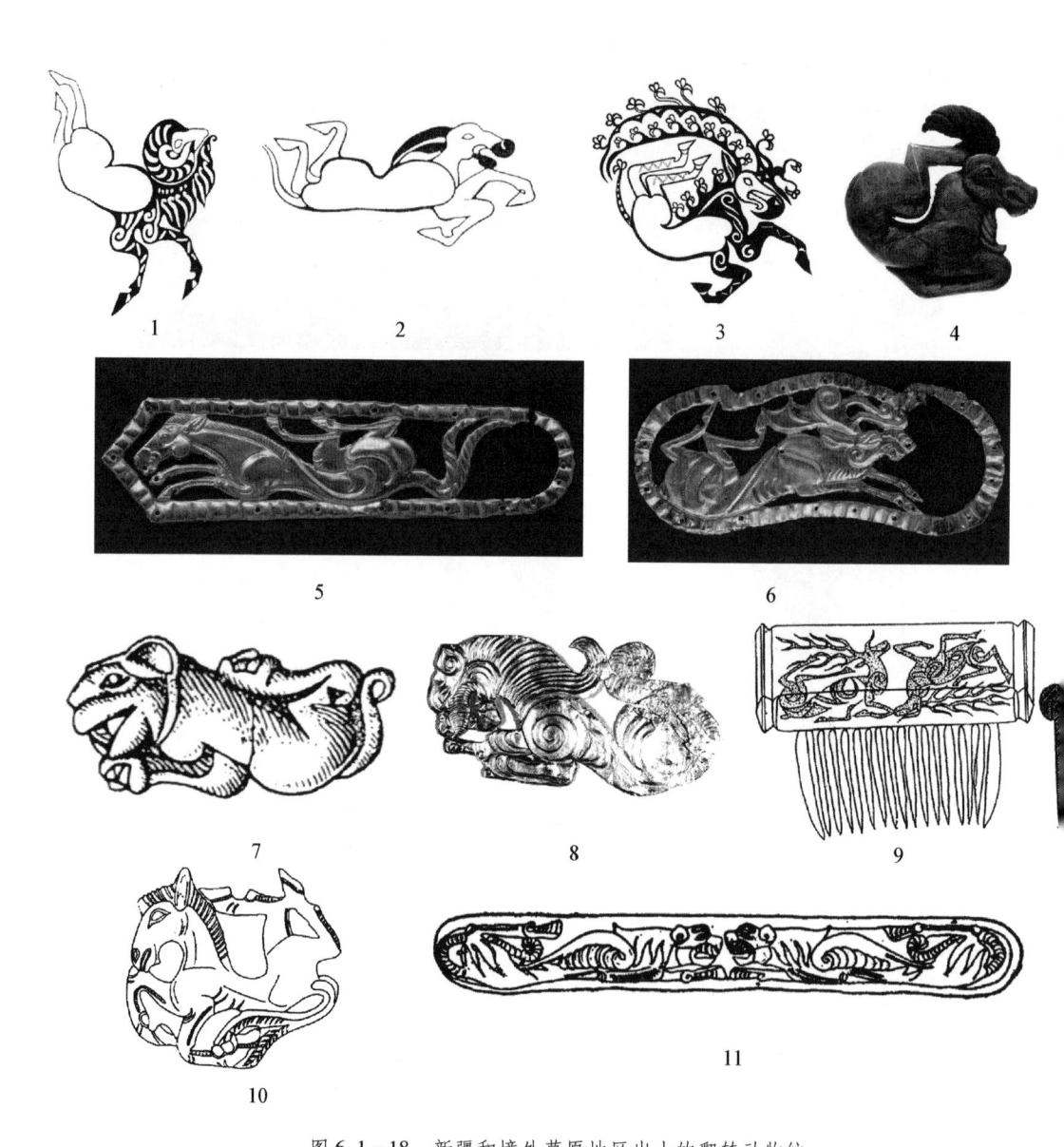

图 6.1-18　新疆和境外草原地区出土的翻转动物纹
1—4. 巴泽雷克文化　5、6. 伊塞克古冢　7. 塔加尔文化　8、11. 乌鲁木齐阿拉沟
9. 扎滚鲁克文化　10. 阿克苏库兰萨日克

的后肢翻转动物纹，堪称此类饰牌的艺术精品，据传可能也出自西西伯利亚或阿尔泰地区①（图6.1-3，12）。

翻转动物纹也见于新疆地区，乌鲁木齐阿拉沟竖穴墓出土2件②，一件是金狮饰牌（图6.1-18，8），另外一件是对虎金带（图6.1-18，11），这些猛兽的后肢均翻转朝上。扎滚鲁克一号墓地③中出土的木梳上有两只翻转的鹿纹（图6.1-18，9）。还有一件出自阿克苏阿合奇县库兰萨日克墓地的金马饰牌也是同样风格（图6.1-18，10）④，与之共出的还有一件格里芬踏鹿的金饰牌，这两件器物在巴泽雷克文化中都能找到类似风格的器物。从这些器物的共出物看，无论是阿拉沟竖穴墓，还是扎滚鲁克或库兰萨日克墓地，出土的翻转动物纹年代都不早于巴泽雷克文化。

翻转动物纹的起源目前还没有更多的线索，但很显然在中国北方地区找不到其自身来源，而在阿尔泰的巴泽雷克文化中翻转动物纹非常发达，且在其他地区也没有发现早于巴泽雷克文化的翻转动物纹。以现有的证据看，中国北方地区的翻转动物纹可能与神兽题材的动物纹一样都源于阿尔泰地区。

第二节　北方地区动物纹与中原文化和草原文化的关系

中国北方青铜器最早出现于夏代，是北方地区土著居民吸收了南方黄河流域和北方欧亚草原双向的文化影响而形成的，一方面有自己的特征，另一方面与境外北方草原和南部中原文化有千丝万缕的文化联系⑤。通过对中国

---

① Christoph Baumer：*The History of Central Asia*，New York，2012，p.197.
② 新疆社会科学院考古研究所：《新疆阿拉沟竖穴木椁墓发掘简报》，《文物》1981年第1期。
③ 新疆维吾尔自治区博物馆：《新疆且末扎滚鲁克一号墓地发掘报告》，《考古学报》2003年第1期。
④ 新疆文物考古研究所：《阿合奇县库兰萨日克墓地发掘简报》，《新疆文物》1995年第2期。
⑤ 林沄：《夏代的中国北方系青铜器》，《林沄学术文集（二）》，科学出版社，2008年，第7—19页。

北方地区动物纹装饰的综合梳理，笔者发现与北方青铜器一样，这些动物纹虽然具有很多的自身特色，很多动物纹也有完整的发展脉络，但在北方地区动物纹的起源和发展过程中，南部的中原文化和境外的草原文化都发挥了巨大的作用，本节将重点论述中原文化和境外草原文化与北方地区动物纹的联系。

一、与中原地区的关系

早在夏代以前，北方地区就被来自中原各地的早期农业居民占据着，进入夏代以后在南北双方面影响下才形成了具有自身特色的北方青铜器①，在北方青铜器的发展过程中，始终与中原文化保持着十分密切的关系。林沄先生很早就对商文化与北方地区青铜器的关系进行过专门的研究②，也有学者专门讨论了北方青铜器对中原文化的影响③。北方地区动物纹装饰的产生与发展与中原文化的关系也十分紧密。

北方地区最早的动物纹装饰出现于早商时期，其中朱开沟文化的虎头形图案铜戈（图6.1-1，1）和台西遗址的羊首铜匕（图6.1-9，1）都与商文化有密切关系。朱开沟文化是内蒙古中南部地区的一支土著文化，这件铜戈是中原文化的典型长柄武器，商文化中很多铜戈的内部都装饰有纹饰，以夔纹和兽面纹为主④，朱开沟墓地这件铜戈的图案与商文化的兽面纹和夔纹相似，这种装饰风格可以看作是受到中原文化影响而出现的，但很明显北方人群已经开始选择具有自身特色的装饰动物，这件器物体现了商文化与朱开沟文化的融合。藁城台西遗址属于商文化的北方类型，该遗址地处中原商文化和北方长城地带之间，其中羊首铜匕，柄作羊首形，以食草动物作为兽首装饰，很可能是商周北方青铜器兽首的创作源头（图6.1-10）⑤。除了羊首匕外，台西遗址还出土了一定数量具有北方文化特色的青铜器，这种非商因素

---

① 林沄：《中国北方长城地带游牧文化带的形成过程》，《林沄学术文集（二）》，科学出版社，2008年，第39—76页。
② 林沄：《商文化青铜器与北方地区青铜器关系之再研究》，《林沄学术文集》，中国大百科全书出版社，1998年，第262—288页。
③ 韩金秋：《夏商西周中原的北方系青铜器研究》，上海古籍出版社，2015年。
④ 井中伟：《早期中国青铜戈·戟研究》，科学出版社，2011年，第26页，图1-3、图1-4。
⑤ 杨建华、邵会秋、潘玲：《欧亚草原东部的金属之路》，上海古籍出版社，2016年，第137页。

突显出它在北方系青铜器兴起中的重要作用。

晚商时期，北方地区流行两种动物纹装饰，一种是在刀剑等工具武器柄首装饰动物形首，主要以羊首为主，还有蛇首和马首等；另外一种是圆雕的立兽，这些立兽大多身体细长，比较抽象，在刀鞘、铜匕、铜勺、管銎斧和管銎钺上都有发现。这个时期动物纹装饰艺术得到了一定的发展，出现了具有自身特色的动物纹，但北方地区这一时期的青铜器仍然与中原文化关系密切，晚商时期中原青铜器进入鼎盛阶段，中原青铜器高超的技术对北方青铜器产生了极大的促进作用①。燕山南北和晋陕高原是北方地区动物纹装饰最重要的两个分布区，这两个地区都与南部中原文化相邻，当地土著文化与商文化都存在一定的联系。商文化与北方地区最早阶段动物纹装饰的联系主要表现在以下几点：

第一，晚商时期北方地区流行的羊首装饰很可能是在商文化北方类型藁城台西铜匕羊首装饰的基础上发展起来的。

第二，朱开沟墓地出土的虎头装饰铜戈图案形制与商文化的兽面纹和夔纹相似，这种装饰风格可以看作是受到中原文化影响而出现的。

第三，商时期北方地区动物纹主要分布区都与南部的商文化相邻，这些土著文化与商文化关系十分密切，例如出土最写实的立体马饰件和马纹装饰的石楼类型青铜器和灵石旌介商墓，这些地区出土的一些青铜器如铜匕、铜勺、啄戈等也都是在商文化影响下产生的北方地区特有的青铜器②。

因此，北方地区动物纹装饰最早阶段可能受到了南部中原文化的影响，这种影响可能体现在冶金技术和部分装饰风格上，但很明显北方人群在装饰动物形象上已经有自身的选择，而且很快形成了自己的装饰风格。

西周早期和中期，北方地区发现的动物纹装饰数量非常少，而且主要集中在燕山南北地区，装饰风格主要也是延续前一阶段工具武器柄部的动物形

---

① 杨建华、邵会秋：《商文化对中国北方以及欧亚草原东部地区的影响》，《考古与文物》2014年第3期。

② 林沄：《商文化青铜器与北方地区青铜器关系之再研究》，《林沄学术文集》，中国大百科全书出版社，1998年，第274页，图六。

首装饰。这个时期最重要的发现是北京昌平白浮墓葬①，年代为西周中期，墓葬随葬品以中原周代青铜器组合为主，有中原和北方两种风格的工具武器、西周的车马器及周式鬲，墓葬中出土了具有特色的马首（图 2.2 - 1，5）和鹰首（图 2.2 - 1，6）青铜短剑以及鸟首刀（图 2.2 - 14，13）。昌平白浮墓葬的文化属性目前还存在争议，有学者认为它属于西周燕文化中的商遗民②，也有人认为它属于与中原文化关系密切的北方土著张家园上层文化③，但无论如何，这两种观点都认为白浮墓葬与中原文化关系密切。此外，这个时期在甘肃东部岷县占旗寺洼文化遗址出土了 1 件铜戈（图 2.2 - 16，2），援与阑部相接处正背两面有对称牛首纹，类似的牛首纹装饰在中原地区比较常见④。当然这个时期北方也出现了具有自身特色的鹿形饰牌，鹿角分叉不是很明显（图 2.4 - 11，6），虽然这件饰品鹿的形象较为抽象，但也预示了动物纹装饰将要进入一个以装饰品为代表的新时期。西周早期和中期，中原的西周文化通过分封巩固了疆域，北方地区青铜文化一方面继承了晚商时期动物纹装饰的特征，另一方面也开始孕育新的更为发达的动物纹装饰艺术，而在这一过程中南部中原西周文化的影响一直存在。

西周晚期至春秋早期燕山北麓区的夏家店上层文化进入了繁荣期，该文化是一个极具特色的北方青铜时代文化，其动物纹装饰非常发达，一些装饰题材在整个欧亚草原地区都是最早的，很多动物纹都是在本地发展起来的，可能与南部中原文化并无直接联系。不过这里出土的衡末饰（图 2.3 - 3，7）和蝉纹的四通节约（图 2.3 - 2，3）基本不见于北方其他地区，而类似形制的器物在中原地区西周时期的车马坑中非常常见，例如琉璃河⑤和张家坡⑥等西周墓地。该文化人群属于古代的山戎部落⑦，在文献中与中原的燕

---

① 北京市文物管理处：《北京地区的又一重要考古收获——昌平白浮西周木椁墓的新启示》，《考古》1976 年第 4 期。
② 杨建华：《燕山南北商周之际青铜器遗存的分群研究》，《考古学报》2002 年第 2 期。
③ 乌恩岳斯图：《北方草原考古学文化研究——青铜时代至早期铁器时代》，科学出版社，2007 年，第 252—276 页。
④ 井中伟：《早期中国青铜戈·戟研究》，科学出版社，2011 年。
⑤ 北京市文物研究所：《琉璃河西周燕国墓地（1973—1977）》，文物出版社，1995 年。
⑥ 中国社会科学院考古研究所：《张家坡西周墓地》，中国大百科全书出版社，1999 年。
⑦ 林沄：《东胡与山戎的考古探索》，《林沄学术文集》，中国大百科全书出版社，1998 年。

国和齐国都发生过战争，而且在小黑石沟 M8501、南山根 M101 等一些高等级的墓葬中也出土了一些典型的中原式青铜器。这一时期另外一个墓地是西周晚期的甘肃宁县宇村墓地①，出土了 3 件虎饰牌（图 6.1-1，25、26）和 1 件立体铜虎饰件（图 6.1-1，20），这是一个与中原西周文化关系密切的墓地，体现了中原文化和北方文化的融合。

春秋中期至战国早期，燕山南麓区的玉皇庙文化是动物纹最发达的青铜文化，也是目前整个北方地区动物纹装饰器物出土数量最多的文化。这些动物纹装饰部分继承了上一阶段夏家店上层文化的因素，同时也发展出具有自身特色的动物纹装饰。但该文化中还出土了大量中原青铜容器、兵器和车马器，而且高等级人群除了保留玉皇庙文化传统的表示身份的标志物外，还很重视中原式青铜礼器的组合，并辅以中原地区的车马及殉人②，这也表明玉皇庙文化人群与中原文化人群之间可能保持着较为紧密的联系。

战国以后，北方草原地区进入了真正的游牧时代，文化面貌和器物种类形制都与中原文化存在明显差异，与南部中原地区属于完全不同的世界。这一时期北方动物纹装饰中出现了很多新的题材，例如立体动物形杆头饰（图 2.3-6）、神兽题材（图 6.1-16）和动物互搏纹（图 6.1-4）等，这些因素主要体现了与境外草原地区的联系。即使如此，中原文化与北方地区人群之间的联系仍未中断，中原人群甚至为北方文化上层人群专门制造精美的动物纹饰牌。罗丰先生曾专门对这种现象进行过讨论③，主要有两方面的证据：一方面是在中原腹地发现的冶金工匠墓中随葬北方文化中典型动物纹的陶模具，以西安北郊 34 号战国工匠墓为代表，该墓中出土的 25 件陶模具中，至少有 13 件与北方系纹样有关，包括人物纹、怪兽纹、双羊、双马、椭圆泡和圆形泡饰，以及鹰兽搏斗纹（图 6.2-1，1—4）等④；另一方面是出土了多件有铭文的北方地区典型的动物纹饰牌和节约（图 6.2-1，5—7），其中西沟畔出土的一件虎豕咬斗纹金饰牌的背面左侧有一行刻划铭文，为"一斤五

---

① 许俊臣、刘得祯：《甘肃宁县宇村出土西周青铜器》，《考古》1985 年第 4 期。
② 滕铭予、张亮：《东周时期冀北山地玉皇庙文化的中原文化因素》，《考古学报》2014 年第 4 期。
③ 罗丰：《中原制造——关于北方动物纹金属牌饰》，《文物》2010 年第 3 期。
④ 陕西省考古研究所：《西安北郊战国铸铜工匠墓发掘简报》，《文物》2003 年第 9 期。

两四朱少半",右侧下边有一行字迹较小的铭文,为"故寺豕虎三",战国时秦每斤重250克,金饰牌重量与之大致吻合。这些证据都说明中原腹地的工匠按照自身传统的制作工艺,替特定人群制作北方艺术品,作为商品或者赐物被交换、运送到遥远的北方①。战国以后北方地区已经形成了专业化游牧经济,根据王明珂先生的研究,这种经济缺乏农耕民族那种顽强的抗灾能力,人们必须依靠辅助性生业来满足对生活资料的需求,这些辅助性经济包括狩猎、采集、农作、贸易和掠夺②。而这些中原工匠为北方人群定制的动物纹饰件,很可能是在这一背景下通过贸易或其他途径进入北方文化中。

类似的情况也发生在境外草原地区的斯基泰文化中,在斯基泰文化中有大量希腊文化的器物和希腊与斯基泰文化相融合的器物③,这些器物中很多都是精美的艺术品,显示了高超的冶金技术(图6.2-1,8—11),很可能也是希腊地区的工匠为斯基泰人专门制造的。如果说中国北方地区战国中晚期的动物纹中存在"中原制造",那么斯基泰文化中也应该存在"希腊制造"。这种现象一方面说明游牧人群对邻近地区农业文明技术的依赖,另一方面也说明农业文明人群通过技术和物质输出,对游牧人群施加影响。

总体看来,中原文化在中国北方地区动物纹装饰的产生和发展过程中发挥了重要的作用。在北方地区动物纹装饰的最早阶段,就受到了中原文化的影响,这种影响可能主要体现在冶金技术和部分装饰风格上,而之后的西周和春秋时期中原文化与北方文化一直联系密切。战国时期,北方地区文化走上了与中原完全不同的道路,出现了大量新的动物纹题材,虽然两地的文化面貌差异明显,但中原的工匠开始为北方人群专门制造这些具有特色的动物纹饰件,并通过贸易或其他途径到达北方地区。当然,虽然与中原人群关系密切,但北方文化人群动物纹装饰很早就走上了具有自身特色的发展道路,这些动物纹装饰与中原文化动物纹差异明显,它们更加符合北方人群的艺术、思想、观念和社会价值。

---

① 罗丰:《中原制造——关于北方动物纹金属牌饰》,《文物》2010年第3期。
② 王明珂:《游牧者的抉择——面对汉帝国的北亚游牧部族》,广西师范大学出版社,2008年。
③ Joan Aruz etc., *The Golden Deer of Eurasia: Perspectives on the Steppe Nomads of the Ancient World*, The Metropolitan Museum of Art, New York, 2000.

图 6.2-1 中原制造和希腊制造

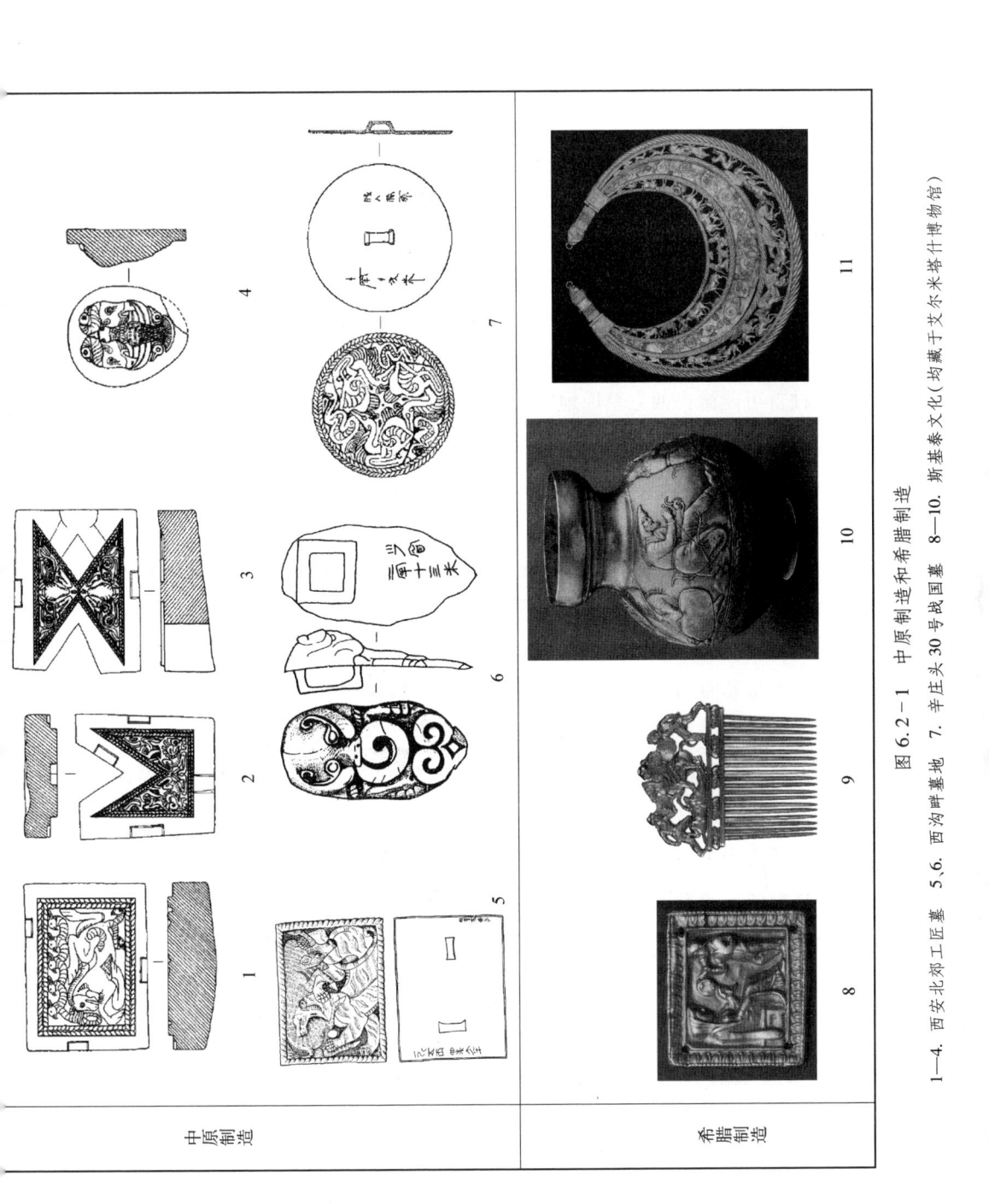

1—4. 西安北郊工匠墓 5、6. 西沟畔墓地 7. 辛庄头30号战国墓 8—10. 斯基泰文化（均藏于艾尔米塔什博物馆）

中原制造

希腊制造

二、与境外草原地区的关系

中国北方地区位于草原的东部区,是欧亚草原的重要组成部分。这一地区最早的青铜文化与境外草原地区青铜文化关系非常密切,西北地区齐家文化和四坝文化很多铜器都体现了与草原青铜器的联系①。河西走廊地区四坝文化的火烧沟墓地出土1件四羊首权杖首,在器腹中部偏下对称地铸有四个盘角的羊头(图6.1-9,2),这件器物年代大约相当于早商时期。这种具有特殊功能的器具不是华夏文明固有的文化特质,应属外来因素②,因此四羊首权杖首可能源自西方草原地区。

虽然最早的动物纹中存在来自境外草原地区的影响,但这种影响在中国北方地区并没有延续下来,晚商至西周时期北方地区的动物纹中并没有发现来自境外草原的影响。

西周晚期至春秋早期,北方地区动物纹最为发达的是燕山北麓区的夏家店上层文化,这个文化中动物装饰艺术种类较为复杂,虽然自身特色明显,但部分动物纹装饰与境外草原地区存在一定的联系。主要体现在两种动物纹上,首先是卷曲动物纹,这种题材中外学者都有较多的研究③,有国外学者认为这种装饰最早可能源于中国的玉猪龙的形象④,近年来林沄先生综合国内外材料,对这种风格进行了系统的分析,得出了更加合理的结论。根据他的研究,整个欧亚草原地区的卷曲动物纹可以分为不同起源的三大区,分别是以内蒙古为中心的东方区、以萨彦—阿尔泰为中心的中央区和黑海沿岸及其周邻地区的西方区。其中夏家店上层文化所在的东方区往往是正视或侧视的虎的形象,爪和尾端有环形,前后腿上都有同心圆纹;中央区流行躯体瘦

---

① 杨建华、邵会秋:《中国早期铜器的起源》,《西域研究》2012年第3期。
② 李水城:《权杖头:古丝绸之路早期文化交流的重要见证》,《中国社会科学院古代文明研究中心通讯》第4期,2002年。
③ E.S. Bogdanov, "The Origin of the Image of a Predator Coiled Up in a Ball in the 'Eastern Province' of the Scythian Realm", Archaeology, Ethnology & Anthropology of Eurasia, 4 (20) 2004; 乌恩:《略论欧亚草原早期游牧人艺术中的卷曲动物形象》,《考古》2002年第11期;林沄:《论欧亚草原的卷曲动物纹》,《林沄学术文集(二)》,科学出版社,2008年。
④ E.S. Bogdanov, "The Origin of the Image of a Predator Coiled Up in a Ball in the 'Eastern Province' of the Scythian Realm", Archaeology, Ethnology & Anthropology of Eurasia, 4 (20) 2004.

长的雪豹形象；西方区外轮廓不是圆的，而是近三角形。各地的卷曲动物纹拥有独立的起源，但又相互影响和渗透，才形成一个整体①。另外一种装饰就是浮雕的群鹿纹装饰，夏家店上层文化的群鹿纹多在剑柄上，纹饰多成排排列；而图瓦等地群鹿装饰的器物种类更加广泛，在铜镜、刀柄和鹿石上都有表现，从形象上看，两地存在一些相似性。夏家店上层文化的动物装饰艺术不仅与境外草原有联系，而且还为欧亚草原创造了具有自身特色的动物风格，例如虎形饰牌，最早就出自晚商时期的中国北方地区，后来逐渐向西传播流行于欧亚草原。

春秋中期至战国早期，北方地区燕山南麓区的玉皇庙文化动物纹装饰最为发达，但玉皇庙文化主要体现了与南部中原文化的联系，动物纹装饰也基本上不见与草原的联系。在甘宁区、鄂尔多斯高原区以及岱海地区，可以看到欧亚草原文化的影响，其中最典型的是双鸟回首剑，这类铜剑在中国北方地区的不同时代分布范围也不一样，反映了自西向东分布的规律，与之共存的圆形鼓腹铜管、鹤嘴斧和马面饰也同时表现出自西向东分布的特点②。将欧亚草原的这种剑与中国北方的进行比较会发现，这种剑越向东或者年代越晚装饰越简化（图6.1-14）。从目前的发现看，双鸟回首剑在北方草原分布得很广，欧洲与西伯利亚交界的乌拉尔地区③、南西伯利亚④及米努辛斯克盆地、北部的克拉斯诺亚尔斯克和蒙古都有发现⑤，而且数量从西向东呈递减之势。在哈萨克斯坦和南西伯利亚发现的双鸟回首剑最为精致，剑柄和剑格上都有精美的纹饰，代表了这种剑最发达的时期。因此我国北方的双鸟回首剑只是这种剑分布的东南端，应是受其影响的结果。

到战国中晚期，北方地区人群与境外草原文化的联系更加密切，这在动物纹装饰上的表现也非常明显，这一时期北方地区很多动物纹装饰的出现都

---

① 林沄：《论欧亚草原的卷曲动物纹》，《林沄学术文集（二）》，科学出版社，2008年。
② 杨建华：《春秋战国时期中国北方文化带的形成》，文物出版社，2004年，第115、116页。
③ Исмагилов Р. Б. Приуралъские акинаки с навершием в виде ушастого грифона и хищного // Российская археолония. -1980. -№1.
④ Minns E. H., *Scythians and Greeks*, Cambridge University Press, 1919. 转自杜正胜：《欧亚草原动物文饰与中国古代北方民族之考察》，《中研院史语所集刊》第六十四本第二分，1993年。
⑤ Jeannine Davis-Kimball, *Nomads of the Eurasian Steppes in the Early Iron Age*, Zinat Press, Berkeley, CA, 1995.

可能与境外草原地区的影响有关。

第一种是立体杆头饰和立体羊形饰。立体杆头饰和羊形饰是米努辛斯克盆地非常具有特色的一类动物装饰艺术，这种装饰在很多器物上都有体现，其中在秘帽这类器物上最为常见（图 6.1-11，1—4）。这种风格在中国北方地区出现的时间较晚，相当于战国中晚期，而米努辛斯克盆地出土的这种立羊装饰不仅数量多、年代早，流传也非常广。更早的立兽装饰还出现在与米努辛斯克毗邻的图瓦阿尔然一号王冢中（图 5.2-3，2—5），因此中国北方地区的这种装饰风格很可能是从米努辛斯克盆地和图瓦等地传来的。

第二种是平面的北山羊饰件。这种饰件在北方地区主要流行于战国中期以后，在甘宁区的马家塬墓地和清水刘坪墓地数量最多（图 6.1-9，48、49）。北山羊装饰是天山七河地区最具特色的装饰（图 6.1-12，1），而从七河到甘宁地区的扩张已有学者进行过专门的讨论，这种联系标志着新疆天山通道的开启，也是后来丝绸之路开通的重要基础[①]。

第三种是展翅造型的鸟饰件，北方地区主要见于鄂尔多斯高原区，年代在战国晚期（图 6.1-15，5、6），类似风格也见于阿鲁柴登出土的立体金鸟饰件（图 6.1-15，4）。这种风格的鸟饰件在北方出现的时间比较晚，明显晚于阿尔泰巴泽雷克文化的同类器，虽然我们还无法确定这种风格器物的最早起源地，但从目前的情况看，中国北方这种展翅的鸟形装饰很可能是受阿尔泰地区的影响。

第四种是神兽题材和翻转动物纹，前文中的分析已经表明中国北方和新疆地区大部分神兽题材的流行可能与阿尔泰地区的巴泽雷克文化有关。巴泽雷克文化的部分怪兽题材存在更早的西方传统，但中国北方地区类似风格的动物纹装饰可能是直接来自阿尔泰的巴泽雷克文化。

当然，中国北方地区与境外草原的联系是双向的，中国北方地区是虎纹装饰的重要起源地，最早的虎纹装饰出现于商代，西周晚期至春秋早期逐渐在北方地区流行起来。随着时间的推移，虎纹和虎噬食草动物纹（图 6.1-1、图 6.1-2）不断向西传播，从燕山北麓区到燕山南麓区，再到岱海地

---

① 杨建华：《张家川墓葬草原因素寻踪——天山通道的开启》，《西域研究》2010 年第 4 期。

区，最后分布到鄂尔多斯高原区和甘宁区，并在这个时期传到了境外的草原地区。阿尔泰地区巴泽雷克文化中的虎纹装饰（图6.1-3，1—7）体现了来自中国北方地区的影响。

总体看来，在中国北方地区动物纹装饰的萌芽阶段，就已经出现了来自境外草原地区的影响，早商时期的河西走廊地区就出现了来自西方传统的四羊权杖首。但这种影响并没有延续下来，西周晚期至春秋早期，随着夏家店上层文化的繁荣发展，中国北方地区与欧亚草原中部区图瓦等地的联系加强，卷曲动物纹和排鹿纹是二者动物纹联系的证据。从春秋中期开始，来自欧亚草原中部区的双鸟回首剑传到中国北方地区，并在中国北方地区继续延续向东传布的进程。到战国中晚期，欧亚草原与中国北方地区游牧文化的联系进一步加强，北方地区流行的立体杆头饰和立体羊形饰、平面的北山羊饰件、展翅造型的鸟饰件、神兽题材和翻转动物纹等都与境外草原地区的影响有关，而同时北方地区的虎纹饰件和虎噬食草动物纹饰件也影响到了境外草原地区文化。从目前的情况看，中国北方地区动物纹主要与欧亚草原中部区的联系较为密切，而与欧亚草原西部区各文化间缺乏直接的联系。

第三节　动物纹装饰的选择及其意义

作为斯基泰三要素之一的动物纹装饰是古代草原文化的重要标志性特征，这一特征与南部农业人群的装饰风格区别非常明显。中原地区商周时期流行的是兽面纹、夔纹和神鸟纹，主要体现了祭祀和崇拜的功能[①]；而中国北方地区的动物纹题材和种类要更丰富，自然界写实的动物纹非常普遍，即使是神兽题材也具有自身特色，这可能与草原地区的地理环境和人群的经济方式有关。家畜和野生动物在草原经济中作用十分巨大，草原人群对动物的依赖和喜爱程度要远远高于南部农业人群。即使如此，仍然有个值得关注的问题，就是草原人群到底为什么要装饰动物纹呢？关于这个问题，很多人都

---

① 段勇：《商周青铜器幻想动物纹研究》，上海古籍出版社，2012年；林巳奈夫：《神与兽的纹样学——中国古代诸神》，生活·读书·新知三联书店，2016年。

尝试进行解答，但一直没有特别能够令人信服的研究成果，或者说草原人群选择动物纹装饰的原因可能比较复杂，很难用某一种理论或说法来涵盖所有这些动物风格的功能和意义。

用动物纹作装饰的第一个原因就是装饰功能，这也体现了草原文化人群的审美观念。他们为了让器物和自身更加美观，才开始在工具武器和装饰品上使用动物纹装饰，并逐渐形成一种与中原地区器物发展完全不同的艺术风格。而这些最早的动物题材也都是在自然界中与他们接触，与其生产生活息息相关的动物种类，既有鹿、羊、马、牛等食草动物，也有虎、豹、狼、鹰等猛禽猛兽。对美的追求和对自然界动物的喜爱是草原人群装饰动物纹的原因之一。

但很显然这些动物纹的功能不仅仅局限于美观上，实际上也只有很少的学者认为动物纹只是纯粹装饰[1]，大部分学者认为动物纹装饰背后反映了深厚的社会背景和意识形态，而且动物纹的使用不受功用的限制，往往更能体现当地族群的价值观念和文化传统。但是要诠释其用途和涵义却绝非易事，必须要从草原人群看待动物的方式和思维角度来看待这一问题，因为器物所呈现出来的内涵反映着草原人群的精神层面生活。

有人认为草原动物纹装饰可能与图腾有关[2]。法国社会人类学家涂尔干（Emile Durkhein）认为"图腾首先是一种符号，是对另外某种东西有性的表达"，"氏族的神、图腾本原……是氏族被人格化了，并被以图腾动植物的可见形式表现在人们的想象中"[3]。图腾实际上是原始人相信某种动物或自然物同氏族有血缘关系或是氏族的保护神，相信它们有一种超自然力，会保护自己，并且还可以获得它们的力量和技能，因而将其用作本氏族的徽号或标志。从草原动物纹装饰具体情况来看，虽然一个文化可能存在某一种数量较多的动物装饰题材，但同时也存在很多其他动物装饰题材，因此即使族群和文化中存在某种动物图腾，我们也很难将特定动物与人群的图腾直接联系起来。

---

[1] Max Loehr, *Ritual Vessels of Bronze Age China*, the Asia Society Inc., New York, 1968.
[2] 张景明：《中国北方游牧民族的造型艺术与文化表意》，知识产权出版社，2013年。
[3] 涂尔干：《宗教生活的基本形式》，上海人民出版社，1999年，第276页。

另外一种意见就是动物纹装饰可能体现了动物崇拜。草原人群长期接触自然界的动物，熟悉各种动物的习性，有些动物的特性是人所不能拥有的，例如鹿的奔跑能力、鸟的飞翔能力、猛兽的攻击能力等。装饰这些动物纹可以增强自己的能力，也体现了草原人群的自由奔放、崇尚力量的美好愿望。例如，装饰奔跑的鹿可能表达了对自由的向往，装饰猛兽来增强自己的勇气和力量，装饰鸟兽合体的神兽则是为了具备猛兽非凡的力量和猛禽飞翔的能力。

还有就是带有动物纹饰的器物可能被认为具有神奇的力量，可以用来避开邪魔和不幸，作为人群的守护神①。在萨卡文化中流行一种三足铜鍑，足和器身上都装饰有动物纹，当时人群可能表达了避邪或守护器中物的美好愿望。而北方人群身上携带的动物纹饰件，除了美观之外，可能也起到护身符的作用。

另外，很多动物纹装饰还可能反映了古代草原民族的宗教信仰，如某种巫术和萨满②，体现了人们对自然的崇拜和想要与神灵沟通的愿望。但遗憾的是，大部分动物纹的真正涵义至今仍然没有令人信服的解读。

欧亚草原和中国北方地区的动物纹装饰种类很多，但是各地不同文化的动物装饰风格是存在差异的。例如在阿尔泰巴泽雷克文化中怪兽和格里芬造型很多；里海北岸的萨夫罗马泰文化则流行饰有夸张鹿角的鹿；仰角站立状山羊是米努辛斯克盆地塔加尔文化流行的主题；鹿、猫科猛兽在斯基泰早期文化最常见③；中国北方地区的虎纹以及虎噬羊或鹿饰件也非常具有特色。

不同时期动物纹装饰的题材也存在区别。早期动物纹装饰描绘的都是自然界现实存在的动物，主要是草原上可见的鹿、马、羊、猫科动物、驼、鹿和熊等，手法也以写实为主。晚期（公元前1千纪中叶左右）开始流行动物争斗和神兽题材。所谓神兽就是现实生活中并不存在的生物，往往集中了两种或多种动物的特征。多种动物合在一起，集中展示各种动物的优点，可能

---

① 张文玲：《黄金草原——古代欧亚草原文化探微》，上海古籍出版社，2012年。
② 冯恩学：《考古所见萨满之腰铃与饰牌》，《北方文物》1998年第2期。
③ 吉谢列夫：《南西伯利亚古代史（中译本）》，新疆社会科学院民族研究所，1981年，第90—152页。

也体现了一种动物崇拜。林沄先生把这种题材称为神兽题材①，可能也是为了说明使用者对这一题材的崇拜和敬畏之情。

还有一种动物纹描绘野兽互斗的场景，有人认为这是生命和死亡的挣扎②，根据草原古老的神话，生与死并不只是对立的力量，而是整体的一部分。经由死亡打开复活的可能性，自然与超自然的接触，生与死的接触，这个主题似乎是一些动物纹饰背后的基本理念③。野兽互相搏斗题材表现的生与死、胜与败揭示了草原世界的生存竞争现象，一方面表现了草原世界弱肉强食的事实，另一方面则是在激励人们勇敢面对各种挑战的生存意志④。

虽然动物纹装饰流行于草原地区，但它并不是随着草原青铜器的出现而流行的，也不是工匠即兴的创造发明。以中国北方地区为例，北方青铜器在夏至早商时期就已经广泛流行，在朱开沟文化早商阶段还出土了形制成熟的青铜短剑，但在这一时期北方地区并没有出现特色鲜明的动物纹装饰，因为这个阶段冶炼技术相对落后，铜器主要是实用的工具和武器。因此，动物纹装饰的出现需要相对成熟的冶金技术，中国北方地区在晚商时期才开始流行动物纹装饰。

早期的动物纹装饰都出现在工具武器和马具等实用器上，后来才出现动物纹饰件，到战国中晚期，北方贵族墓葬中开始随葬大量的动物纹金饰件。出现在工具武器和装饰品上的动物纹也很可能存在区别，在早期，工具武器在社会生产中非常重要，而且它们的使用者是武士阶层，武士在草原地区发挥着非常重要的作用。以玉皇庙文化为例，武士地位相对较高，可能因为当时战争频繁或生存条件恶劣，武士作为能够御敌或掠夺资源的社会群体，容易赢得尊重，赢取较高的社会地位⑤，他们也有能力利用社会资源来为自己制作相对精致的青铜短剑。很多动物具有人类所不能拥有的能力（跳跃、攻

---

① 林沄：《欧亚草原有角神兽牌饰研究》，《西域研究》2009 年第 3 期。
② Elena Korolkova, "The Filippovka Kurgan and the Animal Style", *The Golden Deer of Eurasia: Perspectives on the Steppe Nomads of the Ancient World*, The Metropolitan Museum of Art, Yale University Press, New York, 2000.
③ Esther Jacobson, "Early Nomadic Sources for Scythian Art", *Scythian Gold*, Harry N. Abrams, New York, 1999.
④ 张文玲：《黄金草原——古代欧亚草原文化探微》，上海古籍出版社，2012 年。
⑤ 洪猛：《玉皇庙文化初步研究》，吉林大学博士学位论文，2014 年，第 144 页。

击和飞翔能力等），因此他们很可能认为在像青铜短剑这样的武器上装饰这些动物纹可以在战争中庇佑自己，增加自己的勇气，增强战胜敌人的信心，表达了他们对动物能力的崇拜之情，也显示了他们渴望拥有更高级能力的愿望。而且在这个时期贵族墓葬中都会随葬大量的工具和武器，这些动物纹装饰工具武器更能体现武士的社会地位。

到了战国中晚期，北方草原贵族人群的思想意识发生了改变，工具武器已经不能代表墓主人的身份了，大量的金银制品、精美动物纹饰牌和车饰以及境外草原的舶来品成为北方贵族身份和社会地位的象征。北方地区进入了饰牌阶段[1]，奢靡之风盛行，财富更加集中，这或许表明原有的武士贵族已经被世袭贵族所取代。

从上面的分析看，在欧亚草原和中国北方地区广为流行的动物风格种类繁多，很难用某一种理论或说法来涵盖所有的这些动物风格功能，各种动物纹装饰蕴含了不同的意义。由于研究能力和视野所限，笔者也无法清晰地阐明各种动物纹装饰的涵义。

---

[1] 杨建华：《春秋战国时期中国北方文化带的形成》，文物出版社，2004年，第172页。

第七章 结　语

动物纹装饰是中国北方文化的标志性特征，也是研究中国北方文化的重要切入点。本书正是从这个视角出发，对商周时期中国北方地区各类动物纹装饰进行综合研究。

一、中国北方地区动物纹的发展

通过对中国北方地区动物纹装饰的分类、分期和分区研究，笔者将北方地区的动物纹装饰划分为五个不同的发展时期和七个分布区。

中国北方地区最早的动物纹装饰见于早商阶段，但这一时期属于动物纹装饰的萌芽阶段，北方地区并没有形成具有自身特色的动物纹装饰风格，所有的动物纹装饰都与北方之外的草原或南部商文化关系密切。到了晚商阶段，中国北方青铜器进入第一个繁荣时期，在亚洲东部草原成为最发达的青铜器，与此同时，北方地区的燕山北麓区、燕山南麓区和晋陕高原区形成了具有自身特色的动物纹装饰风格。这一时期动物纹主要装饰在工具武器和马镳上，还出现了一种比较有特色的圆雕立兽装饰。

第二期西周早中期属于北方地区动物纹装饰的一个过渡期，北方地区发现的动物纹装饰数量非常少，主要集中在燕山北麓区和燕山南麓区。总体看来，这一时期一方面继承了晚商时期动物纹装饰的特征，另一方面也开始孕育新的更为发达的动物纹装饰艺术。

第三期西周晚期至春秋早期是中国北方地区青铜文化发展的第二个高峰。最为发达的是燕山北麓区的夏家店上层文化，该文化许多装饰艺术都具有自身特色，与前两个时期的动物装饰形成了鲜明对比，其中部分装饰是中国北方乃至整个欧亚草原地区年代最早的。

第四期春秋中期至战国早期,北方地区畜牧经济有了进一步发展,各地人群之间的联系逐渐加强,在长城沿线形成了北方文化带。这一时期北方地区动物纹装饰分布更为普遍,除了晋陕高原区外,其他六区都出现了较为发达的动物纹装饰,其中最为发达的是燕山南麓区的玉皇庙文化。与前一时期相比,动物纹装饰分布更广泛,动物纹饰件在上一时期的基础上数量和种类进一步增加,各地文化紧密联系的同时,动物纹装饰也存在一定的地方特色。

第五期战国中晚期,北方地区动物装饰主要集中在鄂尔多斯高原区和甘宁区,且它们之间的联系非常紧密。该时期的动物纹风格发生了明显的变化,立体动物饰件发达,流行带边框的方形或长方形饰牌,虎噬羊或鹿饰件以及动物互搏题材饰件也非常常见,新出现了很多自然界不存在的神兽题材和后肢翻转动物纹。另外,这些动物纹装饰中很大一部分是金器,与之前的青铜器形成鲜明的对比。

二、从"武士贵族"到"世袭贵族"

动物纹的使用不受功用的限制,往往更能体现当地族群的价值观念和文化传统。然而欧亚草原和中国北方地区广为流行的动物纹风格种类繁多,很难用某一种理论或说法来涵盖所有动物纹风格的功能,各种动物纹装饰蕴含着不同的意义。

装饰功能应该是动物纹装饰的重要功能之一,对美的追求和对自然界动物的喜爱可能是草原人群装饰动物纹的重要原因。动物纹装饰可能也与图腾、动物崇拜有关。另外,很多动物纹装饰还可能反映了古代草原民族的宗教信仰,如巫术和萨满,体现了人们对自然的崇拜和想要与神灵沟通的愿望。但遗憾的是,大部分动物纹的真正涵义至今仍没有令人信服的解读。

中国北方地区早期阶段的动物纹装饰主要出现在工具武器和马具等实用器上,使用的主体人群是武士阶层。在武器和工具上装饰这些动物纹表达了他们对动物能力的崇拜之情,也显示了他们渴望拥有更高级能力的愿望。在工具武器上装饰动物纹更能体现武士的重要社会地位,随葬品丰富的墓葬一般都为武士墓葬,这也表明武士是当时草原社会的主要贵族人群。

到了战国中晚期,工具武器已经不再是显示墓主人身份的标志性器物了,北方草原贵族人群的价值观念发生巨大转变,他们更崇尚奢靡之风,大量的金银制品、精美动物纹饰牌和车饰以及境外草原的舶来品成为北方贵族身份和社会地位的象征。这一时期的草原贵族很可能已经不是之前的靠能力获得财富的武士贵族,而是靠世袭积累财富的世袭贵族。动物纹装饰器物从工具武器和马具向饰牌的转变很可能表现了原有的武士贵族已经被大批的世袭贵族所取代。

三、从"技术输出"到"中原制造"

早在夏代以前,北方地区就被来自中原各地的早期农业居民占据着,进入夏代以后在南北双方面影响下才形成了具有自身特色的北方青铜器。北方青铜器的发展过程与中原文化保持着十分密切的联系,北方地区动物纹装饰的产生与发展与中原文化的关系也十分密切。

北方地区最早的动物纹装饰出现于商时期,此时北方人群虽然已经开始选择具有自身特色的装饰动物,但最早的动物纹装饰的出现与商文化有密切关系,中原青铜器高超的技术也对北方青铜器产生了极大的促进作用。燕山南北和晋陕高原是商时期北方地区动物纹装饰最重要的两个分布区,这两个地区都与南部中原文化相邻,当地土著文化与商文化都存在一定的联系。如朱开沟墓地出土的虎头装饰铜戈,图案形制与商文化的兽面纹和夔纹相似,这种装饰风格可以看作是受到中原文化影响而出现的;晚商时期北方地区流行的羊首装饰很可能是在商文化北方类型藁城台西铜匕羊首装饰的基础上发展起来的。商时期北方地区动物纹装饰主要分布区都与南部的商文化相邻,这些土著文化与商文化关系十分密切,很多青铜器都是在商文化影响下产生的北方地区特有青铜器。

因此,中原商文化在中国北方地区动物纹装饰的产生和发展过程中发挥了重要的作用。在北方地区动物纹装饰的最早阶段,这些纹饰就受到了中原文化的影响,主要体现在商文化冶金技术的输出和部分装饰风格的影响。而之后的西周和春秋时期,中原文化与北方文化一直联系密切。

战国时期，北方草原地区进入了真正的游牧时代，文化面貌和器物种类、形制都与中原文化存在明显的差异，与南部中原地区属于完全不同的世界，在历史文献中北方人群也从"戎狄"土著变成了"胡"。这一时期北方地区出现了大量新的动物纹题材，这些动物纹装饰与中原文化动物纹明显不同，它们更加符合北方人群的艺术、思想、观念和社会价值。虽然两地的文化面貌差异明显，但中原的工匠开始专门为北方人群制造这些具有特色的动物纹饰件，并通过贸易或其他途径到达北方地区。北方地区战国中晚期动物纹的"中原制造"与黑海北岸地区斯基泰文化中的"希腊制造"十分相似，这种现象一方面说明游牧人群对邻近地区农业文明技术的依赖，另一方面也说明农业文明人群通过技术和物质输出，对游牧人群施加影响。

从商文化的"技术输出"到战国中晚期的"中原制造"，体现了动物纹视角下中原文化与北方文化的密切联系。

四、从草原之路到丝绸之路

中国北方地区位于欧亚草原的东部区，是欧亚草原的重要组成部分，至少在晚商时期，中国北方地区已经对新疆和欧亚草原地区的动物纹装饰产生过影响。刀剑上的兽首装饰就是在这个时期传到了新疆和米努辛斯克盆地等地，这些地区甚至出现了与北方地区形制完全一致的兽首刀剑。与兽首装饰一起向外传播的还有凹格剑、铃首刀剑以及弓形器等器物，这些联系也体现了中国北方和蒙古高原冶金区的向外扩张。

早在中国北方地区动物纹装饰的萌芽阶段，就已经出现了来自境外草原地区的影响，如河西走廊地区发现了早商时期来自西方传统的四羊权杖首。此后联系一直未完全中断，晚商时期随着中国北方和蒙古高原冶金区的扩张，兽首装饰影响到了新疆和米努辛斯克盆地等地。西周晚期至春秋早期，卷曲动物纹和排鹿纹反映了夏家店上层文化与图瓦等地的联系。而中国北方、新疆和欧亚草原地区动物纹交往的繁荣期主要是在战国时期，尤其是战国中晚期，三地游牧文化的联系进一步加强，北方地区和新疆地区流行的立体杆头饰和立体羊形饰、平面北山羊饰件、展翅造型的鸟饰件、神兽题材和翻转动物纹饰件等许多动物纹装饰都与境外草原地区的影响有关，而同时北方地区的虎纹饰件和虎噬食草动物纹饰件也影响到了新疆和境外草原地区。

欧亚草原地区范围非常大，动物纹装饰与中国北方和新疆地区联系最为密切。中国北方和新疆地区动物纹装饰主要与"内陆亚洲山麓地带"①的联系较为密切，虽然同属于内陆亚洲山麓地带，但其下不同区域动物纹装饰的分布和影响并不一致。刀剑上的兽首装饰和立体羊形饰反映的是米努辛斯克盆地与中国北方地区的联系；虎噬食草动物纹、翻转动物纹、神兽题材动物纹反映了中国北方和新疆与阿尔泰地区的交往；北山羊饰牌的传播则反映了中国北方与天山七河地区的联系。

不仅如此，中国北方与内陆亚洲山麓地带各区域动物纹装饰交往的时代也不相同。最早是与北面的米努辛斯克盆地和图瓦地区的联系，从晚商时期刀剑的兽首装饰到西周晚期至春秋早期夏家店上层文化的卷曲动物纹和排鹿纹装饰，再到春秋时期的立体羊形饰和双鸟回首短剑，都反映了中国北方与这一地区的交往；然后是中国北方与阿尔泰地区，主要是巴泽雷克文化的联系，年代主要集中在战国时期，神兽题材、翻转动物纹和虎纹以及虎噬食草动物纹等是两地联系的重要证据；最后是中国北方与天山七河地区的联系，年代已经在公元前3世纪之后，北山羊饰牌的传布以及伊塞克古冢和马家塬墓地的联系都是其交往的重要佐证。中国北方地区与米努辛斯克盆地和阿尔泰地区的联系可能主要通过蒙古西部到内蒙古西部的草原通道，而最晚的中国北方与天山七河的联系则主要通过天山通道，这也是后来汉唐丝绸之路的重要路线之一。从米努辛斯克盆地到阿尔泰再到天山七河地区，交往路线不断南移的过程，反映了从草原之路到丝绸之路的历史进程。

---

① "内陆亚洲山麓地带"（Inner Asian Mountain Corridor）是欧亚草原中部区非常重要的地理单元，是指萨彦岭、阿尔泰山脉和天山山脉由东北向西南延伸的地带，从东北向西南具体包括米努辛斯克盆地、图瓦和阿尔泰山地区以及中亚的天山七河地区。

后　记

　　本书是在国家社科基金项目"商周时期中国北方动物纹装饰综合研究"研究成果的基础上修改而成的，感谢提出修改意见的四位匿名评审专家。书稿是由我和我的研究生共同完成的，其中侯知军撰写了本书第四章——新疆地区的动物纹，贾坤霖和王雪岩在资料收集和整理过程中提供了很大的帮助，张文珊、朱冠儒、吴雅彤对全书的文字和图片进行了校对。

　　感谢吉林大学考古学院欧亚草原考古团队杨建华教授和潘玲教授的支持和帮助，杨建华教授不仅通读了全文，提出了很多修改意见，而且还专门为本书撰写了序言；潘玲教授为我提供了很多相关的外文资料。以中国北方考古为基础的欧亚草原考古团队是我院特色团队之一，巧合的是，我们老中青三代人都是羊年出生，"三羊开泰"，希望我们团队的发展越来越好。

　　我还要感谢魏东和王春雪老师。我们连续几年一起踏进罗布荒原，共同面对困难、分享喜悦，感谢这些年兄弟们对我的帮助。

　　最后我想说的是，由于时间、资料和能力等方面的限制，书中很多问题没有深入展开，最终成果也未能达到之前的预期，这是本书的遗憾之处。但即便如此，这本书依然可以算是目前中国北方动物纹研究最全面的研究成果，其中很多论述也代表了笔者对中国北方各地青铜文化的思考。因此，我仍希望该成果能为相关研究的深入开展提供一些参考，我愿与学界同仁共同推动中国北方考古的发展和繁荣。

　　百兽率舞，凤凰来仪，愿社会和谐安定，愿祖国繁荣昌盛！

邵会秋

2019 年于长春

图书在版编目(CIP)数据

百兽率舞:商周时期中国北方动物纹装饰综合研究/邵会秋,侯知军著. —上海:上海古籍出版社,2020.4
ISBN 978-7-5325-9515-0

Ⅰ.①百… Ⅱ.①邵… ②侯… Ⅲ.①器物纹饰(考古)—研究—北方地区—商周时代 Ⅳ.①K879.04

中国版本图书馆 CIP 数据核字(2020)第 046209 号

责任编辑:王 璐
封面设计:黄 琛
技术编辑:耿莹祎

百兽率舞

商周时期中国北方动物纹装饰综合研究

邵会秋 侯知军 著

上海古籍出版社出版发行

(上海瑞金二路 272 号 邮政编码 200020)
(1) 网址:www.guji.com.cn
(2) E-mail:guji1@guji.com.cn
(3) 易文网网址:www.ewen.co

常熟市新骅印刷有限公司印刷

开本 710×1000 1/16 印张 21 插页 9 字数 322,000
2020 年 4 月第 1 版 2020 年 4 月第 1 次印刷
印数:1—1,800
ISBN 978-7-5325-9515-0
K·2791 定价:98.00 元
如有质量问题,请与承印公司联系